随园史学

·2023辑·

南京师范大学历史系——编

江苏人民出版社

图书在版编目(CIP)数据

随园史学. 2023辑 / 南京师范大学历史系编. -- 南京 : 江苏人民出版社, 2023.12
ISBN 978-7-214-28753-3

Ⅰ. ①随… Ⅱ. ①南… Ⅲ. ①世界史—文集 Ⅳ. ①K107-53

中国国家版本馆CIP数据核字(2023)第217834号

书　　名　随园史学(2023辑)
编　　者　南京师范大学历史系
责任编辑　张　欣
装帧设计　刘　超
责任监制　王　娟
出版发行　江苏人民出版社
地　　址　南京市湖南路1号A楼,邮编:210009
照　　排　江苏凤凰制版有限公司
印　　刷　江苏凤凰数码印务有限公司
开　　本　718毫米×1000毫米　1/16
印　　张　24
字　　数　343千字
版　　次　2023年12月第1版
印　　次　2023年12月第1次印刷
标准书号　ISBN 978-7-214-28753-3
定　　价　76.00元

本辑得到江苏省中国史重点学科经费支持,特此深表感谢!

目 录

中国古代史

统一王朝建立与华夏认同：秦汉帝国与匈奴关系再探

李济沧

（南京师范大学社会发展学院）

摘　要：战国时期，匈奴在吸收其他部族、族群的同时，对包括华夏在内的外部文化也显示出认同的趋向。作为北方草原霸主，匈奴以优秀的学习能力和军事水平与华夏诸国并驾齐驱。华夏通过修长城、置郡县、习骑射等方式，在竞争与交流中同匈奴等非华夏族群共同推动着中华民族的形成与演进。最初介于华夏与蛮夷之间的秦国，也在经历华夏认同与华夏化的过程后，建立了统一王朝。与匈奴的对峙，是秦亡的重要原因之一。西汉初期，以"和亲"等软性手段重构汉匈关系，匈奴的华夏认同也进入新的历史阶段。伴随着国力增长，汉帝国倾力与匈奴抗争，武帝在朝鲜设置四郡，试图斩断匈奴两臂的军事策略取得成效，由此带来东北诸族群的崛起，华夏认同扩展至东北亚。

关键词：秦汉帝国；匈奴；夷夏关系；华夏认同

发端于先秦时期的华夏认同与华夏化问题一直受到学界瞩目。① 费孝通"中华民族多元一体格局"论明确指出，先秦的"各族团间文化交流的过程，从多元之上增加了一体的格局"②。胡鸿从政治体视角出发，认为从商末西土联盟到春秋战国的诸夏，再到秦汉华夏帝国，通过开疆拓土将周

① 刘正寅：《中国历史上华夏认同的演进与升华》，《历史研究》2022年第3期，第43页。

② 费孝通：《中华民族的多元一体格局》，费孝通等：《中华民族多元一体格局》，北京：中央民族学院出版社，1989年，第6页。

边非华夏族群纳入统治之内，并创造出新型政治文化秩序。① 晁福林重视秦、楚等国的非华夏色彩，认为春秋战国时期“华夷之辨”虽然暗含“华夏高于蛮夷”之意，然而历史的进程却是秦、楚这些“大夷”之国完成了国家一统。② 晋文梳理近年来学界相关研究，指出秦统一“诸夏”以及两汉400多年大一统时期，“汉人”逐渐取代诸夏或华夏之称，继而以匈奴为例说明，汉初“华夷之辨”在文化、生产方式和血缘三方面形成判断标准，在以夏变夷的总方针下，汉代胡汉一家的思想及实践具有巩固统一和推广汉化的作用。③

经过学者们的努力，先秦时期华夏认同与华夏化的历程已经清晰可见，然而分析这个过程的角度似还有进一步立体化的必要。如李禹阶所言，古代中国政治的一统与民族的融合，始终是相互促进、相互支撑的。④ 既然是相互促进、相互支撑，那么与秦、楚等诸夏之国的华夏化、华夏认同相比，作为非华夏的匈奴在文化认同、华夏认同上究竟有何主体上的意识呢？观察匈奴在战国秦汉之际与华夏的交融，分析匈奴主体上的华夏认同及其特点、变化，或可为理解华夏与非华夏共同推动中华民族形成与演进提供更为宽阔的视野。

一、匈奴的对外文化认同

战国时期，华夏七国争霸，最后为这段历史打上终止符的是秦。秦王朝的建立，主体仍是原来的“诸夏”之国。不过，即便是诸夏，也还需一个“车同轨、书同文”的消融过程。短暂的秦帝国，仿佛历史的匆匆过客，但如果从更为宽阔的地理空间和悠久的历史脉络来看，北击匈奴，西逐西戎，南奠闽越，设置郡县、属邦，加强了华夏族群与匈奴、西戎、西南夷、百越等非

① 胡鸿：《能夏则大与渐慕华风：政治体视角下的华夏与华夏化》，北京：北京师范大学出版社，2017年。

② 晁福林：《“大夷”之力：中华民族形成过程的重要进阶》，《历史研究》2022年第3期，第52页。

③ 晋文：《汉民族的形成及其民族意识》，《中国社会科学院大学学报》2022年第4期，第17—35页。

④ 李禹阶：《华夏民族与国家认同意识的演变》，《历史研究》2011年第3期，第12页。

华夏族群的互动与交融。① 进一步而言，秦的统一开启了中华民族各个族群走向以汉族为核心的华夏认同、华夏化历程。这个过程，绵绵延续了2 000余年。

《史记·匈奴列传》描述战国时华夏与非华夏的北方地理关系云："当是之时，冠带战国七，而三国边于匈奴。"所谓三国，即秦、赵、燕。恰恰也是这三国，为了抵御匈奴，修筑了举世闻名的长城。

> 于是秦有陇西、北地、上郡，筑长城以拒胡。而赵武灵王亦变俗胡服，习骑射，北破林胡、楼烦。筑长城，自代并阴山下，至高阙为塞。而置云中、雁门、代郡……燕亦筑长城，自造阳至襄平。置上谷、渔阳、右北平、辽西、辽东郡以拒胡。②

这段材料传递的信息有三，即修长城、设边郡、胡服骑射，概括起来就是防与学。例如修长城，主要是防御非华夏族群南侵，但同时也是族群认同、文化认同的标识。拉铁摩尔认为，秦修长城，加速了草原社会的政治发展，使长城以外依存华夏的小部落从分散转为统一，最后成就了由头曼—冒顿整合起来的草原帝国。③ 然而从秦的立场来看，通过大量人力、物力的集中和调遣，也强化了郡县体制等中央集权建设。秦国最终在群雄争霸中胜出，与这样的制度建设及其背景不无关联。④

对于长城与国家等政治体之间的关系，李鸿宾认为技术、群体或者环

---

① 高福顺、吴翔宇：《形而下之器：古代中国疆域史研究的方法与取径》，《中国边疆史地研究》2020年第1期，第25页。

② 《史记》卷110《匈奴列传》，北京：中华书局，1982年，第2885—2886页。

③ 唐晓峰认为拉氏此论出自宏观理论分析，尚缺乏实证，然从草原社会去发现历史，具有一定的学术意义。唐晓峰：《长城内外是故乡》，《读书》1998年第4期，第124—128页，后收入其著：《新订人文地理随笔》，北京：生活·读书·新知三联书店，2018年。

④ 修筑长城花费大量的人力物力，这需要集权性中央政府。不过，战国时期除了秦修长城，孝公元年(前381年)，"魏筑长城，自郑滨洛以北，有上郡"(《史记》卷5《秦本纪》，第202页)。赵武灵王也曾筑长城，"赵武灵王亦变俗胡服，习骑射，北破林胡、楼烦。筑长城"(《史记》卷110《匈奴列传》，第2885页)。战国后期的燕国也曾筑长城(《史记》卷110《匈奴列传》，第2886页)。在这些修筑长城的国家中，为什么秦国脱颖而出呢？这点可深入探讨，但显然与修长城有着极大关联。

境、地理等因素都需要在政治体之下集中起来，并且以军事进攻和防御作为主要目的，而这也是分析长城修建及其意义的重要视点。[①] 这一观察角度，同样适用于匈奴等活跃于长城内外的非华夏族群。

战国时期列国争雄，有时也需要依靠匈奴的力量。例如，“（惠文君）七年，岳池相亲。韩、赵、魏、燕、齐帅匈奴共攻秦”[②]。强调“夷夏之辨”的诸夏之国，为什么反过来需要匈奴的帮助呢？赵武灵王的“胡服骑射”，似乎给出了答案：各国虽然鄙薄胡族，却不得不承认匈奴在军事方面的优越性。

“胡服骑射”绝非单纯的军事改革，它的影响是多方面的。如破除先王之道不可变的观念，弱化了华夏固有的鄙视胡族的心理，以及通过双方的接触与交流，逐渐为此后的华夏认同和国家统一奠定了文化上、心理上的基础等等。[③] 李大龙认为，先秦夷夏关系中出现华夏学习匈奴的一面，体现了“用夏变夷”的侧面。如果说更早期的“华夷之辨”表现出华夏的防守姿态，那么“用夏变夷”则是用华夏礼仪制度去改变夷狄，它体现了一种进取的精神。[④] 这种观点值得倾听，不过似应考虑匈奴的主体认识。游牧民族横跨欧亚大陆，在文明的吸收和借鉴中发挥着重要作用。具体而言，游牧者因其不定居的习性，固然无法孕育长久的文明，但欧亚大陆东西两端的文明很多通过他们才得以传播到远方。例如匈奴的骑射技术极有可能源于中亚，而赵武灵王的胡服骑射则反映了匈奴在文明传递中的媒介作用。因此，修筑长城，确是华夏的防御姿态，但“变俗胡服，习骑射”则是华夏对非华夏的认可和学习。这也表明，华夏诸国通过吸纳非华夏族群的经验和技术，一定程度上稳固了政治体制，同时也扩展了华夏认同的政治与文化内涵。赵武灵王的军事改革之后，中原诸国纷纷效仿就是极好的

---

① 李鸿宾：《唐初御敌弃修长城之检讨》，《疆域·权力·人群：隋唐史诸题专论》，北京：人民出版社，2020年，第16—35页。

② 《史记》卷5《秦本纪》，第207页。

③ 金久红：《胡服骑射与华夷之辨》，《中国社会科学院研究生院学报》2009年第6期，第128—133页。

④ 李大龙：《传统夷夏观与中国疆域的形成——中国疆域形成理论探讨之一》，《中国边疆史地研究》2004年第1期，第6页。

例证。

尽管在族源上尚存一定争议①，战国时期的匈奴乃是华夏各政权最大的竞争对手，此点当无疑义。大体来说，匈奴主体在战国时形成，同时与华夏各国的接触逐渐频繁。战国中期，形成南北之势的华夏与非华夏之间纷争不断。秦国伐义渠，燕国和东胡纠缠不清，而赵国也曾击败过林胡、楼烦。这些与华夏比邻而居的非华夏族群，在彼此之间的争斗、交融、败亡过程中，有的投奔匈奴，成为其中一部分。王国维曾认为北方民族都属于匈奴，陈序经并不赞同。② 这个问题其实也不难理解。例如华夏或诸夏，只是一个统称，战国时期七国在风俗、语言、文化习惯上有着很大不同，但都自属于华夏。匈奴也可以这样理解，即首先吸纳北方众多部族、族群，其后渐次发展成为一个政治、文化联合体。③ 按照《史记·匈奴列传》的说法，在长期的历史发展中，匈奴人众或"时大时小"，或"别散分离"。王明珂的推测是，匈奴政治体的核心由几个大氏族部落组成，其周边包括许多他姓氏族与他种部落。④ 至于大小、分离的具体情况，现在还不得而知。

观察匈奴的兴盛过程，或可从"文化认同"的角度稍加理解。匈奴人勇猛强悍，"因射猎禽兽为生业，急则人习战攻以侵伐，其天性也"，这一点当源于草原民族以血缘为纽带的部落联盟组织及其团结力："自君王以下，咸

① 有关匈奴的种族问题，国内外学者争论颇多，或认为属于蒙古族，或认为属于突厥族。有学者提出，越来越多的考古资料证明，似乎属于突厥的可能性较大。参看林幹：《匈奴史》，呼和浩特：内蒙古人民出版社，2007 年，第 3 页。

② "在战国或战国末年以前，匈奴的历史是很不清楚的。司马迁写《匈奴列传》时可能也还没有弄清楚，而把我国北边，包括东北、西北的不同民族都列举出来作为绪言，不一定是说这么多的不同民族都是匈奴人或其祖先。"也就是认为匈奴是春秋战国时的所谓"戎狄"之一，或是边境、塞外的一个新兴民族，在逐渐强盛之后，"匈奴"之名得以通用。它既不是唐虞以上的犬戎、荤粥，也不是殷周时期的鬼方、昆夷、猃狁，只从同音或同地来说明他们是一族，未必可靠。陈序经：《匈奴史稿》，北京：北京联合出版公司，2018 年，第 4、111 页。

③ 林幹认为匈奴的族源应包括荤粥、鬼方、猃狁、戎、狄在内的所有原先活动于大漠南北的各族。林幹：《匈奴史》，第 2 页。

④ 王明珂：《游牧者的抉择：面对汉帝国的北亚游牧部族》，桂林：广西师范大学出版社，2008 年，第 104 页。鉴于相关文献史料的缺乏，王明珂明确指出自己的研究不以"民族"或"国家"来范定对匈奴的理解，只是将匈奴视为发生在北亚游牧部族间的社会经济与政治现象(第 105 页)。这也说明，探究匈奴族源问题绝非易事。

食畜肉，衣其皮革，被旃裘。”[①]“匈奴父子乃同穹庐而卧。”[②]尽管《匈奴列传》说匈奴是以畜牧、骑猎为主，但《左传》隐公九年（前714年）谈到北戎侵犯郑国时，却说当时的军队是徒步。到昭公元年（前541年），狄人军队据说也是徒步。所以陈序经认为，如果说戎狄就是匈奴，似乎不相符合。[③]不过，宫崎市定有一个观点，他认为匈奴等北方胡人的骑马战术，历史并不悠久，很有可能是从遥远的西亚人那里学来的。[④] 随着考古和人类学领域有关游牧形态的多样性考察逐渐深入，有观点认为欧亚草原上出现的末期青铜/早期铁器时代（Final Bronze/Early Iron Age，前1200年—前300年），属于“游牧与骑兵战争”的发展时期[⑤]，宫崎所论似乎获得了佐证[⑥]。这也反映出，匈奴在发展过程中，通过文化认同积极向外借鉴和学习。

值得注意的是，除了自身的特性和优势，匈奴还渐渐产生了一种领土意识。据《史记·匈奴列传》：

> 东胡王愈益骄，西侵。与匈奴间，中有弃地，莫居，千余里，各居其边为瓯脱。东胡使使谓冒顿曰：“匈奴所与我界瓯脱外弃地，匈奴非能至也，吾欲有之。”冒顿问群臣，群臣或曰：“此弃地，予之亦可，勿予亦可。”于是冒顿大怒曰：“地者，国之本也，奈何予之！”诸言予之者，皆斩之。[⑦]

对比前文东胡“使使谓冒顿，欲得单于一阏氏”，单于冒顿的反应是

---

① 《史记》卷110《匈奴列传》，第2879页

② 《史记》卷110《匈奴列传》，第2900页。

③ 陈序经：《匈奴史稿》，第125页。

④ ［日］宫崎市定著，张学锋、马云超等译：《宫崎市定亚洲史论考（上）》，上海：上海古籍出版社，2017年，第45页。

⑤ 姚大力：《匈奴帝国与汉匈关系的演化——早期北亚史札记》，《中华文史论丛》2021年第2期，第32页。

⑥ 内田吟风一方面指出匈奴是最擅长骑马战术的游牧民族，但同时也表示匈奴是否比斯基泰民族更早地采用了骑马战斗法？还是说，匈奴本身就是拥有骑马术的西方民族，后来移居到了蒙古高原？现在无法判定。［日］内田吟风著，童岭译，余太山审校：《古代游牧民族侵入农耕国家的原因——以匈奴史为例的考察》，《西域研究》2016年第4期，第115页。

⑦ 《史记》卷110《匈奴列传》，第2889页。

"'奈何与人邻国爱一女子乎？'遂取所爱阏氏予东胡"，然而对于一块弃地，却显示了寸土必争的激烈态度。如何理解匈奴在道德感与领地意识之间存在的这种反差呢？有学者认为，此处"瓯脱"一词与匈奴的草原游牧社会生活有关，应理解为介于家庭和氏族之间游牧组织的驻营地，后来有可能发展成为某种社会地缘组织，最后才具备"国家""疆域"的政治含义。① 这也似乎说明，匈奴在原有的社会生活形态之上，逐步纳入华夏的"国家""疆域"观念，否则冒顿不会有"地者，国之本也"这一意识。如果再结合义渠戎仿效华夏"筑城郭已自守"，其王与秦昭王母亲宣太后生子的例子来看，也反映了此时华夏与非华夏的界限并不鲜明，相互之间的影响与认同有迹可循。② 此外，从婚姻状况也可看到二者的关系。如后来的张骞、苏武、李陵、李广利等人被匈奴俘获之后，都曾与匈奴女子成婚并生子。③ 让匈奴女子与被俘虏的华夏大臣成婚生子，或许是在笼络人心，但也不难看出，匈奴并不排斥汉匈男女通婚，而这也是一种文化认同的体现。以此类推，匈奴的领土意识极有可能源自华夏的影响，冒顿后来致书吕后，称自己"长于平野牛马之域。数至边境，愿游中国"④，正是其疆域、边境观念的一种流露。

匈奴的华夏认同，还反映在王权的统治意识上。战国后期，匈奴史上出现了第一代单于头曼，部落联盟共主制正式确立。公元前209年，头曼被儿子冒顿杀害。自立为单于的冒顿迅速征服了周边诸多部族、族群，势力达到极盛。姚大力认为，匈奴的迅速崛起具有向国家形态发展的趋势，产生了国家机器的内部需求，其具体反映在"诸引弓之民并为一家"，乃至

---

① 陈晓伟：《"瓯脱"制度新探——论匈奴社会游牧组织与草原分地制》，《史学月刊》2016年第5期，第11页。

② 陈序经：《匈奴史稿》，第123页。

③ 《汉书》卷61《张骞李广利列传》："留骞十余岁，予妻，有子，然骞持汉节不失。"（第2687页）《汉书》卷94《匈奴列传》："单于围陵，陵降匈奴，其兵得脱归汉者四百人。单于乃贵陵，以其女妻之。"（第3777页）"夜堑汉军前，深数尺，从后急击之，军大乱败，贰师降。单于素知其汉大将贵臣，以女妻之，尊宠在卫律上。"（第3780页）

④ 《史记》卷110《匈奴列传》，第2991页。

“天地所生、日月所置匈奴大单于”，以及“撑黎孤涂”等词语、名号之中有着覆盖全部塞北草原的最高统治权观念。① 尽管如此，姚氏对匈奴的统一是否因秦帝国推动这一问题保持着慎重态度。然而，2020 年 4 月蒙古国后杭爱省额勒济特苏木额尔浑河与塔米尔河交汇处向北约 27 公里额尔浑河西岸发现的部分瓦当，却为我们思考该问题提供了一些线索。这些瓦当刻有“天子单于”字样，此外还有一些为篆体汉字“天子单于与天毋极千万岁”。值得注意的是，这些瓦当与汉朝宫殿文字瓦当上的常见题材“与天毋极”“千秋万岁”等几乎一致，只是文字的书写方式和布局特征，以及瓦当的造型特征与汉朝瓦当有着明显区别。②

西汉文帝时，匈奴单于致信，开首便称“天所立大匈奴大单于敬问皇帝无恙”。一般而言，汉初盛行夷夏一体观，主张天子为天下之首，而蛮夷为天下之足，尽管二者是一个整体，但有尊卑之别。③ 然而这句“天所立大匈奴大单于”，与“天子单于”瓦当一样都显示了匈奴王权制度的特点，也就是用汉字书写，表明采用了华夏帝国的天子意识，而“大单于”以及瓦当文字书写、造型的不同则说明，要利用这种意识及其观念达成与华夏对等的政治立场。亦邻真曾指出，匈奴语并不属于蒙古、突厥或通古斯—满等三个语族，有可能属于阿尔泰语系中的第四种语族，甚或属于阿尔泰语系以外的语言。④ 正是这样一个有其独特性的族群，在独自的发展和壮大过程中，对汉字及其观念也在加以吸收。这里也可以看出匈奴的华夏认同，其核心在为我所用、以我为主。不但如此，单于在信中还宣扬自己“定楼兰、乌孙、呼揭及其旁二十六国，皆以为匈奴。诸引弓之民，并为一家”⑤。这当然是其自傲之语，但“并为一家”云云，也显然与华夏“大一统”思想有相

① 姚大力：《匈奴帝国与汉匈关系的演化——早期北亚史札记》，《中华文史论丛》2021 年第 2 期，第 44 页。

② 任潇、周立刚：《匈奴龙城考古探索与进展》，《大众考古》2021 年第 1 期，第 31、33 页。

③ 彭丰文：《西汉“大一统”政治与多民族交融认同》，《民族研究》2016 年第 2 期，第 103 页。

④ 亦邻真：《中国北方民族与蒙古族族源》，《亦邻真蒙古学文集》，呼和浩特：内蒙古人民出版社，2001 年，第 544—582 页。

⑤ 《史记》卷 110《匈奴列传》，第 2896 页。

通之处，不过强调的是以匈奴为中心的“一家”，也就是运用汉帝国的大一统思想构建匈奴版的大一统政治形态。

由此来看，匈奴的强大战斗力固然让华夏帝国深感棘手，但同时又通过华夏思想与文化的吸纳与认同，将其周边族群聚集在一起，建立以“引弓之民”为主的匈奴认同，由此形成更为稳固的政治、文化联合体，达成与汉帝国对等的地位。

上述军事技术的进步、疆域意识以及统治思想的产生，都显示出匈奴在发展过程中的向外文化认同。这种认同，主要指向华夏，但也包含其他域外民族和族群。面对一个善于学习，并在吸收外部文化中逐步走向强大的匈奴，华夏诸国单纯依靠修长城，只能是简单的防御。另一方面，也必须从政治、社会等方面进行革新。郡县制，便是其中一项重要的制度。

二、秦国郡县体制的确立与华夏化

春秋时期，各国逐渐发现传统的分封制对王权产生了掣肘，于是着手改革地方行政机构，由中央直接管辖县。县听命于国君，中央集权式政治形态开始萌芽。到战国时期，各国在县之上又建立了郡一级行政组织。[①]

值得注意的是，县的设置首先是在边境，例如春秋时期首先强大起来的晋、楚就是如此。其目的是集合军事力量，抵御别国的攻击。当郡在县的基础上设立后，逐渐形成以郡县制为基础的中央集权国家。[②] 前面看到，战国时期秦、赵、燕的郡县多设置于边境，一方面可以在中央集权形式下集中人力、物力，另一方面也可以借此抵挡匈奴等非华夏族群的威胁，这一点与修筑长城如出一辙。

秦最早在秦武公时期（前 697 年—前 678 年）设县。武公即位后，国势渐强。随着对外战争的胜利，国土逐渐拓展，“县”也随之出现。“（秦武

---

① 陈长琦认为郡最早出现于晋国。参见陈长琦：《郡县制确立时代论略》，《河南大学学报（社会科学版）》1987 年第 1 期，第 25 页。

② 王绍东：《碰撞与交融——战国秦汉时期的农耕文化与游牧文化》，呼和浩特：内蒙古大学出版社，2011 年，第 36—40 页。

公)十年,伐邽、冀戎,初县之"①。这也可以看到,设县与匈奴关系密切。《史记》此处引《集解》云:"地理志陇西有上邽县。应劭曰:'即邽戎邑也。'冀县属天水郡。"县设在与匈奴接壤的边疆地区,或原属于匈奴的被征服地区,防范匈奴的用意十分明显。

秦孝公即位以后,痛感"诸侯卑秦,丑莫大焉",于孝公六年(前 356 年)任用商鞅进行改革。孝公十二年(前 350 年),"并诸小乡聚,集为大县,县一令,四十一县",县制得以全面推行。

> 百县之治一形,则从迂者不敢更其制,过而废者不能匿其举。过举不匿,则官无邪人。迂者不饰,代者不更,则官属少而民不劳。官无邪则民不敖,民不敖,则业不败。官属少则征不烦,民不劳则农多日。农多日,征不烦,业不败,则草必垦矣。②

孝公在位期间,因国土面积有限,尚未建立郡一级地方行政机构。秦惠文君十年(前 328 年),始建郡,即"魏纳上郡十五县"。此后,秦在对外战争中不断取得胜利,县级行政区逐渐增加。秦惠文王至秦王政时期,作为新的地方行政组织也就是郡开始出现,郡县两级制的地方行政体制逐渐完善。重要的是,由郡县制衍生出来的其他相关制度,如体现中央管理的户籍、郡县征兵以及"上计"制度等,随着郡县制的扩大也相应得以建立。据《史记·秦本纪》,庄襄王三年(前 247 年)置太原郡,秦郡增加到十二,秦始皇五年(前 242 年),得燕、长平等地,置东郡,秦郡增加到十三。秦始皇统一全国,于是"分天下以为三十六郡,郡置守、尉、监"③。到秦灭六国,先后置郡三十六④,置县八九百。

---

① 《史记》卷 5《秦本纪》,第 128 页。

② 蒋礼鸿:《商君书锥指》卷 1《垦令第二》,北京:中华书局,1986 年,第 16 页。

③ 《史记》卷 6《秦始皇本纪》,第 239 页。

④ 秦朝所设郡的数目,历来说法不一。上引《史记·秦始皇本纪》的三十六郡以外,《晋书·地理志》认为先置郡三十六,后又增设南海、桂林、象郡、九原,因此应为四十郡。此后又有四十一郡说(全祖望《汉书地理志稽疑》)、四十六郡说(谭其骧《秦郡新考》),而王国维则考订为四十八郡(王国维《观堂集林·秦郡考》)。对此,辛德勇有详细分析,参看辛德勇:《秦始皇三十六郡新考(上)》,《文史》2006 年第 1 期,第 21—65 页;《秦始皇三十六郡新考(下)》,《文史》2006 年第 2 期,第 77—105 页。

西嶋定生认为，秦汉时代的郡县制应从氏族制的解体、君主权的产生、农耕地的开拓、新军队的建成等一系列社会变革现象来考察与判明。[①] 此说主要从华夏内部观察，自有其必然性，不过如上文所论，也应考虑到郡县制与匈奴等非华夏族群的存在有着紧密关联。

战国初期，原本只是“僻在雍州，不与中国诸侯之会盟，夷翟遇之”[②]的秦国，历经百余年，却完成了统一华夏的历史使命。《史记》这句“夷翟遇之”说明，中原诸国最初根本没有将秦国作为华夏看待，秦也进不了诸夏的圈子，这也就是秦孝公痛心疾首，认为“诸侯卑秦，丑莫大焉”的原因之所在。

从郡县体制的建立和发展来看，原本介于华夏与蛮夷之间的秦国，其发展历程清晰地显示出华夏认同与华夏化的轨迹。例如，修筑长城是一种内外之别的体现，有着国土与边疆的意识。《史记·匈奴列传》载汉文帝给冒顿之子老上单于的一封信，其中对长城内外表达了自己观点，即长城以北听命于单于，长城之内，就是汉家天下。[③] 前面提及，长城并不只是单纯的军事措施，更是一种政治意识与族群认同的体现。巴菲尔德认为，长城的修建既是军事建设，也是政治建设，它标志着中原文化的边缘，也标志着野蛮地域的开端。[④] “边缘”与“开端”，这种对长城的泾渭分明式裁断，恐非历史事实。

秦修长城，巩固边疆防御，或有“夷夏之防”之意，但郡县也因此成为守护华夏的另一座长城，或可称为体制的长城。重要的是，郡县制在发展过程中逐渐体现出了“王者无外”这一文化认同功能。在中央政府统一实施的郡县体制下，基本上消除了华夏与非华夏的区别，诸族民众的身份也趋

---

① ［日］西嶋定生著，顾姗姗译：《秦汉帝国》，北京：社会科学文献出版社，2017年，第19页。

② 《史记》卷5《秦本纪》，第202页。

③ 《史记》卷110《匈奴列传》，第2902页。

④ ［美］巴菲尔德著，袁剑译：《危险的边疆——游牧帝国与中国》，南京：江苏人民出版社，2011年，第41页。

向统一。① 要言之，郡县制成为秦汉以降绵延2 000年的地方行政制度，从某种意义来说，它是秦人在积极参与华夏认同与华夏化过程中打造的另一座“制度长城”。

三、从“出于夷翟”到迫于匈奴——华夏认同的光与影

秦在春秋初年立国，后来依靠拯救被犬戎打得狼狈不堪的周王室，并派兵送平王东迁才获得封爵。周平王封秦襄公为诸侯，赐之岐以西之地，其目的或许是要利用秦国对付强大的戎狄。② 然而秦抓住时机，到穆公时，派兵讨伐戎王，据说“益国十二，开地千里”。大获全胜的秦国也由此称霸西戎。③ 此时的“西戎”，或非单一族群，而是生活在秦国以西的众多戎人部族的联合体。

从上述可知，秦国漫长的历史与戎族关系密切。立国如此，霸西戎也是如此。在此之后，又展开了与义渠戎的争斗。对秦国而言，强大的义渠戎并不容易对付。昭王时，义渠戎王前来访问。但是他居然与昭王的母亲宣太后私通，甚至还为昭王生下两个同母异父的弟弟。在戎王与昭王之间，宣太后做出了自己的决断：用计诱杀了戎王。接着，秦国趁义渠陷入混乱之际，发兵彻底剿灭了其国。④ 除掉后顾之忧的秦国，自此专心将视线对准了东方诸国。⑤

有种观点认为，秦汉之际的华夏化是一个动态过程，包含政治归属、身份转换、文化礼仪三方面。⑥ 对本身被诸夏视为“夷翟”的秦国而言，接受周王室受封属于政治归属，也就是所谓“纳之华夏”。其次是在身份上的转换，逐渐脱却“夷翟”的色彩，入列诸夏。第三阶段是文化礼仪乃至思想意

---

① 晁福林：《“大夷”之力：中华民族形成过程的重要进阶》，《历史研究》2022年第3期，第52页。
② 《史记》卷5《秦本纪》，第179页。
③ 《史记》卷5《秦本纪》，第194页。
④ 《史记》卷110《匈奴列传》，第2885页。
⑤ 林剑鸣：《秦史稿》，上海：上海人民出版社，1981年，第259页。
⑥ 谢良：《西汉时期夷夏关系的嬗变与思考》，《中国边疆史地研究》2020年第1期，第39页。

识上的华夏化。具体来说，秦在商鞅变法后，大力推进郡县制，可以说进入华夏化的第二阶段，统一六国，则属于华夏化的第三阶段。

秦朝作为中国历史上第一个统一帝国，在以皇帝为中心的中央集权及其制度的建设上，为后世树立了典范。然而，这样一个王朝却仅仅存在了15年。秦朝的灭亡与他的建立一样，都是一件惊天动地的大事，其因何在？学术界似乎形成了一致的观点，即把主要矛头指向秦始皇，说他“废王道，立私权，禁文书而酷刑法，先诈力而后仁义，以暴虐为天下始”①，从此“酷”和“暴”也就成为秦朝的代名词。班固也说：“至于秦始皇，兼吞战国，遂毁先王之法，灭礼谊之官，专任刑罚。”②酷和暴，再加上刑罚酷滥，导致百姓起义反叛，最终造成秦朝瓦解。③

不过，秦简却似乎让人依稀看到秦朝的另一个侧影。有学者研究《睡虎地秦墓竹简》指出，尽管此简成于战国后期至秦始皇时代，并非代表秦律的全部，但透过法律条文可看到秦国关于政治、经济的一些基本政策。例如，秦虽遵循法家“重刑主义”，立法上有缜密、细微的一面，但如果从《睡虎地秦墓竹简》来看，又可以认为秦律其实并非皆为苛法、暴政，其中还体现

---

① 《史记》卷6《秦始皇本纪》，第283页。

② 《汉书》卷23《刑法志三》，第1096页。

③ 关于秦朝灭亡的原因，学界主要将其归结为严刑峻法和沉重赋役导致的农民起义，除此之外还有学者将秦亡的原因归结为以下几种：(1) 过急、过广地强行全面废除分封制，推行郡县制，导致社会矛盾激化(吴刚、刘小洪：《秦亡汉兴之因再探》，《学术月刊》1996年第8期，第76—81页)；(2) 推行法家，崇尚暴力(刘仲一：《法家思想与秦朝的速亡》，《求是学刊》1998年第3期，第94—96页)，也有许多学者对此持有异议，认为“秦亡于暴政而非亡于法家思想，这些暴政都不是法家提倡的，甚至是韩非明确反对的”(王占通：《秦朝灭亡非法家思想之罪》，《古籍整理研究学刊》2012年第5期，第1—8页)；(3) 北伐匈奴是导致秦朝暴亡的一个极其重要的因素(李福泉：《北伐匈奴是秦亡的重要原因》，《学术月刊》1985年第9期，第68—71页；李济：《中国上古史之重建工作及其问题》，张光直、李光谟编：《李济考古学论文选集》，北京：文物出版社，1990年，第81页)；(4) 秦亡于五德终始说给秦始皇带来的极度膨胀和盲目自信(乔松林：《秦亡于法家说质疑》，《史学月刊》2013年第6期，第119—122页)。

了秦国的利民政策，甚至与儒家所提倡的“仁政”有共通之处。①

秦帝国的这二种形象，似乎形成反差，至于其中原因，从匈奴问题入手或可寻觅到某种线索。②

为对付匈奴，秦始皇三十二年（前215年）、三十三年（前214年）分两步进行了部署。首先是用蒙恬为将，率领约30万军队对匈奴全面出击。此时的头曼单于为避秦军锋芒，主动撤退到350公里以北的漠南。看似取得成果的这次进攻，其实让秦始皇寝食难安。因为匈奴军队机动性强，无法歼灭其主力，必定还有伺机再起的可能。于是他命蒙恬就地驻守，防止匈奴南侵。其次是为了长期抗匈，他在河南地设置了九原郡，所辖44个县。最先是发放内地的罪犯，到秦始皇三十六年（前211年），再移3万余户充实九原。其主要目的，就是为蒙恬守军提供人员和物资上的支援。③上述秦对匈奴的施压以及建立“新秦”的举措，表面上获得了成功，但迎来了意想不到的结局。

针对战国秦汉时期的匈奴，一般将华夏的两次胜利视作了不起的成就。一是赵国将领李牧，大破匈奴10万余骑，“灭襜褴，破东胡，降林胡，单

---

① 兰碧仙：《秦律中仁政利民政策研究——以〈睡虎地秦墓竹简〉为考察文本》，《求索》2011年第6期，第252—253页。秦法暴虐导致秦亡，抑或秦律与秦亡间的关系，都还需要进一步探讨。对此马占军提供了一个新思路，即始皇帝贸然在全国境内强行推行秦国之法，没有做到循序渐进，逐步推进，忽视甚至无视六国民众由于原来各自的风俗和旧法例而产生的对秦法脆弱的心理承受能力而最终导致秦的速亡。诸国民众从心理上不能很快接受严厉的秦法，不能适应法网严密的生活，因而一旦秦处于弱势，六国百姓风起云涌，推翻了秦王朝。参看马占军：《从秦简看秦亡的法律意识因素》，《简牍学研究》（2002年卷），第107—111页。

② 秦朝瓦解，有来自中央政府对全国资源整合过程中产生的矛盾，如封建郡县之争等，这其中还包含储君秦始皇巡狩问题，等等。参看熊永：《封建郡县之争与秦始皇嗣君选择》，《历史研究》2020年第1期，第68—91页。匈奴问题在这些矛盾中是如何产生作用的，可以说是一个重要的观察视角。

③ 有观点认为秦统一六国后，仍坚持“关中本位”，对统一全国后得到的新地区，实行较为宽松的管理方式，新黔首享受一定的特权并免除部分义务，这些特殊的对待方式不同于秦在“故徼”地区的政策，这在出土的岳麓秦简中得以证实。参看张韶光：《试论简牍所见秦对边缘地区的管辖》，《史学月刊》2020年第8期，第13页。此说为理解秦朝统治提供了有益的视角，不过从整体上来看，守边与匈奴问题给秦帝国带来的影响至深且巨。

于奔走”①。二是蒙恬的这次北击匈奴，收复河南地，迫使头曼单于北迁。但从整体而言，匈奴愈挫愈勇。北撤之后，他们趁秦朝内乱的空隙，迅速完成了更新换代，最后由冒顿击败东胡、月氏，成为草原霸主。② 紧接着，其矛头就对准了华夏，为秦汉帝国带来持续不断的压力。

这种压力体现在，为防备匈奴再度入侵，秦朝一方面要花费巨大人力、物力修建长城，构建整个防线，一方面又要充实边境，做长期打算。由此带来的严刑峻法以及人民的不断反抗，终于动摇了华夏帝国的统治基础，二世而亡。

其实，李斯早就对秦匈关系发表过看法，他认为匈奴本来就不是固定居住的群体存在，“迁徙鸟举，难得而制”，想要一举歼灭，难上加难，如果军队深入征讨，粮食后援肯定跟不上，“运粮以行，重不及事”，鉴于此，他极力反对与匈奴开战。③

当国家将主要兵力投放到边疆，要去面对无法随时决战的草原之师，同时又要随时担心匈奴的侵扰，这注定是一场无法获胜的战争。于是在不断修筑长城的过程中大量征发民力，当人民出现抵抗情绪时，又以严厉刑法处置，民众的揭竿而起也就只是时间问题了。秦帝国灭亡的原因仍可从多方面探讨，本节选取匈奴的角度作了分析。要言之，匈奴问题及其应对在秦亡过程中起到了某种催化作用。④

总体来看，秦的统一标志着秦国华夏化的最终完成。《睡虎地秦简·法律答问》有“欲去秦属是谓夏”一句，这是秦自称为夏的最佳证明。⑤ 成为华夏之主的秦帝国，其统治区域当然包括原来诸夏之国的领域在内。与

---

① 《史记》卷81《廉颇蔺相如列传》，第2450页。

② 翁独健主编：《中国民族关系史纲要》，北京：中国社会科学出版社，2001年，第93页。

③ 《汉书》卷64《严朱吾丘主父徐严终王贾传》，第2800页。

④ 秦亡的原因很多，学界有不少讨论。李福泉从秦始皇对匈奴政策入手，认为有四个后果：继续拓边战争，导致政策重心失衡；徭役征发，影响社会生产；严刑峻法，增加了统治的暴虐；激化社会矛盾。参看李福泉：《北伐匈奴是秦亡的重要原因》，《学术月刊》1985年第9期，第68—71页。匈奴问题是秦亡的重要原因之一，此点似无疑问。

⑤ 胡鸿：《能夏则大与渐慕华风：政治体视角下的华夏与华夏化》，第42页。

此同时，驰骋于北方草原的诸部族、族群也在匈奴带领下集结起来，其最终形态是匈奴帝国的出现。当长城、郡县的建设为华夏带来强有力的中央集权国家时，也带来了华夏帝国与非华夏匈奴间的政治对峙。不过，这种对峙在西汉初期却发生了变化。此时，匈奴的华夏认同也呈现出新的时代特征。

四、汉匈之争与华夏认同的新局面

西汉初期的匈奴，十分强盛。单于冒顿号称“控弦”30万，所到之处如入无人之境。《史记·匈奴列传》云：“于是匈奴贵人大臣皆服，以冒顿单于为贤。”①获得匈奴上下的信赖和支持，这或许让冒顿在实施对汉策略之际增加了成算与自信。

刘邦称帝后，在高祖七年（前200年）被冒顿的40万骑兵围于白登山达7日。最后，用陈平之计贿赂单于阏氏得以脱困。扬雄对此曾言：“会汉初兴，以高帝之威灵，三十万众困于平城，士或七日不食，时奇谲之士石画之臣甚众，卒其所以脱者，世莫得而言也。”②高祖被困，尽管汉人对此讳莫如深，但其后70年的汉匈和平，也经此一战而得。

这里有两点值得关注。据《史记·匈奴列传》，匈奴围困刘邦用的是四种骑兵，“西方尽白马，东方尽青駹马，北方尽乌骊马，南方尽骍马”③，由此可见匈奴军队的严整与战斗力的强大。而冒顿用骑兵大军团击败汉军的战术，也给高祖君臣留下极深印象，为汉初“师夷长技以制夷”的政策埋下伏笔，也为后来组建骑兵大军团和匈奴作战奠定了基础。④ 其二，匈奴阏氏对冒顿说的一番话，“两主不相困，今得汉地，而单于终非能居之也”⑤，也说明冒顿并没有打算与汉帝国鱼死网破，而是另有深意，此点或许更为

① 《史记》卷110《匈奴列传》，第2893页。
② 《汉书》卷94《匈奴传》，第3813页。
③ 《史记》卷110《匈奴列传》，第2894页。
④ 晋文：《两汉王朝对匈奴的战争诉求》，《社会科学战线》2022年第8期，第136页。
⑤ 《史记》卷110《匈奴列传》，第2894页。

重要。

从高帝九年(前198年)到武帝元光二年(前133年)用兵之前，汉朝基本上走的是和亲路线，与匈奴约为兄弟。双方以长城为界，北为匈奴，南为冠带。和亲伴有重礼，这也说明匈奴所关心的似乎还是经济和物质，因为地域和民情的不同，其意并非汉朝的土地和江山。吕后时，冒顿“为书遗高后，妄言”，吕后极为愤怒，一度想断绝与匈奴的关系，最终在众人劝说下依旧维持与匈奴的和亲政策。值得注意的是，冒顿写信给吕后，完全是高高在上的语气，这也反映了当时汉匈之间的对等关系。

汉初之羸弱，史书已有明载，当然需要休养生息。此时，如何面对强大的匈奴，成为关键。和亲政策的核心在于以宗室女为公主，嫁给单于为阏氏，同时每年提供一定的粮食等实物，匈奴不犯边境。据载，从高祖到武帝初，共有四次嫁公主，在此期间匈奴仍有十多次犯边，但汉廷都隐忍不发。

以和亲政策为中心的汉匈和平建设，为边境带来安宁，对帝国的发展和繁盛自然十分有利，而匈奴也因此得到不少实惠。武帝即位当初，仍然维持这一局面。“明和亲约束，厚遇，通关市，饶给之。匈奴自单于以下皆亲汉，往来长城下。”①巴菲尔德认为，匈奴等游牧民族一般会避免征服中原领土。因为从中原的贸易与奉金中得到的财富稳定了草原上的帝国政府，而他们并不希望去破坏这种资源。如果站在游牧民族的角度看，游牧民族并不希望中原王朝灭亡，他们希望通过军事行动获得中原王朝的注意，以此来达到与中原王朝往来的目的。而且游牧民族还会在中原王朝危机时出兵相助，以此获得更多的中原礼物。② 这种观点有一定的道理，但还不太准确。从另一角度来看，匈奴的存在，也使汉帝国必须时刻保持警惕，积极调整内政、整军备武，让军事力量以及社会组织、人心保持不错的状态。而大量物资的积蓄，也使国用丰足，至景帝末“贯朽粟陈”。这也就说明，强大的匈奴是汉初70年维持和平与繁荣，并在武帝时达到顶峰的一

---

① 《史记》卷110《匈奴列传》，第2904页。

② [美]巴菲尔德著，袁剑译：《危险的边疆——游牧帝国与中国》，第12页。

个重要原因。当然，长期的政治与文化交流也推动了匈奴方面的华夏认同。《汉书·贾谊传》颜师古注云：

> 爱人之状，好人之技，仁道也；信为大操，常义也；爱好有实，已诺可期，十死一生，彼将必至：此三表也。赐之盛服车乘以坏其目；赐之盛食珍味以坏其口；赐之音乐妇人以坏其耳；赐之高堂邃宇府库奴婢以坏其腹；于来降者，上以召幸之，相娱乐，亲灼而手食之，以坏其心：此五饵也。

如果说“单于以下皆亲汉”是匈奴在汉匈关系构建中呈现出来的华夏认同倾向，那么这些显然是华夏帝国实施和亲政策，并通过“三表五饵”，施以仁道与至诚之心的结果。然而，打破上述和平局面的是武帝。从元光元年（前134年）到征和三年（前90年），45年之间双方展开殊死搏杀的就有23年。

林剑鸣认为，汉匈之战主因有三：第一，匈奴游牧民族的本质决定其战争掠夺的必然性；第二，长期进贡给汉廷带来沉重负担；第三，匈奴给汉王室带来的羞辱使西汉统治者深怀仇怨。[①] 实际上任何一场战争的发生，都必然有其历史背景和原因，不可能是孤立、无缘无故的。因此。也有学者认为，武帝时的汉匈战争其实是汉初四帝旷日持久、时断时续的战争的延续，或者说，是由匈奴挑起的无数次规模大小不等的战争的继续，因此不能忽视这场战争的历史连续性。[②]

以上观点值得重视。不过，武帝个人的决策及其个人好恶似乎也应关注。大致而言，第一是世仇。按照《资治通鉴》的说法：“高皇帝遗朕平城之忧，高后时单于书绝悖逆。昔齐襄公复九世之仇，《春秋》大之。”[③]这段话表明了武帝对匈奴心怀仇恨的心理。第二是对匈奴扰边的愤恨。据《汉

---

① 林剑鸣：《秦汉史》，上海：上海人民出版社，2003年，第374—376页。

② 张嘉选：《如何评价汉武帝时期的汉匈战争》，《西北民族大学学报（哲学社会科学版）》1985年第4期，第79页。

③《资治通鉴》卷21《汉纪十三》太初四年条，北京：中华书局，1956年，第708页。

书》载，元光二年（前133年），武帝对公卿发问：自己不断忍让匈奴，派公主和亲，同时还给与巨大的赏赐和物质支援，但单于仍是不断犯我边境，因此想“举兵攻之”，不知大家意见如何？① 第三是对汉朝实力的自信。汉初70年的和平发展，除经济以外，军事力量也不断增强，这给武帝带来不少底气。元封元年（前110年），他亲自率兵18万到朔方，给单于发出了颇具威慑的通告，说是“南越王头已县于汉北阙矣”②，对自身力量充满了信心。第四是要与西域通商。匈奴原本在汉之前就对西域实施了统治。当时的西域诸国需要某种力量将他们联合起来，以便协调彼此的关系。匈奴通过僮仆都尉的设置，统治了西域，也使各国增强了相互间政治、经济、文化的往来。武帝要打通与西域、中亚乃至西亚通商之路，必须打破匈奴的阻断。③

有学者指出，当时汉朝正在尝试用“渐进式”方法，使匈奴“渐染华风”，更深层次的作用是使匈奴华夏化，由夷渐变为夏。④ 这或许是事实，也可以认为是武帝政策转向的原因所在。然而从匈奴的立场来看，当武帝一方提出“单于太子入汉为质子”的要求时，乌维单于的一番见解其实很有代表性，他说“非故约。故约，汉常遣翁主，给缯絮、食物有品，以和亲，而匈奴亦不复扰边”⑤。也就是和平出于双方的约定，汉朝用物质和公主换来匈奴的不扰边。这段话显示了汉初匈奴在华夏认同上一贯的主动性与自主性意识，即华夏非能居之所，但希望获得丰饶的物产以及公主和亲，作为交换条件就是不扰边。

总体而言，在“三表五饵”以及和亲政策的推动下，匈奴逐步趋向华夏认同，这已成为汉初的主要趋势。然而伴随着汉朝国力的提高，武帝断然采取讨伐匈奴的军事行动。从最后的结局看，汉匈战争其实是两败俱伤。

---

① 《汉书》卷70《韩安国传》，第2399页。
② 《汉书》卷6《武帝纪》，第189页。
③ 翁独健主编：《中国民族关系史纲要》，第128—131页。
④ 谢良：《西汉时期夷夏关系的嬗变与思考》，《中国边疆史地研究》2020年第1期，第43页。
⑤ 《史记》卷110《匈奴传》，第2913页。

研究表明，汉兵战死、降匈奴以及被匈奴杀害的官吏、民众约14万人，而匈奴方面战死、被俘和降汉者约21万人。① 汉帝国虽因武帝展示其“仁圣之悔”而避免了亡秦之祸，并且积极开展“兴盐铁，设酒榷，置均输”等事业，试图挽回战争带来的创伤，然而昔日的盛世终究一去不复返。

五、余论

汉匈战争不在本文探讨范围之内②，然而二者关系所引发的另一问题尤其重大，因为它直接影响了此后整整2 000年华夏认同的历史。这就是东北族群在汉匈战争之际走向觉醒和崛起，由此引发的反向动力持续不断地与华夏政权相互交融，直到清兵入关。据《汉书》卷73《韦贤传》：

> 孝武皇帝愍中国罢劳无安宁之时，乃遣大将军、散骑、伏波、楼船之属，南灭百粤，起七郡；北攘匈奴，降昆邪十万之众，置五属国，起朔方，以夺其肥饶之地；东伐朝鲜，起玄菟、乐浪，以断匈奴之左臂；西伐大宛，并三十六国，结乌孙，起敦煌、酒泉、张掖，以鬲婼羌，裂匈奴之右肩。③

从这段话可以看到，武帝对外政策的核心是削弱匈奴。作为整个政策的重要环节，力图去除匈奴的左右臂膀。为此，在朝鲜设置四郡，目的是剪断匈奴侧翼，与西北四郡遥相呼应。巴菲尔德认为，中国东北地区由于其政治与生态因素，成为华夏王朝发生内乱时的外族王朝滋生地。④ 此说似有片面之嫌。据《史记》卷115《朝鲜列传》载，“会孝惠、高后时天下初定，辽东太守即约满为外臣，保塞外蛮夷，无使盗寇”。可见，东北地区族群的崛起并非完全源自华夏王朝的内乱。如上所述，武帝在朝鲜设置四郡是为

---

① 翁独健主编：《中国民族关系史纲要》，第103页。

② 关于历代王朝对匈奴等非汉民族作战以及游牧民族入侵农耕地区的原因，可参看［日］内田吟风著，童岭译，余太山审校：《古代游牧民族侵入农耕国家的原因——以匈奴史为例的考察》，《西域研究》2016年第4期，第101—115页。

③ 《汉书·韦贤传》，第3126页。

④ ［美］巴菲尔德著，袁剑译：《危险的边疆——游牧帝国与中国》，第12页。

了配合对匈奴的军事行动。当汉帝国倾力与匈奴抗争之时，为了从侧面削弱匈奴的势力，在其两翼设置郡县。就东北地区而言，仿佛在一汪悄然寂静的湖水中投下一粒石子，逐渐成为旋涡，进而掀起滔天的巨浪，不断击打并反馈于华夏。华夏认同的巨浪从汉到唐，从契丹到女真、蒙古，其最高潮便是清王朝的建立。

伴随着秦汉帝国建立，以汉族为核心的华夏民族得以凝聚和整合，而此时华夏与匈奴等周边各族的关系又成为"华夷一统"思想的基础之所在，华夏认同在发生演进和变化。[①] 迄今的学界，无论对"华夷之辨"，还是"华夷一统""王者无外"等思想及其政策都有着极为精当的探讨，但几乎都是从华夏的立场而论，从匈奴等非华夏族群的主体意识来看华夏认同的视野似有加强的必要。姚大力指出，英美的考古学学者尝试放弃将人群及其文化的跨地域传播与迁徙视为欧亚草原游牧化进程的基本动能的理念，而更倾向于从长时期在各地延续的土生土长的各种地域性文化的内在动力及其主动性与自主性的角度，描述和揭示草原景观的宏观变迁。[②] 这一角度极具启发性。从本文分析的战国秦汉时期的匈奴情况来看，首先是吸纳北方其他部族或族群，同时对华夏等外部文化予以充分借鉴、学习，形成以匈奴为主体的文化认同。包括秦国在内的诸夏之国设郡县、修长城，与匈奴形成对峙与竞争的同时，也为华夏与匈奴的交融提供了空间，华夏认同在长时段、广范围内展开。有观点认为，当匈奴在汉帝国的压力下从漠南草原北迁后，将他们的文化带回漠北，从而推动匈奴与更为西面的欧亚草原文化发生密切的交流，至此匈奴文化才真正得以形成"自身特色"。[③] 带回漠北的匈奴文化之中，显然有着诸多华夏因素。汉初，匈奴通过和亲以及贸易往来等，在天子意识、天下一家等统治观念等多方面产生更加深入的

---

① 刘正寅：《中国历史上华夏认同的演进与升华》，《历史研究》2022 年第 3 期，第 36 页。

② 姚大力：《匈奴帝国与汉匈关系的演化——早期北亚史札记》，《中华文史论丛》2021 年第 2 期，第 24—25 页。

③ 杨建华、邵会秋、潘玲：《欧亚草原东部的金属之路：丝绸之路与匈奴联盟的孕育过程》，上海：上海古籍出版社，2017 年，第 444—468 页。

华夏认同，尽管这种认同还没有达到华夏化的阶段，但属于主动性与自主性的文化认同，推动了匈奴自身的文化发展，也丰富了与华夏交融的内涵。

（李济沧：南京师范大学社会发展学院历史系教授）

Unified Dynasty Establishment and *Huaxia* Identity: A Reexamination of the Relationship between the Qin-Han Empire and the Xiongnu

Li Jicang

Abstract: During the Warring States period, while the Xiongnu absorbed surrounding tribes and ethnic groups, they also exhibited a growing sense of identification with external cultures and politics, including that of the *Huaxia* 华夏. As the dominant force on the northern grasslands, they rivaled the *Huaxia* states south of the Great Wall in terms of their excellent learning abilities and military prowess. The *Huaxia* states, through building the Great Wall, establishing counties and prefectures, and adopting equestrian archery, among other means, engaged in competition, learning, and exchange with non-*Huaxia* ethnic groups such as the Xiongnu, contributing to the formation and evolution of the Chinese nation. Initially situated between barbarians and *Huaxia*, the Qin state underwent a process of *Huaxia* identification, eventually establishing a unified dynasty. The political and military confrontation between the Qin Empire and the Xiongnu played a crucial role in the downfall of the Qin dynasty. In the early Western Han period, soft approaches like *Heqin* 和亲 (making peace by marriage with other ethnic groups) were employed to reconstruct the Han-Xiongnu relationship, ushering in a new phase of *Huaxia* identification among the Xiongnu. With the growth of its national power, the Han Empire devoted great efforts to resist the Xiongnu. Emperor Wu established four counties in Korea in an attempt to weaken the military strength of the Xiongnu, leading to the rise of various ethnic groups in Northeast Asia and the expansion of *Huaxia* identification to the region. The establishment of the Qin-Han Empire initiated a process in which various ethnic groups within the Chinese nation gravitated towards a *Huaxia* identity centered around the Han ethnic group.

Keywords: Qin-Han empire; Xiongnu; Relationship between barbarians and *Huaxia*; *Huaxia* identity

战争·国家安全·长和平：辽圣宗对高丽的九次征伐再探讨*

陈俊达

（吉林大学文学院）

摘　要：辽圣宗在位期间，先后对高丽发动了九次征伐。统和十一年(993年)，辽圣宗对高丽的第一次征伐，目的是破坏北宋、高丽同盟，解除“腹背之患”；统和二十八年(1010年)，辽圣宗对高丽的第二次征伐，目的是效仿唐太宗，灭亡高丽，恢复汉、唐在朝鲜半岛上的郡县旧疆，彻底解决高丽问题；开泰二年(1013年)至开泰八年(1019年)，辽圣宗又对高丽进行多达七次的征伐，目的是通过“浅攻扰耕”，不断疲敝高丽，为最终平定高丽奠定基础。辽圣宗对高丽的九次征伐最终均以失败告终，只好放弃灭亡高丽以及恢复汉唐对朝鲜半岛实行郡县直辖的战略目标，与高丽正式建立起封贡体系统辖模式。正是由于与辽朝间长达近三十年的战争，高丽也意识到，其时中原政权已无力保障自身安全，与中国北方边疆民族建立的政权睦邻友好相处，才是保邦之道。金朝建立后，高丽迅速加入金朝构建的封贡体系，为东亚赢得百余年的长和平。

关键词：辽圣宗；高丽；战争；国家安全；东亚封贡体系

由于地缘政治，在辽宋、金宋对峙格局中，高丽皆选择站在与其境土相接、足以影响其国家存亡的辽朝和金朝的一边。高丽在辽宋或金宋之间的政治抉择，皆以国家安全为根本出发点，即高丽人所言“蕞尔平壤，迩于大

* 本文系2022年国家社会科学基金后期资助项目“重塑东亚秩序：十至十三世纪东亚‘封贡—认同体系’研究”(22FZSB029)、2023年度吉林省教育厅科学研究项目“古代东北亚监察制度与廉政文化研究”(JJKH20231120SK)阶段性成果。

辽，附之则为睦邻，疏之则为勍敌”①；“国家结好北朝，边无警急，民乐其生，以此保邦，上策也”②。宋人苏轼同样称高丽“度其本心为契丹用，何也？契丹足以制其死命，而我不能故也”③；朱胜非亦言高丽“与金为邻，而与中国隔海，远近利害甚明”④。造成高丽由“尊中国而保东土”⑤转变为“尊北朝而保东土”的源头，可追溯至辽朝圣宗年间对高丽的一系列征伐。正是由于10世纪末至11世纪初，高丽与辽朝间断断续续长达近三十年的战争，高丽意识到传统中原政权此时已无力保障高丽的国家安全，与中国北方边疆民族建立的政权睦邻友好相处才是唯一的保邦之道。

辽朝对高丽的每一次征伐，其背景、起因、目的、影响均不尽相同。然而到目前为止，学界研究至少存在两点不足。一方面，学界不约而同的将辽圣宗朝对高丽的征伐总结为“三次”⑥，分别为辽圣宗统和十一年（993年）、统和二十八年（1010年）以及开泰年间。前两次征伐没有异议，然开泰年间辽朝对高丽的征伐多达七次，每次辽朝出征将领、军队规模均不同，且辽军在完成每次征伐后均已撤回辽朝境内，历次征伐间隔时间亦短则数月，长则一年有余。将此七次征伐统称为一次，显然不妥，同时掩盖了辽朝的战略蓝图。另一方面，学界对辽朝历次征伐高丽的目的及战略目标存在

---

① 《宋史》卷487《高丽传》，北京：中华书局，1977年，第14046页。

② 郑麟趾等：《高丽史（第一）》卷8《文宗世家二》，台北：文史哲出版社，2012年，第115页。

③ （宋）李焘著，上海师范大学古籍整理研究所、华东师范大学古籍整理研究所点校：《续资治通鉴长编》卷481，哲宗元祐八年（1093年）二月辛亥，北京：中华书局，2004年，第11438页。

④ （宋）李心传著，胡坤点校：《建炎以来系年要录》卷18，建炎二年（1128年）冬十月甲寅，北京：中华书局，2013年，第417页。

⑤ 郑麟趾等：《高丽史（第一）·进高丽史笺》，第1页。

⑥ 杨昭全、韩俊光：《中朝关系简史》，沈阳：辽宁民族出版社，1992年，第172页；[韩]李基白著，厉帆译，厉以平译校：《韩国史新论》，北京：国际文化出版公司，1994年，第131—133页；《中朝关系通史》编写组编：《中朝关系通史》，长春：吉林人民出版社，1996年，第136—148页；朴真奭、姜孟山、朴文一、金光洙、高敬洙：《朝鲜简史》，延吉：延边大学出版社，1998年，第122—129页；杨昭全、何彤梅：《中国——朝鲜·韩国关系史》，天津：天津人民出版社，2001年，第353—357页；[韩]卢启铉著，紫荆、金荣国译，金龟春译审：《高丽外交史》，延吉：延边大学出版社，2002年，第42—108页；李春虎等：《朝鲜通史》第2卷，延吉：延边大学出版社，2006年，第73—86页；魏志江：《中韩关系史研究》，广州：中山大学出版社，2006年，第15—26页；等等。此类研究较多，兹不枚举。

前后重复、难以自圆其说之处，仅将其归纳为“树立‘中国’形象”“外正中华”“塑造正统”“希望得到高丽的认同”等①，显然没有考虑历史背景与现实动因。基于此，本文在厘清辽朝对高丽的征伐次数、过程、目的及战略目标的基础上，进而探讨战争、国家安全等要素对10至13世纪东亚国际体系转型与重塑的影响，以及大战之后带来的长和平。

一、断宋左臂：辽朝对高丽的第一次征伐

10世纪时，高丽视辽朝为“禽兽之国”，高丽太祖王建在临终前告诫其子孙：“惟我东方，旧慕唐风。文物礼乐，悉遵其制……契丹是禽兽之国，风俗不同，言语亦异。衣冠制度，慎勿效焉。”②高丽在立国之初，积极发展与中原政权的关系，于高丽太祖十六年（后唐明宗长兴四年，933年），正式接受后唐册封，行后唐明宗长兴年号。此后，高丽先后行后唐、后晋、后汉、后周年号，并前后六次接受后唐、后晋、后周册封。北宋建立后，高丽于光宗十三年（宋太祖建隆三年，962年），即宋朝建国两年后“遣广评侍郎李兴祐等如宋献方物”③，与宋朝建立外交关系，并于次年十二月行北宋乾德年号。此后，高丽光宗、景宗、成宗先后九次接受北宋册封，以北宋为正统，为宗主国，一直与宋朝保持良好关系。

反观高丽与辽朝的关系，辽朝自辽太祖天赞元年（922年）即积极发展与高丽的关系。据《高丽史》记载，高丽太祖五年（922年）二月，“契丹来遣橐驼、马及毡”④。然而辽太祖天显元年（高丽太祖九年，926年），契丹灭亡渤海国后，“由于渤海、高丽世称同种，且渤海为高丽之屏障，渤海既亡，契丹境土遂与高丽相连。高丽太祖王建对契丹势力的扩张深为忧惧，遂决定

① 陶莎：《义理与时势：澶渊之盟后辽圣宗对高丽政策探析》，《江海学刊》2019年第2期，第193页；《辽圣宗第一次经略高丽探赜》，复旦大学韩国研究中心编：《韩国研究论丛》2020年第1辑，北京：社会科学文献出版社，2020年，第92—94页。

② 郑麟趾等：《高丽史（第一）》卷2《太祖世家二》，第26页。

③ 郑麟趾等：《高丽史（第一）》卷2《光宗世家》，第32页。

④ 郑麟趾等：《高丽史（第一）》卷1《太祖世家一》，第16页。

与契丹绝交”[①]。辽太祖耶律阿保机去世后，由于继位的辽太宗忙于经略中原，无暇东顾，高丽遂停止派遣使者赴辽，同时大量接纳渤海遗民、接受后唐册封、行后唐年号，摆出一副对抗辽朝的态势。其间虽辽太宗于天显十二年（高丽太祖二十年，937 年）试图与高丽修好，于会同二年（高丽太祖二十二年，939 年）借后晋献幽云十六州之机，施压高丽，迫使高丽臣服。[②]但不仅皆未达到预期目的，反而激化了高丽对辽朝势力扩张的忧惧。因此当辽太宗于会同五年（高丽太祖二十五年，942 年）再次遣使高丽时，高丽太祖选择与辽朝断交。“王以契丹尝与渤海连和，忽生疑贰，背盟殄灭，此甚无道，不足远结为邻。遂绝交聘，流其使三十人于海岛，系橐驼万夫桥下，皆饿死。”[③]甚至在临终前亲授《训要》，将防备辽朝作为“永为龟鉴”[④]的条目之一，辽丽关系遂绝。

会同五年（942 年）后，由于辽太宗忙于经略中原，继位的世宗、穆宗、景宗忙于平息内乱、整顿朝政，始终无暇东顾，辽、丽双方基本维持着相安无事的局面。乾亨四年（982 年）九月，辽景宗去世，其年仅十二岁的儿子辽圣宗即位，承天太后摄政。辽圣宗即位之初，面临着复杂的外部形势。宋太宗以辽朝“少主在位、女主专政，这些现象在中国人观念中多多少少有些不正常的意味，总让人联系到政治混乱、诸侯纷争”[⑤]，决定再次对辽朝宣战，收复燕云。辽朝为了避免南北两线作战，急需征伐定安国、女真、高丽这些宋朝的盟友，再与宋朝逐鹿中原。[⑥] 于是，辽圣宗于统和元年（983 年）十月，“上将征高丽，亲阅东京留守耶律末只所总兵马”[⑦]；统和三年（985 年）七月，“诏诸道缮甲兵，以备东征高丽”，并“遣使阅东京

① 魏志江：《中韩关系史研究》，第 13—14 页。

② 陈俊达：《试析辽朝遣使高丽前期的阶段性特点（公元 922—1038 年）》，《齐齐哈尔大学学报》2015 年第 4 期，第 76—77 页。

③ 郑麟趾等：《高丽史（第一）》卷 2《太祖世家二》，第 26 页。

④ 郑麟趾等：《高丽史（第一）》卷 2《太祖世家二》，第 26 页。

⑤ 蒋非非、王小甫等：《中韩关系史（古代卷）》，北京：社会科学文献出版社，1998 年，第 159 页。

⑥ [韩]卢启铉著，紫荆、金荣国译，金龟春译审：《高丽外交史》，第 45 页。

⑦ 《辽史》卷 10《圣宗本纪一》，北京：中华书局，2016 年，第 120 页。

诸军兵器及东征道路”。①

圣宗初年名为“东征高丽”，实则其真实目的是攻打女真人与消灭渤海国残余势力建立的定安国②，借此以武力恫吓高丽，迫使其不敢出兵助宋。事实证明，“辽对高丽采取的以大兵压境为先导、外交继后的方针”③取得一定的成功。当高丽成宗四年（宋太宗雍熙二年，985 年），“宋将伐契丹，收复燕蓟，以我与契丹接壤，数为所侵，遣监察御史韩国华赍诏来谕”，要求高丽出兵助宋时，成宗一再拖延不肯发兵。直到“国华谕以威德”④，成宗才勉强答应发兵。而当辽朝于统和四年（高丽成宗五年，986 年）正月，遣厥烈赴高丽请和后⑤，高丽也就顺势没有配合同年三月北宋进行的“雍熙北伐”。

然而高丽的态度，显然无法令辽朝满意。高丽虽未配合北宋的军事行动，却依然与宋朝保持密切关系。成宗五年（986 年）十月，高丽遣使入宋朝贡，又选派崔罕、王彬赴宋朝国子监肄业⑥，继续奉北宋正朔，接受北宋册封。辽朝得知后，深恐腹背受敌，于是在反击宋朝、暂时稳定了南部边境后，开始谋划对高丽的第一次大规模征伐。

统和十年（992 年）十二月，辽圣宗命东京留守萧恒德等准备征伐高丽，类似于统和三年（985 年）七月，“诏诸道缮甲兵，以备东征高丽”⑦，是在做战前动员及相应准备。故高丽成宗十二年（993 年）五月，处于辽丽交界地带的女真人向高丽报告了“契丹谋举兵来侵”这一情况。然而高丽出于对女真人的偏见，“朝议谓其绐我”，不相信女真人的情报，“不以为备”。直到同年八月，女真人向高丽再次报告，辽朝大军已抵达女真地界，即辽朝已发兵，高丽才“始知事急”。⑧

---

① 《辽史》卷 10《圣宗本纪一》，第 123 页。

② 苗威：《定安国考论》，《中国边疆史地研究》2011 年第 2 期，第 110 页。

③ 蒋非非、王小甫等：《中韩关系史（古代卷）》，第 160 页。

④ 郑麟趾等：《高丽史（第一）》卷 3《成宗世家》，第 38 页。

⑤ 郑麟趾等：《高丽史（第一）》卷 3《成宗世家》，第 39 页。

⑥ 《宋史》卷 487《高丽传》，第 14039 页。

⑦ 《辽史》卷 10《圣宗本纪一》，第 123 页。

⑧ 郑麟趾等：《高丽史（第一）》卷 3《成宗世家》，第 45 页。

关于统和十一年(993年)辽朝第一次征伐高丽的原因，据《高丽史·徐熙传》记载，辽军主帅萧恒德(字逊宁)提出辽朝征伐高丽的三点原因[①]，分别为侵占辽朝领土、不恤民事、越海事宋[②]。我们先来看所谓高丽侵占辽朝领土，萧恒德提出的“汝国(指高丽)兴新罗地，高勾丽之地我(指辽朝)所有也”[③]，“今尔国(指高丽)侵夺疆界，是以来讨”[④]等理由，很显然只是为了出师有名。因为当徐熙将朝贡不通的原因归咎于女真人，“鸭绿江内外，女真盗据其间，道途梗涩，甚于涉海朝聘之不通”，请求辽朝“令逐女真，还我旧地，筑城堡，通道路”，[⑤]从而使得高丽朝觐辽朝之路畅通无阻时，萧恒德上报辽圣宗，辽朝不仅未取高丽尺寸之地，反而“诏取女直鸭渌江东数百里地赐之”[⑥]。

而第二点所谓高丽“不恤民事”，辽朝“恭行天罚”，[⑦]同样也是为了出师有名，凸显辽朝的大国地位。萧恒德声称率兵八十万来讨，只是进行武力威胁，因为“辽朝的常备军大约也就是二十万左右”[⑧]。同时辽军出征，行军统帅通常设有都统、副都统和都监三人。[⑨] 钩沉史料可知，此次辽军主帅为东京留守萧恒德[⑩]，副都统为右监门卫上将军、检校太师、遥授彰德军节度使萧挞凛[⑪]，都监为东京统军兵马都监耶律元宁[⑫]。三位行军统帅

① 《辽史》卷88《萧恒德传》，第1476页。

② 《高丽史(第三)》卷94《徐熙传》，第76—78页。

③ 《高丽史(第三)》卷94《徐熙传》，第77—78页。

④ 郑麟趾等：《高丽史(第三)》卷94《徐熙传》，第76页。

⑤ 郑麟趾等：《高丽史(第三)》卷94《徐熙传》，第78页。

⑥ 《辽史》卷13《圣宗本纪四》，第155页。

⑦ 郑麟趾等：《高丽史(第三)》卷94《徐熙传》，第77页。

⑧ 王曾瑜：《辽金军制》，保定：河北大学出版社，2011年，第92页。

⑨ 武文君：《辽代部族军研究》，合肥：黄山书社，2022年，第167页。

⑩ 《辽史》卷88《萧恒德传》，第1476页。

⑪ 《辽史》卷85《萧挞凛传》，第1445页。

⑫ 据统和二十六年(1008年)《耶律元宁墓志》记载：“(耶律元宁)遂移权东京统军兵马都监。会高丽恃阻河海，绝贡苞茅，时与驸马兰陵王奉顺天之词，问不庭之罪。公躬率锐旅，首为前锋……彼累上于降书，愿为藩臣，永事天阙，故高丽岁时之贡不绝于此，由公之力也……”(刘浦江：《辽〈耶律元宁墓志铭〉考释》，《松漠之间：辽金契丹女真史研究》，北京：中华书局，2008年，第214页)“驸马兰陵王”即萧恒德(《辽史》卷88《萧恒德传》，第1476—1477页)，时任东京留守，耶律元宁时任东京统军兵马都监随军出征，故推测耶律元宁应担任行军都监，萧挞凛为行军副都统。

中，两位皆为辽朝东京地区长官，可知此次征伐高丽，与统和元年（983年）十月“上将征高丽，亲阅东京留守耶律末只所总兵马”①一样，辽朝仅出动东京留守所辖兵马。军队数量注定此次征伐只是一场小规模战役。因此当进攻安戎镇受挫后，萧恒德没有选择继续进攻，而是“遣人促降”。徐熙奉国书来到逊宁军营，令译者问相见之礼时，萧恒德以自己为“大朝贵人”，命徐熙“拜于庭”。徐熙据理力争：“臣之于君，拜下礼也。两国大臣相见，何得如是?”萧恒德先是不许，徐熙遂终止谈判，“还卧所馆不起”。反而是萧恒德为防止和谈破裂，立即“许升堂行礼”，允许徐熙与其“分庭揖升行礼，东西对坐”。②

由此可见，所谓高丽侵占辽朝领土、不恤民事等皆为托词，萧恒德所言“与我连壤，而越海事宋，故有今日之师”③才是辽朝第一次征伐高丽的真正原因，故在高丽“修朝聘”后，萧恒德便于同年闰十月撤军，辽朝对高丽的第一次征伐结束。

综上，辽朝对高丽的第一次征伐始于辽圣宗统和十一年（高丽成宗十二年，993年）八月，结束于同年闰十月。辽朝第一次征伐高丽点到即止，故高丽大臣徐熙在看到萧恒德的劝降书言“大朝统一四方，其未归附，期于扫荡，速致降款，毋涉淹留”④后，便知道辽朝之意不在土地与征服。辽朝第一次征伐高丽只是为了使高丽转奉辽朝正朔，破坏宋丽同盟的紧密关系，暂时解除“腹背之患”⑤，为此辽朝不惜在领土问题上予以让步。此时辽朝由于战略重心仍在南面的北宋，对高丽虽以军事相威胁，但仍主要以安抚、妥协为主，至于部分研究者所言辽朝第一次征伐高丽便有塑造其自身“正统”的目的，似乎不是此时的辽朝所关注的。⑥

---

① 《辽史》卷10《圣宗本纪一》，第120页。

② 郑麟趾等：《高丽史（第三）》卷94《徐熙传》，第77页。

③ 郑麟趾等：《高丽史（第三）》卷94《徐熙传》，第78页。

④ 郑麟趾等：《高丽史（第三）》卷94《徐熙传》，第76—77页。

⑤ ［韩］卢启铉著，紫荆、金荣国译，金龟春译审：《高丽外交史》，第54页。

⑥ 陶莎：《辽圣宗第一次经略高丽探赜》，复旦大学韩国研究中心编：《韩国研究论丛》2020年第1辑，第92页。

二、效法唐宗：辽朝对高丽的第二次征伐

辽朝历经辽景宗与圣宗母承天太后改革，彻底扭转了穆宗以来辽朝的“中衰”局面以及圣宗初年不稳定的政治形势；在外部与北宋签订澶渊之盟，正式取得东亚世界与宋朝平起平坐的国际地位。澶渊之盟的签订对于辽人“正统”意识的树立有着决定性影响。虽然在此之前，早在契丹与五代并立时期，辽朝已自称“北朝”而称后晋为“南朝”。[①] 但彼时的后晋，一方面为辽朝册立，另一方面亦只是地方割据政权，二者主要遵循当时依照方位互称南北并立政权为“南北朝”的习惯称呼，一如南唐同样称宋朝为“北朝”。[②]

北宋建立后，辽朝虽仍以北朝自居，但彼时以恢复汉、唐旧疆为目标的宋朝，自然不会承认辽朝的北朝地位。虽然《辽史·景宗纪》中有“乾亨元年春正月乙酉，遣挞马长寿使宋，问兴师伐刘继元之故。丙申，长寿还，言‘河东逆命，所当问罪。若北朝不援，和约如旧，不然则战’”[③]的记载，但此处宋太宗所言“北朝”不见他处记载，推测应为辽朝史官书写所致，而非宋人所言。宋人称辽朝为北朝真正见于宋朝史料系统正是始于澶渊之盟签订前后[④]，随着澶渊之盟的签订，宋辽的“南朝”与“北朝”身份正式被双方确定下来。据《续资治通鉴长编》记载，澶渊之盟后，宋人“录契丹誓书，颁河北、河东诸州军。始，通和所致书，皆以南、北朝冠国号之上”[⑤]。虽然在此之后，由于大臣反对，宋朝致辽国书中不再“以南、北朝冠国号之上”，之前“以南、北朝冠国号之上”的国书也因为史家笔削而不复存在。[⑥] 然而，北宋仍在称呼上称辽朝为“北朝”，如庆历四年（1044 年），宋仁宗在《回契

---

① 赵永春：《辽人自称“北朝”考论》，《史学集刊》2008 年第 5 期，第 19 页。

② （宋）李焘著，上海师范大学古籍整理研究所、华东师范大学古籍整理研究所点校：《续资治通鉴长编》卷 11，太祖开宝三年（970 年）十二月是冬，第 255 页。

③ 《辽史》卷 9《景宗本纪下》，第 109 页。

④ （宋）李焘著，上海师范大学古籍整理研究所、华东师范大学古籍整理研究所点校：《续资治通鉴长编》卷 57，真宗景德元年（1004 年）闰九月乙亥，第 1268 页。

⑤ （宋）李焘著，上海师范大学古籍整理研究所、华东师范大学古籍整理研究所点校：《续资治通鉴长编》卷 58，真宗景德元年（1004 年）十二月辛丑，第 1299 页。

⑥ 赵永春：《辽人自称“北朝”考论》，《史学集刊》2008 年第 5 期，第 21 页。

丹书》中写道："北朝未知元昊今夏有奏来……若以其于北朝失事大之礼，则自宜问罪。若以其于本朝稽效顺之故，则不烦出师。况今月五日延州奏，元昊已遣杨宗素赍誓文入界，若不依自初约束，则犹可沮还，如尽已遵承，则南朝何以却之。"[①]同时澶渊之盟辽朝不仅在名义上取得了与宋朝对等的"北朝"地位，在现实中，约定与宋朝为"兄弟之国"，宋辽皇帝间的关系，根据年龄和辈分推算，北宋每年给辽朝交纳助军旅之费（岁币）绢二十万匹、银十万两（后增至银二十万两、绢三十万匹）。[②] 此时的北宋早已结束五代十国分裂割据局面，与后晋割据政权不可同日而语，是东亚各国公认的"正统"，辽朝至此才真正摆脱原中原王朝管辖下的边疆民族身份，与宋朝南北对峙，形成中国历史上的第二次南北朝时期。

辽朝在取得东亚世界与北宋并列的地位后，下一步便是构建以自身为中心的东亚国际体系，使东亚各国接受辽朝的中心地位。如果说交趾、占城及南海诸国与辽朝远隔重洋，辽朝鞭长莫及，那么与辽朝境土相接的高丽，便成为必须征服的对象。因此，当辽朝与北宋签订澶渊之盟，正式取得东亚世界与北宋平起平坐的国际地位后，彻底解决高丽问题便提上日程。

学界一般认为，辽朝第二次征伐高丽，是为了收复第一次征伐高丽后赐予高丽的"女直鸭渌江东数百里地"，抑或收复"六城（兴化、通州、龙州、铁州、郭州、龟州）"。又或有观点认为，辽朝第二次征伐高丽是"希望得到高丽的认同"[③]。如果说收复失地的观点尚存在一定的合理性，但通过武力征伐来获取高丽认同的观点着实令人费解。早在11世纪，宋人曾巩便指出："窃以高丽（高句丽）于蛮夷中，为通于文学，颇有知识，可以德怀，难以力服也。"曾巩此处借历史上隋唐两朝用武力皆未能平定高句丽之事，建

---

① 司义祖整理：《宋大诏令集》卷228《四裔一·契丹一·回契丹书》，北京：中华书局，1962年，第884页。

② 陶晋生：《宋辽关系史研究》，北京：中华书局，2008年，第17—19页。

③ 陶莎：《义理与时势：澶渊之盟后辽圣宗对高丽政策探析》，《江海学刊》2019年第2期，第193页。

议宋朝应以仁德对待高丽。[①] 很明显武力征服只能迫使高丽臣服，但认同的获得唯有通过“以德服丽”政策得以实现。事实证明，高丽最终转变为以辽金两朝为“正统”，正是在辽金以“至仁大德，抚字小邦”[②]对待高丽，使高丽获得巨大利益后才得以实现。

那么辽朝第二次征伐高丽的战略目标究竟是什么？想要回答这个问题，首先，我们来看战争爆发的时间节点。辽圣宗统和二十七年(1009 年)十二月，圣宗母承天太后去世。统和二十八年(1010 年)五月，高丽西京留守康肇(兆)弑穆宗，立显宗，由此成为圣宗亲征高丽的理由。[③] 圣宗即位时年仅十二岁，其母承天太后“临朝称制凡二十七年”[④]。圣宗年幼时，“国事决于其母”[⑤]。至其成年，遇事仍“拱手”母旁，聆听母训“略无怨辞”。[⑥] 因而圣宗在承天太后去世后，迫切需要证明自身的能力。然承天太后摄政的二十七年中，“明达治道，闻善必从，故群臣咸竭其忠”。同时承天太后还熟悉军事，出入疆场，“澶渊之役，亲御戎车，指麾三军，赏罚信明，将士用命”[⑦]。故圣宗必须在文治武功各方面均有所突破，才能超越承天太后的政治影响。

其次，我们来看圣宗本人的性格特点。圣宗作为有辽一代最有成就的君主之一，元朝史官称赞其“辽之诸帝，在位长久，令名名无穷，其唯圣宗乎”[⑧]！圣宗“好读唐《贞观事要》，至太宗、明皇实录则钦伏”，并云“五百年来中国之英主，远则唐太宗，次则后唐明宗，近则今宋太祖、太宗也”。[⑨] 阅

---

① (宋) 曾巩:《元丰类稿》卷 35《奏状 · 明州拟辞高丽送遗状》，万有文库本，上海：商务印书馆，1937 年，第 377 页。

② 郑麟趾等:《高丽史(第一)》卷 15《仁宗世家一》，第 235 页。

③《辽史》卷 14《圣宗本纪五》，第 178 页;《辽史》卷 15《圣宗本纪六》，第 184 页。

④ (宋)叶隆礼著，贾敬颜、林荣贵点校:《契丹国志》卷 7《圣宗天辅皇帝》，北京：中华书局，2014 年，第 71 页。

⑤ (宋)李焘著，上海师范大学古籍整理研究所、华东师范大学古籍整理研究所点校:《续资治通鉴长编》卷 27，太宗雍熙三年(986 年)春正月戊寅，第 602 页。

⑥ (宋)叶隆礼著，贾敬颜、林荣贵点校:《契丹国志》卷 7《圣宗天辅皇帝》，第 80 页。

⑦《辽史》卷 71《景宗睿智皇后萧氏》，第 1323 页。

⑧《辽史》卷 17《圣宗本纪八》“赞曰”，第 233 页。

⑨ (宋)叶隆礼著，贾敬颜、林荣贵点校:《契丹国志》卷 7《圣宗天辅皇帝》，第 80 页。

唐高祖、太宗、玄宗三《纪》时，亦令臣下“录其行事可法者进之”①。辽圣宗以唐太宗为榜样，而唐太宗对待朝鲜半岛的态度极为强硬。贞观十六年(642年)，高句丽西部大人泉盖苏文杀高句丽荣留王，自称莫离支，总揽国政，立宝藏王为傀儡，由此引发唐太宗征讨高句丽。唐太宗尝言："辽东本中国之地，隋氏四出师而不能得；朕今东征，欲为中国报子弟之仇，高丽雪君父之耻耳"；“辽东故中国地，而莫离支贼杀其主，朕将自行经略之”；“今天下大定，惟辽东未宾，后嗣因士马盛强，谋臣导以征讨，丧乱方始，朕故自取之，不遗后世忧也”。② 虽然唐太宗并未完成平灭高句丽的大业，但经过唐太宗、唐高宗两朝的不懈努力，最终于唐高宗总章元年(668年)灭亡高句丽，收复汉四郡故地，设立安东都护府。以唐太宗为榜样的辽圣宗，此时面对与唐太宗朝同样的问题，做出的决定似不难判断。故唐太宗亲征高句丽，面对大臣“辽东道远，粮运艰阻；东夷善守城，攻之不可猝下”的劝谏时，回答道："今日非隋之比，公但听之”③，然后决然东征。同样辽圣宗在亲征前，对群臣说道："高丽康肇弑其君诵，立诵族兄询而相之，大逆也。宜发兵问其罪。”群臣皆表示赞同，只有萧敌烈劝谏曰："国家连年征讨，士卒抏敝。况陛下在谅阴，年谷不登，创痍未复。岛夷小国，城垒完固。胜不为武；万一失利，恐贻后悔。不如遣一介之使，往问其故。彼若伏罪而已；不然，俟服除岁丰，举兵未晚。”④圣宗亦没有理会萧敌烈的进谏。

再次，从辽朝第二次征伐高丽的出征阵容上看。学者研究指出，辽朝军队出征时至少包括先锋军、主力军，皇帝亲征另设护驾军。主力军的行军统帅通常设有都统、副都统、都监。⑤ 钩沉史料可知，辽朝第二次征伐高

---

① 《辽史》卷80《马得臣传》，第1409页。

② (宋)司马光著，(元)胡三省音注：《资治通鉴》卷197《唐纪十三》，太宗贞观十九年(645年)三月丁亥，北京：中华书局，2012年，第6217—6218页；《新唐书》卷220《高丽传》，北京：中华书局，1975年，第6189—6190页。

③ (宋)司马光著，(元)胡三省音注：《资治通鉴》卷197《唐纪十三》，太宗贞观十八年(644年)冬十月己巳，第6213页。

④ 《辽史》卷88《萧敌烈传》，第1473页。

⑤ 武文君：《辽代部族军研究》，第167、191页。

丽,圣宗亲征,“以皇弟楚国王隆祐留守京师,北府宰相、驸马都尉萧排押为都统,北面林牙僧奴为都监”①,不见此次行军副都统的记载。然辽军在作战时,主力军分为中军、左翼和右翼,非皇帝亲征状态下,都统居中军,副都统与都监将左右翼。② 此次圣宗亲征,推测圣宗居中军,都统与都监分掌左右翼,故没有任命副都统。除主力军外,辽朝第二次征伐高丽,先锋为耶律盆奴,副先锋为耶律弘古。③ 先锋军中下辖右皮室军,由右皮室军详稳耶律敌鲁(的球)率领本部军出征作战。④ 此外还有积庆宫使耶律瑶质⑤、国舅详稳萧惠⑥等从征。

从出征阵容上便可看出圣宗对于高丽势在必得,辽朝第一次征伐高丽之时,由东京留守萧恒德统军出征,然二次征伐时,时任东京留守、封楚国公的耶律弘古仅担任副先锋。⑦ 同时第一次征伐高丽时,萧恒德虽号称统领八十万大军,实则仅为东京留守下辖兵马。二次征伐时,作为辽军精锐、皇帝宿卫军的皮室军亦被编入先锋军作战,而这仅是随军出征之一“部”。

最后,早在辽朝第一次征伐高丽之时,收复高句丽故地便已是讨伐高丽的原因之一:“大朝既已奄有高勾丽旧地,今尔国(高丽)侵夺疆界,是以来讨”;“汝国(高丽)兴新罗地,高勾丽之地我所有也,而汝侵蚀之”。⑧ 虽然此时收复高句丽故地只是辽朝武力恫吓高丽的手段与口号,但也从侧面证明此时在辽朝内部,已存在收复高句丽故地的声音。高丽既然自称是“高勾丽之旧”⑨,那么自然应为辽朝征讨收复的对象。

由上文分析可知,承天太后去世后,圣宗急于展示个人能力,以树立威望,巩固统治。正巧此时高丽发生康肇弑君、拥立新王事件,这一幕与唐太

① 《辽史》卷15《圣宗本纪六》,第184页。
② 武文君:《辽代部族军研究》,第191页。
③ 《辽史》卷88《耶律盆奴传》,第1475页;《辽史》卷88《耶律弘古传》,第1480页。
④ 《辽史》卷15《圣宗本纪六》,第184页;《辽史》卷88《耶律的球传》,第1481页。
⑤ 《辽史》卷88《耶律瑶质传》,第1479页。
⑥ 《辽史》卷93《萧惠传》,第1511页。
⑦ 《辽史》卷88《耶律弘古传》,第1480页。
⑧ 郑麟趾等:《高丽史(第三)》卷94《徐熙传》,第76—78页。
⑨ 郑麟趾等:《高丽史(第三)》卷94《徐熙传》,第78页。

宗征讨高句丽，唐朝灭亡高句丽一系列战争起点的情况相类似，而圣宗又恰以唐太宗为榜样。加之由承天太后主导的辽对高丽的第一次征伐，其结局虽迫使高丽转奉辽朝正朔，却付出了“鸭渌江东数百里地”的代价。同时高丽虽在形式上臣服于辽朝，却仍心向宋朝，与北宋暗通款曲。基于上述种种“巧合”，圣宗决意发动对高丽的第二次征伐，其战略目标不仅仅是要收回辽朝赐予高丽的土地，而是要在疆土上有所突破，甚至一如曾经的唐太宗、唐高宗灭亡高句丽那般，灭亡高丽，恢复汉、唐在朝鲜半岛上的郡县旧疆，从而彻底解决高丽问题。于是，辽圣宗调集一切能够调动的精锐军事力量，试图毕其功于一役，灭亡高丽。这点随着战争的推进，体现得更为明显。当辽军一路突进，势如破竹时，圣宗任命“政事舍人马保佑为开京留守，安州团练使王八为副留守。遣太子太师乙凛将骑兵一千，送保佑等赴京”①，已经开始着手接收高丽国都事宜。

辽圣宗统和二十八年（高丽显宗元年，1010年）十一月，辽圣宗亲率大军渡过鸭绿江，号四十万之众，辽朝对高丽的第二次征伐正式拉开帷幕。战争打响后，正如圣宗所计划的那样，辽军连下通州、郭州、安北府、肃州，击溃康肇率领的高丽军主力，兵围高丽西京（平壤），并于次年正月，仅用不到两个月的时间，便攻克高丽都城开京。如果依照“汉唐故事”，战役至此，辽圣宗一如汉武帝灭卫氏朝鲜、唐高宗灭高句丽，已成功灭亡高丽。然而圣宗忽略了一点，高丽不同于高句丽，更不同于卫氏朝鲜，高丽的立国之策本身便是“先操鸡（林）后搏鸭（绿江）”②，与宋朝“先南后北”政策相同，高丽同样是在完成对朝鲜半岛南部的统一后，才徐图向北发展，这便意味着高丽有着远超高句丽的战略纵深。故早在辽圣宗亲征之时，面对高丽大臣皆欲投降的局面，唯独姜邯赞力劝显宗南奔：“今日之事，罪在康兆，非所恤也。但众寡不敌，当避其锋，徐图兴复耳。”③又如面对辽军的紧追不舍，高

① 《辽史》卷15《圣宗本纪六》，第184页。《辽史》卷115《高丽传》略同（第1672页）。

② 郑麟趾等：《高丽史（第一）》卷1《太祖世家一》，第12页。

③ 郑麟趾等：《高丽史（第三）》卷94《姜邯赞传》，第79页。

丽大臣河拱辰对追击的辽军说道："（显宗）今向江南，不知所在。"当辽军问起追击显宗的距离时，河拱辰又答道："江南太远，不知几万里。"①辽军无奈，只得撤退。由此可见，高丽由于统一了原新罗、百济之地，这便给高丽君臣留下了与辽军回旋的余地。圣宗虽一举攻克高丽都城开京，但随着高丽军民坚壁清野，辽军后勤难以为继，粮草日渐匮乏，无奈于占领开京十日后，接受高丽显宗亲自入辽朝觐的条件，率军北返。加之辽军采取的仍是与进攻北宋时相同的孤军深入、直逼京师的作战方针，没有全面肃清高丽北部各军事据点，回师途中，又遭到高丽军队的多次截击，损失惨重，一如《高丽史·杨规传》所言，"契丹兵为诸将钞击，又因大雨，马驼疲乏，甲仗皆失，渡鸭绿江引去。郑成追之，及其半渡，尾击之，契丹兵溺死者甚众。诸降城皆复之。规以孤军，旬月间，凡七战，斩级甚众。夺被虏人三万余口，获驼马器械不可胜数"②，最终于一月下旬，渡过鸭绿江，回到辽来远城，辽朝对高丽的第二次征伐结束。

综上可知，辽圣宗对高丽的第二次征伐始于统和二十八年（高丽显宗元年，1010年）十一月，结束于统和二十九年（高丽显宗二年，1011年）一月，历时不到三月。可以说，辽圣宗亲征高丽的目标是宏大的，结果是失败的。不仅未取得尺寸之地，圣宗撤军后，"所降诸城复叛"，反而在回师途中损失惨重，仅换来高丽显宗"亲朝"的口头承诺。故元代史臣批评圣宗亲征一事道："高句骊（高丽）弑其君诵而立询，辽兴问罪之师，宜其箪食壶浆以迎，除舍以待；而乃乘险旅拒，俾智者竭其谋，勇者穷其力。虽得其要领，而颛颛独居一海之中自若也。岂服人者以德而不以力欤？况乎残毁其宫室，系累其民人，所谓以燕伐燕也欤？呜呼！朱崖之弃，捐之之力也，敌烈之谏有焉。"③圣宗不仅未能效仿唐太宗建不世功勋，反而连收复赐予高丽的江

---

① 郑麟趾等：《高丽史（第三）》卷94《河拱辰传》，第87页。

② 郑麟趾等：《高丽史（第三）》卷94《杨规传》，第83页。《辽史》卷15《圣宗本纪六》亦言："（统和）二十九年春正月乙亥朔，班师，所降诸城复叛。至贵州南峻岭谷，大雨连日，马驼皆疲，甲杖多遗弃，霁乃得渡。"（第185页）卷115《高丽传》略同（第1673页）。

③ 《辽史》卷88《列传第十八》"论曰"，第1481—1482页。

东之地的最低目标也未能实现，这一切都暗示了辽圣宗暂时班师回军只是一时无奈之举，辽丽战争仍将继续。

三、扰耕浅攻：开泰年间辽朝对高丽的一系列征伐

统和二十九年（高丽显宗二年，1011年）一月，辽圣宗班师后，高丽显宗还都开京。高丽知道辽朝绝不会善罢甘休，于是在进一步完善城防设施、整顿军备的同时，努力与辽朝维持良好的外交往来，以为整军备战争取时间。同年四月，高丽"遣工部郎中王瞻如契丹谢班师"；八月，"遣户部侍郎崔元信如契丹"；十月，"遣都官郎中金崇义如契丹贺冬至"；十一月，"遣刑部侍郎金殷傅如契丹贺生辰"。[①] 然正如前文所述，圣宗亲征不仅无尺寸之功，反而损失惨重，故圣宗依照高丽显宗乞求辽朝撤军的条件，"王（显宗）以三军败衄，州郡陷没，上表请朝"[②]，于次年（辽圣宗开泰元年，高丽显宗三年，1012年）四月，"高丽遣蔡忠顺来，乞称臣如旧"[③]之时，诏令显宗王询亲朝。

辽圣宗令高丽显宗亲自入辽朝觐，并非一时心血来潮。早在隋炀帝亲征高句丽之时，便曾诏令高句丽王入朝，作为隋军撤退的条件。圣宗料定高丽显宗断不会亲朝，故一再勒令只是为接下来的征伐做铺垫、找借口罢了。果然，开泰元年（高丽显宗三年，1012年）八月，"高丽王询遣田拱之奉表称病不能朝"，圣宗"诏复取六州地"。[④] "亲朝"与"六州旧地"成为开泰年间辽朝对高丽一系列征伐的理由，此后圣宗多次遣使令显宗亲朝，同时派遣耶律行平、李松茂等人反复前往高丽"索六城"。高丽不仅拒绝"亲朝"与归还六城，反而扣留耶律行平，由此使得辽朝得以"名正言顺"地发起对

① 郑麟趾等：《高丽史（第一）》卷4《显宗世家一》，第54—55页。

② 郑麟趾等：《高丽史（第三）》卷94《智蔡文传》，第84页。

③ 《辽史》卷15《圣宗本纪六》，第187页。

④ 《辽史》卷15《圣宗本纪六》，第187页。《高丽史（第一）》卷4《显宗世家一》作显宗三年（1012年）四月，"契丹诏王亲朝"。六月，"遣刑部侍郎田拱之如契丹夏季问候，且告王病不能亲朝。丹主怒，诏取兴化、通州、龙州、铁州、郭州、龟州等六城"（第55页）。《辽史》卷115《高丽传》略同（第1673页）。

高丽的一系列征讨。

开泰年间，辽朝自开泰二年（1013年）至开泰八年（1019年），对高丽的征伐多达七次，平均一年一次。通过战争频率，可知圣宗吸取亲征高丽时，盲目孤军深入半岛而陷入困境的教训，转而参考唐太宗贞观二十一年（647年）二月制定的对高句丽"浅攻扰耕"战略："高（句）丽依山为城，攻之不可猝拔……今若数遣偏师，更迭扰其疆埸，使彼疲于奔命，释耒入堡，数年之间，千里萧条，则人心自离，鸭绿之北，可不战而取矣。"①为此，辽圣宗在出兵前还专门了解高丽的山川地理以及辽军的最佳进攻路线等问题。据《辽史·圣宗纪》记载，开泰二年（1013年）十月，"详稳张马留献女直人知高丽事者。上问之，曰：'臣三年前为高丽所虏，为郎官，故知之。自开京东马行七日，有大砦，广如开京，旁州所贡珍异，皆积于此。胜、罗等州之南，亦有二大砦，所积如之。若大军行由前路，取曷苏馆女直北，直渡鸭渌江，并大河而上，至郭州与大路会，高丽可取而有也。'上纳之"②。由此可见，圣宗此时仍以彻底平定高丽为最终战略目标，只不过吸取亲征高丽的经验教训，不再选择毕其功于一役，而是以军事上的小规模连续骚扰为主。

与此同时，高丽面对辽朝的步步紧逼，一面加紧备战，一面联络北宋，试图借助宋朝的力量钳制辽朝。高丽显宗五年（宋真宗大中祥符七年，1014年）八月，"遣内史舍人尹征古如宋，献金线织成龙凤鞍幞、绣龙凤鞍幞各二，良马二十二匹，仍请归附如旧"③；高丽显宗六年（宋真宗大中祥符八年，1015年），"遣民官侍郎郭元如宋献方物，仍告契丹连岁来侵。表曰：'借以圣威，示其睿略，或至倾危之际，预垂救急之恩'"④。甚至于显宗七年（1016年）"复行宋大中祥符年号"⑤，显宗九年（1018年）"行宋天禧年

① （宋）司马光著，（元）胡三省音注：《资治通鉴》卷198《唐纪十四》，太宗贞观二十一年（647年）二月丁丑，第6245页。

② 《辽史》卷15《圣宗本纪六》，第190页。

③ 郑麟趾等：《高丽史（第一）》卷4《显宗世家一》，第57页。

④ 郑麟趾等：《高丽史（第一）》卷4《显宗世家一》，第58页。

⑤ 郑麟趾等：《高丽史（第一）》卷4《显宗世家一》，第59页。

号”[①]，单方面宣布脱离与辽朝的宗藩关系，重新恢复北宋的属国身份。

正是在这样的背景下，开泰年间辽朝对高丽的七次征伐正式展开。

1. 开泰年间第一次征伐(总第三次征伐)

此次征伐发生于辽圣宗开泰二年（高丽显宗四年，1013 年）五月，据《高丽史·显宗世家》记载，“女真引契丹兵将渡鸭绿江，大将军金承渭等击却之”[②]。辽军将领、人数等情况不见于史料记载。

2. 开泰年间第二次征伐(总第四次征伐)

此次征伐始于辽圣宗开泰三年（高丽显宗五年，1014 年）五月，结束于开泰四年（高丽显宗六年，1015 年）四月。据《辽史·圣宗纪》记载，开泰三年（1014 年）夏，“诏国舅详稳萧敌烈、东京留守耶律团石等讨高丽，造浮梁于鸭渌江，城保、宣义、定远等州”。开泰四年（1015 年）正月，“东征。东京留守善宁、平章涅里衮奏，已总大军及女直诸部兵分道进讨，遂遣使赍密诏军前”；四月，“萧敌烈等伐高丽还”。[③] 同书《高丽传》记载“（开泰三年）五月，诏国舅详稳萧敌烈、东京留守耶律团石等造浮梁于鸭渌江，城保、宣义、定远等州”[④]。《高丽史·显宗世家》记载，显宗五年（1014 年）十月，“契丹遣国舅详稳萧敌烈来侵通州，兴化镇将军郑神勇、别将周演击败之，斩七百余级，溺江死者甚众”。显宗六年（1015 年）正月，“契丹作桥于鸭绿江，来（夹）桥筑东西城，遣将攻破，不克。癸卯，契丹兵围兴化镇，将军高积余、赵弋等击却之。甲辰，又侵通州”；三月，“契丹侵龙州”。[⑤]

由此可知，开泰年间辽朝第二次征伐高丽始于辽圣宗开泰三年（高丽显宗五年，1014 年）五月，结束于开泰四年（高丽显宗六年，1015 年）四月。辽军主帅为国舅详稳萧敌烈，副帅初为东京留守耶律团石，后改为东京留守萧善宁（萧屈烈）。辽军于开泰三年（1014 年）五月集结，十月进攻高丽

---

① 郑麟趾等：《高丽史（第一）》卷 4《显宗世家一》，第 61 页。

② 郑麟趾等：《高丽史（第一）》卷 4《显宗世家一》，第 56 页。

③《辽史》卷 15《圣宗本纪六》，第 191—192 页。

④《辽史》卷 115《高丽传》，第 1673 页。

⑤ 郑麟趾等：《高丽史（第一）》卷 4《显宗世家一》，第 57 页。

通州，次年正月于鸭绿江上建造浮桥，作为进攻高丽的跳板，进而进攻高丽兴化镇、通州，三月进攻高丽龙州，四月班师回军。此次征伐最重要的战果在于，辽朝在鸭绿江上架设了一座以来远城为中心、联结今九连城至义州地区的浮桥，并在桥的东、西两侧构筑了许多城堡，在保障鸭绿江下游地区安全的同时，还开辟了一条进攻高丽的水上通道。① 为确保浮桥安全，辽朝还在鸭绿江东岸筑保州城，置宣义军（保州军号）②、定远军（宣州军号）③，构筑了完整的防御高丽的军事体系。在此之后，高丽与辽朝围绕保州地区的争夺一直持续到金朝建立。④

3. 开泰年间第三次征伐（总第五次征伐）

此次征伐始于辽圣宗开泰四年（高丽显宗六年，1015 年）五月，结束于开泰五年（高丽显宗七年，1016 年）正月。据《辽史·圣宗纪》记载：开泰四年（1015 年）五月，“命北府宰相刘晟为都统，枢密使耶律世良为副，殿前都点检萧屈烈为都监以伐高丽。晟先携家置边郡，致缓师期，追还之。以世良、屈烈总兵进讨”。十一月，“命上京、中京洎诸宫选精兵五万五千人以备东征”。开泰五年（1016 年）正月，“庚戌，耶律世良、萧屈烈与高丽战于郭州西，破之，斩首数万级，尽获其辎重。乙卯，师次南海军，耶律世良薨于军”⑤。同书《高丽传》略同，仅萧屈烈作“萧虚烈”。⑥《高丽史·显宗世家》记载，显宗六年（1015 年）九月“己未，契丹来攻通州。癸亥，兴化镇大将军郑神勇、别将周演、散员任忆、校尉杨春、大医丞孙简、太史丞康承颖等引兵出契丹军后，击杀七百余级，神勇及六人死之。丁卯，契丹攻宁州城，不克而退。庚午，大将军高积余、将军苏忠玄、高延迪、散员金克、别将光参等追击，死之。丹兵虏兵马判官王佐、录事卢玄佐而去”。“是岁，契丹取宣化、

① 《中朝关系通史》编写组编：《中朝关系通史》，第 145 页。
② 《辽史》卷 38《地理志二》，第 521 页。
③ 《辽史》卷 38《地理志二》，第 522 页。
④ 赵永春、玄花：《辽金与高丽的“保州”交涉》，《中国边疆史地研究》2008 年第 1 期，第 81—97、148—149 页。
⑤ 《辽史》卷 15《圣宗本纪六》，第 193—194 页。
⑥ 《辽史》卷 115《高丽传》，第 1673 页。

定远二镇城之。”显宗七年（1016年）正月，“契丹耶律世良、萧屈烈侵郭州，我军与战，死者数万人，获辎重而归”①。

由此可知，开泰年间辽朝第三次征伐高丽始于辽圣宗开泰四年（高丽显宗六年，1015年）五月，结束时间应为开泰五年（高丽显宗七年，1016年）正月。推测因耶律世良病重，辽军在取得郭州大捷后，主动撤军，行至辽朝海州南海军时，耶律世良去世。此次征讨高丽，除北府宰相刘晟（刘慎行）、枢密使耶律世良、殿前都点检萧屈烈率军出征外，国舅详稳萧敌烈亦随军出征。据《辽史·萧敌烈传》记载：“（萧敌烈）迁国舅详稳。从枢密使耶律世良伐高丽。还，加同政事门下平章事，拜上京留守。”②推测此次征伐高丽，最初的行军主帅任命为都统刘晟（刘慎行），副都统为耶律世良，都监为萧屈烈。后由于“都统刘慎行逗留失期，执还京师，世良独进兵”③，辽朝遂以耶律世良为都统。参照开泰年间辽朝第二次征伐高丽时，萧敌烈为主帅，萧屈烈为副帅。推测耶律世良为都统后，辽朝以萧敌烈为副都统，萧屈烈为都监。从行军主帅构成上看，此次征伐高丽，规模应大于开泰年间的前两次征伐。此次进讨高丽，辽军虽在通州、宁州城下受挫，但取得郭州大捷，并攻取高丽宣化、定远二镇。

4. 开泰年间第四次征伐（总第六次征伐）

此次征伐发生于辽圣宗开泰六年（高丽显宗八年，1017年），据《辽史·圣宗纪》记载，开泰六年（1017年）二月，“诏国舅帐详稳萧隗洼将本部兵东征高丽，其国舅司事以都监摄之”④。此次征伐，以国舅帐详稳萧隗洼为都统，率领本部人马出战。可知此次与开泰年间第一次征伐一样，为小规模袭扰，战争规模不大。

5. 开泰年间第五次征伐（总第七次征伐）

此次征伐始于辽圣宗开泰六年（高丽显宗八年，1017年）五月，结束于

---

① 郑麟趾等：《高丽史（第一）》卷4《显宗世家一》，第58页。

② 《辽史》卷88《萧敌烈传》，第1474页。

③ 《辽史》卷94《耶律世良传》，第1524页。

④ 《辽史》卷15《圣宗本纪六》，第195页。

同年九月。据《辽史·圣宗纪》记载，开泰六年（1017年）五月，“枢密使萧合卓为都统，汉人行宫都部署王继忠为副，殿前都点检萧屈烈为都监以伐高丽”；九月，“萧合卓等攻高丽兴化军不克，还师”。① 同书《王继忠传》《高丽传》略同。②《高丽史·显宗世家》载：显宗八年（1017年）八月，“契丹萧合卓围兴化镇，攻之，九日不克，将军坚一、洪光、高义出战，大败之，斩获甚多”③。由此可知，开泰年间辽朝第五次征伐高丽始于辽圣宗开泰六年（高丽显宗八年，1017年）五月，结束于同年九月。由于主帅萧合卓“虽有刀笔才”，但“暗于大体”，不如萧敌烈般“才行兼备”，④辽朝对兴化镇久攻不下，反而遭受损失。故此次征伐仅起到骚扰效果，未取得可观战果。

6. 开泰年间第六次征伐（总第八次征伐）

此次征伐始于辽圣宗开泰七年（高丽显宗九年，1018年）十月，结束于开泰八年（高丽显宗十年，1019年）三月。据《辽史·圣宗纪》记载：开泰七年（1018年）十月，“诏以东平郡王萧排押为都统，殿前都点检萧虚列为副统，东京留守耶律八哥为都监伐高丽。仍谕高丽守吏，能率众自归者，厚赏；坚壁相拒者，追悔无及”。十二月，“是月，萧排押等与高丽战于茶、陀二河，辽军失利，天云、右皮室二军没溺者众，遥辇帐详稳阿果达、客省使酌古、渤海详稳高清明、天云军详稳海里等皆死之”。开泰八年（1019年）三月，“东平王萧韩宁、东京留守耶律八哥、国舅平章事萧排押、林牙要只等讨高丽还，坐失律，数其罪而释之”⑤。同书《高丽传》略同。⑥

关于此次征伐，《高丽史》记载有误。据《高丽史·显宗世家》记载：显宗九年（1018年）十二月，“契丹萧逊宁以兵十万来侵，王以平章事姜邯赞为上元帅、大将军姜民瞻副之，帅兵至兴化镇，大败之。逊宁引兵直趋京

① 《辽史》卷15《圣宗本纪六》，第196页。
② 《辽史》卷81《王继忠传》，第1417页；《辽史》卷115《高丽传》，第1673页。
③ 郑麟趾等：《高丽史（第一）》卷4《显宗世家一》，第60页。
④ 《辽史》卷81《王继忠传》，第1417页。
⑤ 《辽史》卷16《圣宗本纪七》，第206—207页。
⑥ 《辽史》卷115《高丽传》，第1673页。

城，民瞻追及于慈州，又大败之”。显宗十年（1019年）正月，“萧逊宁至新恩县，去京城百里，王命收城外民户入内，清野以待。逊宁遣耶律好德赍书至通德，收告以回军；潜遣候骑三百余至金郊驿，我遣兵一百乘夜掩杀之”。二月，“丹兵过龟州，邯赞等邀战，大败之，生还者仅数千人”①。同书《姜邯赞传》同样将辽军主帅记作“萧逊宁”。② 前文已述，萧逊宁即萧恒德，萧恒德于统和元年（983年）尚越国公主，拜驸马都尉。统和十四年（996年），越国公主生病之时，萧恒德与承天太后派遣照顾公主的宫人私通，导致越国公主愤懑而死，承天太后大怒，赐死萧恒德。③ 此时萧恒德（逊宁）早已被承天太后赐死，知《高丽史》记载有误，此次征伐辽军主帅为萧排押。

由此可知，开泰年间辽朝第六次征伐高丽始于辽圣宗开泰七年（高丽显宗九年，1018年）十月，结束于开泰八年（高丽显宗十年，1019年）三月。此次征伐，辽朝以东平郡王萧排押为都统，殿前都点检萧虚列（又作萧屈烈、萧善宁、萧韩宁）为副都统，东京留守耶律八哥为都监。三人之外，还有林牙要只、右皮室详稳耶律欧里思④、遥辇帐详稳阿果达、客省使酌古、渤海详稳高清明、天云军详稳海里等皆随军出征。同时辽朝还调集天云、右皮室等主力军出战。

此次征伐，辽军精锐尽出，号称十万之众，然而由于都统萧排押、都监耶律八哥的“无能”⑤，不仅未能取得尺寸之功，反而损兵折将，“契丹之败未有如此之甚”⑥。高丽元帅姜邯赞先于兴化镇设伏，用水攻击败辽军。萧排押见出师不利，遂放弃兴化镇，领兵直逼高丽都城开京，仍采用圣宗亲征高丽时的战术，一路很少主动攻掠城池，尽量避免同高丽军队正面交锋，

---

① 郑麟趾等：《高丽史（第一）》卷4《显宗世家一》，第62页。

② 郑麟趾等：《高丽史（第三）》卷94《姜邯赞传》，第80页。

③ 《辽史》卷88《萧恒德传》，第1476—1477页。

④ 《辽史》卷81《耶律欧里思传》，第1416页。

⑤ 如《辽史》卷80《耶律八哥传》记载：“（开泰）七年，上命东平王萧排押帅师伐高丽，八哥为都监，至开京，大掠而还。济茶、陀二河，高丽追兵至。诸将皆欲使敌渡两河击之，独八哥以为不可，曰：‘敌若渡两河，必殊死战，乃危道也，不若击于两河之间。’排押从之，战，败绩。”（第1412页）

⑥ 郑麟趾等：《高丽史（第三）》卷94《姜邯赞传》，第80页。

而是孤军深入。高丽元帅姜邯赞、副元帅姜民瞻抓住辽军这一“死穴”，不断调兵遣将，围追堵截辽军，于高丽慈州来口山、西京附近的马滩，连续大败辽军。尽管如此，萧排押仍坚持继续率军南下，于开泰八年（高丽显宗十年，1019 年）初，抵达距离开京仅有百里之遥的新恩县。面对辽军的孤军深入，高丽早已有应对之策，不仅加强开京防卫，同时将开京周围百里之地的居民全部迁入城中，“清野以待”。果然，辽军后援不济，面对高丽坚壁清野战术，很快陷入进退维谷的境地。在攻城失败后，辽军被迫于一月末开始撤军，于涟州、渭州、龟州相继遭到高丽军队的邀击。龟州之战中，辽军遭到毁灭性打击，“僵尸蔽野”，高丽军“俘获人口、马驼、甲胄、兵仗不可胜数，（辽军）生还者仅数千人”。此次惨败使得圣宗大怒，责骂萧排押“汝轻敌深入，以至于此，何面目见我乎？朕当皮面然后戮之”①。

7. 开泰年间第七次征伐（总第九次征伐）

此次征伐发生于辽圣宗开泰八年（高丽显宗十年，1019 年），据《辽史·圣宗纪》载，开泰八年（1019 年）八月，“遣郎君曷不吕等率诸部兵会大军讨高丽”②。《辽史·高丽传》略同。③ 关于此次征伐，考虑到早在萧排押战败后，高丽显宗十年（1019 年）五月，“契丹东京文籍院少监乌长公来见”。八月辽军集结的同时，“辛卯，契丹东京使工部少卿高应寿来。乙未，遣考功员外郎李仁泽如契丹东京”④。辽丽之间已出现和谈倾向，关于战后相关问题处理的交涉在高丽与辽东京之间展开。⑤ 推测最后辽朝仅集结军队，陈兵于边境之上震慑高丽，并未对高丽发起进攻。

综上，透过辽朝开泰年间对高丽多达七次的先后征伐，我们可以窥知圣宗开泰年间征讨高丽的战略目标与基本思路。由辽军的人员配置可知，

---

① 郑麟趾等：《高丽史（第三）》卷 94《姜邯赞传》，第 80 页。

② 《辽史》卷 16《圣宗本纪七》，第 208 页。

③ 《辽史》卷 115《高丽传》，第 1673 页。

④ 郑麟趾等：《高丽史（第一）》卷 4《显宗世家一》，第 62 页。

⑤ 河上洋：《辽五京的外交机能》，姜维公、高福顺译著：《中朝关系史译文集》，长春：吉林文史出版社，2001 年，第 323 页。

辽朝在“数遣偏师，更迭扰其疆场”思想的指导下，以每三次征伐为一组，每次征伐的力度逐步增强（详见表 1），因此在使得高丽“疲于奔命，释耒入堡”的同时，便于辽军的集结与轮换，保持充足的战力。

表 1　辽军开泰年间征伐高丽将帅构成一览表

<table>
<tr><th rowspan="2"></th><th colspan="2">都统</th><th colspan="2">副都统</th><th colspan="2">都监</th><th rowspan="2">其余参战将帅</th></tr>
<tr><th>姓名</th><th>职官</th><th>姓名</th><th>职官</th><th>姓名</th><th>职官</th></tr>
<tr><td>第一次</td><td></td><td></td><td></td><td></td><td></td><td></td><td></td></tr>
<tr><td rowspan="2">第二次</td><td rowspan="2">萧敌烈</td><td rowspan="2">国舅详稳</td><td rowspan="2"></td><td rowspan="2"></td><td>耶律团石</td><td rowspan="2">东京留守</td><td rowspan="2">平章涅里衮</td></tr>
<tr><td>萧屈烈</td></tr>
<tr><td rowspan="2">第三次</td><td>刘慎行</td><td>北府宰相</td><td>耶律世良</td><td>枢密使</td><td>萧屈烈</td><td>殿前都点检</td><td rowspan="2"></td></tr>
<tr><td>耶律世良</td><td>枢密使</td><td>萧敌烈</td><td>国舅详稳</td><td>萧屈烈</td><td>殿前都点检</td></tr>
<tr><td>第四次</td><td>萧隗洼</td><td>国舅帐详稳</td><td></td><td></td><td>不详</td><td>国舅司事</td><td></td></tr>
<tr><td>第五次</td><td>萧合卓</td><td>枢密使</td><td>王继忠</td><td>汉人行宫都部署</td><td>萧屈烈</td><td>殿前都点检</td><td></td></tr>
<tr><td>第六次</td><td>萧排押</td><td>东平郡王</td><td>萧屈烈</td><td>殿前都点检</td><td>耶律八哥</td><td>东京留守</td><td>林牙要只、右皮室详稳耶律欧里思、遥辇帐详稳阿果达、客省使酌古、渤海详稳高清明、天云军详稳海里等</td></tr>
<tr><td>第七次</td><td>曷不吕</td><td>郎君</td><td></td><td></td><td></td><td></td><td></td></tr>
</table>

但是，圣宗开泰年间征伐高丽还是有些操之过急。虽然以三次征伐为一组，不断增加征讨的力度，然后整顿兵备，以利再战。然辽朝的国力毕竟比不了曾经的唐朝，而占据朝鲜半岛南部稻作农业区的高丽，其国力亦非曾经的高句丽可比。于是，辽朝与高丽经过长期战和对峙，虽使得高丽的“社会生产力遭到极大破坏，人民生活凋敝不堪，国力消耗也很大”①，但辽朝“杀敌一千，自损八百”，自身消耗同样巨大。正如重熙年间萧韩家奴总结道：

臣伏见比年以来，高丽未宾，阻卜犹强，战守之备，诚不容已。乃

① 《中朝关系通史》编写组编：《中朝关系通史》，第 148 页。

> 者选富民防边，自备粮糗，道路修阻，动淹岁月，比至屯所，费已过半，只牛单毂，鲜有还者。其无丁之家，倍直佣僦，人惮其劳，半途亡窜，故戍卒之食多不能给。求假于人，则十倍其息，至有鬻子割田，不能偿者。或逋役不归，在军物故，则复补以少壮。其鸭渌江之东，戍役大率如此。况渤海、女直、高丽合从连衡，不时征讨。富者从军，贫者侦候。加之水旱，菽粟不登。民以日困，盖势使之然也。①

正是由于辽朝与高丽皆承受不住持久的消耗战争带来的负担，双方议和势在必行。加之北宋对高丽"见死不救"的态度，高丽最终决定重新纳入以辽朝为中心的封贡体系之内。高丽显宗十一年（辽圣宗开泰九年，1020年）二月，"是月，遣李作仁奉表如契丹，请称藩纳贡如故"②。五月，李作仁抵达辽朝，辽圣宗遂"遣使释王询罪，并允其请"。次年十一月，为庆祝辽丽战争结束，圣宗"大赦，改元太平，中外官进级有差"③。高丽显宗十三年（辽圣宗太平二年，1022年）四月，辽朝册封高丽显宗为"开府仪同一〔三〕司、守尚书令、上柱国、高丽国王，食邑一万户、食实封一千户"，高丽"自是复行契丹年号"。④ 至此，辽朝与高丽间大规模冲突结束，辽朝放弃灭亡高丽，恢复汉唐对朝鲜半岛实行郡县直辖的战略目标，与高丽正式建立起封贡体系统辖模式。

四、余论

综上所述，辽朝与高丽间的战争，自辽圣宗于统和十一年（高丽成宗十二年，993年）八月发起对高丽的第一次征伐，至辽圣宗开泰八年（高丽显宗十年，1019年）八月集结军队最后一次震慑高丽，断断续续持续近三十年。期间虽于辽圣宗统和十一年（高丽成宗十二年，993年）闰十月第一次

① 《辽史》卷103《萧韩家奴传》，第1594页。

② 郑麟趾等：《高丽史（第一）》卷4《显宗世家一》，第63页。

③ 《辽史》卷16《圣宗本纪七》，第209、211页。

④ 郑麟趾等：《高丽史（第一）》卷4《显宗世家一》，第65页。

征伐高丽结束后，至统和二十八年（高丽显宗元年，1010 年）十一月辽圣宗亲征高丽前，双方维持近十七年相对和平稳定的局面。但自辽圣宗亲征高丽开始，尤其是圣宗开泰年间，辽朝平均每年征讨高丽一次，直到双方均无力持续再战，最终握手言和，辽丽关系步入新的阶段。

众所周知，朝鲜半岛北部早在西周时期，便是周王朝下辖的诸侯国之一。西汉时期，燕人卫满灭箕子朝鲜，建立卫氏朝鲜，“辽东太守即约满为外臣，保塞外蛮夷，无使盗边”①。汉武帝灭卫氏朝鲜后，设置乐浪、玄菟、真番、临屯四郡，将朝鲜半岛北部纳入汉朝郡县直辖范围之内。此时朝鲜半岛南部的三韩地区，由汉王朝边地代管，亦纳入汉王朝统辖之下。此后朝鲜半岛上的郡县区划虽时有变化更迭，但直到中国东北边疆民族高句丽的兴起，才最终将朝鲜半岛北部的郡县区全部吞并，继而将朝鲜半岛北部纳入中国东北边疆民族政权高句丽的统辖范围之内。故隋炀帝讨伐高句丽时称“眷彼华壤，翦为异类”②。唐朝大臣温彦博指出：“辽东（指高句丽）③之地，周为箕子之国，汉家之玄菟郡耳。魏、晋已前，近在提封之内，不可许以不臣。”④唐灭高句丽后，“乃分其地置都督府九、州四十二、县一百，又置安东都护府以统之。擢其酋渠有功者授都督、刺史及县令，与华人参理百姓”⑤，使高句丽遗民成为唐朝郡县下的编户齐民，重新回归直辖管理模式。圣宗征讨高丽，最初的战略目标同样为收复高句丽旧地，使朝鲜半岛重新纳入郡县管理之下。然而正如宋朝征讨交趾无果，最终放弃收复“汉唐旧疆”一般，辽朝讨伐高丽同样以失败告终，只能无奈放弃恢复汉唐在朝鲜半岛上的郡县区，转而将高丽正式纳入封贡体系之内。辽朝与高丽间确立的封贡体系，一直持续到清朝末年。

---

① 《史记》卷 115《朝鲜列传》，北京：中华书局，2014 年，第 3618 页。

② 《隋书》卷 4《炀帝纪下》，北京：中华书局，2019 年，第 90 页。

③ 杨军：《“辽东本周箕子国”别议》，《东北史地》2007 年第 3 期，第 2 页。

④ 《旧唐书》卷 61《温彦博传》，北京：中华书局，1975 年，第 2360 页。

⑤ 《旧唐书》卷 199 上《高丽传》，第 5327 页。

同样，经历长达近三十年战争的高丽也终于意识到与自己远隔重洋的宋朝无力保障自身的国家安全，辽丽战争结束后，高丽人的国家安全观念由最初的“尊中国而保东土”[①]转变为“尊北朝而保东土”。即使当辽兴宗即位初年，辽丽关系再度紧张之时，高丽也没有像辽圣宗开泰年间那样单方面改奉宋朝正朔，而是“停贺正使，仍用圣宗大(太)平年号”[②]，仅以不使用新皇帝(辽兴宗)的年号来表达对辽朝的抗议，但仍使用辽朝年号，仍承认是辽朝属国，表明高丽在经历与辽朝长期的战争后，把与北朝结好视为“保邦上策”。

高丽在立国之初，视契丹人建立的辽朝为“禽兽之国”，持敌视态度，故“尊中国而保东土”，奉五代、北宋正朔以对抗辽朝。然自从经历辽圣宗对高丽先后大小九次征伐后，高丽人最终意识到，唯有与北朝交好才能“免边患”。[③] 正是由于高丽人的国家安全观念发生变化，高丽在女真人建立金朝后，没有发生像辽丽间那样大规模的战争，便迅速加入金朝构建的封贡体系之内，为东亚赢得了百余年的长和平。

(陈俊达：历史学博士，吉林大学文学院中国史系副教授)

① 郑麟趾：《高丽史(第一)·进高丽史笺》，第1页。

② 郑麟趾：《高丽史(第一)》卷5《德宗世家》，第75页。

③ 《宋史》卷328《安焘传》，第10565页。

War · National Security · Long Peace: A Reexamination of Emperor Shengzong of Liao's Nine Expeditions Against Goryeo

Chen Junda

(Department of Chinese History, School of Literature, Jilin University)

Abstract: During the reign of Emperor Shengzong of Liao, he launched nine expeditions against Goryeo. In the 11th year of the Tonghe era (993), his first expedition aimed to break the alliance between the Northern Song Dynasty and Goryeo, thus eliminating the threat from both sides. In the 28th year of Tonghe (1010), his second expedition was modeled after Emperor Taizong of Tang, intending to annihilate Goryeo, restore the old Han and Tang counties in the Korean peninsula, and completely resolve the Goryeo issue. From the second to the eighth year of the Kaitai era (1013 – 1019), Emperor Shengzong launched as many as seven expeditions against Goryeo with the goal of exhausting Goryeo through "shallow attacks and farm disruption," laying the foundation for its eventual conquest. All nine expeditions against Goryeo ended in failure. Therefore, he had to abandon the strategic goals of annihilating Goryeo and restoring the Han and Tang Dynasties' direct administration over the counties on the Korean peninsula, and formally establish a tribute system with Goryeo. It was due to nearly thirty years of war with the Liao Dynasty that Goryeo realized that the central authority at the time could no longer guarantee its own security. Maintaining peaceful relations with the powers established by the ethnic groups on the northern border of China was the way to preserve the country. After the establishment of the Jin Dynasty, Goryeo quickly joined the tribute system set up by the Jin, helping to maintain over a century of prolonged peace in East Asia.

Keywords: Emperor Shengzong of Liao; Goryeo; War; National Security; East Asian Tribute System

从边镇军额看明代北边防御体制
——以山西行都司和大同镇的并行交错为线索

徐梦晨

（中央民族大学历史文化学院）

摘　要：明代北边防御体制总体上表现为“都司（行都司）卫所—军镇”的并行与交错。明承元制，设立卫所制度。明廷在今山西大同一带设立山西行都司，以备北边。永乐年间，重臣驻边节制卫所，省镇营兵制已见雏形。明中期，大同地区形成诸将辖营、守御分路的镇戍体制，是为“九边”中的大同镇。有明一代，山西行都司和大同镇长期处于并行交错的状态。文献所见的边镇军额存在两种统计办法：一是分列旗、军、舍、余之数，二是以营、城、堡为单位统计军额。可见三种类型：一为卫所军数，二为营伍兵数，三为官军总数。在不同时段所呈现的军额统计方法，以及在同一时段所见军额存在较大出入，实际上是卫所制与营兵制并行交错的结果。

关键词：明代；边镇军额；山西行都司；大同镇；省镇营兵制

明朝建立之初，蒙古残存势力北迁，明蒙关系长期处于紧张状态，北部边防形势严峻。有明一代，北方逐渐形成了以“九边”为核心的防御体系。“九边”具体所指，在明清诸多史料中不尽相同，出现多达十种说法，其中又以许论《九边图论》和魏焕《九边考》所记内容影响最为广泛，其说法分别为清修《明史·地理志》和《明史·兵志》所采纳。① 今人学者大多采取前者说法，即“其边陲要地称重镇者凡九：曰辽东、曰蓟州、曰宣府、曰大同、曰榆

① 赵现海：《明代九边军镇体制研究》，博士学位论文，东北师范大学，2005年，第11页。

林、曰宁夏、曰甘肃、曰太原、曰固原”①。

在较长时间段内来看，明代北边防御体制具有一定的演变逻辑。洪武初，明太祖朱元璋广置卫所，归于都卫统辖，后改都卫为都司（行都司），统兵权与调兵权分属于五军都督府和兵部，兵将相离。至明中后期，上下相维、兵将相识的省镇营兵制趋于主导。不过，卫所制与营兵制并非简单的前后继承或取代的关系，而是长期处于并行交错的状态。② 通过梳理明代文献中所见“军额”不难发现，实际存在两种统计办法，一为卫所制度之下的旗、军、舍、余之数，一为省镇营兵制下的各路、城、堡官军之数，二者既相互区别又存在一定联系，以此可见“九边”军事管理体制的二元性。

本文以山西行都司和大同镇为例，通过梳理文献中所见的大同地区军额，作为审视明代北边军事管理体制的切入点。关于大同镇军额，梁方仲、梁淼泰、张金奎、王尊旺等学者已经进行过详细考证。③ 不过，前人研究立意多在考证文献记载中军额的归属时间，并未完全注意到边镇军额背后所反映的北边防御体制问题。有鉴于此，本文旨在通过边镇军额统计方法和数额的变化来探讨明代卫所制与营兵制交错并行关系，以解决同一时间所见军额出入较大的问题，不足之处尚祈方家指正。

---

① （清）张廷玉：《明史》卷40《地理志一》，北京：中华书局，1974年点校本，第882页。

② 彭勇：《从“都司”含义的演变看明代卫所制与营兵制的并行与交错——以从“都司领班”到“领班都司”的转变为线索》，《明史研究论丛》2014年第2期，第140—153页。另外，关于探讨卫所制与营兵制关系的相关研究，可以参见王莉：《明代营兵制初探》，《北京师范大学学报（社会科学版）》1991年第2期，第85—93页；肖立军：《明代边兵与外卫兵制初探》，《天津师范大学学报（社会科学版）》1998年第2期，第37—46页；彭勇：《明代卫所制度流变论略》，《民族史研究》2007年第1期，第147—174页；肖立军：《明代省镇营兵制与地方秩序》，天津：天津古籍出版社，2010年，第523—533页；肖立军：《明代蓟镇援关营制考略——兼谈明卫所制与省镇营兵制关系》，《天津师范大学学报（社会科学版）》2018年第2期，第14—18页。

③ 参见梁方仲：《中国历代户口、田地、田赋统计原论》，《学术研究》1962年第1期，第12—23页；梁淼泰：《明代“九边”的军数》，《中国史研究》1997年第1期，第147—154、156—157页；张金奎：《明代山西行都司卫所军额考析——兼就〈明代“九边”的军数〉一文中相关问题与梁淼泰先生商榷》，《第八届明史国际学术讨论会论文集》，1999年，第500—511页；张松梅：《明初军额考》，《齐鲁学刊》2006年第2期，第47—52页；王尊旺：《明代九边军费考论》，天津：天津古籍出版社，2015年，第35—43页。

一、山西行都司建置与大同建镇

明代疆土分别隶属于行政系统的“布政使司—府—州—县”和军事系统的“都指挥使司(行都指挥使司)—卫—千户所”。① 明前中期,北边防御压力主要来自蒙古,山西大同处于备御蒙古的河套地区前沿,在明代北御蒙古的边防体系中居于极为重要的战略地位,正如明中期边地重臣翁万达所言:“大同为山西藩篱……大同有备,则山西可保无事。”②洪武二年(1369年),徐达、常遇春攻克大同,“遣都督同知张兴祖将宣武、振武、昆山三卫士卒守大同”③,是为明朝政府在大同进行军事管理的开始。同年改元朝大同路为大同府,隶于山西布政使司。④ 大同地区的疆土管理体制,除了属于行政系统的大同府,还有属于军事系统的山西行都司。从洪武三年(1370 年)开始,明朝政府先后在大同地区设诸卫所。洪武七年(1374 年),卫所改制,易都卫为都司、行都司,“以在外各处所设都卫并改为都指挥使司……大同都卫为山西行都司”⑤。明初山西行都司所辖管卫所几经变迁。直至成化二十年(1484 年),其下辖 14 个卫、3 个千户所的建置基本稳定下来。⑥

永乐一朝开始,边地要塞设置镇守将领,明代官方文献《大明会典》称之为“镇戍”:

> 凡天下要害地方,皆设官统兵镇戍。其总镇一方者,曰镇守。守一路者,曰分守。独守一堡一城者,曰守备。与主将同守一城者,曰协守……其总镇或挂将军印,或不挂印皆曰总兵。次曰副总兵。又次曰参将。又次曰游击将军。旧于公侯伯都督指挥等官内推举充任。⑦

---

① 顾诚:《隐匿的疆土:卫所制度与明帝国》,北京:光明日报出版社,2012 年,第 49 页。

② 翁万达:《及时经理边防大计疏》,(明)陈子龙辑:《明经世文编》卷 224,北京:中华书局,1962 年影印本,第 2360 页。

③ 《明太祖实录》卷 39,洪武二年二月己巳,台北:“中研院”历史语言研究所,1962 年校印本,第 785 页。

④ 《明史》卷 41《地理志二》,第 967 页。

⑤ 《明太祖实录》卷 101,洪武八年十月癸丑,第 1711 页。

⑥ 山西行都司建置沿革,参见郭红、靳润成:《中国行政区划通史(明代卷)》,上海:复旦大学出版社,2007 年,第 296—302 页。

⑦ (明)申时行等修:万历《大明会典》卷 126《兵部九・镇戍一・将领上》,北京:中华书局,1989 年影印本,第 648 页。

从明初卫所制度的设计理念来看，基本承袭元代旧制，与之不同之处在于从军事管理层面上更加强调分权制衡，“明以兵部掌兵权，而统军旅、专征伐，则归之五军都督府。兵部有出兵之令，无统兵之权；五军有统兵之权，而无出兵之令。合之则呼吸相通，分之则犬牙相制”①。从洪武年间的“塞王实边”到永乐时期的“重臣镇守”，明廷有意推动边地卫所的兵将结合，以适应北御蒙古的作战需要。永乐年间，重臣镇守边地并称总兵官，北边防御体制出现一定程度的变化。洪宣以后，以“总兵—副总兵—参将—游击将军”为核心的营伍体系走向制度化，与之对应的“正兵营—奇兵营—援兵营—游击营”成为北部边兵的主要作战编制，诸将统兵分路驻守要地，今人多称之为“省镇营兵制”或“镇戍营兵制”。

省镇营兵制具备四个显著特征：其一，以总兵官为核心的指挥体系；其二，以分路戍守为基本作战体系，还应包括边墙、城、堡等军事设施的修建；其三，以营为建制，归属诸将统辖，兵将相识；其四，兵员的多元化，包括从卫所编入营制的“军兵”和招募而来的“民壮”“土兵”诸多类型。② 如以此四个特征为线索，可以较为清晰地探寻大同镇形成的历史逻辑。

洪武年间仍然强调卫所建制，彼时武官体系主要以六品十一级的都司卫所武职为核心。至永乐年间，边地逐渐衍生形成一套以“总兵官、副总兵、参将、游击将军”为核心的营伍官序列。永乐元年（1403年）三月，“命江阴侯吴高镇守山西大同，防御胡寇，节制山西行都司诸卫”③。按实录所记，吴高任职期间一直称其为“镇守大同”，直至永乐十二年（1414年），朱荣接任吴高，始有“总兵官”一称。按地方志所记，“永乐七年，置镇守总兵官，于是大同称镇”④，存在出入。今人多认同永乐七年（1409年）大同置总

① （清）孙承泽：《春明梦余录》卷30《五军都督府》，《文渊阁四库全书》，子部，第868册，台北：台湾商务印书馆，1986年影印本，第379页。

② 肖立军：《明代省镇营兵制与地方秩序》，天津：天津古籍出版社，2010年，第1—2页。

③ 《明太宗实录》卷18，永乐元年三月庚辰，第319页。

④ （明）王士琦：《三云筹俎考》卷3《险隘考》，王立有等编：《中华文史丛书》第29册，台北：华文书局，1968年，第328页。

兵官的说法，认为是《明实录》漏记此事。[①] 此后的正统至天顺年间，副总兵、参将、游击将军等职陆续设置，“令镇守大同广宁伯刘安仍充总兵官，佩征西前将军印；都督佥事郭登为都督同知，充副总兵；都督佥事方善、张通充左右参将”[②]，又见“石彪为都督同知，充游击将军”[③]。营伍官主要由卫所武官兼任，作为差遣形式，以实现边地兵将结合。

行伍官体系逐步建立的同时，分路守备的基本作战体系与之配套形成。早在永乐年间，吴高奏称：“所辖之地西北接东胜黄河，盖胡虏出没之地，宜自下水海北自抵把撒站，皆分戍巡逻，不致失地。”[④]至宣德年间，已见“巡哨”之名，“东路巡哨山西行都司署都指挥佥事史直、千户周弘、百户曹旺、陈瑞哨备不严……请治其罪”[⑤]。可见其时总兵镇守节制卫所，担负巡哨之任的官员尚属于都司卫所系统。“巡哨”为后来参将分守各路打下了基础。[⑥]

“国初大同止设都司，以故军马属卫，至洪熙以后始设总兵、副将、游击等官。粮虽系卫，而军马列伍易卫以营。”[⑦]营系诸将直接统辖，兵将相识，镇守一地。宣德年间，“置备边马队，若有警急，便于调用”[⑧]。至正统年间，巡哨各边军队已经以“营”为编制，“大同沿边地方分作六马营，令都指挥孙智等各照地方，修筑城堡，领兵巡哨”[⑨]。彼时所见“营”仍是一种临时

① 关于大同设总兵官一事，今人可分如下两种观点。一为永乐七年(1409 年)置总兵官，参见肖立军:《九边重镇与明之国运——兼析明末大起义首发于陕的原因》,《天津师大学报(社会科学版)》1994 年第 2 期，第 53—61 页；赵现海:《明代九边军镇体制研究》，博士学位论文，东北师范大学，2005 年，第 28 页；彭勇:《明代北边防御体制研究——以边操班军的演变为线索》，北京：中央民族大学出版社，2009 年，第 193 页。二为永乐十二年(1414 年)置总兵官，参见范中义:《明代九边形成的时间》,《大同高等专科学校学报(综合版)》1995 年第 4 期，第 25—28 页；韦占彬:《明代“九边”设置时间辨析》,《石家庄师范专科学校学报》2002 年第 3 期，第 44—47 页。

② 《明英宗实录》卷 181，正统十四年八月丁丑，第 3535 页。

③ 《明英宗实录》卷 275，天顺元年二月癸丑，第 5852 页。

④ 《明太宗实录》卷 19，永乐元年四月丁卯，第 347 页。

⑤ 《明宣宗实录》卷 112，宣德九年八月庚午，第 2524 页。

⑥ 肖立军:《明代省镇营兵制与地方秩序》，第 277 页。

⑦ 万历《山西通志》卷 25《武备》，明崇祯二年刻本，第 8 页 b。

⑧ 《明宣宗实录》卷 150，宣德八年闰八月己巳，第 2350 页。

⑨ 《明英宗实录》卷 40，正统三年三月己酉，第 786 页。

编制，并未形成严格意义上的固定统辖关系。

正统年间，副总兵、参将与属于卫所系统的都指挥共同担负分路巡哨之责：

> 大同东、西二路，不可无人巡哨，乞遣副总兵罗文巡哨东路，阳和、高山、天城、镇虏四卫听其调度；参将陈斌巡哨西路，大同左、右、云川、玉林、朔州五卫听其调度。其大同迤北关头、猫儿庄等处，责之总兵官方政提督，都指挥孙智专一巡哨。如此，则兵将相得，地方有守。①

天顺年间，“副总兵、参将、守备、协同、协副等官多罔知朝廷礼法，不顾上下名分。或与总兵主将，同列并坐，或因私忿仇嫌，争出号令”②。直至成化年间，明廷进一步明确规范“镇守、协守、分守、守备”的名分关系，总兵称镇守，与总兵同守者称协守，独守一路称为分守，独守一城一堡称为守备。由于武官职衔混乱，造成统属关系不明、号令不一。伴随武职阶官化，上下之间的统御关系才明确下来。③

弘治年间“营”已成为基本编制，诸将以营统兵，“成化以来，因于大同在城并各卫沿边选取游兵、奇兵，以听延绥调用，故宣府太监、总兵等官亦各自为营，务选精锐，各领旗牌，名曰太监营、总兵营、副总兵营、游击营、监枪营”④。正德十四年（1519年），“照得大同三路，将官则有总、副、参、游之名，所领人马则有奇、游与援之号，数多三千员名，俱系各城挑选精锐”⑤。由此见得，营伍之兵系军镇精锐力量，大同镇的正兵营、奇兵营、游兵营、援兵营分别由总兵、副总兵、参将、游击将军对应统辖，上下相维。

“总兵—副总兵—参将—游击将军”的镇戍指挥体制构建后，大同镇外分东、中、西三路，由各将分守：“大同一镇以镇守总兵、副总兵、游击将军所

---

① 《明英宗实录》卷22，正统元年九月壬戌，第450页。

② 《明英宗实录》卷300，天顺三年二月庚午，第6376页。

③ 曹循：《明代武职阶官化述论》，《史学集刊》2010年第5期，第108—116页。

④ 《明孝宗实录》卷21，弘治元年十二月丁巳，第499页。

⑤ （明）王晋溪：《为发明律例以便征战事》，（明）陈子龙辑：《明经世文编》卷111，北京：中华书局，1962年影印本，第1033页。

治者为中路；阳和、天城为东路，东南乃宣府洪州城；大同左右卫、平虏、威远、朔州、井坪堡为西路，西南乃偏头关，各有参将一员分守，如常山之蛇，首尾相应。”①明廷建立了与指挥体制相应的戍守体系。嘉万年间，大同镇形成一道绵延北疆，长达百里的军事防线：“镇城外分中东西三路，设大边、二边捍虏……东起天城，抵宣府镇西阳河界。西至井坪，抵山西北楼口界，边长六百四十余里。”②大同镇防守并非简单横向排列，而是内外两边协同，依托边墙、烟墩、城堡等军事设施，参将镇守分路，游击内外支援策应，由镇守总兵节制的综合防御体系。

省镇营兵制强调其兵将相识的镇戍功能，包括标兵、营兵、守城兵、通事家丁等诸多类型。土木之变后，明廷曾在卫所中招募大量舍余用以守城，“大同所属民人、舍人、余丁中间招募勇敢或一万或二三万，分布各城守备杀贼，人赏银一两，布帛二匹，按月支给口粮”③，又可见在州县募民入伍，“其大同各城官军数少，宜令亨或于山西腹里，或于大同所属，招募勇敢精壮或一万，或二三万，分布各城守备杀贼，每人赏银一两，布绢各二匹”④。募兵不等同于营兵，募兵既有可能归入营伍，也有可能归入卫所。⑤

值得注意的是，大同镇通过黜免税粮来征募地方土兵的记录：“大同人民选其成丁男子编为土兵，该征税粮以十分为率，免其七分。勘得所选土兵，有一户一名土兵，而税粮有二三十石，多至四五十石；有一户土兵二三名，而税粮七八石，少至三五石者。”⑥天顺年间，“募到土兵六百四十五名”⑦。所谓“土兵”，即地方招募的地方军，“边民应募及原点民壮为土兵”⑧。土兵的管理或归入卫所，或由参将统领，参与戍守、屯田等军事任

---

① 《明孝宗实录》卷21，弘治元年十二月丁巳，第500页。

② （明）茅元仪：《武备志》卷260《占度载·度十八·镇戍三》，《续修四库全书》，子部，第965册，上海：上海古籍出版社，2002年影印本，第713页。

③ 《明英宗实录》卷192，景泰元年五月乙丑，第4015页。

④ 《明英宗实录》卷189，景泰元年二月癸未，第3872页。

⑤ 彭勇：《明代卫所制度流变论略》，《民族史研究》2007年第1期，第147—174页。

⑥ 《明英宗实录》卷299，天顺三年正月己酉，第6360页。

⑦ 《明英宗实录》卷291，天顺二年五月癸丑，第6228页。

⑧ （明）黄瑜：《双槐岁钞》卷5《京军 边军》，北京：中华书局，1999年，第93页。

务。宣德年间所见“山西行都司所辖十二卫军士二万人皆土军”①，梁淼泰认为是最早的大同军额②。张金奎通过对比军数认为此处所见的“土军”应是垛集而来的正规官军，不同于日后征募的土兵。③ 因此大同征募地方土兵应始于英宗天顺年间。卫所取兵，“有从征，有归附，有谪发”④，且多从民户中“垛集”和“抽籍”而来，主要依赖清勾和世袭制度以维系。营兵不同于卫所的世袭制度，或是从卫所抽选而来，或是征募民壮所得，因此兵源也可作为军镇的显著特征。

总体而言，军镇是一个宽泛的概念，并长期处于动态变化，具有其自身的历史演变逻辑，“九边”各军镇不尽相同。关于军镇设立的标志前人已经进行了充分探讨⑤，大多数学者比较赞同以总兵官的设置为军镇设立的开

---

① 《明宣宗实录》卷97，宣德七年十二月壬辰，第2187页。

② 梁淼泰：《明代“九边”的军数》，《中国史研究》1997年第1期，第147—157页。

③ 张金奎：《明代山西行都司卫所军额考析——兼就〈明代“九边”的军数〉与梁淼泰先生商榷》，《第八届明史国际学术讨论会论文集》，1999年，第500—511页。

④ 《明史》卷90《兵志二》，第2193页。

⑤ 关于军镇建置标志的探讨，多分为如下几种代表性观点。一、以镇守总兵官和边墙城堡的修筑为标志，参见余同元：《明代九边述论》，《安徽师范大学学报（哲学社会科学版）》1989年第2期，第233—240页。余氏认为镇守总兵官并非为单一建镇标志。二、以重臣经略或卫所建置为标志，参见艾冲：《明代陕西四镇长城》，西安：陕西师范大学出版社，1990年，第1页。三、以镇守总兵官的设立为标志，参见肖立军：《九边重镇与明之国运——兼析明末大起义首发于陕的原因》，《天津师范大学学报（社会科学版）》1994年第2期，第53—60页；范中义：《明代九边形成的时间》，《大同高等专科学校学报（综合版）》1995年第4期，第25—28页；胡凡：《河套与明代北部边防研究》，博士学位论文，东北师范大学，1998年，第91页；韦占斌：《明代“九边”设置时间辨析》，《石家庄师范专科学校学报》2002年第1期，第44—47页；赵现海：《明代九边军镇体制研究》，第28页。不同之处在于，肖立军认为镇守总兵官仅为军镇初设标志，巡抚为定设标志，范中义与其观点类似；胡凡认为镇守总兵官可单独作为军镇设立标志，韦占斌、赵现海延用之；四、以都司卫所设置为标志，参见黄文沁：《明成祖时代辽东的经略》，《明史研究专刊》第4期，台北：大立出版社，1981年，第162页；赵毅、胡凡：《论明代洪武时期的北部边防建设》，《东北师大学报（哲学社会科学版）》1998年第4期，第48—54页。胡氏仅仅强调镇守总兵官可以单独作为设置标志，用以作证宁夏镇设立的特殊性，但其他军镇仍然以都司卫所设立为标志。另外，于默颖认为军镇设置标志应就各自情况区别讨论，参见于默颖：《明蒙关系研究——以明蒙双边政策及明朝对蒙古的防御为中心》，博士学位论文，内蒙古大学，2004年，第90页；彭勇认为以北边防御体系是循序渐进的形成过程，单独以某一事件或制度为节点有割裂历史之嫌，参见彭勇：《明代北边防御体制研究——以边操班军的演变为线索》，第193页。

始。如从军事制度角度出发，总兵官的设立并节制卫所确实是一个重要时间节点。但诚如前文所言，军镇并非单单一种军事管理体制。一镇往往以卫所为初始区域，在较长时间段形成了所属的军事辖区，彼此之间具有相对明确的界限，因此同样具有地理单元的含义，且并不与所在的都司（行都司）卫所区域完全等同，“九边”中只有辽东地区的军镇和都司卫所在地理管辖区域上完全重合。① 纵然在军镇辖区形成的过程中，镇戍体制发挥核心凝聚的作用，但如果仅仅从军事制度的层面去理解“军镇”，将之单纯认为是统兵或管兵的军事体制，甚至将都司卫所与军镇划为等号，未免有些片面。

二、山西行都司与大同镇军额考辨

首先应当明确的是，省镇营兵制作为一种军事管理体制，包括标兵、营兵和守城兵等类型：以营伍为编制的营兵，如游兵营、奇兵营等，属于军镇的精锐力量；标兵属于将帅亲兵；分驻各地的守城兵担有守备之责，归守备参将统辖。总体来看，边兵按照职能类型可大略分为巡哨备战和守卫城堡两类。②

在省镇营兵制发展的过程中，都司卫所并非废置。以本文考察重点为例，山西行都司与大同镇在具体职能各有侧重，二者并行交错。通过梳理文献中所见大同地区的军额增长变化和计算统计方法，不难看出山西行都司与大同镇在北边军事管理体制中实际作用的变化和二者的并行交错态势。

洪武年间，主要强调卫所建置。《万历会计录》诸多史料中记大同镇

---

① 李严：《明长城“九边”重镇军事防御性聚落研究》，博士学位论文，天津大学，2007 年，第 45 页。

② 李新峰：《明前期军事制度研究》，北京：北京大学出版社，2016 年，第 205 页。

“原额十三万五千七百七十八员名”，这一“原额”是否所指明初军额？[①] 诸史料多提及“本镇旧额”，如果单以所谓建镇时间来排除“旧额”属洪武年间的可能性是不妥当的。事实上，时人本身对军镇和卫所之间的关系便认识相对模糊，并未特别区分两者：

> 洪武间，东西紫塞绵亘相延万里，其外密弥龙沙，屯戍兵众，乃设陕西行都司于甘州，山西行都司于大同，万全都司于宣府，又于庆峰口北古惠州地设大宁都司，并辽东都司为五边。陕西、宁夏即赵元昊所居地，设宁夏左等五卫，亦为重镇。[②]

这也就造成了在实际军额的记录上二者往往混淆不清，甚至前后出入较大的问题。在大同建镇前，洪武二十六年（1393 年）山西行都司领卫所 26 个，如按一卫 5 600 人简单计算，洪武年间其军额是有可能在 13 万人以上的。方逢时在奏疏中所说“一镇之军，原额十四万余，二百年来逃亡过半，现在食粮之数仅八万余”[③]，大抵也接近这一数字。

永乐年间，大同镇守节制山西都司、行都司官军。按《诸司职掌》所载，山西都司领太原左卫、太原右卫、太原前卫、振武卫、平阳卫、镇西卫及蒲州千户所、广昌千户所、沁州千户所、宁化千户所、雁门千户所。[④] 而山西行

---

① 关于《万历会计录》所见大同镇“原额十三万五千七百七十八员名”的看法，学界多持不同意见。张金奎、张松梅认为应是洪武二十六年（1393 年）至建文四年（1402 年）的军额；梁方仲、张正明则认为是永乐间的数字；王毓铨认为“不如看作弘治‘原额’较妥”。梁淼泰通过对比《春明梦余录》认为这一数字属于隆庆年间。按照梁淼泰的说法，虽然“原额十三万五千七百七十八员名”属于隆庆年间军额，但参考梅国桢奏议中“先年原设旗军一十三万五千有奇，马五万一千有奇”，认为大同既建镇于永乐时期，该数应为永乐年间建镇之后，只有此间大同镇军额达到了 13 万，且认为山西行都司在洪武二十六年（1393 年）领卫不过 12 个，按常编也应只有 7 万名，所以“十三万五千余奇”并非指洪武年间。张金奎则认为洪武二十六年（1393 年）山西行都司所属总计 26 卫，按照一卫 5 600 人粗略计算数额和“十三万五千余奇”是大抵相同的，而永乐年间大批卫所内迁，山西行都司领 9 卫，按常理计算不抵 13 万人之数。

② （明）严从简：《殊域周咨录》卷 16《北狄》，薄音湖、王雄编辑、点校：《明代蒙古汉籍史料汇编》第 1 辑，呼和浩特：内蒙古大学出版社，2006 年，第 356 页。

③ （明）方逢时：《备察边情敷陈意见疏》，（明）陈子龙辑：《明经世文编》卷 320，第 3411 页。

④ 《诸司职掌》卷 5《兵部》，《续修四库全书》，史部，第 748 册，上海：上海古籍出版社，2002 年，第 722 页。

都司大量卫所内迁，不及洪武年间 26 个卫所之数，因此永乐年间大同镇守节制官兵军额应不及 13 万。至此可以大抵确定明初山西行都司军额的上限。明初仍然强调卫所建制，因此“十三万五千有余”系山西行都司卫所旗军的总数。

明初卫所军士之数有可能到达 13 余万，但明中后期《万历会计录》《大明会典》所见“原额十三万五千七百七十八员名”也并非指明初之数。虽见《度支奏议》所记“国初旧额，官军十三万五千七百七十八员名……京运年例银五万两”①，而京运年例银始于正统年间，该处并不可信。此数应为嘉靖四十五年(1566 年)“覆定经制”定额②，并未真实存在过，后文详加说明。

洪熙元年(1425 年)，山西都司李谦奏称“武安侯郑亨镇守大同，调去本司官军一万三千，计彼所有四万四千三百四人，兵力有余……请于大同取回五千人，操守为便”③，宣宗命郑亨止留五千兵，其余悉还。宣德元年(1426 年)，“大同武安侯郑亨所总军士，守城之外，尚有二万余人”④。宣德七年(1432 年)，“山西行都司所辖十二卫军士二万人皆土军，比因管军官徇私放遣，故守备不足”⑤。正统九年(1444 年)，“今本处军马止有二万四千六百余人，内分天成等六处守备外，左参将石亨等领四千人守备东西二路，余居大同。若居常无事则可，倘贼势奔突分寇，恐策应不给”⑥。正统十一年(1446 年)，“总兵官朱冕守中路，领官军七千八百余骑。右参将马义守东路，领官军二千五百余骑。左参将石亨守西路，领官军四千八百余骑”⑦。三路守备共计 15 100 余骑。

从上述军额来看，洪熙至正统年间所见多为归于诸将固定统辖的守备

---

① (明)毕自严:《度支奏议》堂稿卷 3《召对面谕清查九边军饷疏》，《续修四库全书》，史部，第 484 册，上海:上海古籍出版社，2002 年影印本，第 78 页。

② 张金奎:《明代山西行都司卫所军额考析——兼就〈明代“九边”的军数〉与梁淼泰先生商榷》，《第八届明史国际学术讨论会论文集》，1999 年。

③ 《明宣宗实录》卷 9，洪熙元年九月壬子，第 236 页。

④ 《明宣宗实录》卷 18，宣德元年六月庚午，第 477 页。

⑤ 《明宣宗实录》卷 97，宣德七年十二月壬辰，第 2187 页。

⑥ 《明英宗实录》卷 116，正统九年五月庚申，第 2339 页。

⑦ 《明英宗实录》卷 146，正统十一年十月癸卯，第 2872 页。

之军，守备军数无法与前文提到的洪武年间“十三万余奇”进行纵向比较。“十三万余奇”只是按照洪武年间山西行都司卫所数量，以一卫5 600人的概数粗略计算证实了此数存在可能性，此数是卫所军士总数。卫所既分城操军、屯军以及舍人、余丁，所见守备之军只能是卫所军士中的部分而已。前人常以此来纵向比较以说明土木之变前大同军备废弛，如从《明实录》表述中的“有余”到“不足”来看，确实反映了正统年间北部边防力不从心。但正统年间所见军数，归于将领统辖分守各路，明显属于营伍军数。因此在审视边镇军额的过程中，省镇营兵军数和卫所中的旗、军、舍、余军数有必要特别注意区分，如单纯纵向比较无法直接体现军备情况。

成化《山西通志》中分列十二卫、三千户所，总计“实有旗军舍余七万三千一百一十五名”①。正德《大同府志》中“原额旗军共八万七千七百八十二员”②，分列十四卫、三千户所具体军额，此处应为旗、军、舍、余四项总数。其中所见平虏卫建置于成化十七年（1481年），井坪千户所建置于成化二十年（1484年），由此可见成化《山西通志》实有之数属于成化十七年（1481年）之前，正德《大同府志》所见原额为成化二十年（1484年）之后的数字，大抵属于弘治年间。

成化十九年（1483年），兵部尚书张鹏奏称：“计大同各边士马数及四万。”③同年明廷赏赐“大同三路出征官军、舍余、土兵三万八千四百六十人衣鞋”④。见于成化《山西通志》山西行都司卫所旗军舍余总数7万余人，张鹏奏称的应该为营伍军数，4万中应含有马数，再结合赏赐出征官军记录，此时营伍军数也有2万左右。由此说来，梁淼泰先生考证弘治十八年（1505年）大同镇主兵21 900名，为何与方志记载出入如此之多？最可能性的解释便是方志所列属于卫所旗军舍余总数，大同镇主兵数额属于编入营伍之数。

---

① 成化《山西通志》卷6《兵备》，明成化十一年刻本，第82页b。

② 正德《大同府志》卷5《武备》，明正德十年刻本，第6页a。

③《明宪宗实录》卷240，成化十九年五月癸丑，第4068页。

④《明宪宗实录》卷244，成化十九年九月乙卯，第4143页。

正德《大同府志》又见“其兵马之数，迩来渐增，官军六万三千六百余名”①，此应为正德年间数额。“渐增”一词值得注意，既然同出自正德《山西通志》的卫所军额在弘治年间已有八万余名，至正德年间的六万余名，为何会有“渐增”一词？笔者认为前者为卫所之数，后者为营伍之数，至于弘治年间的营兵情况如何不得而知，但既有“渐增”，至少说明弘治年间归入营伍的军数不足六万。

嘉靖十年(1531 年)，“本镇官军五万五千八十余员名，冬操夏种、土兵、舍余三千五百四十余名”②。嘉靖十八年(1539 年)前后，“本镇并各路城原操及新添弘赐等五堡马步官军、舍余、土兵、壮勇五万九千九百九员名”③。嘉靖二十四年(1545 年)，“本镇官军六万五千三百四十七员名，嘉靖二十一等年，募新军二万九百七十二名，共该八万六千三百一十九名”④。嘉靖二十六年(1547 年)，翁万达题大同“该年原计防秋主客官军五万一千四百一员名”⑤，与嘉靖二十四年(1545 年)已经达到的八万六千余名军数存在明显出入，“防秋主客兵”主要为巡哨备战的营伍兵，既然嘉靖二十四年(1545 年)的军额是募兵所得，便是包括卫所与营伍的总数。嘉靖三十二年(1553 年)，“大同原额官军十二万六千二百余人，各营分设，以有定数。今缺至三万八千余人”⑥，由此算之大概为 88 000 人。嘉靖三十四年(1555 年)，“本镇食粮官军八万八千余名……合总、副、参、游等官军止有一万三千余名，余皆仅守城堡”⑦。至嘉靖年间省镇营兵制基本发展成熟，此间所见军额基本为官军总数，其中包括营伍兵、守城兵，所见官军总额实际便是省镇营兵制之下的军额。

---

① 正德《大同府志》卷 3《仓场》，第 11 页 a。

② (明) 潘潢:《查核边镇主兵钱粮实数疏》，(明)陈子龙辑:《明经世文编》卷 199，第 2063 页。

③ (明)魏焕:《九边考》卷 5《大同镇》，王立有主编:《中华文史丛书》第 15 册，台北:华文书局，1968 年，第 243 页。

④ (明) 潘潢:《查核边镇主兵钱粮实数疏》，(明)陈子龙辑:《明经世文编》卷 199，第 2068 页。

⑤ (明)翁万达:《上介溪严阁老书》，(明)陈子龙辑:《明经世文编》卷 225，第 2346 页。

⑥ 《明世宗实录》卷 396，嘉靖三十二年闰三月庚申，第 6965—6966 页。

⑦ 《明世宗实录》卷 423，嘉靖三十四年六月己卯，第 7336 页。

关于前文提到的“原额十三万五千七百七十八员名”，根据正德《大同府志》所记山西行都司“原额旗军共八万七千七百八十二名”，加上卫所武官 3 184 员，共计 90 966 员名。[①] 又见：

> 原额官军九万九百六十六员名，马三万一千七百八十五匹，犹然不敷战守也。自嘉靖十五年以至四十五年，恢拓疆土，增堡四十八座，募军四万四千八百一十二名，马二万二千七百八十八匹，由是旧额新增该一十三万五千七百七十八员名，马五万一千六百五十四匹。[②]

这一数字是原额旗军舍余 90 966 员名和新募军 44 812 名相加而得。嘉靖四十五年（1566 年）“覆定经制”，便是以此为额。[③] 此数包括来自正德《大同府志》中的旗、军、舍、余以及募兵之数，但此数其实一直停留在虚数层面，从未实际存在过，机械相加所得自然未考虑此间三十年间军数的流失，以此为定额，只是明廷为在节制饷额的上限。明人多以此数为“原额”，用以比较“见额”。

隆庆二年（1568 年），大同总兵官陈边防十事，其中一则为复镇兵原额，“本镇军旧有十三万五千七百余，而今逃亡者五万人，分遣守哨者七万人，见存本镇者仅一万人，数少不堪团练，乞先勾补逃亡二万人，以图战守……命如议行”[④]。实际算来，隆庆年间军额为八万人，其中一万守卫大同镇城，七万分守大同各城、堡。所谓“原额”应该就是指嘉靖四十五年（1566 年）“覆定经制”之数，以并不实际存在的“原额”相比较而得出来的逃亡者五万人，自然不准确。

万历至崇祯年间，大同镇官军总数长期持续在七八万名。万历六年

---

① 正德《大同府志》卷 5《武备》，第 6 页 a。

② 《三云筹俎考》卷 4《军实考》，第 445—446 页。

③ 张金奎：《明代山西行都司卫所军额考析——兼就〈明代“九边”的军数〉与梁淼泰先生商榷》，《第八届明史国际学术讨论会论文集》，1999 年。

④ 《明穆宗实录》卷 22，隆庆二年七月丁丑，第 607 页。

(1578年),“主兵官军八万五千三八一十一员名……客兵调遣不常无定数”①。此数与《明会典》《万历会计录》所记载一致。万历十九年(1591年),明廷重新厘定“经制”之数:“定议军以八万三千为额。”②明中后期《三云筹俎考》中分列大同各城、营、堡军数,总计“全镇官军八万三千一百四十四员名”③。又见万历《山西通志》,“全镇定额官军共八万四千二百五十六员名”④,万历《山西通志》中仅可见各卫所武官具体数量,军数无从可见。明灭亡前夕,“崇祯见额,官军七万六千五百二十十六员名”⑤。从万历后期统计军额的方法来看,包括标兵营、正兵营、游兵营、援兵营等营伍官军之数和分驻各城、堡守军之数,卫所军数虽难以见得,但卫所编制尚在。

明代中后期的“影占”现象严重,实际上述军额未必完全真实存在,但本文着重考察的是军额统计方法的变化,因此不过多考辨其虚实真伪。明代北边军事管理体制既分卫所制与营兵制,二者关系始终处于动态变化中,从军额中可见一斑。以山西行都司和大同镇为例,明初北边军事体制强调卫所建置,文献中并未见到洪武年间的具体军额,姑且只能通过山西行都司卫所数量大概估算一二。至永乐年间,大同总兵官节制山西都司、行都司卫所,大同地区形成了一个以总兵为中心、卫所为基本建制单位的军事指挥区域,军镇已见雏形。相对比较明确的军额见于洪熙至正统年间,可见分路守备的军数。成化至正德年间,各将统兵分路戍守、上下指挥关系明确、以营伍为基本建置的镇戍体系已经基本形成,此时段的地方志中可见卫所中具体的旗、军、舍、余之数。嘉靖以后,万历《山西通志》《三云筹俎考》诸多文献在统计军额时,以营、城、堡为单位,统计计算营兵数量。可见有明一代的边镇军额存在两种统计方法,其背后映射出明代北部防御

① (明)杨俊民:《边饷渐增供亿难继酌长策以图治安疏》,(明)陈子龙辑:《明经世文编》卷389,第4212页。

② 《三云筹俎考》卷4《军实考》,第447页。

③ 《三云筹俎考》卷4《军实考》,第454页。

④ 万历《山西通志》卷25《武备》,第8页b。

⑤ 《度支奏议》奏稿卷3《召对面谕清查九边军饷疏》,第79页。

体制的二元性。卫所制与营兵制处于动态的交错关系，两者存在相互征调的现象。总体上明代北方边地军事制度呈现既并行又交错的基本态势。

三、山西行都司与大同镇的并行交错

通过前文梳理的大同地区所见军额，实际上存在三种类型，即卫所军数、营伍军数、官军总数。卫所军数包括旗、军、舍、余，营伍军数多指以营为编制，归各级将领统辖常年备战御敌的营兵，官军总数则是包括营兵数和分守各城、堡的守城兵。前人主要关注的还是军额所属时间，并未完全注意到同一时间军额出现较大的原因，在于军额统计的办法和所属类型的不同，以至于将军额按时间前后简单进行纵向比较，如此并不能直接体现边镇的军备情况，且对于边镇军额背后的二元性军事制度缺乏进一步的探讨认识。现将文献所见山西行都司和大同镇军额按三种类型的方式整理如下：

表1 山西行都司与大同镇军数

（单位：员名/名）

时间	卫所军数	营伍军数	官军总数	资料来源
洪武二十六年（1393年）	135 000	—	—	《请复战马疏》，《明经世文编》卷452，第4971页。
洪熙元年（1425年）	—	44 304	—	《明宣宗实录》卷9，洪熙元年九月壬子，第236页。
正统九年（1444年）	—	24 600	—	《明英宗实录》卷116，正统九年五月庚申，第2339页。
成化年间	73 115	40 000	—	成化《山西通志》卷6《兵备》，第82页b；《明宪宗实录》卷240，成化十九年五月癸丑，第4068页。
弘治年间	87 782	21 900	—	正德《大同府志》卷5《武备》，第6页。
正德年间	—	63 600	—	正德《大同府志》卷3《仓场》，第11页a。

续表

时间	卫所军数	营伍军数	官军总数	资料来源
嘉靖十年（1531年）	3 540	55 080	—	《查核边镇主兵钱粮实数疏》,《明经世文编》卷199,第2063页。
嘉靖十八年（1539年）	—	59 909	—	《九边考》卷5《大同镇·军马考》,第243页。
嘉靖二十四年（1545年）	—	—	86 319	《查核边镇主兵钱粮实数疏》,《明经世文编》卷199,第2068页。
嘉靖二十六年（1547年）	—	514 401	—	《上介溪严阁老书》,《明经世文编》卷225,第2326页。
嘉靖三十四年（1555年）	—	—	88 000	《明世宗实录》卷423,嘉靖三十四年六月十六日,第7336页。
万历六年（1578年）	—	—	85 311	《边饷渐增供亿难继酌长策以图治安疏》,《明经世文编》卷389,第4212页。
万历四十四年（1616年）	—	—	83 144	《三云筹俎考》卷4《军实考》,第454页。
崇祯年间	—	—	76 526	《召对面谕清查九边军饷疏》,《度支奏议》奏稿卷3,第79页。

说明:明代史籍统计官军数额,武官称“员”,军兵称“名”,二者区分明显(彭勇:《明代班军制度研究——以京操班军为中心》,北京:人民文学出版社,2020年,第26页)。因武官数量对整体军额影响甚微,上表军额未对员名、名的计算单位进行严格区分。

整体观之,两种军事制度的并行也导致了在同一时间所见军额出入较大的现象,前人在探究此问题时往往忽略这一点。在嘉靖以降所见的官军总数中,无论是营伍兵还是守城军,其中一部分来自卫所,一部分由招募民壮所得,且官军总数并未完全包括卫所军数,如卫所中的屯军便不算在其中。如此看来,军额统计的错综复杂,便是两种军事制度并行交错的结果。

以成化《山西通志》、正德《大同府志》和万历《山西通志》三版方志为线索,可见山西行都司和大同镇军额的统计方法,侧面反映卫所制与营兵制关系的变化。成化《山西通志》在《兵备》中详细分列山西行都司旗、军、舍、余之数[①]，正德《大同府志》在《武备》中分列弘治年间的旗、军、舍、余之数[②]，同时在《仓场》中可见属于营兵制的官军总数[③]，万历《山西通志》仅在《武备》中分列山西行都司各卫所官员之数，未见属于卫所的具体军数，倒是可见各营、城、堡的具体军数。[④] 由此可见，明代存在两种统计军额的方法，是都司（行都司）卫所与军镇并行的结果。从统计方法上看，营兵制并未完全取代卫所制，卫所编制尚在，只不过到明代后期卫所军失额严重，已经无从统计具体军数。

值得注意的是，万历《山西通志》中提及"国初大同止设都司，以故军马属卫，至洪熙以后始设总兵、副将、游击等官。粮虽系卫，而军马列伍易卫以营"[⑤]，其中提到"易卫以营"的说法不多见，从字面理解似乎卫所与营兵是前后替代关系，在原文理解其实别有含义。此段出现在《武备》一卷分列山西行都司诸卫所武官数量之后，大同镇各营、城、堡军数之前，山西行都司卫所未见具体军数，只见营兵军数。此处应意为卫所军士编入营伍，并非字面所表达的前后替代关系。"粮虽系卫，而军马列伍易卫以营"意在进一步在分叙卫所与营伍的职能区别。

诚如前文所言，卫所制与营兵制并非前后取代，二者存在交集。营兵制在明代中后期逐渐居于主导地位，但卫所制并未因此被裁撤。军镇和卫所之间存在主辅关系：都司卫所为军镇提供部分兵源、将源、武器和粮饷，系省镇防线的军事要冲和老营。[⑥]

从城堡分布的防守体系来看，《九边图论》中按战略地位将大同各城、堡划分为极冲地方、次冲地方和稍缓地方，其中如平虏城、井坪城、朔州城

① 成化《山西通志》卷6《兵备》，第82页b。
② 正德《大同府志》卷5《武备》，第6页a。
③ 正德《大同府志》卷3《仓场》，第11页a。
④ 万历《山西通志》卷25《武备》，第10页a。
⑤ 万历《山西通志》卷25《武备》，第8页b。
⑥ 肖立军：《明代省镇营兵制与地方秩序》，第531页。

等系卫城或所城①,依托卫所而建的城或堡成为边防镇戍体系中的重要一环。

从军兵之间的相互征调来看,归各守备参将统辖用以分驻守城的官军,有从其他卫所征调而来的班军,“山西、河南岁发两省吏卒数千人戍大同,名班军”②,有从卫所中抽选出来的舍余,“暂将地方舍余诸人借用两月,使守城堡”③。山西行都司卫所部分军士春夏守城,防秋时归将领统辖征战:

> 大同阖镇各该卫所管堡官军,不拘马步,通行挑选二万名,春夏无事仍在各路防守,防秋之时调集镇城,统以骁将,与同正、游二兵,专备征战。仍选精壮步军二千名,拨发兵车营,专习火器,俱听总兵官稽查训练。④

至明中后期,“防守之兵,半是民壮”⑤,守城官军的主要部分还是征募而来的民壮。值得注意的是,“庚戌之变”后,为加强京师北部防御力量,明廷从其他边镇抽调力量定期轮流赴蓟镇戍卫。嘉靖三十年(1551 年),“大同兵马四枝每年轮流二枝入卫”,至万历三年(1575 年),“留一枝暂免入卫”。⑥

从卫所与军镇的职能划分看,“大同制造兵车……令大同将左右卫所原制造兵车移于镇城”,卫所为军镇提供部分的军械。对于边兵的粮饷,明初强调卫所屯田的给养,明中期屯田败坏,边兵供给主要靠民运和京运,兼以开中补充。卫所屯粮在粮饷体系中比重虽低,但军屯制度并未彻底废除,如万历六年(1578 年)屯粮“见额一十二万六千七百四十四万石”⑦。因

① (明)许论:《九边图论》,薄音湖编辑、点校:《明代蒙古汉籍史料汇编》第 12 辑,呼和浩特:内蒙古大学出版社,2006 年,第 42—45 页。

② (明)张萱:《西园闻见录》卷 65《兵部十四》,《明代传记丛刊》第 123 册,台北:明文书局,1991 年影印本,第 603 页。

③ 《明世宗实录》卷 283,嘉靖二十三年二月甲申,第 5496 页。

④ 万历《大明会典》卷 130《兵部十三・镇守五・各镇分例二》,第 668 页。

⑤ (明)桂萼:《大同论》,(明)陈子龙辑:《明经世文编》卷 232,第 2436 页。

⑥ 万历《大明会典》卷 130《兵部十三・镇守五・各镇分例二》,第 668 页。

⑦ 万明、徐英凯:《明代〈万历会计录〉整理与研究》,北京:中国科学社会出版社,2015 年,第 575 页。

此卫所具有一定的后勤保障功能作用。

综上所言，都司卫所与军镇之间存在军兵之间相互征调、地理区域相互交集的情况，但在职能上的各有侧重，卫所也并未完全被军镇所取代，而是长期处于并行交错的状态。明洪武年间，卫所创立之初，卫所即军队编制，洪武建国初年以卫所为单位，全卫出征作战。洪武中后期，以卫所抽调部分官军组队出征，卫所为日常管军单位，此时卫所军并不具有“常备军”的性质。北边备御蒙古形势直至隆庆和议之前一直不容乐观，单以相对分散杂居的卫所制度很难适应长期备边御敌的需要，因此永乐年间北方边地开始衍生出一套具有“常备军”性质的营伍体系，用以常年巡哨备战。卫所则成为营伍取兵“名籍”的“老家”，在职能上更加侧重于日常屯守和后勤供应。北方边地军事管理体制呈现出卫所制与营兵制的二元性，与明代前期严峻的边地形势有很大程度上的联系，营兵制在明中后期趋于主导性质，也并非单是卫所制自身的衰败所致。学界一直盛行明代“兵制衰败论”的观点，认为卫所军户逃亡、军屯败坏、军队战斗力低下，卫所制是一种衰败甚至是倒退的军事制度。事实上，卫所制度在有明一代具备其自身的发展脉络，即便是在明后期以营兵制为主导的“九边”重地，卫所从未淡出历史舞台，而是成为边地镇戍体系中重要的一环，二者整体上表现为交错并行的关系。因此，“兵制衰败论”之说有待进一步商榷。

四、结语

明初，大同地区设立山西行都司及卫所，意在且战且耕，分兵权于兵部和五军都督府。从永乐年间开始，镇守总兵官的设立一定程度上改变了“兵不识将，将不识兵”的局面。洪熙至正德年间，大同逐渐形成了分路守备的镇戍体制，今称之为省镇营兵制。省镇营兵制下，包括标兵、营兵、守城兵、通事家丁等类型，分为巡哨备战和守卫堡墩两类职能。但在省镇营兵制发展的过程中，卫所并未消失，二者处于并行交错的态势。

从边镇军额的角度看，山西行都司和大同镇所见军额，由于明人自身对两种军事制度的概念模糊，加之军额虚实难以区分，经常出现记载内容错综复杂、数目出入较大的情况。但可以肯定的是，对于边地的军额统计存在两种办法，一种为分列各卫所的旗、军、舍、余数量，另一种为分列各营、城、堡的官军数量，由此可见边地军事体制的二元性。两种军事制度的并行交错导致了文献记载中实际存在三种类型军额，其一为卫所军额，其二为营伍兵额，其三为官军总数。卫所军额多见于明初和成化至正德年间，营伍军额多见于洪熙至嘉靖年间，官军总数则多见于嘉靖以降。

明后期所见的官军总数包括以营伍为单位、用以巡哨备战的营兵和分守城堡的守城兵，以营伍为单位的营兵中有从卫所抽选过来的精锐，又有募兵所得，同时营兵也按常例征调入卫所，军兵之间存在互调关系。守城兵既有属于卫所本职的旗军，又有民壮和土兵，守城兵与营伍兵之间又存在互相轮换的定制。在统计、分辨军额的过程中，可见卫所制与营兵制之间错综复杂的并行交错关系，如此说来，厘定清楚军额所指范畴，是理解军额记载出入的关键所在。

（徐梦晨：中央民族大学历史文化学院硕士研究生）

Looking at the Northern Defense System of the Ming Dynasty from the amount of the Border Town Army—Taking the Parallel Intersection of Shanxi Temporary Chief Military Commission and Datong Town as a Clue

Xu Mengchen
(School of History, Minzu University of China)

Abstract: The defense system in the northern region of the Ming Dynasty was generally characterized by a parallel interweaving of "*Chief Military Commission* (*Temporary Chief Military Commission*)—*Sheng-Zhen battalion*". In the early Ming Dynasty, there was a wide establishment of a garrison, and the Ming court established *the Shanxi Temporary*

Chief Military（山西行都司）in the area of present-day Datong, to resist northern Mongolia. During the Yongle period, important officials stationed at the border to control the garrison, and the provincial town battalion system had already taken shape. In the middle of the Ming Dynasty, the Datong area formed a garrison system with various generals governing the camps and guarding the separate roads, which was called the "Datong town" in the "Nine Borders". During the Ming Dynasty, Shanxi Temporary Chief Military Commission and Datong Town were in a state of parallel and interlocking for a long time. There are two statistical methods for the military strength of border towns as seen in literature. One is to count the number of "*Qi*, *Jun*, *She*, *Yu*"（旗、军、舍、余）, and the other is to count the military strength in units of "*Ying*, *Cheng*, *Bao*"（营、城、堡）. It can be seen that there are three types of statistical methods, inclouding the amount of *Wei*—*Suo*（卫所）, the number of troops in the battalion and the total number of official troops. The statistical methods and forms of military strength presented at different time periods and the difference in military strength observed at the same time period are actually the result of the parallel and interweaving of the *Wei*—*Suo* system and the battalion system.

Keywords: Ming Dynasty; Shanxi Temporary Chief Military Commission; Datong Town; Sheng-Zhen battalion system

中国近现代史

英华禁烟委员会与英国对华鸦片政策（1870—1882）

潘璐辰　张志云

（上海交通大学人文学院）

摘　要：1870—1882 年间，英华禁烟委员会（Anglo-Oriental Society for the Suppression of the Opium Trade）以议会为中心展开运动，旨在对英国对华鸦片政策产生影响，塑造英国政府的道德形象。这一政策包含两部分内容，分别对应委员会不同阶段的运动目标。第一个阶段为 1870—1875 年，目标为敦促印度政府退出鸦片垄断制度，主要运动方式为参与议会特选委员会、提出动议；第二个阶段为 1875—1882 年，目标为修订英国对华鸦片条款，阻止鸦片贸易在中英条约中的进一步扩大，主要运动方式为扩大宣传、直接请愿。其运动成功，以 1881 年印度部（India Office）与印度政府的态度转变为标志。英华禁烟委员会在议会内外的活动并未能直接影响中英鸦片交涉，但是他们的力量可以由印度部借用，向印度政府施压，从而间接推动《烟台条约》签订。总的来说，议会中政治团体的运动也是讨论中英关系中的重要因素。

关键词：英华禁烟委员会；英国议会；《烟台条约》

在 19 世纪的英国对华外交决策中，英国议会是一个重要却常被忽略的角色。这是因为商贸交流构成了早期英国对华外交的主要部分，这一时期商贸的需求主导了对华外交政策。① 但实际上英商与英国政府的角色

① 在既有研究中，马士（Hosea Ballou Morse, *The International Relations of the Chinese Empire*, New York: Paragon Book Gallery, 1900）、格林伯格（Michael Greenberg, *British Trade and the Opening of China, 1800－1842*, Cambridge: Cambridge University Press, （转下页）

并不能等同，其决策也并不完全一致。① 此外，这两者又各自涵盖了东印度公司、港脚商人、怡和洋行等大商行，其他英国本土商会以及外交部(Foreign Office)、商务部(Board of Trade)、殖民部(Colonial Office)、印度部等多个部门及职官群体。但议会作为英国政府中的重要部分，既有研究中却少有涉猎。

英国议会与外交政策是英国史研究中的重要议题。虽然关于英国议会与外交关系的讨论已经十分详细，但相关研究成果少有影响到英国对华外交政策的研究。美国学者梅朗克(Glenn Melancon)曾涉猎议会与对华外交政策关系的问题。他认为对华外交政策是议会、内阁和党派力量影响的结果。经济利益并不是唯一的原因，在外交政策方面对于荣誉的追求也同样重要。如果不能体面地行事，就会以向议会请愿的形式引起公愤，甚至可能会失去下议院的多数选票。② 除了梅朗克研究中所涉及的党派和选举问题，议会中的政治团体也是一个重要的影响因素。而英华禁烟委员会正是一个以议会和公众舆论为核心，旨在对印度政府实行鸦片垄断制度，以及对英国对华鸦片政策施加压力的政治团体。

英华禁烟委员会是英国反毒品运动史上最为重要的团体之一。受到同时期英国国内反鸦片和禁酒运动的影响，它于1874年成立，于1917年解散，其运动时间长达43年。而之所以选择1870—1882年这个时间段进

（接上页）1951）、费正清(John King Fairbank, *Trade and Diplomacy on the China Coast: The Opening of the Treaty Ports, 1842 - 1854*, Cambridge: Harvard University Press, 1953)等人最早在书中探讨了相关的问题，其中就包括鸦片贸易在塑造中英间商贸与外交政策中发挥的作用。欧文(David Edward Owen, *British Opium Policy in India and China*, New Haven: Yale University Press, 1934)则对鸦片政策进行了整体而全面的讨论。

① 英国学者伯尔考维茨(Nathan Albert Pelcovits)在研究中，提出"商界和英国政府之间存在冲突，这种冲突是商界要求不论在任何代价下对中国的落后进行全面攻击，与政府不情愿对中国担当起统治权的责任之间的一种不断的斗争"(Nathan Albert Pelcovits, *Old China Hands and the Foreign Office*, New York: King's Crown Press for American Institute of Pacific Relations, 1948, p. 2)。但伯尔考维茨的研究不止于此，他还进一步讨论了英国政府中不同部门间的角力，以及在华英商和英国本土商人之间的合谋与分化。

② Melancon Glenn, *Britain's China Policy and the Opium Crisis Balancing Drugs, Violence and National Honour, 1833 - 1840*, Oxford: Routledge, 2003.

行讨论，是因为英华禁烟委员会的运动以 1890 年为界，可以大致分为前后两个阶段。第一阶段委员会的矛头指向印度鸦片向中国出口一事，第二阶段则指向印度国内的鸦片生产活动。从第一阶段过渡至第二阶段的过程中，委员会的关注重心将会从中国转向印度。① 关注委员会第一阶段的运动更有利于研究议会与中英外交政策关系这一问题。

该委员会的积极作用在有关中英鸦片政策以及英国禁烟运动的书中常被提及。② 除此以外，约翰逊(Bruce Johnson)曾专门讨论了委员会的工作，并将其运动分为五个阶段。③ 布朗(J. B. Brown)则讨论了委员会背后涵盖的"道德帝国主义"。他认为英华禁烟委员会是帝国主义、工业和基督教文明传播的分支。④ 除理解该政治团体的属性、理念、利益是如何与英国海外政策相连接以外，还可以通过研究英华禁烟委员会在议会内外的活动，以英国议会档案资料⑤、英华禁烟委员会的出版刊物、英国外交档案为研究依托，探究该政治团体是如何对英国对华鸦片政策，或者说对英国对华外交政策产生影响的。

一、1874 年英华禁烟委员会成立：组织与运动目标的形成

1874 年，英华禁烟委员会成立。它的成立始于 1874 年 3 月报纸上登

---

① J. B. Brown, "Politics of the Poppy: The Society for the Suppression of the Opium Trade, 1874 - 1916", *Journal of Contemporary History*, vol. 8, no. 3(July 1997), p. 101.

② 例如 David Edward Owen, *British Opium Policy in India and China*, New Haven: Yale University Press, 1934; Waung William sui king, *The opium question in china 1860 - 1887*, Thesis for the Ph. D. Degree, University of London, 1972。

③ Bruce Johnson, "Righteousness Before Revenue: The Forgotten Moral Crusade Against the Indo-Chinese Opium Trade", *Journal of Drug Issues*, vol. 5, no. 4(October 1975), pp. 304 - 319.

④ J. B. Brown, "Politics of the Poppy: The Society for the Suppression of the Opium Trade, 1874 - 1916", *Journal of Contemporary History*, vol. 8, no. 3(July 1997), pp. 97 - 111.

⑤ 本文所利用的英国议会档案资料均出自数据库，其一为 Hansard(包括 House of Commons Debates 以及 House of Lords Debates)，网址：https://hansard.parliament.uk/；其二为 U. K. Parliamentary Papers(Parliamentary Papers 包含多种类型文件，其中名为 House of Commons Papers 和 Command Papers 的文件均为其类型之一，文件分类名后附有该文件索引码)，网址：https://parlipapers.proquest.com。

载的一则广告，以及几乎同一时间在伯明翰举行的两次公开会议。① 会议后，伯明翰反鸦片委员会成立，并且准备在伯明翰市进行运动。②

随着该委员会的壮大，爱德华·皮斯、托马斯·史密斯（Thomas B. Smith）决定将运动的中心转向伦敦。1874 年 11 月 13 日，英华禁烟委员会的首次早餐会就于伦敦举办。会议中确立了委员会的基本构成，并且讨论了运动的原因、运动目标、运动中可能遇到的阻力和运动方法。

之所以进行此项运动，会议中陈述了以下四种观点，分别是鸦片贸易危害商贸发展③、危害宗教及文明传播④、损害英国的国家道德威望⑤，以及医学相关的原因⑥。这与本委员会的成员属性密切相关。

委员会成员主要由自由党人、商人、金融业者和贵格会教徒构成。⑦ 根据 1875 年 3 月出版的《中国之友》第 1 卷第 1 期卷首页内容可知，在委员会成立初期，委员会中有四位人士提供了启动资金。⑧ 他们分别是爱德华·皮斯、汉伯里（Thomas Hanbury）、奥尔布赖特（Arthur Albright）以及

① 1874 年 3 月，英华禁烟委员会的创始人爱德华·皮斯（Edward Pease）在报纸上登载了题为“英国鸦片政策对中国和印度影响”的征文比赛的广告，获奖者将授予高额奖金。“Introductory Address”, *The Friend of China*, vol. 1(1876), p. 4.

② “Introductory Address”, *The Friend of China*, vol. 1(1876), p. 5.

③ *The Opium Trade*, London: Yates & Alexander, 1875, p. 4.

④ *The Opium Trade*, p. 9.

⑤ *The Opium Trade*, p. 9.

⑥ *The Opium Trade*, p. 4.

⑦ 总理事会与执行委员会共有委员 48 人，其中总理事会共委员 25 人，执行委员会 23 人。在 42 人中（除 6 人暂未查明外），可以根据他们的职业或身份将他们大致分为三类，分别是议员、教会成员和商人及金融业者。议会成员共有 10 人，其中自由党 8 人，保守党 2 人；商人及金融业者共有 13 人；教会成员共有 23 人，其中贵格会成员共 9 人，英国海外传道会（Church Mission Society）成员共 3 人，伦敦传道会（London Missionary Society）成员共 4 人，大英浸信会（Baptist Missionary Society）成员共 3 人，其余教会 4 人。在这 23 人中，共有传教士 7 人。参见 *The Opium Trade*, p. 2。此外，又根据 1876 年 6 月出版的《中国之友》第 2 卷第 1 期可知，此时英华禁烟委员会的总理事会成员已经发生了变化，除原 25 位成员外，又增添了 24 位成员，但执行委员会成员并未发生改变。由于在实际运动中，主要由执行委员会成员发挥作用，因此，不再详细列出新增总理事会成员名单。

⑧ 具体捐赠情况可参考当月出版的《中国之友》杂志卷首页。

巴克莱（Joseph Gurney Barclay）。爱德华·皮斯家族[1]又为英华禁烟委员会此后的运动提供了大部分的资金。

首先他们四位都是贵格会教徒。同作为贵格会教徒之一的委员会秘书特纳（Frederick Turner）曾在会议中提出中英间鸦片贸易损害英国声誉，严重妨碍传教工作，限制商业自然发展的观点。[2] 鸦片贸易影响到了中国和英国在商贸、宗教、文化等方面的交流，并且极大地破坏了英国在世界各地的道德威望。这可以概括为他们进行运动的主要原因。

其次，确立了在议会中提出动议，在议会外扩大公众舆论的运动方法。他们之所以通过议会动议的形式对英国政府进行施压，是因为 48 位委员会委员中至少有 10 位是议会成员，其中 8 位是自由党人。

此外，在 1870 年 5 月 10 日的议会辩论中，来自英华禁烟委员会的劳森和福勒曾围绕——“下议院谴责印度政府的财政税收大部分来自鸦片贸易”这则动议，提出他们的意见。[3] 这则动议是继沙夫茨伯里伯爵（Anthony Ashley Cooper，7th Earl of Shaftesbury）于 1843 年在议会中提出第一条禁烟动议后[4]，重新开展禁烟运动的开端。这则动议虽然抽象，但劳森阐述了中英间鸦片贸易中存在两类不道德的行径，一方面是鸦片的生产，即印度政府的经营方式；另一方面是鸦片的出口与销售，即英国对华鸦片条款。围绕这两方面，他提出了两个观点：第一，印度政府鸦片垄断制度扶植且推动了贸易的发展；第二，英国对华鸦片条款是通过战争的手段达成的。他表示应该尊重中国人的禁烟意愿，尽可能提高印度鸦片进口税来限制鸦片贸易。[5]

在会议中，委员也提出了类似的看法，并且确立了两个方向的运动目

---

① 爱德华·皮斯家族被称为 19 世纪贵格会最伟大的实业家家族之一，产业涉及羊毛、铁路、煤矿和银行业。

② *The Opium Trade*, p. 8.

③ *House of Commons Dabates*, cols. 480 - 524.

④ 该议案为“鸦片贸易以及印度政府推行的垄断制度破坏了中英之间的友好关系”。*House of Commons Debates*, 04 April 1843, cols. 362 - 469.

⑤ *House of Commons Debates*, cols. 480 - 524.

标：第一，印度政府退出鸦片垄断制度，或代以出口税制度①；第二，尊重中国政府的禁烟意愿，阻止这项贸易在中英条约中的进一步扩大②。

根据这两个方向的运动目标，会议末尾切松（Frederick Chesson）提出了一则动议：

> 这次会议是在考虑到印度鸦片贸易给中国带来的巨大罪恶，以及英国政府理应在印度鸦片种植和中英鸦片贸易中承担的道德责任而召开的。英华禁烟委员会的目标在于废除中英鸦片贸易，本次会议对此协会表示诚挚的同情，将尽其所能支持该协会的运动。③

这两个运动目标，又于 1875 年 1 月 19 日的会议中被明确写入动议：

> 本次会议认为，考虑到英国政府在英属印度所采取的鸦片垄断制度，并且以其巨大的影响力将鸦片运入中国的行径，与我们国家的荣誉不符，并且这样的行径已经成了教会的丑闻。因此，本次会议将会全力支持英华禁烟委员会的工作，帮助他们在公众中传播有关鸦片的信息，并且要求政府采取措施来纠正这一错误。④

同时，此次会议中也认识到了运动中可能遇到的阻力。特纳表示禁烟一事的最大困难在于，解决印度政府的鸦片收入与国家荣誉和基督教传播之间的矛盾。⑤ 印度财政对鸦片收入的依赖是该运动的最大阻力。

在 1870 年 5 月 10 日的议会辩论中，副印度大臣达夫（Duff）和首相格莱斯顿（William Gladstone）就从印度财政方面维护鸦片贸易。达夫之所以反对委员会动议，是因为他考虑到：第一，因谴责鸦片贸易而产生的巨大损失，是否由英国纳税人来补偿，或是在印度征收同等额度的新税；第二，如果完全断绝鸦片收入，又不另征新税，印度政府、铁路股票持有者和商人

① *The Opium Trade*, p. 9.
② *The Opium Trade*, p. 9.
③ *The Opium Trade*, p. 15.
④ "Meeting at Devonshire House", *The Friend of China*, vol. 1(1876), p. 22.
⑤ *The Opium Trade*, p. 5.

的利益会受到影响，印度政府甚至会走上破产的道路。①

为了进一步辩护鸦片利益，达夫和格莱斯顿还对该委员会的立足点和运动方式质疑。他们提出了三个问题：第一，鸦片与烟草和酒精的性质是否有差异，鸦片的使用是否必然与滥用有关；第二，印度政府的政策是否促进了鸦片生产②；第三，在 1858 年中英《天津条约》签订后，是否还存在鸦片贸易引发战争的说法③。

除此以外，其运动方式也受到了质疑。达夫认为鸦片税属于印度政府的利润，英国议会对于印度政府并不负有比美国国会更多的责任。④ 格莱斯顿也提出对印度政府财政负责的应该是印度议会，而不是英国议会。“若英国议会现在谴责占据印度政府 15％的鸦片税，却不能给出解决财政问题的方案是不合适的。”⑤

总的来说，英华禁烟委员会的目的在于塑造一个具有“道德模范”形象的帝国，他们的观点以道德为基本点展开。他们反对英国政府的鸦片贸易政策，并且认为这损害了英国的国家荣誉，影响了中英之间其他合法的经济、文化交往。而废除相关不道德的政策，便可摆脱不道德的指控，并且解决因鸦片贸易带来的中英间交往的问题。这一政策可以分为两个部分，一方面是鸦片的生产，即印度政府鸦片垄断制度；另一方面是鸦片的出口与销售，即英国对华鸦片条款。劳森认为由于如今英国议会与印度政府的关系已经发生了重大变化，议会对于印度政府负有责任，因此他于 1870 年 5 月 10 日提出动议。动议中涵盖了对这两个方向的讨论。1874 年 11 月 13 日，英华禁烟委员会的首次早餐会继承了这两个方向的目标，并且确立了运动的方法，随后于 1875 年 1 月 19 日明确写入动议中。

---

① *House of Commons Debates*, cols. 480 - 524.

② *House of Commons Debates*, cols. 480 - 524.

③ *House of Commons Debates*, cols. 480 - 524.

④ *House of Commons Debates*, cols. 480 - 524.

⑤ *House of Commons Debates*, cols. 480 - 524.

二、1875年议会动议:废止政府垄断制度的实践

尽管英华禁烟委员会在首次早餐会中确立了运动目标和运动方法。但能否通过议会内外的舆论运动对政府施压,来达成其提出的两大目标还有待考证。在1870年辩论中,副印度大臣达夫和首相格莱斯顿曾对此质疑。一方面他们认为鸦片贸易并不存在非道德性问题,并且印度政府依赖于这项税收,另一方面他们认为印度政府的鸦片税事务应由印度议会负责,英国议会不能对此进行谴责。

其中包含三个问题:第一,英国鸦片贸易或者鸦片政策的道德性问题;第二,印度政府的鸦片税问题;第三,英国议会与印度政府的关系问题。虽然1870年动议以失败告终,但1871—1874年印度财政特选委员会的召开,给了委员会在议会中重新探讨这些问题,在议会中再次提出动议的契机。

1857年印度民族起义①后,东印度公司管理印度的时代结束了,行政管辖权由东印度公司移交给了英国政府。印度总督(Viceroy and Governor-General of India)又称印度副王及总督(Viceroy and Governor-General of India),是英属印度的管理首脑。印度议会取代原先的东印度公司董事法庭来管理财政。除此以外,英国政府在内阁中设立印度大臣一职,统领印度部。印度总督受其指导领导印度政府。

在这一时期,即便英国政府与印度的关系发生了重大转变,印度事务也并未受到议会的特殊关心。议员福西特(Henry Fawcett)为下议院对印度事务的冷漠感到愤慨,他于1870年7月15日②、8月5日③分别向议会提出议案,要求议会明确申明反对于会期末(8月5日)讨论印度的财政报

---

① 印度1857年起义指1857—1858年期间印度反对英国东印度公司殖民统治的一次失败的大型起义。

② 该议案为“考虑到对印度财政状况以及现行财政措施的不满,议会对直到本届会期结束仍未能对印度的财政状况进行审议感到遗憾”。*House of Commons Debates*, 15 July 1870, cols. 367 - 368.

③ 该议案为“议会对于副印度大臣在本届会期末才提出印度财政报表感到遗憾,考虑到目前印度财政的状况,议会应在下一届会议初期任命一个特选委员会来调查印度的财政情况”。*House of Commons Debates*, 5 August 1870, cols. 1599 - 1668.

表，并且要求设立特选委员会，对印度财政状况进行专门审查。

这两点要求引发了议员关于两个基本问题的讨论：第一，英国下议院是否应该干涉印度事务；第二，是否应设立特选委员会。这项动议遭到了格莱斯顿的反对。格莱斯顿并不同意议会对印度财政事务进行直接干涉，即改变印度财政报表的讨论时间，但他同意设立委员会对印度财政情况进行调查，履行其监督的职能。①

1871—1874 年印度财政特选委员会于 1871 年 3 月 16 日正式召开，持续了近四个议会会期，将印度财政分为收入和支出两部分进行调查。有关鸦片问题的讨论主要集中于 1871 年的会议。② 其中与英华禁烟委员会相关的是：第一，孟加拉诸省的鸦片垄断制度；第二，土邦地区的鸦片过境税制度；第三，中国的鸦片问题。

英华禁烟委员会成员福勒和劳森参与了相关会议。他们在听取其他委员提问的同时，也展开了质询。但针对印度政府鸦片垄断制度，前任孟加拉副省长（Lieutenant Governor of Bengal）比登（Cecil Beadon）和旅居加尔各答 17 年的乔治·史密斯给出了不同的证词。

由于在第一届特选委员会召开期间并未完成所有调查，因此该委员会又延续至第二年，最终直到 1874 年才完全结束。但直到最后一年调查结

---

① *House of Commons Debates*, cols. 1599 - 1668.

② 1871 年第一届印度财政特选委员于 3 月 9 日组建，3 月 16 日正式召开，7 月 18 日结束，历时四个半月，共召开了 28 次会议。每次会议的成员都在 27 位议会委员会成员中选拔而出，一般为 18 人。委员会的成员中，上议院中对于东印度公司事务非常熟悉，或曾担任相关政府职位，或具有其他官方背景的议员共有 6 名，占据了其中四分之一的席位。副印度大臣与前任印度大臣也都在委员会成员名单中。其委员会成员构成基本符合格莱斯顿的构想。*Select Committee Report on East India Finance*, *House of Commons Papers 363*, 1871, p. ii. 会议中对涉及印度财政问题的官员、商人和民众进行了质询，最终得出相应委员会报告。其中有 8 场会议都与鸦片问题密切相关，主要指的是 1871 年 5 月 2 日、5 日、9 日、12 日、16 日、19 日、23 日以及 6 月 6 日的会议。在这 8 场会议中，有 10 余位官员、民众作为证人参与了会议，但只有其中 9 位的质询和鸦片问题直接相关。在这 9 位证人中，具有政府部门从业经历者 7 名，其中有 5 位是印度政府的官员，2 位是英国驻华官员，2 位是分别旅居印度和中国的普通民众。*Select Committee Report on East India Finance*, *House of Commons Papers 363*, 1871, pp. vii - x.

束，特选委员会报告中依旧没有对印度鸦片制度做出具体评述。

1875年6月25日，英华禁烟委员会成员斯图尔特（Mark Stewart）依据1871年印度财政特选委员会（下文简称1871年特选委员会）中有关鸦片贸易的新证据和看法，以及1874年订立的运动目标，提出一则动议："议会认为英国政府应该仔细考虑它在印度与中国采取的鸦片管理政策，以便印度政府逐步退出鸦片的种植和生产。"①这则动议也是继1843年动议和1870年动议之后的第三条有关鸦片贸易的动议。

这则动议与1870年动议的内容有所差别。在1870年5月10日的动议中，虽然包含对鸦片生产与销售的讨论，但这则动议本身较为抽象，并未提出具体目标。1875年提出的动议中，委员会吸取了1870年动议失败的教训，避开了对鸦片税进行谴责，而是提出印度政府退出鸦片垄断制度的观点，以及将过境税制度订立为唯一政策的解决方案。之所以提出这一新解决方案，可能源于1871年特选委员会中的讨论。

会议中英华禁烟委员会成员约瑟夫·皮斯对这一解决方案进行了具体阐述。他在谴责政府鸦片垄断制度的同时，提出了印度政府两大鸦片收入来源性质不同的观点。他认为政府应该摆脱垄断制度，改为实施过境税制度，直到他们可以完全摆脱鸦片利益。② 这样的举措，一方面使得政府摆脱刺激生产等相关不道德的指责，另一方面又能短期维续鸦片税收。

关于这一举措的可实现性，罗伯特·汉密尔顿（Robert Hamilton）曾在1871年特选委员会中给出肯定的答复。他表示如若在孟加拉地区实施过境税政策，需要将鸦片转运到政府的仓库中，颁发通行证后立即出海。③相较于监管鸦片种植所需的人力成本，防范走私所需的人力成本并不会更多④，并且过境税政策的实施反而会抑制鸦片贸易⑤。

---

① *House of Commons Debates*, 25 June 1875, cols. 571 - 622.

② *House of Commons Debates*, cols. 571 - 622.

③ *Select Committee Report on East India Finance*, p. 230.

④ *Select Committee Report on East India Finance*, p. 230.

⑤ *Select Committee Report on East India Finance*, p. 240.

斯图尔特的动议同时遭到了前任孟加拉副省长乔治·坎贝尔（George Campbell）、前任印度财政部部长拉宁（Samuel Laing）和副印度大臣乔治·汉密尔顿的反对。他们认为废除现行制度将会使印度政府面临巨大的财政风险。①

乔治·坎贝尔等人在陈述中表达了与比登类似的意见，即政府鸦片垄断制度是一种抑制鸦片消费的制度。② 至于用过境税制度替代政府垄断制度一事，乔治·坎贝尔等人也表示反对。比登曾对反对的原因作出详细阐述。首先，孟加拉地区也不具备同样的地理条件，在政府监管下实施过境税制度。其次，完全脱离政府垄断制度会造成鸦片种植、加工、贩运无人监管以及鸦片泛滥的情况③，甚至会造成利润下降④。

在诸位印度政府和印度部官员的意见中，政府鸦片垄断制度是一种经济制度，对鸦片的种植和销售都进行了严格管理。废除这一制度，改实施过境税制度存在经济风险。这不仅会导致更多的鸦片流入中国，还会因此造成市场波动，利润下降。"印度政府的支出在过去 10 年或 15 年中大幅增加，但不存在任何削减这一开支的可能。"⑤最终该动议以 57 赞成票对 94 反对票被下议院否决。⑥

总的来说，斯图尔特以 1871 年印度财政特选委员会中的新证据和观点，提出了此项动议。与 1870 年劳森的动议相比，他的动议中提出了明确的目标，甚至给出了相应的解决方案。但该动议再次受到了印度政府和印度部官员的一致反驳。他们认为政府鸦片垄断制度并不存在促进印度鸦片贸易增长等非道德的问题，并且废止这一制度将会威胁印度财政。虽然 1871—1874 年印度特选委员会并未对鸦片制度做出具体评述，但可以说

---

① *House of Commons Debates*, cols. 571 - 622.

② *Select Committee Report on East India Finance*, p. 169; *House of Commons Debates*, cols. 571 - 622.

③ *Select Committee Report on East India Finance*, p. 169.

④ *Select Committee Report on East India Finance*, p. 169.

⑤ *House of Commons Debates*, cols. 571 - 622.

⑥ *House of Commons Debates*, cols. 571 - 622.

他们一致的反对态度暗示了委员会的调查结果。

除来自印度政府和印度部官员的一致反对意见外，英华禁烟委员会在这一时期的运动中还存在一大阻力。在 1874 年举办的首次早餐会中，委员会曾将在议会中提出动议、向政府施压作为运动方法。首先，这一举措并未改变政府官员的反对态度，其次，从制度上来说，议会本身也无法直接要求对印度政府的施政措施进行改变。这是这一时期英华禁烟委员会运动失败的原因。

在召开 1873 年特选委员会前，议会于 1870 年就曾讨论了两个问题：第一个是印度财政报表的递交时间，第二个是是否设立议会特选委员会进行审查。这两个问题有关英国议会和印度政府财政之间的关系。1873 年印度特选委员会报告中对此给出了详细回答。透过这份回答可以了解到为何议会无法直接要求对印度政府的施政措施进行改变。

1873 年的印度财政特选委员报告，就印度财政报表递送议会的时间进行了声明：

> 委员会认为，对改变印度财政年限一事进行调查是不可取的。虽然下议院可以在不给自身带来不便的情况下，通过改变事务的安排，就印度的财政和事务进行充分的讨论。但本委员会认为，要求对印度的财政管理进行重大改革是不合理的。①

在这一时期英华禁烟委员会运动失败，一方面是因为，印度财政无法摆脱对鸦片贸易的依赖。这使得印度政府和印度部官员在面对英国国内的道德压力时，仍然反对废止政府鸦片垄断制度。他们否决了鸦片贸易的非道德性问题，维持了印度政府的鸦片政策。另一方面是因为，委员会无法通过提出动议的方式直接改变政策。

但他们的运动也并非一无所获，乔治·坎贝尔在 1875 年 6 月 25 日辩论中提出的不再扩大政府鸦片垄断制度的实施范围的修订案，在 1876 年

---

① *First Select Committee Report*, *House of Commons Papers 179*, 1873, pp. iii - iv.

得到了索尔兹伯里侯爵（Robert Cecil，3rd Marquess of Salisbury）的承诺。①

三、1875年后开展的请愿运动：修订英国对华鸦片条款的尝试

在1875年英华禁烟委员会运动失败的同时，马嘉理案引发了对鸦片贸易新的讨论。他们抓住了新的运动契机，并且相对应地转变了运动目标和方法。1875年之前，英华禁烟委员会的运动目标为敦促印度政府退出鸦片垄断制度。1875年之后，他们的运动目标为修订英国对华鸦片条款，阻止中英间鸦片贸易扩大。

在英华禁烟委员会于1875年10月出版的《中国之友》杂志中，谈及了对马嘉理案的看法。他们表示战争之所以爆发是因为"如今英国政府不满足于中国东部的贸易，将计划拓宽到中国的西部。在推进的过程中，商人向英国和印度政府施加压力，要求它们清除障碍"②。

英华禁烟委员会认为，促进鸦片贸易可能是英国政府将计划拓宽到中国西部的原因之一。他们之所以这么判断，是立足于1863年1月19日印度总督发给时任印度大臣查尔斯·伍德（Charles Wood）的信。信中印度政府表达了对于通过缅甸开通鸦片出口渠道一事的关心。额尔金伯爵（James Bruce，8th Earl of Elgin）及其委员会告知查尔斯·伍德，他们已经向罗伯特·菲尔（Robert Phayre）发出指示，与缅甸国王达成一项商业条款，这项条款将要求重新开放从阿瓦（Ava）经过八莫（Bamo）到云南的商业路线，并且允许英国商人通过该路线。该项条款中的第五条为："允许印度鸦片经英国领土经缅甸进入云南，经缅甸期间鸦片或免税，或缴纳适当过境税。"③由此可以肯定，印度政府支持这一路线的动机包括出售鸦片。因此，这一路线的开辟与鸦片贸易相关。

---

① "The Results of Our Last Move", *The Friend of China*, vol. 1(1876), pp. 313 - 316.

② "Audi Alteram Partem", *The Friend of China*, vol. 1(1876), p. 188.

③ "Burma, Opium, and The Trade Route to Yunnan", *The Friend of China*, vol. 1(1876), p. 294.

委员会对英国政府联合印度，以武力手段拓宽中国西部，将鸦片由缅甸运往云南的做法表示反对。他们认为是否同意由这条路线运送鸦片应由中国政府自行决定。① 尊重中国政府的想法，修订中英间鸦片贸易条约成为这一时期的运动目标。

1876年6月23日，在伦敦召开的首届年度会议上，该意见被明确写入动议中：

> 本次会议认为中英之间的外交关系建立在弱国对强国的武力恐惧上，并不令人满意。英国有责任通过取消对鸦片贸易的保护来开创中英间外交的新时代，因此应该对亨利·理查德（Henry Richard）的动议（随后提出的有关修订中英间鸦片贸易条约的议会新动议）表示全力支持。②

除此以外，在这次会议中还阐明了这样一种观点，即不再以议会中提出动议的形式作为运动策略，而是力图扩大议会外的宣传，扩大在选民、商会以及其他协会中成员的影响。之所以采取这一策略，是因为委员会成员斯图尔特表示，除非议会外的公众对鸦片贸易表示强烈反对，否则政府不会采取措施完全禁止鸦片贸易。③

在1875—1876年间，英华禁烟委员会就上述想法展开了运动。1875年10月，委员会在中英协会（Anglo-oriental Society）的帮助下，在布莱顿皇家行宫（Royal Pavilion）的音乐厅举行会议。本次会议的讨论主题已经从印度的鸦片问题，转向了中国的鸦片问题。会议中出席人物众多，其中布莱顿市长担任主席。华里丝（Marriage Wallis）在会议中提出，“本次会议请求主席布莱顿市长将上述决议传达给该市议员，并敦促他们在议会中提出制止中英间鸦片贸易的主张”④。随后，这则动议经表决后一致通过。

---

① “Burma, Opium, and The Trade Route to Yunnan”, *The Friend of China*, vol. 1 (1876), p. 295.

② “Annual Meeting”, *The Friend of China*, vol. 2 (1877), p. 30.

③ “Annual Meeting”, *The Friend of China*, vol. 2 (1877), pp. 29 - 30.

④ “Public Meeting at Brighton”, *The Friend of China*, vol. 1 (1876), p. 238.

除了扩大在选民中的影响，英华禁烟委员会还与商会及其他协会进行联络。1876 年 1 月，委员会为了促使议会对马嘉理案进行更进一步的调查，与和平协会（Peace Society）、土著人保护协会（Aborigines Protection Society）成立了联合委员会，并于 17 日举行会议。[①] 1876 年 4 月，委员会又在利物浦两次召开公开会议。这两次会议的成功都得益于爱德华·皮斯的朋友、利物浦商会（Liverpool Chamber of Commerce）的主席塞缪尔·史密斯（Samuel Smith）。[②]

在这一时期，英华禁烟委员会不断扩大其在公众中的影响，参与人数的逐渐攀升让委员会得以收集更多的签名，并且在此后的运动中，以议会请愿书的形式直接向政府官员施压，要求落实修订中英鸦片贸易条约的目标。

1876 年 9 月《烟台条约》签订，该条约及相关内容随后为公众所知晓。根据《烟台条约》第三节第三条的内容，中英间将设立新的鸦片征税制度，即海关在征收关税的同时征收厘金：

> 在鸦片运入中国港口后，英国商人有义务让海关对其进行认定，并且将其存放于关栈中，直到销售时才将其运出。进口商将会向海关支付一笔进口关税，购买者则会向海关支付厘金税。为了防止偷税漏税，厘金税将由各省分别决定。[③]

1876 年 11 月 24 日，英华禁烟委员会就这一条款向外交部递交了请愿书。他们表示“许多英国国民与鸦片利益并无直接关联。希望英国政府能够采取措施，使他们免受以武力维护鸦片贸易，对中国造成伤害的指

① “The Approaching Session”, *The Friend of China*, vol. 1(1876), p. 290.

② 在此次会议结束后，会议的参与者向议会提交了两份请愿书，收集了共 300 余个签名。“Public Meeting on the Opium Question”, *The Friend of China*, vol. 2(1877), pp. 22 - 23.

③ “China(No. 3), Further Correspondence Respecting the Attack on the Indian Expedition to Western China and the Murder of Margary”, *Command Paper C. 1832*, 1877, p. 66.

控”①。除此以外，他们认为《烟台条约》中第三节第三条，承认了中国政府拥有在其领土内自主安排鸦片贸易的权力。委员会希望：

> 如果英国外交大臣可以建议英国政府批准《烟台条约》，他将会借此机会承诺中国政府，英国政府无意让中国接受印度的鸦片，还会考虑减少或禁止鸦片贸易。并且在不久的将来，英国政府会对公约中的条款进行修订。②

1877年10月，在获悉提交至议会的马嘉理案相关文件后，英华禁烟委员会秘书再次向英国外交部递交请愿书。首先，他们希望英国政府能尽快批准《烟台条约》中第三节第三条的内容。其次，他们注意到在上届议会文件中，威妥玛的报告并非全文，而只是部分摘录。他们认为从报告的结构中可以看出，威妥玛原本是要对第三节进行解释，但是呈递的报告中并未呈现。他们希望英国外交部能够提供这份报告的全文。③

此后在1877年11月④、1878年1月、1878年4月，英华禁烟委员会又分别向外交部递交过请愿书，再次要求英国政府尽快批准《烟台条约》。但外交部仍然不予回应。⑤ 面对外交部的不予回应，1878年4月英华禁烟委员会再次向外交部递上请愿书催促。⑥

久久的没有回音导致英华禁烟委员会在议会中又提起此事，他们于1878年6月24日问询了副印度大臣，印度政府是否对《烟台条约》第三节第三条表示赞同。斯坦霍普（Edward Stanhope）表示英国政府已经决定正

---

① “The Chefoo Convention”, *The Friend of China*, vol. 2(1877), pp. 81 - 84; *Anti-opium Society to Derby*, 24 November 1876, F017/740.

② “The Chefoo Convention”, *The Friend of China*, vol. 2(1877), pp. 81 - 84; *Anti-opium Society to Derby*, 24 November 1876, F017/740.

③ *Anti-opium Society to Derby*, 04 October 1877, F017/776.

④ 在1877年11月委员会递交的请愿书中，附上了350余位支持者的签名。“Memorial to the Earl of Derby in Favor of the Ratification of the Convention with China”, *The Friend of China*, vol. 3(1879), p. 71.

⑤ *Fowler and Turner to Derby*, 7 February 1878, F017/795.

⑥ *Anti-opium Society to Derby*, 5 April 1878, F017/796.

式批准《烟台条约》，但有关鸦片厘金税的条款仍在考量中。① 同年 7 月 23 日，上议院也提及了这一问题。但索尔兹伯里侯爵表示《烟台条约》的推迟签订是因为其他国家的不同意见，并非因为鸦片条约。② 同年 12 月 12 日，委员会重新在议会中提出这一问题，但始终没有新的进展。英国副外交大臣罗伯特·伯克表示威妥玛正在访问印度的途中，该公约的签订工作会尽快完成。③

直到 1880 年 6 月，外交大臣格兰维尔伯爵(Granville Gower，2nd Earl Granville)才同意与英华禁烟委员会会面。会议中，英华禁烟委员会再次递交了一份请愿书。他们表示，英国政府长期拖延签订《烟台条约》的行为有损英国国民诚信的品格，也对中国政府造成了严重的不公。④ 但议会在这一时期仍旧没有披露威妥玛报告中有关《烟台条约》第三节的全部内容，外交大臣也没有对批准《烟台条约》一事做出承诺。⑤

四、1881 年批准《烟台条约》：委员会目标的落实

尽管截止到 1881 年 4 月，议会仍然没有披露威妥玛报告中有关《烟台条约》第三节的全部内容，外交大臣也没有对批准《烟台条约》一事做出承诺，但这并不意味着英华禁烟委员会运动的失败。在这一时期，印度政府的态度是能否批准《烟台条约》的关键。因此在得到印度政府答复前，相关文件并未披露，政府也没有允诺批准《烟台条约》。

在《烟台条约》签订后的第十一个月，也就是 1877 年 7 月，威妥玛才完成备忘录。次月，印度政府就收到了这份备忘录。⑥ 1878 年 1 月 8 日，印度政府财政部向印度部发去了一封信件，简要阐述了印度政府对此事的看

① *House of Commons Debates*，24 June 1878，cols. 127

② *House of Lords Debates*，23 July 1878，cols. 638.

③ *House of Commons Debates*，12 December 1878，cols. 638.

④ *Anti-opium Society to Granville*，9 June 1880，F017/846.

⑤ *House of Commons Debates*，29 April 1881，cols. 1417 - 1418.

⑥ *Keyword Preview Government of India's Views on the Chefoo Convention* (*Opium*)，11 January 1878，IOR/L/PS/7/17.

法。在这封信件中，印度政府表示：

> 《烟台条约》中新的安排将有助于中国政府保护，并增加其征收的鸦片税，从而损害印度政府的收入。印度政府对新的安排总体上不提出异议，但是由海关征收地方厘金税应该提前进行安排，并且对征收的鸦片税进行限制。①

随后印度部官员受印度大臣索尔兹伯里侯爵的指示，向外交部转发了印度政府发给他们的关于《烟台条约》意见的信件。

三天后，印度政府财政部再次向印度部发去一封信件，信件中再次详细阐述了对于《烟台条约》的看法。首先，印度政府对英国政府在《烟台条约》谈判结束后这么长时间，才向他们征求有关鸦片税的意见感到不满。因为直到1877年8月2日，印度政府才收到《烟台条约》的真实文本。②

其次，印度政府表示根据《烟台条约》第三节第三条的内容，考虑到中国政府向英国政府开放了四个港口，并且做出了其他让步，因此他们同意英国商人在海关同时缴纳鸦片关税和厘金。但他们同时表示，厘金税的税率在中国各地有所不同，他们并不了解各地政府征收厘金税的参考因素，因此他们认为应该对条约口岸收取的鸦片厘金税数额做出更明确的声明。③

总的来说，印度政府认为：

> 《烟台条约》中的安排将会使得中国政府获得更多的印度鸦片进口税，但是会对印度政府的收入造成损害。印度政府对于驻华公使在没有参考印度意见的前提下，就对此项安排表示肯定感到不满。他们希望能够先考虑印度政府的意见。印度政府表示，他们不会对《烟台

---

① *Draft Note of Answer to be Made in the House of Commons*, 21 January 1878, F017/795.

② *Keyword Preview Government of India's Views on the Chefoo Convention (Opium)*, 11 January 1878, IOR/L/PS/7/17.

③ *Keyword Preview Government of India's Views on the Chefoo Convention (Opium)*, IOR/L/PS/7/17.

条约》中条款的一般范围表示反对,但是他们认为应该对条约口岸收取的鸦片厘金税数额作出更明确的声明。因此,印度政府表示他们不会反对在订立鸦片厘金税时,像其他外国货物一样将进口关税的一半订立为厘金税,或者可以列出几个港口的厘金税率,选定一个大致相等的税额。关键的一点在于,厘金税率应该是固定的,并且由征收厘金税产生的收入不应该超过目前中国政府获得的相应收入,这会对印度的鸦片利润造成损害。①

1878年3月6日,印度部官员受印度大臣索尔兹伯里侯爵指示,将印度政府的意见转发给了外交部。② 随后,外交部官员于5月31日回信表示获悉印度政府的相关意见。③

1878年6月8日,在收到外交部于5月31日发来的信件后,印度部官员又受印度大臣克兰布鲁克伯爵(Gathorne Hardy, 1st Earl of Cranbrook)的指示回信给外交部。信中印度部官员表示,通过3月6日印度部发去的信件,外交大臣索尔兹伯里侯爵就可以了解到,印度政府之所以反对《烟台条约》的批准,是因为鸦片厘金税税额不明确一事。他认为"在鸦片进口税一事上,为了印度政府的利益必须从中国政府那里获得一份比目前条约形式更为清楚的声明,确定征收的鸦片厘金税数额"④。

继1878年3月6日印度部将代表印度政府的意见转交给外交部后,1878年11月28日,印度部官员又受印度大臣克兰布鲁克伯爵的指示,向外交大臣索尔兹伯里侯爵转交了一封来自印度政府的信件。信中印度政府的态度发生了转变,对海关征收鸦片厘金税一事表示强烈反对。此外,他们又提出了以下两条建议:第一,应该设法取消对英国人或其他外国商人在中国内地销售鸦片的禁令;第二,厘金数额的不确定性会对贸易造成

① *Keyword Preview Government of India's Views on the Chefoo Convention (Opium)*, IOR/L/PS/7/17.

② *India Office to Foreign Office*, 06 March 1878, F017/795.

③ *Foreign Office to India Office*, 31 May 1878, F017/796.

④ *India Office to Foreign Office*, 08 June 1878, F017/796.

损害。①

而之所以印度政府对此事表示强烈反对，是因为受到了印度商会的影响。在 1878 年 9 月 16 日印度政府发给印度部的信中，针对修订鸦片税相关条款一事，印度政府表示他们认为新沙逊洋行（Messrs E. D. Sassoon）以及孟买商会（Bombay Chamber of Commerce）提出的反对意见是合理的。②

面对印度政府的反对意见，威妥玛决定于 1879 年初，在由英国前往中国的途中亲自前往加尔各答向印度政府就《烟台条约》中的相关内容进行解释。此外，他还会提出一些替代性的措施来改善印度政府因签订《烟台条约》而造成的损失。

在前往加尔各答前，威妥玛给印度总督发去了一封信件。在这封信件中，他表示，出于对印度政府的尊重，英国政府还未正式批准海关征收鸦片厘金税。他希望在确定马嘉理案最终解决方案前，能够先发表一份敕令书。这是因为中国政府满足了他提出的所有要求，而他们也希望英国政府能尽快批准《烟台条约》。③

威妥玛认为中国政府提出的意见非常公允，但他没有预料到印度政府对海关征收鸦片厘金税表示强烈反对。他表示，可以上述条件作为对中国政府的让步，来换取四个新开口岸和六个扬子江登陆地点。④ 但如果印度政府仍然反对此事，他希望他们能够赞同提高鸦片进口关税的措施。⑤ 虽然他没有认识到严格征收鸦片厘金税会危害印度鸦片贸易，但由于无法让中国政府收回新开的口岸，所以他仍然需要向印度政府施压，使其同意这

---

① *India Office to Foreign Office*, 28 November 1878, F017/798.

② *India Office to Foreign Office*, F017/798.

③ "China (No. 3), Correspondence Respecting the Agreement between the Ministers Plenipotentiary of the Vernments of Great Britain and China", *Command Paper C. 3395*, 1882, p. 70.

④ "China (No. 3), Correspondence Respecting the Agreement between the Ministers Plenipotentiary of the Vernments of Great Britain and China", *Command Paper C. 3395*, p. 70.

⑤ "China (No. 3), Correspondence Respecting the Agreement between the Ministers Plenipotentiary of the Vernments of Great Britain and China", *Command Paper C. 3395*, p. 71.

项安排。①

但是印度政府拒绝与威妥玛讨论，只是将这封信转交给了印度部。②数月后，印度部又将这封信转给了外交大臣索尔兹伯里侯爵。印度部对印度政府的态度表示支持，并且表示这个问题事关印度政府的利益，应该在达成决定前咨询印度政府的意见。而当这封信被转交给外交部时，索尔兹伯里侯爵发表了自己的评论，他指出“威妥玛的想法是在鸦片抵达港口时将其存入关栈中，在收取关税的同时收取厘金税。但同意中国政府自行决定厘金税的事情无异于让我们置身险境中”③。

由于在这一问题上没有与印度政府达成共识，威妥玛只能和中国政府继续就制定鸦片统一厘金税一事进行交涉。在就此问题进行交涉的过程中，1881 年 6 月印度大臣的态度相较于 1879 年 8 月发生了转变。这一转变是由于英国政府已经决定采取措施，尽快促成有关批准《烟台条约》的谈判。这将满足中国政府提出的合理要求。

1881 年 6 月 16 日印度大臣哈丁顿侯爵（Spencer Compton Cavendish, Marquess of Hartington）在致印度政府的信中，曾向印度政府施压。他表示通过去年 10 月 5 日的信件，英国政府已经了解到了印度鸦片收入的不确定性。印度政府需要仔细地审查目前的立场。④

另一方面，哈丁顿侯爵表示在英国出现了强烈反对中印鸦片贸易，以及反对印度政府直接参与鸦片贸易的声音。他们从两个方面对英国政府进行谴责，第一是英国政府与鸦片贸易构成的直接联系，第二是中英之间

---

① “China (No. 3), Correspondence Respecting the Agreement between the Ministers Plenipotentiary of the Vernments of Great Britain and China”, *Command Paper C. 3395*, p. 73.

② *India Office to Foreign Office*, 23 August 1879, F017/823; *Government of India to the India office*, 22 May 1879, *I. 0. Separate Revenue Letters Received from India*, No. 10 of 1879.

③ *India Office to Foreign Office*, 23 August 1879, F017/823.

④ “Correspondence with Government of India Respecting Negotiations with China on the Subject of Opium”, *Command Paper C. 3378*, 1882, p. 3.

的鸦片贸易政策。①

关于第一点，印度部认为虽然无法禁止印度人民种植鸦片出口的行为，但印度政府也确实担任了毒品贸易的制造者和贩卖者的角色。哈丁顿侯爵希望印度政府仔细考虑他们提出的要求，并且注意减少印度政府与鸦片贸易的直接联系。②

关于第二点，印度部对印度政府撤销了先前反对批准《烟台条约》的意见一事表示满意。但除此之外，他表示会考虑提高中国的鸦片进口税来限制或减少印度的鸦片贸易。英国政府正在尽快加速与中国政府之间有关批准《烟台条约》的谈判。这将会满足中国政府眼下提出的合理要求。③

总的来说，由于英国政府希望促成有关《烟台条约》批准一事，印度部对印度政府的态度在1881年前后发生了转变。相较于此前在议会中对英华禁烟委员会的冷淡态度，在1881年6月16日印度大臣致印度政府的信中，印度大臣发生了转变。他以印度鸦片收入不稳定，以及英华禁烟委员会的舆论运动对英国政府造成影响为由，对印度政府进行施压。他表示会考虑提高中国的鸦片进口税来限制或减少印度的鸦片贸易，并且要求印度政府减少与鸦片贸易的直接联系。同时，印度政府也撤销了对批准《烟台条约》的反对意见。英华禁烟委员会的目标因此得到落实。

五、结语

本文通过讨论英华禁烟委员会1870—1882年的活动，来讨论他们在议会内外的舆论运动对英国对华鸦片政策的影响，也可以说讨论政治社团对英国外交政策产生的影响。

---

① "Correspondence with Government of India Respecting Negotiations with China on the Subject of Opium", *Command Paper C. 3378*, p. 4.

② "Correspondence with Government of India Respecting Negotiations with China on the Subject of Opium", *Command Paper C. 3378*, p. 4.

③ "Correspondence with Government of India Respecting Negotiations with China on the Subject of Opium", *Command Paper C. 3378*, p. 4.

该委员会于1874年在伦敦成立。它以议会为运动中心，围绕英国对华鸦片政策议题设有两大运动目标，分别是：第一，印度政府退出鸦片垄断制度；第二，阻止这项贸易在中英条约中的进一步扩大。尽管英华禁烟委员会确立了运动目标和方法，但能否通过议会内外的舆论运动对政府施压，来达成目标还有待考证。

在1870年议会辩论中，该委员会的运动立足点和方式就曾遭到副印度大臣和首相的反驳，以失败告终。1875年6月，英华禁烟委员会成员斯图尔特依据1871—1874年印度财政特选委员会中提供的新证据和看法，以及1874年订立的运动目标，再次提出动议。动议中提出以过境税制度替代政府垄断制度的方案。

之所以提出这一动议，是因为目前印度政府与鸦片贸易构成了直接联系，并且促进了贸易的发展。如果改为实施过境税政策，印度政府在摆脱不道德指控的同时，又可征收高额的过境税。这既有利于抑制鸦片贸易，也在一定程度上维持了鸦片收入。

但他们的运动依旧以失败告终。这一时期运动失败，一方面是因为，印度财政无法摆脱对鸦片贸易的依赖。这使得印度政府和印度部官员在面对英国国内的道德压力时，仍然反对废止政府鸦片垄断制度。另一方面是因为，他们无法通过提出动议的方式直接改变政策。

在1875年英华禁烟委员会运动失败的同时，马嘉理案引发了对鸦片问题的新讨论。这一时期，委员会抓住了新的运动契机，转换了运动目标和方法。他们将修订英国对华鸦片条款设立为新目标，又将扩大对选民、商会以及其他协会成员的影响作为新方法。此后，随着参与人数的逐渐攀升，委员会得以收集更多的签名，并且以请愿书的形式直接向政府施压，要求修订中英间有关鸦片贸易的条约。

但在这一时期，印度政府的态度是能否批准《烟台条约》的关键，因此在得到印度政府答复前，议会既没有披露相关鸦片内容的文件，也没有允诺批准《烟台条约》。

由于未能确定由海关征收的鸦片厘金税税额，印度政府一直未同意批准《烟台条约》。面对英国政府希望促成有关批准《烟台条约》的谈判，满足中国政府提出的合理要求的情况，印度大臣的态度发生了转变。相较于此前对英华禁烟委员会的冷淡态度，印度大臣在1881年6月16日致印度政府的信中，以印度鸦片收入不稳定，以及英华禁烟委员会的舆论运动对英国政府造成影响为由，对印度政府进行施压。他表示会考虑提高中国的鸦片进口税来限制或减少印度的鸦片贸易，并且要求印度政府减少与鸦片贸易的直接联系。同时，印度政府也撤销了对批准《烟台条约》的反对意见。英华禁烟委员会的目标因此得到落实。

印度大臣之所以态度发生了转变，是因为英国政府希望促成批准《烟台条约》的谈判，满足中国政府眼下提出的合理要求。与其说英华禁烟委员会通过提出动议和请愿活动获得了成功，不如说印度大臣为达成《烟台条约》的目标，以英华禁烟委员会的活动来向印度政府施压。英华禁烟委员会在议会内外的运动并未能直接影响中英鸦片交涉，但是他们的力量可以由英国政府借用，向印度政府施压，从而间接推动《烟台条约》的签订以及禁烟运动的发展。因此，议会中政治团体的活动也是讨论中英关系中的重要因素。

（潘璐辰：上海交通大学人文学院历史系硕士研究生；张志云：上海交通大学人文学院历史系教授，博士生导师）

The Anglo-Oriental Society for The Suppression of The Opium Trade and British Empire's China Policy Making（1870－1882）

Pan Luchen　Zhang Zhiyun

Abstract：From 1870 to 1882，Anglo-Oriental Society worked as a lobbying group which aimed at exerting influence on British Empire's China policy making. From 1870－1875，the Society aimed at pressing the Indian government extricated itself from the Bengal monopoly，and had successfully participated into the select committee of the parliament，then pushed forward the resolution. From 1875－1882，the Society aimed at preventing the legitimate extension of Anglo-Chinese opium trade，and had successfully enlarged the coverage of campaigns and petitioning. HM India Office demanded the Indian government to agree to the revise of the Anglo-Chinese opium duty. The aforesaid can be marked as the success of the Society. The Society exerted indirect impact on the signing of the Convention. The Secretary of State of India pressed the Indian government for signing the Chefoo Convention by the influence of the society. To summarize，the role of the lobbying group was an important factor in the research of the Anglo-Chinese relations.

Keywords：Anglo-Oriental Society for the Suppression of the Opium Trade；British Parliament；Chefoo Convention

最后的努力：1931 年中日东北关税自主争端与危机“和解”的失败

张弘毅

（北京师范大学历史学院）

摘　要：1930 年《中日关税协定》的签订，事实上意味着日本有限许可国民政府在东北实施关税自主。然而，国民政府以关税自主权为凭仗全面推动东北海关事务改革，在强化统合东北的同时也尝试收回日本的海关特权，这使得日本以承认关税自主权换取国民党维持“满蒙特权”的预设破灭，东北殖民机关遂发起激烈的干涉行动并得到外务省的全力支持。危机之下，驻华公使重光葵和财政部部长宋子文之间的交涉渠道成为缓和东北关税自主争端乃至东北局势的重要机制。宋子文为缓和局势暂时保留日本的海关特权，还计划前往东北与“满铁”协商，中日一度出现危机“和解”契机。然而，在世界经济危机等因素的叠加下，东北日人愈发敌视关税自主，强硬解决的诉求甚嚣尘上，而标榜对华“协调”的外务省不仅无视条约体制和国际秩序，还全力支持“满洲”机关冲击“国际官厅”中国海关。由此，中日实现“和解”的可能被进一步消解，东北以及中日两国的历史命运也因此被彻底改变。

关键词：东北关税自主；“满蒙特权”；币原外交；宋子文；九一八事变

1930 年 5 月《中日关税协定》签订后，国民政府自感已完全收回关税自主权，于是在 1931 年于东北海关推行一系列新政，主要包括实施新进出口关税税则、改革海关弊政以及裁撤厘金改征统税三大举措。新政经由外籍税务司制度为基础、各关皆归总税务司统辖的中国海关体系推行，在显示了南京国民政府谋求强化对东北财权的控制的同时，由于改革打破了日本长期牵制东北关税自主进程的局面，也彰显了南京国民政府对东北主权的伸张。然而，关税自主新政触及了日本的“满铁附属地”特权以及大连港贸易中心地位，动摇了“满蒙特权”的根基，日本遂发动了一系列干涉行动，中日在东北问题上的矛盾因关税自主问题进一步尖锐。

但在东北局势日渐紧张之际，以日本驻华公使重光葵和国民政府财政部部长宋子文为代表的力量仍然在为缓和危急形势而做最后的努力。特别是在东北关税自主争端中，双方仍然努力谋求案件的缓和化处理。本文还将特别指出，1931 年“满铁”破坏东北海关以干涉东北关税自主新政的行动，是促使宋子文与重光葵一同前往东北与“满铁”社长内田康哉协商的非常重要的原因。① 那么，这股寻求中日“和解”缓和东北危机的力量，在战事一触即发之际发挥了何种作用？当时影响局势缓和、阻碍中日实现“和解”的因素又有哪些？特别是，学者们通过对“龙井事件”“万宝山事件”以及“满蒙新五路”交涉的探讨，指出了九一八事变前中日均曾努力缓和处理东北问题，但他们普遍认为外务省的对华“协调”外交方针与关东军为代表的“满洲”殖民机关的矛盾和分歧的不可调和，是关东军为代表的“满洲”殖民机关发动事变的关键原因。② 然而，外务省与“满洲”方面果真因“协调”外交而殊途不归？

1931 年的中日东北关税自主争端，或许能成为解答上述问题的重要

① 有学者较早注意到，宋子文在九一八事变前不断与重光葵进行交涉，还通过重光葵表达了希望前往东北与“满铁”社长内田康哉协商的意愿。参见吴景平：《宋子文评传》，福州：福建人民出版社，1992 年，第 145 页。

② 参见赵崧杰：《九一八事变前日本对延边地区的侵略活动——以龙井事件为中心的考察》，《中共党史研究》2020 年第 3 期，第 150—158 页；[韩]朴永錫：《万宝山事件研究：日本帝国主義の大陸侵略政策の一環として》，东京：第一书房，1981 年；佟德元：《转型博弈与政治空间诉求：1928—1931 年奉系地方政权研究》，北京：中国社会科学出版社，2015 年，第 266—272 页；易丙兰：《奉系与东北铁路》，北京：社会科学文献出版社，2018 年，第 313—321 页。

切口。本文在现有东北关税自主问题①以及“满蒙问题”研究的基础上②，基于日本外交档案、中国海关档案、“满铁”资料和国民政府档案等文献，以1931年中日东北关税自主争端为中心，通过呈现中日在战事一触即发之际寻求“和解”但最终失败的历程，结合中日在东北问题上的态度取向和在“满洲”日本人社会的气氛，揭示东北局势演变的另一层逻辑，从而深化九一八事变前史的认识。

一、中日东北关税自主争端的发端与演进

鸦片战争后，中国关税自主权旁落，“值百抽五”的协定关税制度严重

---

① 关于东北关税自主问题的研究，主要有［日］副島昭一：《中国の不平等条約撤廃と“滿洲事変”》，［日］古屋哲夫编：《日中戦争史研究》，东京：吉川弘文馆，1984年，第179—235页；单冠初：《南京国民政府收复关税自主权的历程》，博士学位论文，复旦大学，2002年；张弘毅：《东北海关二五附加税的开征和中日交涉》，《近代史学刊》第21辑，北京：社会科学文献出版社，2019年，第1—41页。西村成雄、王涵着重探讨了国民政府在东北的裁厘改统问题，但他们并未将东北统税征收置于东北关税自主进程的背景下讨论，也忽略了中国海关在其中的角色，见［日］西村成雄：《中国东北地区废厘・新设营业税政策与日本奉天商工会议所——九一八事变前夜日中经济关系的一个侧面》，中国社会科学院近代史研究所编：《第三届近代中国与世界国际学术研讨会论文集》，北京：社会科学文献出版社，2015年，第1856—1872页；王涵、张皓：《政经交织的央地博弈：东北裁撤厘金初探——以辽宁省为中心的探讨》，《中国边疆史地研究》2021年第1期，第162—173页。

② 代表性研究如［日］衛藤瀋吉：《京奉線遮断問題の外交過程：田中外交とその背景》，［日］篠原一、［日］三谷太一郎编：《政治家研究 II：近代日本の政治指導》，东京：东京大学出版会，1965年，第375—429页；［日］佐藤元英：《昭和初期対中国政策の研究　田中内閣の対満蒙政策》，东京：原书房，1992年；［日］鈴木隆史：《日本帝国主義と満州　：一九〇〇～一九四五》，东京：塙书房，1992年；［日］水野明：《東北軍閥政権の研究　張作霖・張学良の対外抵抗と対内統一の軌跡》，东京：国书刊行会，1994年；［日］加藤聖文：《政党内閣確立期における植民地支配体制の模索——拓務省設置問題の考察》，《東アジア近代史》创刊号，1998年，第39—58页；［日］加藤聖文：《幣原外交における満蒙政策の限界——外務省と満鉄監督権問題》，《早稲田大学大学院文学研究科紀要》第46辑第4分册，2000年，第47—58页；［日］種稲秀司：《対満行政機関統一問題と一九二九年中ソ紛争——満鉄による中国軍輸送問題を中心に》，《日本歴史》第721号，2008年，第55—72页；佟德元：《转型、博弈与政治空间诉求：1928—1933年奉系地方政权研究》，第250—289页；［日］杉山照夫：《近代日本の対満蒙政策（一九二四年——一九三一年）：外務省と在満行政機関との対立・協調をめぐって》，东京：新风书房，2018年；姜秀玉、佟艳：《日本政党内阁时期朝鲜总督的人事更迭——以田中内阁时期斋藤实的去留为中心》，《东疆学刊》2020年第1期，第70—75页；［日］井上勇一：《滿洲事変の視角　：在奉天総領事の見た滿州問題》，东京：东京图书出版，2020年；等等。

制约了中国经济的发展，也成为中国走向现代化的重大束缚。晚清民国时期，调整、改变这种协定关税制度，乃至收回关税自主权，成为不少仁人志士为之奋斗的目标。20世纪20年代中期，伴随着革命风潮的风起云涌，关税自主运动蓬勃发展。特别是1926年关税特别会议流产后，广东国民政府率先开征二五附加税（进口货物按现行税率加征2.5%附加税），迈出了中国关税自主的第一步。随后，奉系主政下的北京政府也下令在全国海关开征二五附加税①，作为奉系大本营的东北地区自然也在其中。同期，奉系还决定废除东北海关自1907年以来实施的免重征专照单制度，货物不能再通过申领免重征专照单从而免除运入东北各开埠城市时的各项税捐。② 以二五附加税和免重征专照单制度废除为标志，东北关税自主进程就此开启。

东北贸易自1909年后长期出超，贸易顺差在1928年达1.63亿海关两，进出口总额占全国总量的24.1%。巨额贸易为中国海关带来可观的关税收入，东北关税收入占全国的17%，其中仅大连一口就占全国关税收入约10%。然而，日本将东北视作在华核心利益所在，东北地区贸易额的近50%由日本占据，故日本在东北关税自主进程中首当其冲。③ 再加上日本在关税特别会议中极力阻挠中国开征二五附加税④，于是，日本利用其在东北海关体制中的特殊地位，不断干涉东北关税自主。大连海关（监管租借地跨境运输客货）和安东海关火车站分关（监管铁路往来朝鲜与中国东北的客货）是东北对外贸易最大的两个口岸，占据了东北接近70%的贸易额和关税收入⑤，然而大连海关地处租借地内，安东海关火车站分关地处“满铁”附属地内，日本宣称这两个口岸的海关事务变更必须得到日本殖

① 《大总统令》，《政府公报》第3855号，1927年1月13日，第1—2页。

② 参见《关税事务(一)》，外交部档案，档案号020—990800—0055，台北“国史馆”藏。

③ 历年东北各口贸易册和《北支那貿易年報》。

④ 参见张丽：《日本阻挠中国开征二·五附加税始末》，《抗日战争研究》2015年第3期，第83—94页。

⑤ 参见1927年度《中国海关华洋贸易册》。

民当局的批准方可实施。为了维持现有经济利益，关东厅要求大连海关税务司不得征收附加税，并继续发放免重征专照单。① 日本驻安东领事与"满铁"合谋让列车强制通关②；日本驻哈尔滨领事则迫使滨江关监督不对由"南满铁路"运抵货物征附加税③。最终，奉系主政下的北京政府未能从东北这一关键实控区获得预期的附加税收入，加剧了财政危机，无力对抗北伐军。

南京国民政府在政权大体底定后，全力推进改订新约运动。外交部部长王正廷制定"革命外交"的五期计划，其中关税自主是第一期目标。④ 王正廷指出，不平等条约中"关税一项实为最重要之点，因其性质为普遍的，故其弊之所及，实以全国为范围"⑤。直至 1929 年 1 月，列强中仅剩日本未与南京政府签订新约承认中国关税自主权，但是国民政府也已经决定径直于 1929 年 2 月 1 日起实施新进口税则。当时，奉系新任首领张学良决定改旗易帜归服南京国民政府，于是东北地区也成为国民政府实施新关税则的目标区域。国民政府对张学良表示，"日本方面业经照会通知并经转饬总税务司及全国各海关一律遵办"⑥，东北各关届期将一律实施新关税则。而张学良又与国民党就"关税收入充东北政府之政费"⑦达成协议，因此也积极在"满铁"沿线增设税局稽查货物，配合国民政府新关税则的实

① 《幣原喜重郎宛吉田茂発第三四号電報》（1927 年 2 月 3 日），JACAR（アジア歴史資料センター），Ref. B09040081100，《各国関税並法規関係雑件/中国ノ部/附加税関係・第二巻》，第 71 页。

② 《関税付加税徴収方ノ件》（1927 年 2 月 24 日），JACAR（アジア歴史資料センター），Ref. B09040081300，《各国関税並法規関係雑件/中国ノ部/附加税関係・第二巻》，第 287 页。

③ 《幣原喜重郎宛天羽英二発第七八号電報》（1927 年 4 月 3 日），JACAR（アジア歴史資料センター），Ref. B09040081700，《各国関税並法規関係雑件/中国ノ部/附加税関係・第三巻》，第 181—182 页。

④ 李恩涵：《北伐前后的"革命外交"（1925—1931）》，台北："中央研究院"近代史研究所，1993 年，第 168 页。

⑤ 《王正廷之外交报告》，《新闻报》，1929 年 1 月 4 日，第 4 版。

⑥ 《复张学良新进口税则已照会日本并敕全国各海关遵办大连关届期照案实行》（1929 年 1 月 16 日），外交部档案，档案号 020—990800—0076，第 60 页，台北"国史馆"藏。

⑦ 毕万闻主编：《张学良文集（一）》，北京：新华出版社，1992 年，第 173 页。

施。[①] 张学良还同意在关税加征后撤废附加税局和煤油特税局等[②]，并承认财政部关务署对东北各口海关监督的领导。

新关税则实施箭在弦上，日本担心其顽固立场不仅将陷自身于国际孤立地位，而且也将因此遭到国民政府的报复致使日商生意受损，最终不得不承认中国于1929年2月1日起实施新进口税则。然而，国民党据此认为日本已承认中国关税自主，决定在东北海关开征二五出口附加税（出口货物按现行税率加征2.5%附加税）和废除陆路通关减税。日本本就担忧东北易帜后的奉系将与国民党联手凭借以关税自主为代表的废除不平等条约运动冲击“满蒙特权”[③]，国民政府此番举措更是刺激日本的敏感神经。于是在田中义一的指示下，关东厅直接派遣警察阻挠大连海关发布出口附加税的征税告示，并请求日本陆军和海军方面做好军事准备[④]；安东领事联合“满铁”等机关向安东海关通牒，如果执行新政就将海关接管[⑤]；营口领事也向外务省请求派遣军舰示威[⑥]；田中义一还联络朝鲜总督府，策划接管延吉海关[⑦]。最终国民政府此番东北关税自主措施因日本的干涉行动而不了了之。

日本对东北关税自主反应如此强烈，主要有三个方面的原因。首先是

---

① 《函交涉署为日领照会为税局补征漏纳关税之进口货认为措置失当文》，《辽宁财政月刊》第40号，1929年10月，“公牍”，第44—45页。

② 《为呈报煤油特税结束经过情形并开列收支数目清单暨造具支出经费计算书单据簿由》，《辽宁财政月刊》第41号，1929年11月，“公牍”，第5—6页。

③ 《七種差等税の導入に関する東三省側の態度について》（1929年1月12日），外務省编纂：《日本外交文書》昭和期Ⅰ第一部第三卷，东京：外务省，1993年，第143—145页。

④ 《機密一八八番電》（1929年1月7日），JACAR（アジア歴史資料センター），Ref. B09040053800，《各国関税並法規関係雑件/中国ノ部・第十卷》，第153页。

⑤ 《輸出正税領事館供託に伴う強制通関実行に関する関係者との協議結果について》（1929年2月13日），外务省编纂：《日本外交文書》昭和期Ⅰ第一部第三卷，第692—693页。

⑥ 《営口における本邦輸出業者保護のため強制通関および駆逐艦派遣等による実力行使したき旨意見具申》（1929年2月25日），外务省编纂：《日本外交文書》昭和期Ⅰ第一部第三卷，第711—713页。

⑦ 《陸境特恵関税廃止に対し抗議の際輸出付加税の実力阻止も併せて税関に通告方訓令》（1929年3月5日），外務省编纂：《日本外交文書》昭和期Ⅰ第一部第三卷，第726页。

日本扩张“满蒙特殊利益”的进程不断受挫。“满铁”新线建设交涉久拖未决①，日商因华商竞争和奉系不断发起的抵制日货行动陷入“困境”②，东北各地收回“满铁”特权的运动也此起彼伏③。而一战后日本迎来经济危机，丰饶的东北被视作日本发展工业以摆脱经济困境的关键。④ 在这种情势下，东北关税自主更被日本视作对“满蒙特殊利益”的冲击。再者，日本希望通过干涉东北关税自主，从而牵制中国关税自主进程，为改订新约交涉争取筹码。田中义一在 1929 年中提出，要以二五出口附加税和陆路通关减税问题为筹码，要求国民政府承诺废除出口税，并签订互惠税率协定，特别是针对经由安东的日本运往东北的 80％的棉纱布类产品予以协定税率。⑤ 其三，日本谋求将东北关税自主作为威逼奉系解决“满蒙悬案”的手段。北京政府时期日本曾提出以二五附加税为诱饵，日本先与奉系假意交涉，再以南北必须和谈为由拒绝增税，并以撤回顾问教官、“满铁”沿线增兵、切断京奉线等手段威逼奉系同意日本扩大特权。⑥ 而 1929 年的这波干涉行动也被“满洲”机关认为日本此后应当继续以强硬姿态迫使国民政府在东北问题上屈服。⑦

但是，中国关税自主是《九国公约》中所明确规定的，日本干涉中国关

① 参见易丙兰：《奉系与东北铁路》，第 176—221 页。

② 参见［日］柳沢遊：《1920 年代“満州”における日本人中小商人の動向》，《土地制度史学》第 92 号，1981 年，第 3—7 页。

③ 参见解学诗主编：《满铁档案资料汇编》第 4 卷，北京：社会科学文献出版社，2011 年，第 473—500 页。

④ ［日］山本条太郎：《満鉄の業績と其国家的使命》，満鉄社員会：《山本・松岡正副総裁の満蒙に関する所見》，大连：满铁社员会，1929 年，第 3—4 页。

⑤ 《日支通商条約改訂方針案大綱》（1929 年 5 月 18 日），外务省编纂：《日本外交文書》昭和期Ⅰ第一部第三卷，第 786—789 页。

⑥ 《満蒙懸案解決交渉行詰りの打開策について》（1928 年 3 月 28 日），外务省编纂：《日本外交文書》昭和期Ⅰ第一部第二卷，东京：外务省，1990 年，第 7—16 页。

⑦ 《懸案鉄道の強行建設の必要につき意見具申》（1929 年 4 月 4 日），外务省编纂：《日本外交文書》昭和期Ⅰ第一部第三卷，东京：外务省，1993 年，第 47—48 页。

税自主的立场没能得到英美法等国的支持①,在华处境已经进一步陷入孤立。而同时,日商在各地反日会发起的大规模反日运动和抵制日货风潮中受到重击②,使日本固执“满蒙特殊权益”的策略面临巨大压力。日本商工会议所就提出,中国关税自主权承认不可避免,建议以废除国内关税、保留陆路通关减税为附加条件承认关税自主。③

田中义一内阁倒台后,接任的外相币原喜重郎决定调整对华政策,在“满蒙悬案”交涉上决定取“尽可能符合中国方面的希望”的姿态④,缓和推进东北问题的交涉,另一方面又继承田中内阁时期所确定的签订互惠税率协定的方针,以此为条件推动中日关税自主交涉。而蒋介石也要求宋子文“对日关税问题能早日签约为佳”⑤,表明国民政府为了关税自主权能够对日本做出让步。最终中日于1930年5月签订关税协定,国民政府同意了日本订立互惠税率并维持三年有效期的要求⑥,还承诺未来会尽快废除出口税,但在此之前提高的出口税率不会超过5%。⑦

---

① “Sir Austen Chamberlain to Sir M. Lampson”, 8 February, 1929, Kenneth Bourne and D. Cameron Watt, eds., *British Documents on Foreign Affairs: Reports and Papers from the Foreign Office Confidential Print*, Part II, Series E, Vol. 36, Bethesda: University Publications of America, 1994, pp. 106-107;《田中義一宛八木元八発第三七号電報》(1929年2月8日),JACAR(アジア歴史資料センター),Ref. B09040083200,《各国関税並法規関係雑件/中国ノ部/附加税関係・第六巻》,第113页;《仏印・中国間の陸境関税制度は数ヶ月間更新の予定との仏国公使談話について》(1929年1月21日),外务省编纂:《日本外交文書》昭和期Ⅰ第一部第三卷,第661页。

② 参见上海日本商工会議所内金曜会:《上海排日貨実情》第1—18号,1929年1月10日—7月25日。

③ [日]副島昭一:《中国の不平等条約撤廃と“満洲事変”》,[日]古屋哲夫编:《日中戦争史研究》,第196页。

④ 《币原外务大臣致重光代理驻华公使等函》(1930年11月4日),解学诗主编:《满铁档案资料汇编》第4卷,第501—504页。

⑤ 《蒋中正电示宋子文对日关税问题早日签约为佳并请来京》(1930年1月30日),“蒋中正总统”文物档案,档案号002—010200—00021—052,台北“国史馆”藏。

⑥ 《関税協定税率をめぐりこれ以上の譲歩は困難として宋財政部長最終案提出について》(1930年1月24日),外务省编纂:《日本外交文書》昭和期Ⅰ第一部第四卷,东京:外务省,1994年,第358—361页。

⑦ 《関税協定成立に際し宋財政部長が内地税全廃に難色を示したるについて》(1930年1月25日),外务省编纂:《日本外交文書》昭和期Ⅰ第一部第四卷,第364—366页。

中日关税协定的签订，意味着日本承认中国可在包括东北地区的全境实施关税自主，也意味着日本在东北经济利益上对国民政府做出了让步。然而，这种让步事实上是有条件的。中日关税协定明面上的附带条件是互惠税率协定，但由于东北关税自主问题在中日关税自主交涉中的特殊作用，使得协定实则还有国民政府认可和维持“满蒙特权”这一隐藏附加条件，这在随即产生的“满铁”煤炭出口附加税事件中就有显现。

协定签订后，中国海关决定于1930年7月1日起在东北全面实施1928年国定税则，并在东北开征二五出口附加税和废除陆路通关减税。然而，“满铁”提出，按照《抚顺烟台煤矿细则》，“满铁”运营的抚顺和烟台煤矿出产的煤炭出口时仅需一吨征0.1海关两，而且与“满洲特权”相关的条约不能因关税协定而发生变动。① 安东领事则认为，一味妥协只会徒增中国收回特权的底气，不利今后解决“满蒙悬案”②，因此对海关通牒如果煤炭被征收出口附加税，日本将武装护卫装运煤炭的列车和船只出关。③ 对此，币原喜重郎要求安东方面不得轻举妄动，又命驻华公使重光葵与海关总税务司梅乐和交涉。④ 为了避免日本破坏海关，梅乐和与关务署沟通后，决定向安东等东北口岸税务司下令，不对“满铁”煤炭征收附加税。⑤

---

①《日支関税協定ニ関スル件》(1930年5月2日)，JACAR(アジア歴史資料センター)，Ref. B09040084400，《各国関税並法規関係雑件/中国ノ部/附加税関係・第八巻》，第428页。

②《石炭付加税問題に対してあくまでも実力阻止で臨むべき旨意見具申》(1930年6月17日)，外务省编纂:《日本外交文書》昭和期Ⅰ第一部第四卷，第449页。

③《第三七号》(1930年6月13日)，JACAR(アジア歴史資料センター)，Ref. B09040084500，《各国関税並法規関係雑件/中国ノ部/附加税関係・第八巻》，第437页。

④《満鉄輸出石炭ニ対シ付加税徴収ニ関スル件》，JACAR(アジア歴史資料センター)，Ref. B09040084500，《各国関税並法規関係雑件/中国ノ部/附加税関係・第八巻》，第434页。

⑤ "Fushun and Yentai Coal: Duty treatment of, query in re, raised by Dairen Commissioner", Maze to Chang Fuyun, 25th May, 1931, Bickers, Robert and Hans van de Ven, eds., *China and the West, The Maritime Customs Service Archive from the Second Historical Archives of China, Nanjing (hereafter China and West)*, Woodbridge: Thomson Gale, 2004 - 2008, Reel 194, Little Classmark: 679(6), Call number: 1214;《幣原喜重郎宛太田政弘発第三七号電報》(1930年6月23日)、《幣原喜重郎宛太田政弘発第四〇号電報》(1930年6月26日)、《幣原喜重郎宛森岡正平発第五一号電報》(1930年6月27日)，JACAR(アジア歴史資料センター)，Ref. B09040084500，《各国関税並法規関係雑件/中国ノ部/附加税関係・第八巻》，第509、516、520页。

日本因“满铁”煤炭出口税问题向东北海关发难的行动，昭示着中日关税协定签订后，日本为了“满蒙特权”不会停止冲击中国海关、干涉东北关税自主的行径。

二、关税协定签订后国民政府的东北海关事务改革与日本的反弹

中日关税协定签订后，国民政府认为已经解除了日本对东北关税自主的牵制和束缚，于是开始对东北海关事务实施一系列改革，这其中包括实施新进出口税则、改革海关弊政以及裁撤厘金改征统税三大方面。对国民政府而言，推进东北关税自主是将中央政府的权威进一步延伸到东北地区的重要途径，这其中中国海关扮演了突出地位。

中国海关号称“国际官厅”，其根基是外籍税务司制度，同时又因关税作为内外债和赔款的担保而使其成为列强在华利益互联的枢纽。① 第二任总税务司赫德为中国海关设计了一个强大的垂直管理体制，使各口岸税务司统一听命于总税务司，这对中国海关体系的高效运作至关重要。然而，在南北分裂之时，在北京的总税务司虽然名义上仍然统领着全国海关，但国民党对实控区内的海关形成相当的影响，事实上造成中国海关的分裂。尤其是时任江海关税务司梅乐和，他对国民党保持亲近，经常向北京总税务司署表达异议②，又积极配合国民党开征二五附加税、二五出口附加税、吨税附加税等，还主张应当由中国政府控制关税和关余，博得了国民

---

① 参见[英]方德万著，姚永超、蔡维屏译：《潮来潮去：海关与中国现代性的全球起源》，太原：山西人民出版社，2017年，第17页；张志云：《分裂的中国与统一的海关：梅乐和与汪精卫政府(1940—1941)》，周惠民主编：《国际法在中国的诠释与运用》，台北：政大出版社，2012年，第116—117页。

② 比如梅乐和向总税务司安格联表达允许海关设立华员联合会的必要性，见“S/O No. 722”，Maze to Edwardes，25th March，1927，*The Papers of Sir Frederick Maze Relating to the Chinese Maritime Customs Service*，PPMS2 Semi-Official Letters，Vol. 9，School of Oriental and African Studies，London.

政府好感。[①] 北伐军克复北平后，梅乐和在国民政府支持下就任海关第四任总税务司，海关得以“统一”。梅乐和上任后标榜“回归赫德”，对国民政府的各项施政采取配合姿态，[②]而国民政府也希望利用海关的垂直统一体系保证征收的效率，特别是在诸如东北这种自身力有不逮之地。因此，1929 年实施新关税则之际，国民政府就决定将此前由内地税局征收的出口附加税、沿岸贸易附加税和出厂税附加税等全部划归海关征收。

另一方面，国民政府为了强化对中国海关体系的控制，遂设立财政部下属的关务署作为中国海关的监管机关，财政部部长宋子文则委任他的哈佛大学同学张福运担任关务署署长。根据国民政府颁布的《财政部关务署主管各关局组织章程》，关务署加强了各口海关监督的职能，将其化身为监管各口税务司的关务署特派员，大为便利了国民政府控制能力延伸至各口岸的海关事务之中。[③] 在东北易帜后，1929 年 1 月关务署就向东北各口海关监督训令公告新税则的实施，由于东北政权对此予以默许，各口监督也在布告中明确“依照国民政府财政部命令、奉东三省保安总司令之令”[④]实施新税则，彰显了国民政府意欲通过东北关税自主加强对东北控制的急切心态。

由此，通过财政部—关务署—中国海关这一体系的运作，东北关税自主成为国民政府在东北延伸中央政府影响力的重要途径，而中日关税协定的签订，更是让国民政府自感已经彻底扫除了东北关税自主的最大障碍，

---

① “S/O No. 765”, Maze to Edwardes, 16th July, 1927, *The Papers of Sir Frederick Maze Relating to the Chinese Maritime Customs Service*, PPMS2 Semi-Official Letters, Vol. 9, School of Oriental and African Studies, London；《田中義一宛清水芳次郎発第九四一号電報》(1927 年 7 月 9 日)，JACAR(アジア歴史資料センター)，Ref. B09040082200，《各国関税並法規関係雑件/中国ノ部/附加税関係・第四巻》，第 47 页；《未纳附税轮船不得出口　梅税务司答日商务书记官》，《新闻报》，1927 年 7 月 10 日，第 4 版。

② 参见[英]方德万著，姚永超、蔡维屏译：《潮来潮去：海关与中国现代性的全球起源》，第 236 页；Chihyun Chang, *Government, Imperialism and Nationalism in China: The Maritime Customs Service and its Chinese staff*, Abingdon: Routledge, 2014, pp. 89 - 95.

③ 《财政部关务署主管各关局组织章程》，关务署编：《财政部关务署法令汇编》，1928 年，第 10—11 页。

④ 《田中義一宛八木元八発第一五号電報》(1929 年 1 月 21 日)，JACAR(アジア歴史資料センター)，Ref. B09040053800，《各国関税並法規関係雑件/中国ノ部・第十巻》，第 167 页。

遂决定大力推进东北海关事务改革。然而，这些措施触及日本在东北的特权根基，引发了日本的强烈反弹。在已经承认中国关税自主权的现状下，日本遂以关税协定不能改变规定“满蒙特权”的条约为由，发动了一系列更为激烈的干涉行动。而身为“国际官厅”的中国海关也因为是国民政府命令的首要执行者，在日本的干涉行动中首当其冲。

1930年12月28日，国民政府颁布新进口税则并要求于1931年1月1日起实施。日本代理公使重光葵曾应东北日商和关东厅的请求，与宋子文和张福运交涉希望能够给予新税则实施的缓冲期。① 然而张福运并没有理会，径直要求海关执行新税则。② 于是关东厅又以中国海关没有缓冲期为由，拒绝应海关请求发布新关税则告示。③ 但是，承认新进口税则是《中日关税协定》的基本要求，币原喜重郎自然不敢贸然反对，反而在给关东厅的训令中指出商人早已知晓税率的提高并提前做了规划，且即时实施税则符合国际惯例。④ 可见，此时外务省期望通过关税协定的签订，在缓和中日两国的矛盾的同时，又能够以此框定日本在东北关税自主问题上的让步范围，希望国民政府在新关税则后不再利用关税自主触碰“满蒙特权”。然而，国民政府并未停止对东北海关事务的改革步伐，而日本特别是币原喜重郎对东北关税自主的态度也开始发生显著变化。

1931年1月，中国海关颁布命令，禁止一百吨以下的轮船以及电船在

---

① 《支那国定税率制定ニ関シ奉天商工会議所建議ノ件》(1930年12月16日)，JACAR(アジア歴史資料センター)，Ref. B09040057400，《各国関税並法規関係雑件/中国ノ部・第十二巻》，第275页。

② 《幣原喜重郎宛重光葵発公第一二九〇号電報》(1930年12月30日)，JACAR(アジア歴史資料センター)，Ref. B09040057600，《各国関税並法規関係雑件/中国ノ部・第十二巻》，第430页。

③ 《幣原喜重郎宛太田政弘発第七四号(至急)電報》(1930年12月31日)，JACAR(アジア歴史資料センター)，Ref. B09040057600，《各国関税並法規関係雑件/中国ノ部・第十二巻》，第433页。

④ 《大連税関の新固定税率実施期日告示に関し応諾方訓令》(1931年1月2日)，外务省编纂：《日本外交文書》昭和期Ⅰ第一部第五巻，东京：外务省，1995年，第504页。

中国与外国港口之间进行直接贸易，从而保护中国渔权并遏制海上走私。① 然而，安东领事认为，这会冲击日本渔民在安东的渔获贸易，进而影响日本渔民的生计，于是警告海关将派遣附属地警察武装保护前来安东进行渔获贸易的渔船。② 币原喜重郎在安东领事的要求下，决定要求驻华公使重光葵向国民政府提出严正抗议要求停止这一行为。③ 最终在日本的压力下，国民政府决定暂缓实施渔船贸易禁令。④

紧接着，有鉴于中国的存票（即退税）制度的滥用导致关税收入损失甚巨，中国海关自 1931 年 4 月 1 日起，正式废除存票制度，复出口货物不再发予存票。⑤ 然而，1907 年《会订大连海关试办章程》规定，洋货从通商口岸完税后复出口到大连，可以请求发给存票，货物如不运出大连租借地毋庸纳税，如运入中国内地则可以存票抵税。⑥ 日本认为，存票制度的废除将导致大连转口贸易的优势丧失，直接冲击大连的贸易地位，故向海关提出大连海关应适用免重征执照制度，不然复出口大连的货物复运入中国内地将被二次征收进口税。⑦ 总税务司署起初同意了日方这一请求，然而关

① 《为禁止注册一百吨以下之轮船及电船于中国与外国各埠间进行直接贸易事》（1931 年 1 月 27 日），《旧中国海关总税务司署通令选编》编译委员会编：《旧海关总税务司署通令选编（1942—1949）》第 3 卷，北京：中国海关出版社，2003 年，第 4—7 页。

② 《総税務司訓令は日本側漁業への打撃甚大なるにつき至急該訓令公布差し止め交渉方訓令》（1931 年 3 月 28 日），外务省编纂：《日本外交文書》昭和期Ⅰ第一部第五卷，第 1050 页；"letter from Commissioner of Customs, Antung to Inspector General", Peel to Maze, 8th April, 1931, *China and West*, Reel 194, 679(6), 1214.

③ 《総税務司訓令は日本側漁業への打撃甚大なるにつき至急該訓令公布差し止め交渉方訓令》（1931 年 3 月 28 日），外务省编纂：《日本外交文書》昭和期Ⅰ第一部第五卷，第 1050 页。

④ 《外交部と百屯未満船舶の外国貿易禁止に関する税関告示の実施延期方決定について》（1931 年 4 月 28 日），外务省编纂：《日本外交文書》昭和期Ⅰ第一部第五卷，第 1059 页；《日本违法悬案之一部（续）》，《国闻周报》第 8 卷第 50 期，1931 年 12 月 21 日，第 4—5 页。

⑤ 《为自 1931 年 4 月 1 日起取消进口洋货存票制度以及相关诸事之总税务司指令事》（1931 年 3 月 16 日），《旧中国海关总税务司署通令选编》编译委员会编：《旧海关总税务司署通令选编（1942—1949）》第 3 卷，第 29—37 页。

⑥ 王铁崖编：《中外旧约章汇编》第 2 册，北京：生活·读书·新知三联书店，1982 年，第 395—396 页。

⑦ 《幣原喜重郎宛堀内謙介発第二一七号電報》（1931 年 3 月 6 日），JACAR（アジア歴史資料センター），Ref. B09040061000，《各国関税並法規関係雑件/中国ノ部・第十四巻》，第 263 页。

务署不满中国海关擅自发布迎合日本的训令，遂直接命令中国海关将大连海关视作外国口岸，复出口大连并转运中国内地的货物，除非持通运提单，或者从通商口岸先不完税暂存入关栈再转口大连，或者从外洋直运大连进口，否则一律由大连海关标记为应税货物。①

与此同时，中国海关还进一步废除大连海关尚在实施的免重征专照单制度。1931年6月，中国海关下令大连海关废除免重征专照单制度，允许对往来牛庄、安东、天津、秦皇岛、哈尔滨之间的铁路运输货物，以及大连铁路直运哈尔滨的货物，发放免重征执照，但是复出口大连且未持有通运提单的货物仍不能享受免重征执照。② 此举事实上将大连海关进一步与东北其他口岸区别对待，显示了国民政府试图进一步限制大连港地位的意图。

关东厅认为，大连海关存票制度的废除会打击该港口每年1 000万海关两的转口贸易，“满铁”也会遭受接近每年900万日元以上的运费收入损失。同时，毗邻的营口、安东两港并未有此种规定，再加上中国正在建设的葫芦岛港以及东北铁路网的竞争压力，日本的大连经营将受重挫。③ “满铁”经过调查也指出，奉系积极推动营口港和北宁铁路联运，实际上正在与国民党的关税自主互为配合，严重威胁大连的贸易地位和繁荣从而实现“满洲经济封锁”。④ “满铁”高层会议认为，中国可能会继洋货之后将复出

---

① 《幣原喜重郎宛重光葵発第三四五号電報》(1931年3月31日)，JACAR(アジア歴史資料センター)，Ref. B09040061000，《各国関税並法規関係雑件/中国ノ部・第十四巻》，第274页；《为取消进口洋货存票后，已税洋货由通商口岸复出口大连，以及由通商口岸持免重征执照经大连运往另一通商口岸，之货物处理办法事》(1931年5月9日)，《旧中国海关总税务司署通令选编》编译委员会编：《旧海关总税务司署通令选编(1942—1949)》第3卷，第46—48页。

② 《为对已税进口洋货由铁路运输往来于哈尔滨、大连、安东、牛庄、天津、秦皇岛各埠准发给免重征执照事》(1931年6月27日)，《旧中国海关总税务司署通令选编》编译委员会编：《旧海关总税务司署通令选编(1942—1949)》第3卷，第72—76页。

③ 《二重課税については強制通関も辞せざるところ此の上とも厳重交渉方具申につき重光宛電報》(1931年4月17日)，外务省编纂：《日本外交文書》昭和期Ⅰ第一部第五卷，第520—523页。

④ [日]青柳篤恒：《在満邦人の悩み支那側の経済封鎖政策——南方新興勢力の進撃に追立てられたる在満邦人》，《東亜》第4卷第7号，1931年，第22—23页。

口大连的土货也二重课税，且当前大连港口仓库因商人观望态度而不断积压，于是“满铁”在关东厅支持下，于 5 月 24 日直接擅自将 254 个（海关的估计是 259 个）复出口至大连的包裹未经海关报关铅封就装车运离租借地，还明确声称如果在到达地的货主因货物为走私货物而被没收，“满铁”则承担全部损失，赤裸裸地挑战中国海关体制。①

1931 年 5 月，国民政府公布新出口税则，再次触及“满铁”煤炭出口税问题。“满铁”向海关提出煤炭出口税率有条约规定，不应适用新出口税，但是张福运在得知梅乐和曾于 1930 年 6 月擅自发布对煤炭缓征出口附加税之举后，严令梅乐和必须按照新税率征收出口税，并要求海关不得擅自做出有悖中国主权的决定。② 梅乐和无奈，只能要求作为抚顺烟台煤炭主要出口港的大连和安东的税务司严格依令征税。由于未能与海关就煤炭出口税问题达成妥协，“满铁”在安东领事支持下，将煤炭出口税按旧税率预存在安东车站站长（兼任“满铁”安东地方事务所所长）处后，让部分运煤货车直接冲关运往朝鲜。安东海关强烈抗议“满铁”的行径，但也无可奈何。③

在实施新关税则的同时，国民政府还推进裁撤厘金改征统税的工作。由于中日关税协定规定中国要从速“废除有妨碍在中国贸易发展如厘金、常关税、沿岸贸易税、通过税及其他类似各税等一切税捐”④，为此宋子文极力推动 1931 年 1 月 1 日起在全国范围内裁撤厘金。裁厘的同时，财政

---

① 《満鉄による強制通関実行に同意について》（1931 年 5 月 26 日），外务省编纂：《日本外交文書》昭和期Ⅰ第一部第五卷，第 541—542 页；“Breach of Customs Regulations at Dairen: by South Manchuria Railway Company; copy of telegrams exchanged with Dairen in re, appending”, Maze to Chang Fuyun, 1st June, 1931, *China and West*, Reel 194, 679(6), 1214.

② “Chang Fuyun to Maze”, 3rd June, 1931, *China and West*, Reel 194, 679(6), 1214.

③ 《東北の石炭に対する新輸出税適用に関する満鉄・海関間の交渉経緯について》（1931 年 6 月 8 日），外务省编纂：《日本外交文書》昭和期Ⅰ第一部第五卷，第 560—561 页；“Fushun & Yentai Coal: Report regarding situation in re at Dairen, Antung and Newchwang, outlining”, Maze to Chang Fuyun, 6th July, 1931, *China and West*, Reel 195, 679(6), 1215.

④ 《行政院关于 1931 年 1 月 1 日前实施裁厘训令》（1930 年 10 月 11 日），财政部财政科学研究所、中国第二历史档案馆编：《国民政府财政金融税收档案史料（1927—1937 年）》，北京：中国财政经济出版社，1997 年，第 956 页。

部设立统税署，统筹对麦粉、棉纱、火柴、水泥、卷烟征收出厂税，作为裁撤厘金后的收入补充。① 财政部起初由统税署在各海关设立驻关办事所，后为了节省征税成本改为让中国海关直接代征统税。② 对此，为了进一步争取国民党中央的支持，张学良决定对裁厘改统予以强力支持，通电北方八省裁厘③，并促使东北政府各方同意此举④。而宋子文为了拉拢张学良，也保证“将统税及消费税征收以后，仍交兄处支配”⑤，于是，东三省各财政厅遂积极派员稽查统税。

财政部决定由海关征收统税，辽宁省财政厅也企图在大连和安东海关内设立统税征收处。对此，关东厅和安东、沈阳总领事指出，统税实际上是内地税，并非海关的条约税，若承认在租借地和“满铁”附属地海关征收统税，将会为中国收回附属地特权提供先例，日本绝不能为了中日关系“大局”而放弃“满蒙特权”。⑥ 关东厅于是明确拒绝了大连海关受辽宁省财政厅之命提出的征收统税的请求。⑦ 此外，安东海关在“满铁”附属地外的总关设局稽征安东港进口货物统税，营口海关还试图派员进入“满铁”埠头查

---

① 《财政部关于将卷烟统税处改为统税处令》(1930年11月28日)，财政部财政科学研究所、中国第二历史档案馆编：《国民政府财政金融税收档案史料(1927—1937年)》，第988—989页；《财政部公布各省区统税局及所属管理所查验所分所等暂行组织章程令》(1930年12月18日)，江苏省中华民国工商税收史编写组、中国第二历史档案馆编：《中华民国工商税收史料选编》第3辑(货物税)下册，南京：南京大学出版社，1996年，第1879—1888页。

② 《财政部统税署棉纱水泥火柴卷烟麦粉及棉纱直接织成品运销外洋或未实行统税各省时海关代本署查验办法》、《财政部统税署外洋进口棉纱火柴水泥卷烟麦粉各项统税交由海关代收办法》，《统税公报(上海)》第1卷第4期，1931年4月，第19—20页。

③ 《拥护厘裁 张学良通电 北方七省均裁撤 百年秕政从此消除》，(天津)《大公报》，1931年1月5日，第3版。

④ 参见王涵、张皓：《政经交织的央地博弈：东北裁撤厘金初探——以辽宁省为中心的探讨》，《中国边疆史地研究》2021年第1期，第162—173，216—217页。

⑤ 《行政院关于东三省裁厘后损失过巨请酌量补助令》(1931年1月9日)，财政部财政科学研究所、中国第二历史档案馆编：《国民政府财政金融税收档案史料(1927—1937年)》，第968—969页。

⑥ 《中国側財政当局の統税徴収要求に対する我が方根本方針決定方請訓》(1931年5月29日)，外务省编纂：《日本外交文書》昭和期Ⅰ第一部第五卷，第544—546页。

⑦ “Copy of telegram from Dairen Commissioner”, Fukumoto to Maze, 5th April, 1931, *China and West*, Reel 194, 679(6), 1214.

验统税，持续加剧日本的恐慌。①

面对"满洲"机关的强硬态度，日本驻华公使重光葵从经济利益和对华关系出发，极力谏言外务省尽可能维护中日关税协定和尊重关税自主权。对于统税问题，重光葵认为在华纺织同业会已经与宋子文就棉纱统税达成协议税率，日本也应该允许大连海关征收棉纱统税。至于统税，如果日本不允许中国在海关征收，中国很有可能会将统税加到关税上征收，地方政府稽查统税时也极易产生纷争，故日本应当允许中国在租借地和"满铁"附属地海关征收统税。② 对于大连免重征执照问题，重光葵认为，大连海关应当视作中日基于条约在作为日本港口的大连设立的海关（即将大连视作外国港口），因此不能参照在中国通商口岸适用的免重征执照待遇。从尊重条约立场出发，大连海关条约规定复出口大连的货物只发予存票而不发予免重征执照，中日关税协定又规定中国可以自由存废存票制度，因此日本应当以"隐忍"之态承认大连不适用免重征执照。③ 在煤炭出口税问题上，重光葵也强烈主张交涉解决，又建议日方可以拒缴煤矿条约所规定的矿场税和厘金补偿税共计40万海关两，从而促使中方让步。④

币原喜重郎起初也是从维护中日关税协定的立场出发，赞成重光葵关于统税的意见，要求重光葵一面催促国民政府切实裁撤厘金，另一面通知

① 《幣原喜重郎宛荒川充雄発第二四号電報》（1931年8月5日），JACAR（アジア歴史資料センター），Ref. B08060841100，《中国ニ於ケル租税及負担金関係雑件/統税関係・第四巻》，第193页；《幣原喜重郎宛米沢菊二発第九九号電報》（1931年6月11日），JACAR（アジア歴史資料センター），Ref. B08060840800，《中国ニ於ケル租税及負担金関係雑件/統税関係・第四巻》，第68页。

② 《五月十六日より各海関で統税徴収開始に当り大連海関でも徴収方申し出に対する処置につき請訓》（1931年5月15日），外务省编纂：《日本外交文書》昭和期Ⅰ第一部第五卷，第533页。

③ 《関税協定の不備により中国側戻税廃止は容認せざるを得ない状況について》（1931年6月22日），外务省编纂：《日本外交文書》昭和期Ⅰ第一部第五卷，第573—574页。

④ 《東北石炭の新輸出税率適用問題の対抗策につき意見具申》（1931年6月18日），外务省编纂：《日本外交文書》昭和期Ⅰ第一部第五卷，第571页。

日商应当依规缴纳统税。① 关于大连海关存票制度问题，币原起初认为，中国在恢复关税自主后有权废除存票制度，遂要求直接承认国民党的行动。② 而当“满洲”机关在租借地和“满铁”附属地海关征收统税问题和大连海关免重征执照问题上提出强烈反对时，币原出于对海关特殊体制的考虑，提出了由身为“国际官厅”的中国海关征收统税，从而规避中国“侵犯”日本行政权的问题③，在仍遭强烈反对后，他又考虑以日本承认统税为条件换取中国允许大连适用免重征执照。④

然而，随着国民政府的改革持续触动“满蒙特权”，在“满洲机关”冲击海关行动的影响下，币原喜重郎逐渐以“满蒙特权”存续为首要考量，对东北关税自主的态度发生重大转变。曾在 1930 年反对在抚顺烟台煤炭问题上强硬行动的币原认为，宋子文采取的各项激进改革已经触及“满蒙”条约规定的特权，日本坚决不能让步。⑤ 为了逼迫中方让步，币原要求“满洲”机关和驻华公使馆共同策划强制通关。关东厅担心，强制通关会导致运往中国关内的 120 万吨煤炭⑥在到达港遭到海关扣押，“满铁”船只也会被海关惩罚，中国还会发动抵制日煤的运动⑦，对此币原决定，如果海关拒绝“满铁”按照旧税率缴纳出口税，对运往中国关内的煤炭，“满铁”在横滨正

---

① 《綿糸以外の輸入品に対し日中関税協定との関係もあり補償税を課せざるよう交渉方訓令》(1931 年 2 月 12 日)，外务省编纂：《日本外交文書》昭和期Ⅰ第一部第五卷，第 512—513 页。

② 《協定違反ノ根拠ナキカ如シ要研究》，JACAR（アジア歴史資料センター），Ref. B09040061000，《各国関税並法規関係雑件/中国ノ部・第十四巻》，第 240 页。

③ 《統税の徴収は内地税免除等を条件として黙認の意向並び大連海関での二重課税問題も併せて解決交渉方訓令》(1931 年 5 月 21 日)，外务省编纂：《日本外交文書》昭和期Ⅰ第一部第五卷，第 538—539 页。

④ 《統税に関する方針決定につき訓令》(1931 年 6 月 3 日)，外务省编纂：《日本外交文書》昭和期Ⅰ第一部第五卷，第 552—553 页。

⑤ 《東北石炭に対する新輸出税率適用は断じて承認し難き旨を説明の上従来の税率による通関交渉方訓令》(1931 年 6 月 6 日)，外务省编纂：《日本外交文書》昭和期Ⅰ第一部第五卷，第 556—557 页。

⑥ 抚顺烟台煤矿 1930 年的年产量为 655 万吨。见苏崇民：《满铁史》，北京：中华书局，1990 年，第 202 页。

⑦ 《通関に関する方策の注意点に関し参考まで説明について》(1931 年 6 月 6 日)，外务省编纂：《日本外交文書》昭和期Ⅰ第一部第五卷，第 557—558 页。

金银行存入新税率下应当支付的全额税款，对于运往外洋的煤炭则存入旧税率下的税款，随后基于领事报关制度由关东厅和各关领事向“满铁”发出出港命令。①

在大连免重征执照问题上，币原喜重郎也一改此前所谓尊重中国关税自主权的态度，全面认可“满铁”的意见，声称二重课税会导致运往东北腹地的复出口洋货完全转向营口，进而导致“满铁”的收入损失。同时，大连港口滞留货物持续增加，满铁码头压力巨大，因此要求重光葵必须强硬交涉。② 币原还坚决反对重光葵的“大连非通商口岸论”，主张大连同时兼具日本港口和中国通商口岸性质，大连海关条约中关于存票的条款本就具备对运往内地的货物发放免重征执照的内涵，因此大连海关适用免重征执照完全符合条约精神。

1931年国民政府在东北推行的一系列海关事务改革，是国民政府欲借关税自主权的获得进一步将其势力延伸到东北的重要手段，也是国民政府试图以海关行政统一助力统合东北从而推动国家统一的重要举措。然而日本并未因中日关税协定的签订而放弃东北已有的特权，更因为国民政府借关税自主权试图改变既有利益格局而发动激烈的干涉行动。在其中，中国海关虽然是列强在华利益所在——事实上日本也是中国海关体系的参与者和受益者，但是海关仍因执行国民政府的命令而遭到日本的冲击，充分显示了此时的日本在“满蒙特权”问题上已经愈发无视条约体制和列强在华利益格局。标榜“对华协调”的外务省还单方面破坏中日关税协定和中国关税自主权，对“满洲”机关冲击中国海关的举动不仅不予制止，甚至合谋进一步的破坏行动，显示出在对“满蒙特权”恐慌的支配下，日本的对华政策已经深陷歧途。

---

① 《中国側において我が方提案弁法に応ぜざる場合は強制通関実行する外なきにつき予め準備方訓令》(1931年7月3日)，外务省编纂:《日本外交文書》昭和期Ⅰ第一部第五卷，第591页。

② 《満鉄側が二重課税による減収を憂慮しているため我が方主張通り解決方訓令》(1931年7月22日)，外务省编纂:《日本外交文書》昭和期Ⅰ第一部第五卷，第604—605页。

三、重光葵—宋子文交涉渠道与危机“和解”的努力

由于外务省和“满洲”机关在东北海关特权问题上的坚决态度，驻华公使重光葵不得不依照币原喜重郎的命令展开对国民政府的交涉。但是，重光葵展开交涉的主要对象并不是外交部，而是国民政府财政部和关务署。重光葵与身为中国海关主管机关的财政部和关务署交涉，其主要意图在于将东北关税自主争端限定为经济纷争，从而将争端控制在最小范围。重光葵与宋子文的交涉渠道也成为事变前中日缓和东北局势的重要机制。

日本公使馆与财政部间的交涉，在此前中日关税自主交涉中就已经是十分重要的交涉途径。早在1929年，为求日本承认出口附加税，张福运就向日方提出愿意将附加税延期两个月①，宋子文和王正廷也主动提出愿意对东北日商予以附加税减免②，而当时日本驻上海副领事加藤有吉就提出希望能够与宋子文进行“友谊上的磋商”而非外交交涉，这也成为此后中日关于东北关税自主问题交涉的重要原则。③ 此后的中日关税协定的签订也是以宋子文和重光葵的交涉为中心最终达成的协议。在1930年末安东走私猖獗之际，针对安东海关与日本当局因“满铁”附属地武装缉私问题的不断冲突，张福运也向重光葵声明中方不会触碰日本的“满铁”附属地特权，愿意以协调方式维护财政部与公使馆的“友好”关系④，而宋子文也同意将交涉限制在公使馆与财政部之间进行，缓和了安东的紧张局势。⑤

---

① 《田中義一宛岡本一策発第一二三号電報》(1929年2月6日)，JACAR(アジア歴史資料センター)，Ref. B09040083100，《各国関税並法規関係雑件/中国ノ部/附加税関係・第六卷》，第78页。

② 《輸出付加税問題については宋財政部長から妥協交渉を開始について》(1929年2月7日)，外务省编纂：《日本外交文書》昭和期Ⅰ第一部第三卷，第681—682页。

③ 《輸出付加税問題に関する宋財政部長との会談内容》(1929年2月7日)，外务省编纂：《日本外交文書》昭和期Ⅰ第一部第三卷，第683—684页。

④ 《幣原喜重郎宛重光葵発公第一二〇四号電報》(1930年12月11日)，JACAR(アジア歴史資料センター)，Ref. B09040547300，《各国ニ於ケル密輸出入関係雑件/中国ノ部/安東中国税関吏員ト本邦警察官トノ紛擾関係・第一卷》，第394页。

⑤ 《幣原喜重郎宛重光葵発公第一一八〇号電報》(1930年12月6日)，JACAR(アジア歴史資料センター)，Ref. B09040547300，《各国ニ於ケル密輸出入関係雑件/中国ノ部/安東中国税関吏員ト本邦警察官トノ紛擾関係・第一卷》，第360页。

当时，在“满蒙新五路”、东北治外法权撤废等中日矛盾更为尖锐的问题上，外交部部长王正廷认为日本不敢轻举妄动，因此采取了看起来更为强硬的立场。在“满铁”新线问题交涉中，王正廷认为日本的武力威胁尚不足惧，遂建议张学良“主要采取拖延政策”①，通过组织委员会与日本周旋从而争取时间。在中日展开撤废治外法权交涉后，王正廷明确提出必须收回“满铁”附属地和大连租借地的司法权，且“不容附带任何条件”②。于是，作为王正廷“革命外交”的对冲，重光葵与宋子文之间的交涉对缓和中日在东北问题上的矛盾就显得至关重要。

特别是，东北关税自主争端激化之际，又正值“万宝山事件”之时。对此，蒋介石和张学良都发出电训，要求“亟宜力避冲突”“此非对日作战之时”③，宋子文也对外宣称国民政府已经对日交涉，日本公使馆已向他保证“朝鲜方面已渐告平定，暴行风潮，似可不致扩大”④。宋子文和上海市长张群还致电蒋介石，要求严控各地反日援侨会可能发起的扣押日货行动，以免被日方利用阻碍外交。⑤ 在“万宝山事件”的背景下，重光葵和财政部、关务署之间“友谊的交涉”对缓和解决东北关税自主争端就成为对双方而言最为现实的选择。

起初，财政部的态度还是比较坚决的。在大连免重征执照问题上，张福运对日本表示，鉴于国民政府已否决对香港予以通商口岸地位的提案，故中方不会对政治地位相似的大连租借地予以通商口岸待遇。⑥ 在煤炭

① 罗靖寰：《九一八事变前东北当局对于日本要求修筑敦图路问题的交涉经过》，中国人民政治协商会议全国委员会文史资料研究委员会编：《文史资料选辑》第52辑，北京：中华书局，1965年，第113页。

② 王芸生：《忆汪衮甫先生》，《芸生文存》第1集，天津：大公报馆，1937年，第180页。

③ 梁敬錞：《九一八事变史述》，纽约：纽约中美文化公司，1965年，第109页。

④ 《宋财长谈整理内外债》，《盛京时报》，1931年7月16日，第2版。

⑤ 《宋子文张群电蒋中正谓日包藏祸心正思反动现各地反日援侨运动需谨慎易遭利用请转令各级注意取缔不轨行动免生意外阻碍外交》（1931年7月23日），“蒋中正总统”文物档案，档案号002—090200—00004—203，台北“国史馆”藏。

⑥ 《張関務署長に対し二重課税容認し得ざるにつき暫行弁法講究方申し入れについて》（1931年5月1日），外务省编纂：《日本外交文書》昭和期Ⅰ第一部第五卷，第528—529页。

出口附加税问题上，宋子文对重光葵表示此事属条约问题，日本需与外交部交涉，又表示日媒报道已经引起中国舆论注意，自己已不能随意迎合日本诉求，也不能按照重光葵的建议直接训令海关默许日本缴纳旧税通关。① 王正廷对煤炭出口税问题也非常强硬，指出中国已经恢复关税自主权，东三省是中国领土，不应有任何差别税率。② 在重光葵拿着币原喜重郎预存税款的“便法”方案请求张福运同意时，张福运也表示财政部绝对不能同意此种方案，否则将阻碍外交部的交涉。③ 梅乐和也表示全听财政部的训令，又强烈抗议日本在大连海关的强制通关行动。④

重光葵其实也反对币原破坏中国海关的计划。他指出如果日本强行在上海等通商口岸起运货物，这种破坏海关的做法会导致难以预料的后果，而且从东北运往关内的煤炭出口税仅为0.15海关两一吨，相较运往外洋的0.34海关两一吨而言低得多，再加上日本船只可能因为破坏海关的行径遭到中方的报复，因此包括关东厅在内应当与海关交涉协商并主动作出一定让步。⑤ 然而，币原喜重郎坚决反对重光葵的意见，表示如果中方不允，日本就坚决强制通关。⑥

不得已，重光葵只能不断游说宋子文，特别是“劝告”宋子文不要计较

---

① 《東北石炭輸出税問題を外交部に移して交渉し日中間の感情融和を計ることで宋子文と同意について》(1931年6月18日)，外务省编纂:《日本外交文書》昭和期Ⅰ第一部第五卷，第566—567页。

② 《王正廷関税自主権回復後中国国内で区別的な税率を認めることは絶対不可能と自説を固持について》(1931年6月18日)，外务省编纂:《日本外交文書》昭和期Ⅰ第一部第五卷，第567—569页。

③ 《張関務署長に抗議付での新税納付を説得したものの同意せしめ得ざる状況について》(1931年6月29日)，外务省编纂:《日本外交文書》昭和期Ⅰ第一部第五卷，第584页。

④ 《横竹をしてメーズに対し宋子文との間で日本側が旧税納付に至った旨説明について》(1931年7月4日)，外务省编纂:《日本外交文書》昭和期Ⅰ第一部第五卷，第592—593页。

⑤ 《安東、大連における強制通関を税関規則違反とする中国側に対し新税の抗議付納付もやむをえないと思考について》(1931年7月9日)，外务省编纂:《日本外交文書》昭和期Ⅰ第一部第五卷，第594—595页。

⑥ 《東北石炭輸出税問題に対する中国側態度変更につき強硬姿勢での交渉方訓令》(1931年7月11日)，外务省编纂:《日本外交文書》昭和期Ⅰ第一部第五卷，第596—597页。

“满洲枝节问题”①，不要刺激“满洲”机关特别是“满铁”②，最终促使宋子文让步。宋子文与重光葵达成秘密协议，运往外洋的煤炭先行按旧税率支付出口关税，并由重光葵向宋子文担保，待日后交涉了结，日商将补交新旧税率差额；运往中国通商口岸的煤炭先行支付按旧税率缴税，随后在到达港的银行中，将新旧税率差额由到达港的日本领事和海关税务司联名存入财政部指定的银行。③

宋子文还希望前往东北与“满铁”协商以妥善处理东北海关问题。在1931年8月5日与重光葵的会面中，重光葵“劝说”宋子文在海关事务这种小问题上不要激进处理，不要刺激“满洲”机关的敏感神经，宋子文则表示自己将会前往东北，按照重光葵所言主旨与“满铁”社长内田康哉等进行会谈，并就海关问题与“满铁”充分协商。④ 8月25日两人再次会面，宋子文再次表示，愿意搁置关于东北的根本性问题，与“满铁”就海关等一些枝节性问题充分协商谋求疏通，重光葵则称愿与宋一同前往。⑤ 此外，宋子文还要求蒋介石在此时中日外交极其吃紧之际，借重光葵递交国书之际与其会谈尽可能缓和局势。⑥ 显然，尽可能缓和中日矛盾已经成为宋子文此时的行事目标。

不过，尽管宋子文选择在关税自主问题上向日本让步，但仍试图以承

① 《宋子文より日本陸軍の東北における行動に遺憾表明について》（1931年1月29日），外务省编纂：《日本外交文書》昭和期Ⅰ第一部第五卷，第37—38页。

② 《東北石炭輸出税問題を外交部に移して交渉し日中間の感情融和を計ることで宋子文と同意について》（1931年6月18日），外务省编纂：《日本外交文書》昭和期Ⅰ第一部第五卷，第566—567页。

③ 《東北石炭輸出税問題に関する了解覚書内容修正の上宋子文宛発送について》（1931年7月17日），外务省编纂：《日本外交文書》昭和期Ⅰ第一部第五卷，第599—600页。

④ 《宋子文と面談の際戾税の知き小問題を以て日本側を不必要に刺激しないよう説得について》（1931年8月5日），外务省编纂：《日本外交文書》昭和期Ⅰ第一部第五卷，第610—611页。

⑤ 《二重課税問題につき内田新満鉄総裁と上海にて意見交換したき宋子文の意向について》（1931年8月25日），外务省编纂：《日本外交文書》昭和期Ⅰ第一部第五卷，第611—613页。

⑥ 《宋子文电蒋中正日重光葵公使拟于十一日赴京递交国书现值中日紧张之际此举可减外间误解请对接见日期予以明示》（1931年9月8日），“蒋中正总统”文物档案，档案号002—090200—00015—010，台北“国史馆”藏。

认大连海关适用免重征执照为条件，换取中国加强大连关务的话语权。梅乐和在“满铁”冲关事件后，就提出以此契机开启大连海关修约程序，特别是解除关东厅对大连海关权限的束缚，并要求“满铁”签订常年保结承诺维护海关体制。① 基于此，张福运向重光葵提出换文草案，指出免重征执照适用问题本属关税自主权，但中方愿予大连海关此种待遇，前提是关东厅不得影响海关事务，并积极协助海关。

然而，重光葵强烈反对以改变日本对大连关务的话语权交换免重征执照的适用。② 重光葵要求，删除中国关于大连海关事务属于关税自主权的声明，但可以保留“关东厅必须对海关予以充分协调精神”③的字句，且不提及具体的海关事务。此意见最终被中方完全接受，自此宋子文与重光葵就大连海关免重征执照问题达成秘密换文。④ 次日，宋子文再次与重光葵协商前往东北与“满铁”协商的问题，希望重光葵予以安排。⑤ 可见，在东北局势愈发紧张、外务省政策发生转向之际，借由东北关税自主问题，重光葵—宋子文的交涉渠道也进一步转型为中日寻求缓和东北局势的关键渠道。

只是，尽管重光葵和宋子文、张福运等就东北关税自主问题达成了妥协，但是此时的东北日人社会中气氛已经十分紧张，他们对东北关税自主问题的敌视正在愈演愈烈。其实，“满铁”方面曾测算，1931 年新关税则对

---

① “Breach of Customs Regulations at Dairen”, Maze to Chang Fuyun, 3rd June, 1931; “Dairen Customs: Copy of Memorandum—Dairen Customs Procedure: suggestions for revision of in China's interests—appending; remarks re”, Maze to Chang Fuyun, 1st July, 1931, *China and West*, Reel 194, 679(6), 1214.

②《E、C制度を大連で直ちに適用し関東庁海関側間で妥協の促進を宋子文提案について》(1931 年 9 月 8 日)，外务省编纂:《日本外交文書》昭和期Ⅰ第一部第五卷，第 613—615 页。

③《E、C制度を大連へ適用する中国側修正案につき張福運税務署長と会談について》(1931 年 9 月 10 日)，外务省编纂:《日本外交文書》昭和期Ⅰ第一部第五卷，第 616—617 页。

④《戻税、二重課税問題に関する中国側修正案文の訂正について》(1931 年 9 月 10 日)，外务省编纂:《日本外交文書》昭和期Ⅰ第一部第五卷，第 619—620 页。

⑤《宋子文が東北問題に関し双方の協調可能なる問題も多々あり大連などで会談の希望表明について》(1931 年 9 月 11 日)，外务省编纂:《日本外交文書》昭和期Ⅰ第一部第五卷，第 126 页。

东北日商的奢侈品、雪茄、砂糖和瓷器等进口贸易影响较大[①]，但日本对华出口非常重要的棉纺织品、海产品和面粉产品属协定税率商品，日本可挽回不少贸易损失[②]；新出口税则对东北地区的出口大宗，如大豆、豆粕、高粱、玉蜀黍等的影响是非常轻微的，只是对朝鲜的粟出口和对本土的原棉出口大约分别增加40万和50万海关两的关税负担[③]。然而，世界经济危机的冲击严重打击了“满铁”，1930年度铁路收入比上年度减少22％，整体利润也减少一半，随后1931年度出现340万日元亏损。[④] 另一方面，奉系全力推动东西南三大干线铁路以及葫芦岛港的建设计划，又加强各路联运互通并出台运费折扣政策，让“满铁”深感正被“包围孤立”。[⑤] 严重的经济危机加上“夺走大连港的繁荣”的东北路港战略[⑥]，关税自主就成为“满铁”眼中国民党配合奉系实现“满洲经济封锁”的行动，其对东北关税自主的仇视更是与日俱增。

日商对东北关税自主的担忧也与日俱增。大连日商不仅恐慌免重征执照制度的撤废会冲击以租借地自由港制度为核心构建的东北殖民贸易体系，而且担忧在银价暴落的当下将使商业贸易转移至上海—营口间的银本位商业区，进一步冲击大连的经济地位[⑦]，还将营口海关征收统税金额较低且手续更为便利的现象视作中国政府对大连的差别待遇[⑧]。于是，东北日人对海关的不满情绪持续加剧，他们通过报刊不断要求日本政府采取

---

① 《幣原喜重郎宛太田政弘発第七三号電報》（1930年12月28日），JACAR（アジア歴史資料センター），Ref. B09040057500，《各国関税並法規関係雑件/中国ノ部・第十二巻》，第322页。

② 《支那関税新税率の実施》，《満蒙事情》第11巻第1号，1931年1月25日，第60—61页。

③ 《支那新輸出税率の実施に就て》，《満蒙事情》第11巻第6号，1931年6月25日，第52—53页。

④ 南満洲鉄道株式会社：《南満洲鉄道株式会社第三次十年史》，大连：南满洲铁道株式会社，1938年，第2749页。

⑤ 《東京支社長発・木村理事宛電報》（1930年11月17日），アジア経済研究所図書館编：《史料満鉄と満洲事変：山崎元幹文書》上卷，东京：岩波书店，2011年，第85页。

⑥ 《南方経済力の満洲への浸透》，《東亜》第4巻第2号，1931年2月1日，第48页。

⑦ ［日］柳沢遊：《日本人の植民地経験：大連日本人商工業者の歴史》，东京：青木书店，1999年，第237页。

⑧ 《煙草統税につき営口は大連より有利な状況と見られるため査報方訓令》（1931年9月10日），外务省编纂：《日本外交文書》昭和期Ⅰ第一部第五卷，第126页。

强硬行动解决问题，甚至还出现了日商伪造大连海关文件的情况。① 沈阳的日商结合裁厘改统后的营业税征收以及大连免重征执照争端，叫嚣："我国商人如因拒付不当课税而无法从事商业经营，则应疾呼：我们的满蒙权益何在！"②这显示出东北关税自主对"满蒙特权"的冲击正在刺激日商寻求激烈手段改变经济利益受损的现状。

关东厅此前曾就东北走私问题向外务省提出，如果中国政府要求日本打击东北的走私，一定是受总税务司背后的英美势力鼓动，海关实则中国和英美政府侵蚀"满蒙特权"的重要机关。③ 正是基于这种敌视海关的态度，关东厅消极应对中国海关关于协商大连免重征执照的要求。

基于重光葵与宋子文的秘密换文精神，总税务司梅乐和拟定了一个交由大连海关向"满铁"和关东厅交涉的细则草案，主张免重征执照货物必须附带通运提单，还明确了"满铁"在货仓监管、货物装运、铅封和常年保结等关务的义务。④ 重光葵也要求关东厅对海关的要求做出必要让步。⑤ 然而很快，九一八事变爆发，大连关务交涉陷入僵局。关东厅要求去除通运提单的限制，所有复出口大连的货物都要适用免重征执照⑥，此后不久，更是

---

① "Copy of confidential letter from Dairen Commissioner to Inspector General", Fukumoto to Maze, 10th September, 1931, *China and West*, Reel 195, 679(6), 1215.

② [日]西村成雄：《中国东北地区废厘·新设营业税政策与日本奉天商工会议所——九一八事变前夜日中经济关系的一个侧面》，中国社会科学院近代史研究所编：《第三届近代中国与世界国际学术研讨会论文集》，第1868页。

③ 《関機高発第三六五九八号》(1929年12月29日)，JACAR(アジア歴史資料センター)，Ref. B09040546900，《各国ニ於ケル密輸出入関係雑件/中国ノ部/安東中国税関吏員ト本邦警察官トノ紛擾関係・第一巻》，第166页。

④ "Copy of amended letter to Dairen Commissioner appending", Maze to Fukumoto, 13th Spetember 1931, *China and West*, Reel 195, 679(6), 1215.

⑤ 《E、C発給について大連関と協議するよう関東長官宛通知方電報》(1931年9月10日)，外务省编纂：《日本外交文書》昭和期Ⅰ第一部第五卷，第618—619页。

⑥ "Exemption Certificates: Copy of letter from Dairen Commissioner in re, and copy of wire intimating that I. G. has no authority to consent to measures proposed by Kwantung Government, appending", Maze to Chang Fuyun, 1st December, 1931, *China and West*, Reel 195, 679(6), 1215.

径直中止交涉，直接允许复出口大连的货物不附带任何条件地通关。[①] 对此，在事变后因担忧列强干涉而一直反对日军攻占海关的重光葵坚决反对，认为此举将导致中国海关的报复，也会导致秘密换文被曝光使局势更难收拾，希望关东厅能够做出一定让步。[②] 中国海关也指责关东厅破坏海关体制，所以决定复出口大连货物复运入中国内地时，要视为未纳进口税货物并追缴款项。[③] 然而随着日军推进，海关与关东厅的交涉不了了之，中日秘密换文也成为一纸空文，东北关税自主也随着日军展开接管海关的行动最终宣告中止。

事变前，基于重光葵—宋子文这一交涉渠道，中日双方寻求“和解”的力量都曾积极寻求缓和解决东北关税自主争端，希望通过这种“枝节问题”的解决缓和东北的紧张局势。尤其是国民政府财政部、关务署和中国海关为求局势缓和，做出了相当的让步，保留了日本在东北海关事务中的特权，又放弃了收回大连海关特权的计划，中国海关也在维持日本特权的前提下努力寻求与殖民当局的协商。然而，“满洲”日本人社会中因“满蒙特权”问题对关税自主的敌视越发剧烈，其寻求更为强硬的手段保证经济利益的诉求也日益激烈。而此时标榜“协调”外交的外务大臣币原喜重郎又在东北关税自主问题上持强硬立场，这无疑成为鼓动“满洲”方面采取行动的重要推力。在“满蒙特权”问题上，日本已不愿给予妥协和退让的空间，这事实上消解了中日实现“和解”的可能。

---

① 《輸入税納付済み外国貨物に一律免税証発給方申し入れについて》（1931年12月1日），外务省编纂：《日本外交文書》昭和期Ⅰ第一部第五卷，第625—626页。

② 《国民政府側が我が方要求を拒否し来る場合の対応につき関東長官宛照会》（1931年12月1日），外务省编纂：《日本外交文書》昭和期Ⅰ第一部第五卷，第626—627页。

③ 《为与关东政府谈判洋货经大连复出口至东三省承认免重征执照一事有所进展以及总税务司之评论及指令事》（1932年1月23日），《旧中国海关总税务司署通令选编》编译委员会编：《旧海关总税务司署通令选编（1942—1949）》第3卷，第143—144页。

四、结论

九一八事变前，中日避免争端实现“和解”的可能性有多少？对此，学者们以“龙井事件”“万宝山事件”等案例，普遍认为日本外务省与“满洲”机关间的分歧日益加深，以关东军为代表的“满洲”机关处于“独走”的状态，而奉行协调外交的日本外务省事实上已经失去对东北局势的掌控。此种认知实际上忽视了日本外交政策对东北局势恶化的责任。

虽然已有学者批驳了这种“独走”说，但惜其举例在于田中外交时代，对“币原外交”乃至币原喜重郎本身总体比较忽略。① 有日本学者还认为，相较第一次币原外交，币原喜重郎第二次上台后的外交政策更为成熟稳健，其对华“协调外交”的方针很大程度上改善了中日关系。②

然而，中日东北关税自主争端呈现了事变前东北局势的另一面。

东北易帜后，国民政府意图通过东北关税自主的实施，在扩充南京在东北地区的影响力的同时，也借此声张东北主权。然而，日本不断通过干涉东北关税自主以牵制中国恢复关税自主权的进程。而 1930 年 5 月《中日关税协定》的签订，除了日本附带条件地承认了中国关税自主权这一意义，事实上还包含日本对国民政府在东北地区实施关税自主的有限许可，即日本决定一定程度上允许国民政府触碰作为其核心利益所在的东北地区。在日本的预设中，日本希望允许国民政府在东北实施新税则，换取国民政府对日本在东北既有特权的承认，以此作为推行对华“协调”外交的重要根基。

然而，国民政府自诩为“革命政党”，关税自主更是“革命外交”五期计划中的第一步，是其实现国家自立计划的基础。关税自主不仅关系国家财政，还事关国民党的政权合法性建构。于是，国民政府以海关行政统一之名持续推动东北关税自主。自然，这打破了日本的维持“满蒙特权”的预

① 王美平：《日本政府对东北易帜的干涉与九一八事变——兼驳“关东军独走说”》，《社会科学辑刊》2022 年第 3 期，第 191—199 页。

② [日]服部龍二：《東アジア国際環境の変動と日本外交 1918—1931》，东京：有斐阁，2001 年，第 253—302 页。

设，使日本发起了更为激烈的干涉行动。

日本在1931年间发动的干涉东北关税自主行动，有两点值得关注。首先是破坏中国海关。日本干涉、冲击乃至破坏中国海关这一“国际官厅”，事实上反映了日本为了维护“满蒙特权”已无视列强在华利益格局和现有的国际秩序，显示出十分危险的信号。其次，是币原喜重郎的强硬态度。币原喜重郎并没有如“龙井事件”“万宝山事件”以及1930年“满铁”煤炭出口附加税争端那般要求“满洲”各方克制，而是直接支持了他们的干涉海关的行动，自身又极力歪曲《中日关税协定》，实则否认协定之于“满洲”的适用性。这意味着，涉及核心利益的“满蒙问题”实则并不适用所谓“协调外交”，这极大助推了东北局势的恶化。

在东北局势日趋紧张之际，重光葵—宋子文交涉渠道成为事变前中日缓和东北局势的重要机制。在重光葵的运作下，中国同意保留日本在海关事务中的特权，宋子文还以此为契机准备前往东北与“满铁”进行协商，显示出标榜“革命”的国民政府为了缓和局势所做的努力。而日本驻华公使重光葵坚决反对外务省破坏条约体制的行径，又积极要求“满洲”机关在中国海关问题上做出适当让步，成为日本方面推动中日“和解”的关键人物。基于这一自中日关税自主交涉开启以来所构建的交涉渠道，借由东北关税自主争端的暂时妥结，中日在东北问题上一度出现了“和解”的契机。

然而，日本不可能放弃对东北贸易、经济乃至政治格局的主导权，这是中日实现东北问题“和解”的结构性障碍。关税自主冲击了日本在东北既有的利益格局，同时叠加世界经济危机、华商势力崛起、奉系反日运动等因素，进一步撼动了日本的“满蒙特权”体系，东北日本人寻求非和平方式摆脱“困境”的诉求日益激烈，这成为中日实现“和解”的重要消极因素。另一方面，币原喜重郎主政下的外务省虽标榜对华“协调”，但在东北关税自主问题上极力维护“满蒙特权”，完全无视甚至支持破坏条约体制和国际秩序，导致日本外交政策彻底陷入不归之路，中日实现“和解”的基础被进一步消解。最终，借由关东军的行动以及“满铁”、关东厅等方面的里应外合，中日在东北问题上的矛盾升级为战争，在改写东北地区的命运的同时，也彻底改变了中日两国的历史命运。

（张弘毅：北京师范大学历史学院博士研究生）

The Last Effort：The 1931 Sino-Japanese Tariff Autonomy Dispute in Northeast China and its Failure of "Reconciliation"

Zhang Hongyi

Abstract：The signing of the Sino-Japanese Treaty recognizing principle of tariff autonomy in 1930 actually meant that Japan would limited permitted the National Government to implement tariff autonomy in Northeast China. However, with the strength of tariff autonomy, the KMT Government enforced the reform of customs affairs in Northeast China and attempted to recover Japan's privileges in customs, while strengthening the unification of Northeast China. Therefore, Japan's strategic concept of recognizing tariff autonomy in exchange for the KMT's maintenance of its "privileges in Manchuria" collapsed, which made the colonial authorities in Northeast China then launch a radical intervention to tariff autonomy with the full support of the Ministry of Foreign Affairs. At the critical juncture, the channel of negotiation between Minister Shigemitsu and Minister of Finance Tse-vung Soong became an important mechanism to ease the dispute over tariff autonomy problem and even the situation in Northeast China. Tse-vung Soong, in order to ease the situation, temporarily retained the Japanese customs privileges, and planned to go to the Northeast to negotiate with the South Manchuria Railway Company, which led to an opportunity for Sino-Japanese "reconciliation". However, due to the Great Depression and other factors super imposed, Japanese in Northeast China extremely hostile to tariff autonomy, bring forth accelerated demand for a tough solution. The Ministry of Foreign Affairs, which engaged so-called "coordinated with China" policy, not only flouted the Treaty Order, but also fully support the colonial authorities to attack the Chinese Maritime Customs System, which was on behalf of the interests of the Power. As a result, the possibility of Sino-Japanese "reconciliation" was further eliminated, and the historical destiny of the Northeast China as well as that of China and Japan was completely changed.

Keywords: tariff autonomy in Northeast China; "Manchurian privilege"; Shidehara diplomacy; Tse-vung Soong; the Mukden Incident

20世纪30年代中国粮食作物空间分布的计量研究
——基于1932年农产统计数据的分析

邵俊敏

（南京师范大学社会发展学院）

摘　要：本文以国民政府主计处1932年全国农产统计资料为数据来源，利用区位基尼系数、产业集中度和空间相关性等指标，测度了20世纪30年代中国粮食作物地理集聚与专业化空间格局。结果表明：总体上中国粮食作物呈现一定的地理集聚特征；不同种类粮食作物地理集聚程度存在差异；某些区域内粮食作物呈现出专业化、连片化的特征。通过分析发现，中国粮食作物的高—高集聚特征，对粮食消费区域结构、粮食流通地理方向和粮食工业区域布局等，都产生了影响。

关键词：1932年；粮食作物空间分布；地理集聚；空间格局

粮食作物分布主要受地形、气候、水源、土壤等自然条件的影响。不同种类粮食作物的生长规律不同，所要求的自然条件也不一样，导致它们在地理分布上呈现明显的地区差异，也就是说粮食作物的生产具有地域性特征。本研究基于1932年中国27个省份粮食作物播种面积数据，从区位基尼系数、产业集中度及空间自相关性等方面，分析传统自然经济日趋解体、经济社会日益开放的时代背景下，中国粮食作物种植的地理集聚空间特征，并揭示其产生的效应。

一、数据来源与空间行政单元

粮食作物空间分布问题是粮食地理的研究主题之一。本研究拟采用的粮食作物种植面积数据，来自国民政府主计处1932年的全国农产调查统计①，近代有关全国性的农产统计是极少的，国民政府相关机构此前曾对一些省份开展过农产调查统计，“间有已刊在前立法院统计处所出版之统计月报”，此次国民政府主计处根据最新的报告对此前的调查数据加以修正，“自然以新的数字为准”。此次公布的农业调查数据，“大都根据前立法院统计处及本局三年来所汇集的各市政府各地邮政局及各地农民的报告”②。调查方法系采用通信估计法，事前拟好表格，函寄各县政府邮政局及各地农民，请其向熟悉当地农事者估计一约数，按表填写寄还。各种作物在平常年每亩平均所出产的额数系向农民询问。“本期所刊布之各表，仅限于农民户数田地面积及主要农产在常年所占之亩数及产量的估计数字。”③虽然系1932年公布的农产统计数据，但是反映的是农作物常年的面积、产量情况。此次调查统计为研究近代农业经济提供了宝贵的数据资料。

该调查统计将农作物分为甲、乙两种，甲种为普通作物，乙种为特用作物④，普通作物就是粮食作物，包括稻、小麦、高粱、粟、大豆、玉蜀黍、大麦、其他谷类、豌豆、其他豆类、甘薯、马铃薯和芋，共13种。本研究以粮食作物作为研究对象，由于芋的统计数据不全，故选取前12种粮食作物进行考察。其中，小麦、大麦、豌豆属夏收粮食作物，稻、粟、甘薯、马铃薯、玉蜀黍、高粱、大豆、其他豆类和其他谷类属秋收粮食作物，以上12种粮食作物都属于土地密集型作物。⑤

从1932年全国行政区划来看，中国被划分为27个行省及蒙古、西藏2

① 《第二表 主要作物平常年之面积及产量总表》，国民政府主计处统计局：《统计月报》（第三号），1932年1、2月号合刊，第2—4页。

② 国民政府主计处统计局：《统计月报》（第三号），1932年1、2月号合刊，例言部分。

③ 国民政府主计处统计局：《统计月报》（第三号），1932年1、2月号合刊，例言部分。

④ 特用作物又称经济作物，国民政府主计处统计的特用作物包括棉花、茶、花生、油菜籽、烟草、甘蔗、大麻、胡麻、苎麻，共9种。

⑤ 农作物可以分为劳动密集型和土地密集型两类。劳动密集型农作物是那些在生产过程的要素投入比例中，劳动力投入比重相对较高的农作物。土地密集型农作物是指在种植过程中需要耗用大量土地的农作物。

个地方，共 29 个省级行政单元，又可被划分为华中、华南、华北、塞北、东北和西部 6 个大区。其中，华中地区包括江苏、浙江、安徽、江西、湖北、湖南、四川 7 个省；华南地区包括福建、广东、广西、云南、贵州 5 个省；华北地区包括河北、山东、河南、山西、陕西、甘肃 6 个省；塞北地区包括宁夏、绥远、察哈尔、热河 4 个省和蒙古 1 个地方；东北地区包括黑龙江、吉林、辽宁 3 个省；西部地区包括青海、新疆 2 个省和西藏 1 个地方。国民政府主计处全国农业调查统计未涉及蒙古、西藏。在涉及的 27 个省份中，广西、青海 2 个省统计数据是缺失的，这里采用空间自回归法对缺失值插补获得。

二、粮食作物种植业地理集聚的测度

根据指标的适用性和数据的可得性，本研究拟采用区位基尼系数、产业集中度及空间自相关特征等指标，对 1932 年我国粮食作物地理集聚的时空特征及其变化趋势进行深入、系统的考察。

一是粮食作物分布的区位基尼系数。该指标可以用来研究粮食作物种植的地理分布不均衡问题，已逐渐成为研究种植业聚集测度的重要工具，其计算公式为：

$$GINI_j = \frac{1}{2m^2\mu} \sum_{k=1}^{m} \sum_{h=1}^{m} | x_k^j - x_h^j | \quad (1)$$

式中，$j=0,1,2\cdots\cdots12$，j 取 0 表示粮食作物种植业，取 1—12 分别表示 12 种主要粮食作物；m 为省份数量；k、h 表示不同省份；μ 表示各省粮食作物或者某种主要粮食作物的种植面积占全国种植业，或者某种主要粮食作物总种植面积的比重的均值；x_k^j，x_h^j 表示 k 省或 h 省的粮食作物种植面积占全国总种植面积比重。区位基尼系数取值在 0—1 之间，数值越小表明粮食作物地理分布越趋于分散，数值越大表明粮食作物地理分布越趋于集聚。

二是粮食作物集中度，主要通过集中率来反映。该指标表示生产规模最大的前几位省份粮食作物或某种主要粮食作物的种植面积，占全国粮食作物或者某种主要粮食作物总种植面积的比重的总和。该指标反映了粮食作物在前几位省份的集聚程度，其计算公式为：

$$CR_m^j = \sum_{k=1}^{m} x_k^j \times 100\% \tag{2}$$

式中，j、x_k^j 的含义同式(1)；m 为省份数，一般取 1、3、5；CR_m^j 表示省份 k 粮食作物或者某种主要粮食作物的种植面积，占全国粮食作物或者某种主要粮食作物总种植面积的比重。

三是空间自相关分析。该指标是通过检验某种地理现象或某一变量的整体分布状况，以此来判断此现象或属性值在空间上是否存在聚集特性。包括全局空间自相关和局域空间自相关。全局空间自相关概括了在一个总的空间范围内空间依赖的程度，其最常用的关联指标是莫兰指数(I)，可以明确粮食作物种植面积地理集聚的空间分布格局，其计算公式为：

$$I = \frac{\sum_{k}^{n} \sum_{h}^{n} w_{kh}(x_k - \bar{x})(x_h - \bar{x})}{S^2 \sum_{k=1}^{n} \sum_{h=1}^{n} w_{kh}} \tag{3}$$

全局莫兰指数(I)只能反映全国粮食作物的空间自相关性，难以反映省级空间单元之间的空间关联性。而局域莫兰指数(I_k)可以用来考察省域间粮食种植面积的空间关联程度，其计算公式为：

$$I_k = \frac{(x_k - \bar{x})}{S^2} \sum_{h=1}^{n} w_{kh}(x_h - \bar{x}) \tag{4}$$

式中：w_{kh} 表示二进制的一阶邻近空间权重矩阵，若省域 k 和 h 相邻，则 $w_{kh}=1$，若不相邻，$w_{kh}=0$；$\bar{x}$为样本均值，S^2 为样本方差。莫兰指数的取值区间为[$-1,1$]，当 $I(I_k)$为正值时，表示空间范围内粮食作物的属性分布具有正相关性；当 $I(I_k)$为负值时，表示空间范围内粮食作物的属性分布具有负相关性；当 $I(I_k)$接近于 0 时，表示属性是随机分布的，不存在空间自相关性。

三、粮食作物地理集聚的空间格局

基于 1932 年中国省级行政单元粮食作物总种植面积数据，以及其中 12 种粮食作物种植面积数据，计算出 1932 年中国粮食作物种植的区位基尼系数、前 5 位省份的集中率及空间自相关性，计算结果表明 1932 年中国粮食作物地理集聚呈现出 4 个方面的地理集聚空间分布格局。

（一）主要粮食作物地理集聚情形

从表 1 相关指标数据可以看出，12 种主要粮食作物中，大部分粮食作物生产的区位基尼系数都比较高。1932 年全部粮食作物种植的区位基尼系数为 0.389 7；豌豆生产的区位基尼系数最高，达 0.716 5；其他谷类生产的区位基尼系数也达到 0.687 7 的较高值；其他各种粮食作物生产的区位基尼系数均高于 0.5。从粮食作物种植业的 CR_5 值来看，1932 年中国粮食作物种植业的 CR_5 达 48.54%；12 种主要粮食作物生产的 CR_5 都超过了 50%。其中，其他谷类生产的 CR_5 最高，达 70.35%；豌豆、马铃薯生产的 CR_5 也较高，分别为 69.86%、64.63%。

综合 12 种主要粮食作物生产的区位基尼系数和 CR_5 来看，区位基尼系数较高的农作物的 CR_5 也较高，两者之间呈现一致性。从夏收和秋收粮食作物生产的简单平均区位基尼系数和 CR_5 来看，夏收粮食作物生产的地理集聚程度高于秋收粮食作物，前者的区位基尼系数为 0.525 9，比后者的区位基尼系数（0.366 4）高出 0.159 5。夏收粮食作物生产的 CR_5 为 55.32%，比秋收粮食作物生产的 CR_5（37.83%）高出 17.49%。

分析发现，1932 年中国 12 种主要粮食作物种植都表现出一定的地理集聚特征，尽管不同种类粮食作物生产的地理集聚程度具有一定的差异性。

表 1　1932 年中国主要粮食作物的区位基尼系数、集中率

作物种类	区位基尼系数	CR_5 系数	作物种类	区位基尼系数	CR_5 系数
粮食作物	0.389 7	48.54%	玉蜀黍	0.552 3	54.68%
小麦	0.532 6	57.95%	高粱	0.591	62.76%
大麦	0.557 3	59.45%	大豆	0.530 7	57.02%

续表

作物种类	区位基尼系数	CR_5 系数	作物种类	区位基尼系数	CR_5 系数
豌豆	0.716 5	69.86%	其他豆类	0.604 3	60.68%
稻	0.619 4	53.42%	其他谷类	0.687 7	70.35%
粟	0.591 2	62.63%	夏收粮食作物	0.525 9	55.32%
甘薯	0.614 7	56.39%	秋收粮食作物	0.366 4	37.83%
马铃薯	0.662 3	64.63%	—	—	—

（二）主要粮食作物的空间相关性

运用空间数据分析工具——Geoda 软件，根据 1932 年中国农业统计资料中的粮食作物种植面积数据，以及民国政区地图，测算出粮食作物的全局空间自相关系数以及局域空间集聚类型，并得出 9 种主要粮食植物高—高类型空间集聚空间分布情况。

首先，探讨粮食作物的全局空间自相关特征。观察表 2，发现考察的粮食作物中大多存在显著的空间自相关关系，其中以小麦的空间自相关关系最为紧密，全局莫兰指数（*I*）值达 0.596 4，其次为粟，全局莫兰指数（*I*）值为 0.535 8。同时，粮食作物的空间自相关关系又是不均衡的，两极分化较为严重，如小麦、大麦、稻、高粱和其他谷类等在 1%水平下非常显著，而豌豆、马铃薯和玉蜀黍等却并未表现出明显的空间关联特征。

表 2 1932 年中国粮食作物在地理邻近意义下的全局空间自相关系数

作物种类	Moran's I	作物种类	Moran's I
小麦	0.596 4***	马铃薯	−0.043 1
大麦	0.318 5***	玉蜀黍	0.122 4
豌豆	0.080 7	高粱	0.471 8***
稻	0.475 3***	大豆	0.475 5**
粟	0.535 8**	其他豆类	0.278 4**
甘薯	0.174 8*	其他谷类	0.308 5***

注：*** 表示在 1%水平下显著，** 表示在 5%水平下显著，* 表示在 10%水平下显著。

其次，省域间粮食作物的空间依赖性。以上分析了粮食作物在全国整体层面的空间关联特征，然而，每种粮食作物在省域之间的空间关联特征却无法判断。局域空间关联特征是否与全局空间自相关关系保持一致是值得关注的问题。依据全局空间自相关关系的显著性，将粮食作物划分为两大类（如表 3 所示），发现其具有两个显著特征。

第一，不同种类粮食作物的空间集聚模式存在差异。粮食作物的空间集聚模式共有 4 种类型，分别为高—高集聚（区域自身和周边地区的属性水平均较高，二者空间差异程度较小）、高—低集聚（区域自身属性水平高，周边地区属性水平低，二者空间差异程度较大）、低—高集聚和低—低集聚。可以根据高—高、低—低集聚类型是否占最多来判断某一区域是否存在显著的空间自相关性特征。以小麦生产为例，在河北、山西、山东、河南、安徽和陕西等省份形成高—高集聚模式，在吉林和江西形成显著的低—低集聚模式，在四川、湖北和江苏形成高—低集聚模式，而在宁夏和绥远形成低—高集聚模式。其他粮食作物也对应着不同的局域集聚格局。

第二，全局空间自相关与局域空间自相关并无一致性。全局空间自相关显著的粮食作物，其显著的空间关联特征并不存在于所有省份。同样，全局空间自相关不显著的粮食作物种类在不同省份有可能存在不同类型的集聚模式。全局空间自相关分析结果很可能会掩盖局域的空间关联特征。例如，马铃薯的全局空间自相关关系未通过显著性检验，但其局域空间自相关关系不应忽视，广东、山西、山东和察哈尔被马铃薯种植面积大的省份围绕，而四川则被马铃薯种植面积小的省份围绕。

表 3　1932 年地理邻近下粮食作物的局域空间集聚类型

作物种类		高—高	高—低	低—高	低—低
空间自相关显著	小麦	河北、山西、山东、河南、安徽、陕西	四川、湖北、江苏	宁夏、绥远	吉林、江西
	大麦	河北、山西、山东、河南、安徽、	四川、湖北、	宁夏、绥远	吉林
	稻	广东、湖南、浙江、安徽	四川	绥远、察哈尔、山西	吉林

续表

作物种类		高—高	高—低	低—高	低—低
空间自相关显著	粟	黑龙江、辽宁、山西、河南、山东	吉林	绥远、宁夏	四川
	甘薯	河北、山东、河南、湖南、广东	四川	绥远、宁夏、山西	吉林
	高粱	黑龙江、辽宁、山西、山东、河南、河北	四川、吉林、江苏	绥远、宁夏	—
	大豆	黑龙江、辽宁、山东、河南、河北、安徽	四川、吉林	绥远、宁夏、山西	—
	其他豆类	河南、河北、山西、山东	—	绥远、宁夏	吉林
	其他谷类	山东、山西、绥远、陕西、黑龙江	甘肃、青海	宁夏	吉林、四川
空间自相关不显著	豌豆	察哈尔、山西、河南	四川、青海、湖北	绥远、山东	吉林
	马铃薯	广东、山西、山东、察哈尔	吉林	绥远、宁夏	四川
	玉蜀黍	山东、河南、湖北、河北	—	热河	新疆、浙江、福建

最后，探讨粮食作物连片化分布特征。根据表3的分析结果，可以看出，1932年中国空间自相关显著的9种粮食作物中均存在高—高集聚连片分布特征，具体为：小麦形成了由河南、河北、山西、山东、安徽、陕西等省份（以华北为主）共同构成的一个显著的连片高种植区；大麦形成了由河南、河北、山西、山东、安徽等省份（以华北为主）共同构成的一个显著的连片高种植区；稻作形成了由广东、湖南两省以及浙江、安徽两省（以华中为主）为中心分别构成的两个显著的连片高种植区；粟形成了由黑龙江、辽宁两省以及山西、河南、山东三省（东北和华北）为中心分别构成的两个显著的连片高种植区；甘薯形成了由河北、山东、河南三省以及湖南、广东两省（华北、华中和华南）为中心分别构成的两个显著的连片高种植区；高粱、大豆、其他谷类的高—高集聚连片分布特征与粟类似；其他豆类的高—高集聚连片分布特征与大麦类似。

四、粮食作物地理集聚特征的效应

中国粮食作物地理集聚的空间分布特征对那个时代的社会经济产生了一定的效应，如影响了粮食的消费区域结构，即不同省份居民日常消费粮食的种类差异；影响了粮食流通的地理方向，即由于不同种类的粮食在不同省份的丰歉分布不均衡，存在粮食的跨区域流通；还影响了粮食工业的区域布局，即以粮食为原料的加工工业的分布格局。

首先，影响粮食消费区域结构。中国幅员辽阔，不同省份在人口分布、自然资源状况、粮食生产能力、经济商品化程度以及居民的传统粮食消费习惯等方面存在一定的差异，使各省居民的主要粮食消费种类具有明显的地域性，如南方居民的粮食消费主要是稻米，而北方居民则以小麦为主要消费对象。这里将民国时期中国各省居民食用的粮食主要类别，列出米、小麦、高粱和玉蜀黍 4 种，它们的消费百分率如表 4 所示。

表 4　民国时期中国乡村居民每人粮食消费百分率(%)

省别	米	小麦	高粱	玉蜀黍	省别	米	小麦	高粱	玉蜀黍
江苏	42	15.1	5	7	甘肃	0.7	27.7	6	12
浙江	75.8	4.5	1	1	青海	0.2	32.8	1	—
安徽	51.7	15.5	7	3	福建	71.7	1.1	1	4
江西	78.3	1.4	1	2	广东	71.6	1.3	1	4
湖北	58.7	10.7	4	15	广西	77.7	8.8	2	10
湖南	78.5	1.5	3	4	云南	64.7	3.8	3	4
四川	61.1	4.5	3	14	贵州	58.9	3.1	3	6
河北	1.7	11.4	23	13	察哈尔	0.6	2.4	9	4
山东	0.4	17	5	7	绥远	—	8.5	4	1
山西	0.7	20.1	9	11	宁夏	16.7	18.8	1	3
河南	4.1	29.2	3	4	全国	33.3	12.8	5	8
陕西	7.0	38.6	3	11					

资料来源：吴传钧编：《中国粮食地理》，重庆：商务印书馆，1943 年，第 61 页。

观察表4发现，不同省份乡村居民的主要消费食物中，以稻米为主的有浙江、江西、湖南、四川、福建、广东、广西、云南和贵州等省，其中消费率最高的为湖南，达78.3%。以小麦为主的有河北、山东、山西、河南、陕西、甘肃、青海和宁夏等省，其中消费率最高的为陕西，达38.6%。江苏、安徽、湖北等省处于南北过渡地带，乡村居民粮食消费中稻米、小麦并重，例如，江苏稻米的消费率为42%，小麦的消费率为15.1%，原因在于江苏南北饮食习惯存在差异，南部居民以米食为主，而北部居民则以面食为主，安徽南部、北部与江苏的情形非常相似。就全国而言，稻米的消费率为33.3%，而小麦的消费率仅为12.8%，稻米和小麦两种主要粮食作物中，以稻米消费为主，小麦为辅。另外，稻米主要消费区内杂粮的消费量远低于小麦主要消费区。不同种类粮食主要消费区域与粮食作物高—高地理集聚区域具有较强的一致性。

其次，影响粮食流通地理方向。自然资源禀赋差异以及农业种植传统导致不同区域粮食作物种植结构的差异。不同种类粮食作物在不同区域的丰歉程度以及对不同区域满足程度的差异，决定了粮食流通的地理方向。南方长江中下游各省的区域交通运输条件优越，稻米为主要的高—高地理集聚作物。各省稻米流通情形如下：浙江是产米的重要省份，但是稻米常年短缺，依赖于江苏、安徽以及江西等周边省份供给，“主要来路为浙赣路及太湖各地……宁波每年进口米百万石，其中皖米占百分之十五”①。湖南也是我国主要稻米产区，尚有巨额出口者，其原因在于“农民多以价值较高之米谷销于市场，而以价值较低之杂粮如薯、麦、玉米等为主要粮食”②。湘米大多汇集到湖北汉口后再外销。江西的情形与湖南相似，省内剩余米产依靠赣江水运，顺流而下，汇集于九江后再外销苏沪。据统计，1933年从九江输出的赣米就多达530 941担。③ 可见稻米主要在高—高

① 吴传钧编：《中国粮食地理》，第69页。

② 朱羲农、朱保训：《湖南实业志》，长沙：湖南人民出版社，2008年，第498页。

③ 吴传钧编：《中国粮食地理》，第76页。

地理集聚区内流通，流通方向为内地流向沿海。华北各省的交通运输条件不及长江中下游地区便利，经济的自给自足程度较高，高—高地理集聚粮食作物种类也较多。由表4可知，华北居民的消费虽以小麦为最多，但小麦消费所占的百分率远远小于南方的稻米，原因在于他们让小麦这种细粮更多地被当作商品进入流通领域。山东农民“多视小麦为珍品，如鲁东农民多食甘薯，鲁西多食高粱，亦有以小米、玉米为主要粮食者，故大批小麦均向市场销售，以之制造机粉”①。山西的“小麦一般由南向北。晋南的小麦多流向晋中、太原和省外；杂粮和小米、大米由西向东，除本省销售的以外，大都经正太线流向河北、平、津等地……”②对华北粮食流通问题，学界有“粜精籴粗”之说，即视小麦为精粮，小米、高粱、玉米、甘薯等同为杂粮，“小麦的上市量之所以多于其他粮食作物，似乎只是一种小农迫于生活需要、以价格较高的小麦换得其他粗粮以谋取自给的行为”③。华北粮食流通的种类包括小麦和其他杂粮，不似南方那样单一，粮食也同样大多在高—高地理集聚区内流通。

可见无论是长江中下游还是华北地区，粮食作物的流通并未出现由高—高集聚区流向低—低、高—低和低—高集聚区的情形，而是呈现出在高—高地理集聚区内流通的特征。主要原因在于粮食作物高—高集聚区内居民对主要粮食消费种类的依赖性较强，造成余缺在区域内调剂。

最后，影响粮食工业区域布局。近代中国粮食工业主要包括面粉工业和碾米业，其中面粉工业更是占有重要地位。面粉工业所需的原料为小麦，中国小麦的主要地理集聚区为华北地区和长江下游地区，小麦的地理分布特征对中国近代面粉工业到底存在何种影响？某一时期内新设面粉工厂的数量在一定程度上能够反映出不同区域面粉工业的发展水平。据统计，1929—1934年全国新设65家面粉工厂，具体如表5所示。

---

① 吴传钧编：《中国粮食地理》，第76页。

② 山西省地方志编纂委员会：《山西通志·粮食志》，北京：中华书局，1996年，第72页。

③ 从翰香、史建云：《近代华北粮食作物流通研究》，中国社会科学院近代史研究所编：《第三届近代中国与世界国际学术研讨会论文集》第4卷，北京：社会科学文献出版社，2015年，第1829页。

表5　1929—1934年中国面粉厂新设厂数(按地区划分)

（单位：家）

大区	1929年	1930年	1931年	1932年	1933年	1934年
华北地区(20)	天津(1) 济南(1) 河北(1) 山东(1) 山西(2)	北京(1)	天津(1) 山西(1)	天津(2) 青岛(1) 济南(1)	天津(1) 陕西(1) 河南(2)	天津(1) 陕西(1)
东北地区(31)	哈尔滨(3) 东北(6)	东北(8)	哈尔滨(1)	—	东北(6)	哈尔滨(4) 东北(3)
华中地区(11)	重庆(1) 安徽(1) 湖北(1)	上海(1) 江苏(3) 安徽(1)	浙江(1)	—	江苏(1)	江苏(1)
塞北地区(3)	—	—	绥远(2)	—	察哈尔(1)	—

资料来源：中国科学院经济研究所、中央工商行政管理局资本主义经济改造研究室：《旧中国机制面粉工业统计资料》，北京：中华书局，1966年，第7页，表1整理。

从表5可以看出，1929—1934年中国华南和西部地区未新设面粉工厂。新设工厂以东北为最多，达31家，以哈尔滨为面粉工业中心，华北次之，达20家，以天津、济南、青岛为中心，华中再次之，为11家，塞北最少，为3家。东北的面粉工业无论在九一八事变前或后都较大程度地受外国资本势力控制，具有特殊性，华北和华中的面粉工业大体上能够反映中国面粉工业的实际情形。华北新增的20家面粉工厂中，河北(京津)为8家，山东(济青)为4家，其余山西3家，河南和陕西各2家，可见华北新增面粉工厂以河北和山东2省为主。关于华北面粉工厂的原料来源，以济南、青岛、天津等面粉工业中心为例，“凡此乃邻近小麦产区而亦为小麦之集散市场，各厂所用原料以采购本省为主。每当五六月间新麦登场之时，各厂派人驻地收买”①。所需的原料——小麦属于以内部供给为主。山东、河北2个省是中国最重要的小麦作物地理集聚区，其面粉工业与原料——小麦的

① 吴传钧编：《中国粮食地理》，第53页。

区域分布存在较大的相关性。华中新增的11家面粉工厂中,江苏(包括上海)为6家,安徽为2家,浙江、湖北、重庆各1家。可见华中新增面粉工厂以长江下游的江苏为主,安徽次之。安徽属于中国小麦作物的主要地理集聚区,江苏处于地理集聚的边缘区,江苏新设面粉工厂的数量却远超安徽,原因在于江苏地处沿海,苏南具备发达的水陆运输条件。江苏各厂所需小麦,"以上海所需为最多,无锡次之,南京又次之"①,"昔时直、鲁、豫、鄂、陕等省,来源颇旺"②,上海、镇江、南京等地"每于十月后必须采用洋麦,因之每年洋麦进口,为数甚巨"③。而安徽蚌埠面粉工业的原料供给则来自"蚌埠尚上游淮河、颍水、涡水等流域,下游五河等处"④,属省内自给。可见水陆运输便利的江苏,其面粉工业的原料来源地也较广。

五、结语

本研究利用国民政府主计处统计的1932年全国粮食作物播种面积数据,运用空间自相关分析方法,从粮食作物的种类、区域分布等层面全面分析了中国粮食作物地理分布的空间特征,并分析其产生的效应。

首先,从区位基尼系数和集中度指数两个指标,可以从总体上判断出中国粮食作物存在一定的地理集聚特征。空间自相关分析可以判断此现象或属性值在空间上是否存在聚集特性。通过对中国粮食作物进行全局自相关分析,发现大部分粮食作物均存在显著的空间自相关关系,其中以小麦的空间自相关关系最为紧密。通过局域空间自相关分析,可以明晰各种粮食作物在省域间的空间关联特征,研究发现不同种类粮食作物的空间集聚模式存在一定的差异性。全局空间自相关与局域空间自相关并无一致性,全局空间自相关显著的粮食作物,其显著的空间关联特征并不存在于所有省份。

其次,中国粮食作物地理集聚时空特征对粮食消费、流通以及粮食工

① 实业部国际贸易局:《中国实业志(江苏省)》第8编,1933年印,第343页。

② 实业部国际贸易局:《中国实业志(江苏省)》第8编,第347页。

③ 实业部国际贸易局:《中国实业志(江苏省)》第8编,第347页。

④ 陈伯庄:《小麦及面粉》,上海:交通大学研究所,1936年,第26页,表格内容。

业造成了影响。粮食作物种植的高—高地理集聚特征与粮食主要消费区域非常一致，表明粮食主产区就是主要粮食消费区。在粮食流通方面，表现为粮食作物在高—高集聚区内部流动的特点，表明粮食在主要消费区域内部调剂余缺。粮食作物高—高地理集聚特征影响了粮食工业的布局，同时还受水陆运输条件的限制，总体上华北粮食工业的原料以自给为主，而华中的长江下游省份则有本地自产、外省运入和洋麦进口三条渠道。

（邵俊敏：历史学博士，南京师范大学社会发展学院历史系讲师）

Quantitative Study on the Spatial Distribution of Grain Crops in China in the 1930s

——Analysis Based on 1932 Agricultural Statistical Data

Shao Junmin

Abstract: Based on the national agricultural production statistics in 1932 of the Nationalist government Accounting and Statistics Office, this paper measures the spatial pattern of geographical agglomeration and specialization of food crops in China during the Republic of China by using the indicators of location Gini coefficient, industrial concentration and spatial correlation. The results indicate that, China's grain crops generally exhibit certain geographical agglomeration characteristics; There are differences in the degree of geographical agglomeration of different types of grain crops; In certain regions, food crops exhibit characteristics of specialization and fragmentation. The high concentration characteristics of grain crops in China have had an impact on the regional structure of grain consumption, the geographical direction of grain circulation, and the regional layout of grain industry.

Keywords: 1932; Grain Crops; Geographical Agglomeration; Spatial Pattern

“中国人民从此站起来了”出处考

萧永宏

（南京师范大学社会发展学院）

摘　要:“中国人民从此站起来了”和“中国人从此站立起来了”这两句较为相似的话语，前者最早出自周恩来 1949 年 4 月 17 日所作的《关于和平谈判问题的报告》，后者源自 1949 年 9 月 21 日毛泽东在政协会议第一届全体会议所致开幕词。虽然毛泽东“中国人从此站立起来了”的表述，蕴含中华民族获得独立解放和中国人民当家作主的双重含义，严谨深刻，但在随后的历史演进中并未流行，真正流传的仍是“中国人民从此站起来了”。

关键词:中国人民从此站起来了;中国人从此站立起来了;周恩来;毛泽东

“中国人民从此站起来了”是一句颇能提振民族精神的当代流行话语。虽然这句话并非如以往所误传的那样，为毛泽东在天安门城楼举行的中华人民共和国中央人民政府成立典礼上的讲话，甚至也不是毛泽东在政协会议第一届全体会议开幕词中的原话，但因其广泛而持久的影响力，早已深入人心，因此，弄清它的出处仍有意义。

“中国人民从此站起来了”这句话，目前所见，最早出自周恩来 1949 年 4 月 17 日为前来北平参加即将召开的政治协商会议第一届全体会议的部分爱国民主人士及北平一些大学教授所作的《关于和平谈判问题的报告》。在谈到废除卖国条约和坚持独立自主、自力更生的外交立场时，周恩来指出:“自鸦片战争以来，中国一向受着外国侵略者的压迫。多少先烈为了民族的解放流血牺牲，但这种压迫一直未能除去。今天，中国人民站起来了，扬眉吐气了！这是中国共产党领导中国人民奋斗的结果。”[①]周恩来的这段表述，虽然用了“今天”，而没提及“从此”，但无论从具体表述和语义上，其实都与“中国人民从此站起来了”大体雷同。无疑，周恩来此处所言的“中国人民站起来了”，主要是就中华民族获得独立解放的意义而言，这也是这句话的原始本义所在。

随后，时任三民主义同志联合会代表的谭平山，在1949年6月召开的新政协筹备会的发言中也说，“也只有人民站起来了，才有这样的政协会议”[②]。这一表述，省略了“人民”之前的“中国”二字，但这里的“人民”是指“中国人民”不辩自明。相对周恩来而言，谭平山此处所言的“人民站起来了”，更侧重人民当家作主的意蕴，这也是“中国人民站起来了”这句话的另一本义。

不久，毛泽东在1949年9月21日召开的政协会议第一届全体会议上致开幕词，说了与周、谭二人接近的话：“诸位代表先生们：我们有一个共同的感觉，这就是我们的工作将写在人类的历史上，它将表明：占人类四分之一总数的中国人从此站立起来了”，同时宣称：“我们的民族将再也不是一个被人侮辱的民族了，我们已经站起来了”。[③] 毛泽东的这段话，在具体表述和语义上与周恩来和谭平山略有不同。周、谭二位都说“中国人民”或“人民”，而毛泽东所言“中国人”而非“中国人民”，并且还多了一个“立”字。除去文字表达技巧方面的差异，毛泽东此处所言实际上综合了周、谭二人的说法，从而突出了中华民族获得独立解放和中国人民当家作主的双重含义。毛泽东之所以说“中国人”而不说“中国人民”，是因为他更着意强调的是作为“占人类总数四分之一”的中华民族的立场。这一立场也是与政协会议开幕词的主题和意境高度契合的，这从中也显示出毛泽东作为文章大

---

① 中共中央文献研究室编辑委员会：《周恩来选集》上卷，北京：人民出版社，1980年，第321页。

② 杨胜群、陈晋主编：《亲历者的记忆：协商建国》，北京：生活·读书·新知三联书店，2009年，第211页。

③ 中共中央毛泽东主席著作编辑出版委员会编：《毛泽东选集》第5卷，北京：人民出版社，1977年，第4—5页。

家的文字驾驭能力和深刻的思辨力。

周恩来的报告和谭平山的讲话出现在政协会议第一届全体会议之前，前者是较为重要的讲话，后者是政协筹委会上的发言，并公开发表在《人民日报》上，对此，以正常情况论，毛泽东都可能看到或听到过。因此，不排除毛泽东在政协会议第一届全体会议所致的开幕词中的有关表述是认真推敲并吸收和借鉴了周、谭二人讲话的结果。

继毛泽东开幕词之后，"中国人从此站立起来了"这句话开始引起人们的注意，并得到传播。毛泽东致辞的第二天，《人民日报》刊出了由时任该报记者李庄撰写的新闻特写。特写不仅直接以毛泽东的原话"中国人从此站立起来了"为标题，而且还以这一原话作为文章的开头语，以此较为醒目地报道新中国"开基立业的盛典"。①

然而，毛泽东政协会议开幕词中的这句话并未完全以原话的形式流行开来。政协会议期间及以后，更多流行开来的仍然是"中国人民从此站起来了"这句话，甚至一些人和报纸虽然也名正言顺地提到了毛泽东所说的这句话，引用时却有意无意地将其改成"中国人民从此站(立)起来了"。

这大概有三种情况。第一种情况是将"中国人从此站立起来了"和"中国人民从此站起来了"两种表述混合表达，如政协会议期间，爱国华侨领袖司徒美堂表达自己对新中国成立的感受时说："一百多年来，中国人在国内和国外都受够了帝国主义的欺侮，今天能看见中国人民站立起来，作为一个独立的民族存在于世界，我这一生的愿望算是达到了。"②司徒美堂所言几乎就是毛泽东在政协会议所致开幕词的翻版，不仅表述近似，而且语义基本相同。但这段话的前半段用了"中国人"，后半段用了"中国人民"，显然，司徒美堂所言，是两种表述的混合体。它表明，在当时的语境中，人们还不大注意"中国人"和"中国人民"的细微区别，在不经意间，二者常被等

---

① 李庄:《"中国人从此站立起来了"——中国人民政协第一届会议特写》,《人民日报》,1949 年 9 月 22 日,第 1 版。

② 林洪:《中国人民政协代表访问记:华侨从此站立起来访问华侨民主人士司徒美堂》,《人民日报》,1949 年 9 月 28 日,第 6 版。

同看待。①

第二种情况是不加引号地搬用毛泽东开幕词中的原话，但在具体表述时将其稍微改换。如政协会议期间浙江省委宣传部印制的《庆祝中国人民政治协商会议和中华人民共和国中央人民政府成立宣传提纲》中所云："它（指政协会议的召开）表示着占人类总数四分之一的中国人民从此站起来了！"②另如《浙江日报》刊出的一则前线战士为庆祝中央人民政府成立、纷纷上书上级领导以表决心的上书中也称："我们以无比兴奋与热烈的心情庆祝新中国的诞生，我们占人类总数四分之一的中国人民从此站起来了。"③这两段话都不加注明地用了毛泽东的原话，但使用中又将原话中的"中国人"改成了"中国人民"，还少了一个"立"字，已与毛泽东的原话有所不同。

第三种情况是直接加引号引用，但又有意或无意"错"引原话。如《浙江日报》在题为"庆祝中华人民共和国第一个国庆日"的一篇文章中写道："去年今日，中国人民揭开了历史的新纪元，'占人类四分之一的中国人民从此站立起来了'。"④该报刊出的另一则评论文章也称："因为我们如毛主席在开国大典上所宣示：'中国人民从此站立起来了。'"⑤这两则表述虽都以加引号的形式出现，直接引用毛泽东的原话，但具体行文中比毛泽东的原话多加了一个"民"字，显非毛之原话，属不规范的误引。

所有这些表明，相对于"中国人"这一术语而言，人们更习惯于使用较为熟悉和上口的"中国人民"的用语。或许出于这样的原因，10 月 1 日中央人民政府成立庆典前后，"中国人民从此站起来了"的表述开始增多，并

---

① 当然，由于这段话是以"中国人民政协代表访问记"的题材出现的，因此，这一用词上的差异或为采访司徒美堂的记者所为。

② 《庆祝中国人民政治协商会议和中华人民共和国中央人民政府成立宣传提纲》，《浙江日报》，1949 年 9 月 29 日，第 2 版。

③ 七分：《欣闻中央人民政府成立，前线战士倍增胜利决心》，《浙江日报》，1949 年 10 月 5 日，第 1 版。

④ 《庆祝中华人民共和国第一个国庆日》，《浙江日报》，1950 年 10 月 1 日，第 3 版。

⑤ 《全世界人民的胜利》，《浙江日报》，1950 年 9 月 24 日，第 4 版。

逐渐盖过了"中国人从此站立起来了"的表述。① 譬如,1949 年 9 月 30 日的《浙江日报》和 1949 年 10 月 4 日的天津《进步日报》都共同以"中国人民从此站起来了"为标题刊载过文章,并以此祝贺政协会议的召开和新中国的诞生。这一情景已与十几天前李庄在《人民日报》以"中国人从此站立起来了"为标题刊文有所不同。《浙江日报》的文章主要报道政协会议开幕后一部分世界其他国共产党致电中国人民予以庆祝以及欧洲一些国家进步报纸报道中华人民共和国成立的情况。②《进步日报》刊发的署名文章不仅开首即称:"今天,中国人民站起来了",且于文中誓言:要"让中国人民永远站起来"。③ 此外,1949 年 10 月 5 日《浙江日报》报道的杭州上泗区机关干部讨论政协开幕词的发言中也有人说:"帝国主义、封建主义、官僚资本主义基本上已经被打垮了!中国人民从此站起来了!人民需要自己的政府!"④10 月 15 日香港,《大公报》刊出的一篇署名新闻特写中也直言:"一九四九年十月一日……中央人民政府宣告成立,数千年来受尽苦难的中国人民揭开了历史的新页,从此在世界上站起来了",同时称 10 月 1 日为"震撼世界的一日"。⑤ 这些表述用的几乎都是"中国人民从此站起来了"。甚至直到 1950 年,时任杭州市市长的江华在庆祝第一个国庆节的讲话中仍然说:"一九四九年……是中国人民获得了伟大胜利的一年,中国人民从此站起来了!"⑥

1977 年《毛泽东选集》第 5 卷出版,该书收录的开篇文章,就是毛泽东在政协会议的开幕词。选入该开幕词时,编辑者以"技术性整理"的方式给

① 自毛泽东在政协会议第一届全体会议开幕词中说出"中国人从此站立起来了"这句话后,此后较为重要的中国共产党和中国政府的文件报告中都零星出现过这句话,另外,一些普通报刊文章中偶尔也有对这句话的援引,但比较起来,就使用范围和出现频率而言,"中国人从此站立起来了"始终没有"中国人民从此站起来了"这句话流行。

②《中国人民从此站起来了!》,《浙江日报》,1949 年 9 月 30 日,第 5 版。

③ 王力新:《中国人民从此站起来了》,《进步日报》,1949 年 10 月 4 日,第 6 版。

④《热烈讨论人民政协开幕词》,《浙江日报》,1949 年 10 月 5 日,第 4 版。

⑤ 文瑞、高汾:《震撼世界的一日——记人民首都庆祝开国大典》,(香港)《大公报》,1949 年 10 月 15 日,第 3 版。

⑥《各界代表讲话摘要》,《浙江日报》,1950 年 1 月 3 日,第 2 版。

其加了“中国人民站起来了”的标题。① 这应是对以前“中国人民从此站起来了”这句话使用惯性的一种继承。该标题随之又被1986年出版的《毛泽东著作选读》下册沿用。② 之后，1987年出版的《建国以来毛泽东文稿》、1993年出版的《毛泽东军事文集》和1994年出版的《毛泽东外交文选》在收入该开幕词时也都沿用了相同的标题。③

经此一改，“中国人民站起来了”的表述得以在较大范围普及。时过境迁之后，甚至一些人误以为1949年10月1日毛泽东在天安门城楼举行的中华人民共和国中央人民政府成立庆典上“庄严宣告”的就是这句话。④ 1996年《毛泽东文集》第5卷出版时，编辑者又将原《毛泽东选集》第5卷的标题换成毛泽东的原话即“中国人从此站立起来了”⑤，但由于“中国人民从此站起来了”这句话已经广为人知，具有较为深厚的群众基础，所以直到今天，它仍然被越来越多的人传扬。

（萧永宏：历史学博士，南京师范大学社会发展学院历史系教授）

---

① 中共中央毛泽东主席著作编辑出版委员会编：《毛泽东选集》第5卷，北京：人民出版社，1977年，“出版说明”，第3页。但是，该卷出版时并未注明这篇开幕词的出处，只是在“出版说明”中笼统地说收入选集的著作“有一部分公开发表过，有一部分没有公开发表过”。照此推理，这篇开幕词应属于公开发表过的著作，其出自《人民日报》不疑。不过，最早在《人民日报》刊出时的开幕词，其标题为“中国人民政协第一届会议上毛主席开幕词”，见《人民日报》，1949年9月22日，第1版。

② 中共中央毛泽东主席著作编辑出版委员会编：《毛泽东著作选读》下册，北京：人民出版社，1986年，第689页。

③ 分别见中共中央文献研究室编：《建国以来毛泽东文稿》第1册，北京：中央文献出版社，1987年，第4页；中共中央文献研究室、中国人民解放军军事科学院编：《毛泽东军事文集》第6卷，北京：军事科学出版社、中央文献出版社，1993年，第1页；中华人民共和国外交部、中共中央文献研究室编：《毛泽东外交文选》，北京：中央文献出版社、世界知识出版社，1994年，第113页。

④ 这一错误出现很早，如1959年《杭州日报》刊出的一篇文章就有“‘中国人民从此站起来了’，我忽然想起了毛主席在开国典礼上宣布过的这句话”，见《羊城散记（一）》，《杭州日报》，1959年3月26日，第3版。目前所知，最早质疑毛泽东是否在天安门城楼宣告“中国人民从此站起来了”的是秦九凤，见秦九凤：《“中国人民从此站立起来了”不是毛泽东在开国大典时说的》，《档案与建设》1993年第4期，第75页。

⑤ 中共中央文献研究室编：《毛泽东文集》第5卷，北京：人民出版社，1996年，第342页。此后出版的毛泽东的一些著作集，如2010年出版的《建国以来毛泽东军事文稿》等也都使用了“中国人从此站立起来了”的标题。

世界历史

1789 年法国大革命对英国激进主义运动影响初探*

张琦浩　倪正春

（南京师范大学社会发展学院）

摘　要：1789 年法国大革命的爆发，对于同时代的英国政治实践产生了深远影响。法国大革命期间，英国社会对其事态发展的反应，成为英国激进主义运动复兴的主要推动力。在激进思想的影响下，英国民众的政治参与意识逐渐觉醒，新兴激进组织日益涌现，围绕政治和财产权利的斗争更为激烈，英国激进主义运动日益高涨。然而，法国大革命的暴力走向又引发了英法观念的冲突，英国激进运动随之渐趋衰落。

关键词：1789 年法国大革命；英国激进主义运动；政治转型

18 世纪 60 年代，随着工业革命的推进，英国中等阶级迫切需要扩大经济利益。然而，乔治三世对君主权力的强化以及英国在美国独立战争中的失败，暴露了英国政治体制的腐朽，英国中等阶级意识到必须对现有的政治体制进行改革，为此掀起一场声势浩大的激进主义运动（Radical Movement）。这一运动的诉求包括：其一，要求扩大选举权；其二，要求议会改革；其三，要求思想和宗教自由；其四，要求民众拥有反抗暴政的权利。英国议会激进派议员约翰·威尔克斯（John Wilkes）在这场运动中带头向英国政治制度发起挑战，呼吁削减国王权力，进行议会改革，并支持美洲殖民地独立。美国独立后，英国舆论转向支持国王，威尔克斯逐渐失去其支

* 本文为国家社科基金项目“英国议会圈地档案资料的整理、翻译与研究”（21BSS025）阶段性成果。

持者。此后二十年间，激进主义运动陷入沉寂。1789年法国大革命爆发后，在英国社会引起强烈反响，激进主义运动随之复苏。不仅如此，法国大革命给英国社会带来的新理念，使激进主义思想有了全新的发展。英国激进主义者相信，如果拥有腐朽君主制和教会的法国能够成功转型，那么英国也可以借鉴其经验革除现有政治体制的弊端。这一时期英国激进主义运动的活动领域不再限于议会内部，英国民众也积极地参与到激进主义运动中，成立了众多激进社团，他们在继承过往激进主义传统基础上，也汲取了法国大革命带来的部分理念，为民众争取平等的政治权利。英国激进主义运动因法国大革命爆发而复兴。然而，与法国大革命的紧密联系反过来也成为其实现政治目标的“绊脚石”，并最终导致其衰落。由此可见，探讨法国大革命对英国激进主义运动发展进程的影响，有助于认识18世纪后期英国的政治巨变。

英国激进主义运动的相关问题，国外学界已经进行了一些深入的探讨。英国学者菲利普·布朗（Philip Brown）第一次将英国激进主义运动置于法国大革命的背景下进行研究。布朗从法国大革命时期英国政治社团发展情况、政治氛围和思想传统等方面，分析这一时期英国激进主义运动的发展状况。[①] 哈里·狄金森（Harry Dickinson）长期致力于英国政治精英与中等阶级、社会下层政治关系研究，其著作分析了英国政治精英与普通民众在法国大革命期间所扮演的角色。狄金森认为，英国社会在法国大革命期间竭力避免暴力革命，并逐渐尝试以渐进方式达成政治改革的目标。他较为客观地评价了法国大革命期间英国激进主义运动的历史地位，同时也强调了这一时期英国民众对国家的忠诚主义才是社会主流。[②] J. C. D. 克拉克（J. C. D. Clark）指出法国大革命时期英国激进主义运动的领导者和普通成员多出身于不同的宗教派别，所以这一时期的激进主义运

① Philip Anthony Brown, *The French Revolution in English History*, London: Frank Cass & Co Ltd, 1965.

② H. T. Dickinson, *British Radicalism and the French Revolution 1789 - 1815*, Oxford: Blackwell Publishing Ltd, 1985.

动难以形成一个明确的政治纲领。① 法国学界对英国激进主义运动研究，多聚焦于其与法国大革命的关系，对英国激进主义运动发展关注不多。②国内学界对于英国激进主义运动的发展也做了一定探讨，然而其研究主要是对激进主义运动发展过程的介绍，缺乏对激进主义兴衰原因的探讨。③

总体而言，学界对于英国激进主义运动研究较为充分，然而对于法国大革命时期的英国激进主义运动关注相对不足，忽视了法国大革命的爆发对 18 世纪末英国激进主义运动兴衰的关键性影响。本文拟在前人研究的基础上，使用英国议会档案和激进主义运动者的著作、书信和回忆录等原始文献，还原英国激进主义运动的发展进程，并分析其盛衰原因。以法国大革命对英国激进主义运动的影响为视角切入，不仅能够钩沉英国激进主义运动本身的始末经纬，更有助于理解 18 世纪英国政治转型时期的社会现实。

一、1789 年法国大革命爆发与英国激进主义运动的复兴

1789 年 7 月巴黎人民攻陷巴士底狱，法国大革命爆发。英国政治界随之出现了系列连锁反应，正如英国辉格党人考克伯恩(Cockburn)所说："一切都与法国大革命有关，英国政治界的注意力完全沉浸在这个事件中。"④英国激进主义运动得以复兴，正是源于法国大革命爆发在英国引起

---

① J. C. D. Clark, *English Society, 1660 - 1832: Religion, Ideology, and Politics during the Ancien Regime*, Cambridge: Cambridge University Press, 2000.

② 相关研究参见 Pascal Dupuy, "Grande-Bretagne et France en Révolution", *Annales Historiques de la Révolution Franaise*, No. 330, 2002, pp. 165 - 174; Michael Davis, "le Radicalisme Anglais et la Révolution Franaise", *Annales Historiques de la Révolution Franaise*, No. 342, Octobre/Décembre, 2005, pp. 73 - 99; Mike Rapport, "Deux nations malheureusement rivales: les Franais en Grande-Bretagne, les Britanniques en France, et la construction des identités nationales pendant la Révolution franaise", *Annales Historiques de la Révolution Franaise*, No. 342, Octobre/Décembre, 2005, pp. 21 - 46。

③ 相关研究参见董煊:《法国大革命与英国的激进主义运动》,《华中师范大学学报(哲学社会科学版)》1989 年第 4 期,第 72—78 页;甄敏:《论十八世纪英国激进主义运动的兴起》,《辽宁大学学报(哲学社会科学版)》1993 年第 2 期,第 109—112 页;刘金源:《18 世纪末英国工人阶级激进主义运动》,《历史教学问题》2013 年第 5 期,第 18—24 页;等等。

④ Asa Briggs, *The Age of Improvement 1783 - 1867*, London: Longman, 1979, p. 129.

的政治论战。法国大革命遵从自由、平等、博爱等原则，同时要砸烂“旧世界”和“旧传统”。英国社会对于法国大革命的看法呈现两种极端：激进主义者认为借鉴法国大革命纲领有助于实现英国政治改革，保守主义者则认为效仿法国革命会给英国带来动乱。①

针对法国大革命，英国保守派和激进派双方展开了激烈的政治论战。这场论战可以说是英国历史上意识形态论争中具有关键意义的一场论战，英国的激进主义政治思想由此得以完善发展。② 英国激进主义政治家理查德·普赖斯（Richard Price）于1789年11月4日发表了《关于爱国者的演说》（“A Discourse on the love of our Country”），成为两派论战的导火索。在此次演讲中，普赖斯积极宣扬法国大革命理念，并声称英国的“光荣革命的事业尚未完成”，而法国大革命则成为“这场跨越世界变革的先导”。③ 他的演讲引发了英国民众对法国大革命的兴趣，但是也遭到英国保守主义政治家们排斥。保守主义政治家警示，法国大革命会刺激英国激进主义思想的复兴。最早意识到这一点的是爱德蒙·柏克（Edmund Burke），他从法国大革命爆发之初就对其持反对态度，认为英国民众有可能效仿法国大革命而颠覆英国政治传统。法国大革命爆发翌年，柏克写作了《法国大革命论》（*Reflections on the Revolution in France*）一书，将法国大革命视为人类骄傲、野心、贪婪和阴谋诡计之集大成的产物。④ 伯克毫不留情地指责法国大革命，他在其中只看到了血、战争、暴政和对人类文明的毁灭。⑤

---

① ［英］哈里·狄金森著，辛旭译：《不列颠及其意识形态十字军对阵法国大革命》，《四川大学学报（哲学社会科学版）》2015年第1期，第35页。

② Alfred Owen Aldridge, *Man of Reason: The Life of Thomas Paine*, Philadelphia: Lippncott, 1959, p. 186.

③ Clive Emsely, *Britain and the French Revolution*, Essex: Pearson Education Ltd, 2000, p. 10.

④ Edmund Burke, *Reflections on the Revolution in France*, Stanford: Stanford University Press, 2001, p. 27.

⑤ Steven Watson, *The Reign of George III 1760 - 1815*, Oxford: Clarendon Press, 1960, pp. 323 - 326.

保守主义者对法国大革命的抵制和抨击，引起了激进主义者的反击，他们开始系统地批驳柏克等人的观点。激进派思想家托马斯·潘恩(Thomas Paine)认为，根据自然法则，“所有人生来具有平等的权利”①。他于1791年写就了《人权论》(*Rights of Man*)，该书是对柏克所著《法国大革命论》的反击之作。在《人权论》中，他批评当时英国政府并非完全由民众选举产生。政府任务是维护法律和秩序，应该最大限度地保护公民安全、自由、平等地活动。如果得不到人民认可，它就是非法政府，人民就有权推翻它，并建立起一个符合自身利益的政府。② 同时，潘恩认为：“任何人要想保护自己权利都必须拥有选举权，选举权是用来保护其他权利的首要权利。剥夺了这项权利，就是将一个人变成奴隶，因为奴隶就意味着屈从于他人的意志，而一个在政治代表选举中没有投票权的人就处于这种境地。”③潘恩对激进主义思想的贡献，不仅在于他的观点所具有的创见性，更在于其著作能运用直白的语言来吸引没有学问的人了解其观点。④ 潘恩的论证风格清晰而深入人心，其著作《人权论》通过各种方式传播到数以十万计的读者和听众之中，这些方式包括在酒馆、工厂和民众家中被阅读和大声朗诵。⑤ 潘恩有关政治民主的理念也随之被广泛传播，民众开始对争取自身权利有了一定的认识。

激进主义者除了批判旧制度，对未来的新经济政治制度也作出了展望。威廉·葛德文(William Godwin)是英国著名政治思想家，其思想最主要地体现在《政治正义论》(*Enquiry Concerning Political Justice*)一书中。葛德文认为法国大革命产生于对暴政的愤怒，革命引起的怒火越大，最终

---

① Philip S. Foner ed., *The Completed Writings of Thomas Paine*, New York: Citadel Press, 1945, p. 243.

② Philip S. Foner ed., *The Completed Writings of Thomas Paine*, pp. 245 - 247.

③ H. T. Dickinson, *The Politics of the People in Eighteenth-Century Britain*, London: Palgrave Macmillan Ltd, 1994, p. 177.

④ David Bindman, *The Shadow of the Guillotine: Britain and the French Revolution*, London: British Museum Publications, 1989, pp. 107 - 108.

⑤ [美]迈克尔·拉波特著，夏天译：《1789：三城记》，上海：上海社会科学院出版社，2020年，第284页。

压迫者的崩溃就越惨痛。而实现政治正义前提是：人类生而平等。人们只是在天赋才能方面有差别，但在取得生活资料方面都有平等权利。① 在国民经济领域，葛德文主张保护财产权不受侵害："一个人对另一个人的所有物进行任何侵犯，都应该被有效而又人道的刑罚加以镇压。"②同时，他认为必须将政治制度改革与民众经济地位改善结合起来，只有建立代议制民主共和国才能最大程度地保障公众利益。③ 葛德文的《政治正义论》通过阅读俱乐部和图书馆传播到了城市工人阶级读者手中，它与潘恩的《人权论》一样在谢菲尔德的工人们中十分流行。④ 这些思想家的著作在民众中风靡一时，为后来众多城市手工业者参与英国激进主义运动奠定了思想基础。

英国激进主义运动思想家深受法国大革命影响，其思想理论存在一定的创见性。其一，他们吸收了法国大革命中天赋人权思想，宣扬法国大革命中积极理念，提出所有公民都应该获得平等的选举权利，顺应了英国政治改革发展的趋势。其二，葛德文等激进主义思想家将政治改革与民众经济地位改善联系在一起，更容易引起迫切希望改变自身经济地位的英国民众共鸣。这场论战带来的最显著成果就是越来越多的民众被吸引到激进主义运动中，特别是那些受过教育且技艺娴熟的工匠。其三，理查德·普赖斯、托马斯·潘恩等作家为激进主义运动者提供了切实的建议，并为英国国内政治改革提供了"令人信服的道德、历史和理性理由"⑤。这场由法国大革命引发的英国激进主义者与保守主义者之间的论战持续到1792年。伴随这场论战，激进主义运动得以在英国复兴，潘恩等激进主义思想家的著作和法国大革命的理念也在英国变得家喻户晓，激进主义思想也逐

① ［英］威廉·葛德文著，何慕李译，关在汉校：《政治正义论》，北京：商务印书馆，1980年，第2—4页。

② ［英］威廉·葛德文著，何慕李译，关在汉校：《政治正义论》，第604—605页。

③ H. T. Dickinson, *The Politics of the People in Eighteenth-Century Britain*, p. 180.

④ Albert Goodwin, *The Friends of Liberty: The English Democratic Movement in the Age of the French Revolution*, London: Routledge, 2016, p. 476.

⑤ H. T. Dickinson, *The Politics of the People in Eighteenth-Century Britain*, p. 232.

渐从精英阶层传播到普通民众当中去，而民众对激进主义思想的回应使英国激进主义运动发展到一个全新的阶段。

二、1789 年法国大革命时期英国激进主义运动的兴盛

1792 年法兰西第一共和国成立，法国历史上第一次赋予一切公民以平等的政治权利，每个成年男子从此有权在法国所有地方、省和全国的选举中投票，这样 1789 年法国革命中《人权宣言》(*Déclaration des Droits de l'Homme*)宣布的平等观念就具有更充实的内容。① 受此鼓舞，英国各地区的激进主义社团纷纷成立，这些社团通过完善组织机构，将其成员扩展至更低的社会阶层，推进争取普选权的政治目标。其成员主要来自商人、律师、医药师、小职员、牧师等中等阶级。② 他们将议会民主改革视作缓解社会压力的出路，法国大革命唤醒了这些人投入政治实践的热情。通过一场运动来揭露现存政治体制的弊端，提升民众的政治意识，进而实现议会改革，这是激进主义者所秉持的策略。

英国激进组织首先在伦敦地区复兴，革命协会(Revolution Society)是最早将法国大革命介绍到英国的激进社团。该组织在 1789 年 11 月伦敦举行的英国光荣革命 101 周年纪念会上盛情赞扬法国大革命，并号召欧洲各国人民要打破传统，拒绝压迫。其组织成员通过宣传法国大革命向底层人民呼吁：民众生来就拥有权利，但是他们受到压迫被剥夺了这些权利，为了恢复这些权利，他们要团结起来进行斗争。③ 这一时期影响力最大的英国激进组织是伦敦通讯社(London Corresponding Society)，该组织于 1792 年 1 月由托马斯·哈代(Thomas Hardy)在伦敦领导创立。托马

① [英]乔治·鲁德著，何新译：《法国大革命中的群众》，北京：北京师范大学出版社，2016 年，第 118 页。

② Michael Durey, *Ransatlantic Radicals and the Early American Republic*, Lawrence: University Press of Kansas, 1997, p. 8.

③ Albert Goodwin, *The Friends of Liberty: The English Democratic Movement in the Age of the French Revolution*, p. 214.

斯·哈代是伦敦的一名鞋匠，有着勤奋和正直的好名声，他证明了普通民众也可以在政治运动中发挥重要作用，因此鼓舞了许多地方激进主义分子。通讯社成员投身于政治活动，要求赋予成年男性普选权、实行议会年度选举制以及重置各地区的议会席位，把衰败选区议会席位转给新兴市镇。哈代与其同道们在伦敦主城区建立了很多分支机构，每个都至少有30名会员。到1792年5月，伦敦通讯社已经有9个分部，各分部都派一名代表参加每周四召开的总委员会会议。① 伦敦通讯社吸收了法国大革命的天赋人权思想，要求政府取消重税，寻求经济上的解放；鼓励组织成员讨论国内社会经济问题，比如民众因为圈地而丧失的权利，以及工人恶劣的工作条件②，同时积极宣扬保护民众"权益平等"③。伦敦通讯社的兴起说明了此时英国激进组织已经具有了一定的组织和政治纲领，并与普通民众产生了初步联系。

除了伦敦，这一时期英国的曼彻斯特、伯明翰和德比等城市也涌现出一大批激进组织。1790年10月，曼彻斯特的民众成立了立宪社(Constitutional Society)，其领导人是棉花商人托马斯·沃克(Thomas Walker)与化学家托马斯·库博(Thomas Cooper)。在社团组织形式上，他们效仿伦敦通讯社的模式，其成员每个月集会一次，讨论如何印刷和分发激进主义运动的宣传册。此外，托马斯·库博亲赴法国学习革命经验，他盛情赞颂法国大革命不仅是"法国人民的事业，也是全人类的事业"，并表示希望英国人学习法国大革命中"真正的政治原则和人的自然权利"。④ 1792年5月，激进主义者在曼彻斯特地区又成立了爱国社(Patriotic Society)，6月又创办了改革社(Reformation Society)。在法国大革命影响

① H. T. Dickinson, *British Radicalism and the French Revolution 1789-1815*, pp. 9-10.

② Benjamin Weinstein, "Popular Constitutionalism and the London Corresponding Society", *A Quarterly Journal Concerned with British Studies*, Vol. 34, No. 1, Spring, 2002, p. 39.

③ Benjamin Weinstein, "Popular Constitutionalism and the London Corresponding Society", *A Quarterly Journal Concerned with British Studies*, Vol. 34, No. 1, Spring, 2002, p. 53.

④ Thomas Cooper, *A Reply to Mr. Burke's Invective against Mr. Cooper, and Mr. Watt*, *Manchester*, 1792, p. 88, https://go.gale.com/。

下，此类社团数量急剧增长，吸引了许多工匠、零售商，乃至有很多劳工也参与其间，加入争取议会改革的斗争中。[①] 法国大革命爆发之前，苏格兰地区改革社团只有寥寥数个，到1792年年底，带有激进倾向的社团总数已攀升到80到100个[②]，这表明激进主义运动已经初具规模。

英国激进主义运动者除在英国本土积极开展政治活动之外，还与法国大革命者建立了密切而广泛的联系。革命爆发后，有多个激进社团曾派代表远赴巴黎，在法国国民公会上阐述改革主张。来自伦敦、纽因顿、曼彻斯特、德比等地区的英国激进团体代表在1792年前往法国，并于该年10月、11月在巴黎宣读了各个协会对法国国民公会的贺词[③]，同时表示希望追随法国大革命的步伐在英国完成改革。爱尔兰贝尔法斯特地区的激进社团自由与平等之友协会(Society of the Friends of Liberty and Equality)主席希尔特(Siert)也致信法国国民公会并向其表达了敬意：为了人类的荣耀，《人权宣言》会传遍四方并付诸实践，以博爱为理念的公民兄弟们会拥有寰宇间的幸福。[④] 法国国民公会主席也对激进团体的来信做出了亲切回复："你们将与我们一起为人类自由工作作出贡献，请坚持这项先驱事业。"[⑤]

此时英国激进主义运动组织存在着一定共识。其一，伦敦与英国其他城市激进社团普遍力争男性选民普选权并要求议会进行年度选举，如伦敦通讯社在1792年8月6日发表的《告大不列颠居民书》提出，"议会应每年

---

① H. T. Dickinson, *British Radicalism and the French Revolution 1789 - 1815*, pp. 11 - 12.

② Hob Harris, *The Scottish People and the French Revolution*, London: Routledge, 2008, p. 77.

③ "Adresse de la Société de Newington à la Convention Nationale et Adresse de la Société de la Révolution Londres à la Convention Nationale", in *A Collection of Addresses Transmitted by Certain English Clubs and Societies to the National Convention of France*, London: Debrett, pp. 1 - 7.

④ "Lettre du President de la Société des Amis de la Liberté et de la égalité à Belfast en Irlande", in *A Collection of Addresses Transmitted by Certain English Clubs and Societies to the National Convention of France*, pp. 8 - 9.

⑤ Le Président de la Convention, "La Réponse du Président de la Convention aux deux Sociétés de Manchester, à celle de Norwich, aux Wighs constitutionnels, et à la Société de Newington", https://radicaltranslations.org/database/resources/4925/.

选举一次，选举应中正无偏，不可私下买卖席位，全体国民皆应在其中平等拥有自己的代表”①。谢尔菲德地区宪法知识会（Sheffield Society for Constitutional Information）发表宣言称：“在适当时机，贡献自己的力量，通过和平改革在下议院中获得代表权。”②其二，为了让更多民众接受激进主义思想，这些社团投入大量资金创办自己的刊物，并将其对群众大量分发，用于教育大众，使大众认识到自己的政治权利。曼彻斯特地区的半月刊《爱国者》（*The patroit*）从 1792 年 4 月到 1794 年 6 月，报道了法国大革命的进展，并发表了大量政治评论以供群众阅读。德比郡的《德比信使报》（*Derby Mercury*），诺丁汉郡的《纽瓦克先驱报》（*New Herad*）和剑桥郡的《剑桥情报报》（*Cambridge Intellignecer*）均是当时知名的激进主义报纸。③ 宪法知识会赞助出版了潘恩《人权论》的第一、第二部分，并将《潘恩先生的信》（“Mr Paine's Letter”）复印版本分发给各个城镇的激进社团④，以便其成员能够更好地了解法国大革命思想。其三，激进组织意识到必须展示其影响力，证明其在公众之中的地位，并将沉默的大多数人及其政治观点公之于众，从而向政府证明激进主义者不是“少数不值得关注的人”⑤。1793 年，激进组织在争取议会改革的联合请愿行动中获得了来自诺维奇的请愿书签名 3 000 多个，来自伦敦的请愿书签名 6 000 个，来自谢尔菲德的请愿书签名 8 000 个⑥，这表明英国激进主义组织已经具备了相当规模。

---

① Marry Thale, *Selections from the Papers of the London Corresponding Society 1792 - 1799*, Cambridge: Cambridge University Press, 1983, p. 18.

② Albert Goodwin, *The Friends of Liberty: The English Democratic Movement in the Age of the French Revolution*, p. 167.

③ H. T. Dickinson, *British Radicalism and the French Revolution 1789 - 1815*, p. 18.

④ Great Britain. Parliament. House of Commons, *The Reports of the Committee of Secrecy of the House of Commons*, Edinburgh: Bell & Bradfute, 1794, p. 4.

⑤ Albert Goodwin, *The Friends of liberty: The English Democratic Movement in the Age of the French Revolution*, p. 278.

⑥ Albert Goodwin, *The Friends of liberty: The English Democratic Movement in the Age of the French Revolution*, p. 280.

随着英国激进主义团体纷纷建立，英国激进主义运动又有了新的发展。一些激进主义者不满足单纯采取对民众进行政治教育的方式来实现自己的政治目标，他们提出建立国民公会(National Convention)以效仿法国大革命，起草一部成文宪法以取代现行的政治体制。激进主义者支持建立英国国民公会的首要原因是，需要一个明确可行的目标将激进社团团结在一起，并形成一份意见一致的改革方案提交给议会。1792年12月，来自苏格兰地区80个社团的160名代表在爱丁堡齐聚一堂，迈出实践"国民公会"的第一步，在这次会议上他们达成一致，决定共同支持渐进议会改革。① 本次大会的休会仪式模仿了法国国民公会模式：集会代表一起站起身来，举起右手，宣誓"不自由，毋宁死"的革命口号。② 1793年4月，激进主义团体再次在爱丁堡举行国民公会，并决定邀请英格兰地区代表来参加在秋季举行的更大规模集会。伦敦通讯社派出莫里斯·玛格利特(Maurice Margarot)、宪法咨询社派出查理·辛莱克(Charles Sinclair)等人出席了本次会议，并对大会提出若干意见。③ 此次国民公会是英国激进主义运动发展的一个里程碑，也是英国激进主义者第一次以大规模政治集会形式参与到政治实践中。

在本次大会的鼓舞下，英格兰地区的激进组织也开始组织大规模政治集会和请愿活动。1794年4月7日，谢菲尔德宪法知识会召集群众参加政治集会，商议争取选举权等有关事宜，并计划向议会发起请愿。④ 1795年10月，超过10万名民众参与激进分子约翰·宾斯(John Binnes)组织的演讲集会，聆听这位激进主义政治家关于对法和平和政治改革的演讲。⑤ 这是法国大革命时期英国激进主义运动的高潮，大规模群众集会此起彼

① Hob Harris, *The Scottish People and the French Revolution*, pp. 78 - 80.

② Albert Goodwin, *The Friends of Liberty: The English Democratic Movement in the Age of the French Revolution*, pp. 284 - 285.

③ Hob Harris, *The Scottish People and the French Revolution*, p. 95.

④ Albert Goodwin, *The Friends of liberty: The English Democratic Movement in the Age of the French Revolution*, pp. 325 - 326.

⑤ H. T. Dickinson, *British Radicalism and the French Revolution 1789 - 1815*, p. 23.

伏。这种集会模式是英国激进派在争取改革中的重要举措，民众通过集会表达对政治改革的愿望，同时提高了参与政治活动的意识。

三、1789年法国大革命进程与英国激进主义运动的衰落

1795年以后，英国政府开始对激进运动进行镇压，激进社团集会无法正常召开，大批英国激进主义运动领导人流亡美国，各地区激进团体纷纷解散，激进主义运动走向衰落。英国激进主义运动发展形势的急转直下，与法国革命的走向存在重要关联性。法国大革命初期的和平政治局面并未持续下去，自瓦伦事件（Fuite à Varennes）①起，法国大革命日益激进。1791年10月法国立法议会开幕时社会形势十分恶劣：纸币发生危机、物价飞涨、面粉投机买卖在各地引起骚动、社会局势动荡不安。民众极端政治诉求导致法国大革命向暴力方向发展，法国政治局面逐步走向恐怖统治。1793年1月21日法国国王路易十六被执行死刑，法国被称为“弑君共和国”。从1793年3月底开始，吉伦特派被认为应对叛变和军事失利负责，因此在国民公会中受到责难。1793年10月起，山岳党将自己的全部敌人不加区别地一律处死，把大量吉伦特党人及其支持者送上断头台。同年10月16日，法国王后玛丽·安托瓦内特也被送上了断头台。罗兰夫人和原巴黎市长巴伊也先后被处决，法国恐怖政治局面达到极点。②

在国际形势方面，英国政府从1789年法国大革命爆发到1792年2月一直对法国大革命保持中立态度。英国首相小皮特在1792年演说中宣称他相信欧洲会有15年的和平时期，所以英国应对法国奉行不干涉政策。1792年3月，法国吉伦特派组阁，立法议会根据路易十六的建议向“波希

① 瓦伦事件也被称为“路易十六出逃事件”。1791年6月20日法王路易十六乔装出逃，企图勾结外国力量扑灭革命，中途被识破押回巴黎。这次出逃加剧了法国公众对君主制的仇恨，令法国大革命转向激进。参见https://www.worldhistory.org/Flight_to_Varennes/。

② [法]皮埃尔·米盖尔著，桂裕芳、郭华榕等译：《法国史》，北京：中国社会科学出版社，2010年，第193—195页。

米亚和匈牙利的国王宣战"[①],将战火引向周围国家。革命者宣称法国大革命是向其他国家发出的祝福,是"一场新十字军东征,一场争取普遍自由的十字军东征"[②]。1792年9月法兰西第一共和国成立后,法国国民公会提出:以法兰西民族的名义宣布,废除一切征收税款或缴纳税款,并将革命传播到欧洲各国。[③] 1793年1月31日,法国制宪会议宣布把奥属荷兰地区并入法兰西共和国;翌日,法国对英荷两国宣战。随后法国占领了佛兰德海岸,控制了斯凯尔特河入海口,英国同欧洲大陆的贸易受到损害,自身安全也面临严重威胁。[④] 小皮特政府被迫做出回应,宣布与法国作战。这时英国激进主义运动者与法国大革命的紧密联系反而成为其发展的枷锁,英国政府认定激进主义运动旨在摧毁英国的宪法传统:除非激进主义者得到制止,否则他们迟早会引发人民不满并导致骚乱[⑤],他们会为了野心和热情让英国陷入困境[⑥]。激进组织的政治集会招致了当权者的恐惧:英国没有任何一个政党想要在自己国家重现法国大革命的场景[⑦],此后在议会中即使是最温和的改革方案,也难以找到足够的支持者。[⑧]

此外,英国社会也对法国大革命通过暴力手段实现制度变革的做法持反对态度。激进主义运动之所以未能占据英国社会的主流,原因也在于法国大革命所带来的经验对于英国政治改革能起到的参考作用极为有限。

---

① [法]皮埃尔·米盖尔著,桂裕芳、郭华榕等译:《法国史》,第189页。

② Jacques Pierre Brissot de Warville, 31 décembre 1790, quoted in Georges Lefebvre, *The French Revolution*, London: Routledge, 2005, p. 211.

③ National Convention of France, "Decree for Extending the French Systems to all Countries", in *A Collection of Addresses Transmitted by Certain English Clubs and Societies to the National Convention of France*, pp. 57 - 61.

④ [英]温斯顿·丘吉尔著,薛力敏、林林译,林葆梅校:《英语国家史略》下卷,北京:新华出版社,1985年,第232—234页。

⑤ "British House of Commons: the debates in the Commons, Parliamentary Register 1780 - 1796", May 25,1792, *18th Century House of Commons Sessional Papers*, pp. 132 - 192.

⑥ William Thomas Laprade, *England and the French Revolution, 1789 - 1797*, Baltimore: The Johns Hopkins Press, 1909, p. 41.

⑦ William Thomas Laprade, *England and the French Revolution, 1789 - 1797*, p. 38.

⑧ H. T. Dickinson, *British Radicalism and the French Revolution 1789 - 1815*, p. 29.

英国主流社会传统观点认为私有财产神圣不可侵犯，激进主义者虽然主张让民众具有平等获得财产的权利，但绝大部分人并不支持采取暴力的方式解决问题。因为激进派大多数领导人都拥有一定财产，他们尚且无法摆脱“有产者应执政并应在政治上领导劳动群众”①这一固有观念。激进派的威廉·葛德温曾针对英国政治改革是否采用暴力手段，作出如下回应：“我们不要仓促地实现这一目标，而传播真相将使明天成为必然……让我们避免暴力。我从没有停止反对暴民政府，反对人们聚集在一起的不良情绪所产生的冲动。”②这一情况说明，此时英国激进主义运动并非想在英国挑起暴力革命，而是将自身政治愿望诉诸理性，通过宣传运动以揭露现存英国政治和经济体制的弊端，进而完成改革。

而对于财产的绝对平等，英国激进主义者也持反对态度。理查德·普莱斯在其与友人信件中写道：太多法国人效仿美国人，渴望“财产平等”，然而这其实不切实际，试图这样做的倡导者必然为之付出代价。③ 伦敦通讯会领导者托马斯·哈代在其回忆录中阐述了其财产观念：“我们知道，每个人获得工资是他的权利，但力量、才能和勤奋的差异确实会造成拥有财产数量的差别，而这种差别一旦被法律确认，就神圣不可侵犯。”④同时英国下院报告所记录的伦敦通讯会宣言也阐明，激进主义运动者的愿望只是希望保障民众的经济权利：“愿我们的仇恨写在沙子上，愿我们的权利刻在石头上！我们不想推翻任何在自由的废墟上已经积攒的财产，我们对国家的土地和商业利益满怀敬意，但我们对在我国或欧洲任何其他国家没有法律依据或正当理由终身占有土地使用权的行为深恶痛绝。”⑤因此，虽然法国

---

① H. T. Dickinson, *The Politics of the People in Eighteenth-Century Britain*, pp. 230 - 231.

② Charles Kegan Paul, *William Godwin: His Friends and Contemporaries*, London: H. S. King, 1876, p. 61.

③ Richard Price, *The Correspondence of Richard Price*, Durham: Duke University Press, 1983, p. 282.

④ Thomas Hardy, *Memoir of Thomas Hardy*, London: J. Ridgway, 1832, p. 26.

⑤ Great Britain. Parliament. House of Commons, *The Reports of the Committee of Secrecy of the House of Commons*, p. 241.

大革命促进了英国激进主义思想发展，但是在英国这种以保护财产权为固有观念的社会中，激进主义者的政治主张仍要立足于本国的政治实情，故而不能完全接受法国大革命打破一切旧制度的理念，也不会采取暴力手段来进行社会变革，同时在激进主义者内部对于议会改革应进行到什么程度也未能达成一致，又难以提出切实可行的改革方案，这就使其发展受到了很大限制。

出于对本国利益和国际形势的综合考虑，英国政府决定对激进主义运动进行镇压。1792年5月21日，英国发布禁止煽动政治改革的《皇家宣言》(*Royal Proclamation*)①，标志着英国开始动用行政以及司法手段来破坏英国激进主义运动，并声称如果英国出现任何动乱，必须由崇拜法国大革命的激进者负责。② 为了彻底摧毁激进主义运动，英国法庭以煽动叛乱罪对激进运动领导者们提起诉讼，同时歪曲、滥用司法程序将他们判为有罪。尽管多数激进组织没有提倡过暴力行为，但是由于长期与法国大革命党人保持密切联系，而且经常发表为民众争取政治权利的言论，最终多位激进主义运动领袖被指控犯言论煽动罪，并遭到当局逮捕。例如，英国司法机构于1793—1794年对苏格兰激进主义运动领袖托马斯·帕默进行审判，在缺乏有力证据情况下，将其判处流放到伯尼特湾；为了将托马斯·哈代等英格兰激进主义领袖定罪，法庭专门挑选了几名对政治改革深恶痛绝的法官来审理此案。③ 此类审判摧毁了激进主义运动中的领导阶层，大多数激进主义运动领导者都被判处有罪，当时最具有影响力的激进思想家也难以继续发声，让许多普通民众对政治改革失去了信心。激进主义运动遭受到来自社会各界的巨大压力，各个组织开展活动也受到严重限制，英国激进主义运动走向衰落。

---

① Philip Schofield, "British Politicians and French Arms: The Ideological War of 1793 - 1795", *History*, Vol. 77, No. 250, June 1992, p. 188.

② William Thomas Laprade, *England and the French Revolution, 1789 - 1797*, p. 41.

③ H. T. Dickinson, *British Radicalism and the French Revolution 1789 - 1815*, pp. 37 - 39.

四、结语

通过考察18世纪90年代以来英国激进主义运动的发展过程和衰落原因，我们可以发现法国大革命的爆发对本次运动产生了深远影响。英国激进主义运动既因法国大革命复兴，同时又因其与法国大革命密切的关联性而再次走向衰落。法国大革命引发了英国的政治论战，诸如潘恩等激进主义者的著作被英国民众广泛阅读，激进主义思想也逐渐从精英政治家传播到普通民众中，政治思想变化必然引起政治实践发展，激进主义运动也因此蓬勃发展。激进者所创建政治社团逐渐在全国形成一个巨大的政治网络，为了实现改革目标，激进主义者做出了诸如效法法国建立"国民公会"等各种尝试；通过这些方式，激进主义运动者力图实现更广泛的政治和社会变革，为民众争取政治和经济权利。

然而，激进主义运动与法国大革命紧密联系也成为其衰落的重要原因。法国大革命者从一开始就想把革命理念输出到欧洲各国，英国政府对此感到忌惮。英国激进主义运动与法国大革命的密切关联也引起了英国政府的警惕，并最终对其实行了行政和司法上的双重压制，由此英国激进主义运动逐渐转入低谷，可谓成亦法国大革命，败亦法国大革命。尽管法国大革命时期英国激进主义运动未能实现其政治诉求，但在它的影响下，民众加深了自身拥有广泛的政治权利这一观念，继续力争普选权，为19世纪英国议会改革奠定了基础。

（张琦浩：南京师范大学社会发展学院研究生；倪正春：南京师范大学社会发展学院副教授）

The Influence of the French Revolution on the British Radical Movement in 1789

Zhang Qihao　Ni Zhengchun

Abstract: The outbreak of the French Revolution in 1789 had a profound impact on contemporary British political practice. During the French Revolution, the British society's reaction to its unfolding events became a major driving force for the revival of British Radical Movement. Influenced by radical ideas, the political consciousness of the British people gradually awakened, giving rise to the emergence of new radical organizations. The struggle for political and property rights intensified, leading to a growing wave of radicalism in Britain. However, the violent trend of the French Revolution also sparked conflicts in British-French perceptions, subsequently causing the decline of the British radical movement.

Keywords: The French Revolution; British Radical Movement; Political Transformation

卡特政府与1979年第一届联合国裁军特别会议

李东航

（华中师范大学历史文化学院）

摘　要：第二次世界大战结束后，联合国成为国际军备控制事业的主要舞台。卡特政府时期，由于出现不结盟运动等国际局势新变化，美国政府积极顺应时代潮流，在国内的停产与停止转移核裂变材料等问题上达成一致，在国际上做出妥协并承诺提供核问题消极安全保证，最终推动首届裁军特别联大成功召开。卡特政府的这一行为，既有通过广泛参与军备控制与核不扩散国际治理谋求占据国际道义制高点的一面；也有攻击苏联，利用联合国裁军特别会议进行大国争霸的另一面。

关键词：联合国裁军特别会议；军备控制；美国；冷战

军备控制与裁军是国际政治中的重要内容，直接关系国家安全、地区稳定与世界和平，受到国际社会的高度重视与密切关注。自二战结束以来，国际军备控制与裁军事业呈现出曲折但又不断前进的局面，联合国逐渐成为国际军备控制与裁军事业的主要舞台。1969年召开了第二十四届联合国大会，宣布70年代为"裁军十年"；1976年召开了第三十一届联合国大会，呼吁在1978年召开专门讨论裁军问题的联合国裁军特别会议（又称裁军特别联大，简称SSOD）。美国卡特政府积极参与并推动首届裁军特别联大的筹备与召开，承担大国责任，广泛参与国际治理，作出了一定的贡献。

由于联合国裁军特别会议所达成的一系列结果均为共识、倡议、纲领等，象征性意义大于实际意义，也未取得实质性成果，国内外有关第一届联合国裁军特别会议(裁军特别联大)的研究均较少。国外学者往往将第一届联合国裁军特别会议视为联合国主导下的一系列国际裁军运动中的一部分,针对性研究较少。雅典经商大学教授迪米特里斯·沃兰托尼斯(Dimitris Bourantonis)梳理了从1962年日内瓦十八国裁军委员会诞生到1978年第一届联合国裁军特别会议召开的历史,并认为联合国裁军特别会议主要是在不结盟运动国家对现有国际裁军制度安排不满的前提下推动举行的①;奥斯陆国际和平研究所研究员斯韦雷·洛高德(Sverre Lodgaard)认为第一届联合国裁军特别会议收效甚微,国际军备竞赛在事实上已经失控,也无法被阻止②。在国内,刘华秋主编《军备控制与裁军手册》在介绍联合国裁军机构及其活动时对此有所提及③;高恒建博士论文《美国核军备控制与裁军研究(1961—1976)》中对此也有所涉猎④;另有姚斌《联合国文件翻译的常见问题及应对策略——以裁军谈判会议文件为例》一文从文本翻译的角度对联合国裁军特别会议的相关文件进行了分析⑤。本文尝试以美国对外关系文件档案为主,结合国内外学界已有研究成果,对美国卡特政府参与首届裁军特别联大的相关问题作一探讨。

一、卡特政府上台前的联合国裁军事业发展

自1945年成立以来,联合国一直将推动国际范围内的普遍裁军、维护世界和平作为其主要任务之一。《联合国宪章》对裁军问题进行了具体规定,并将军备控制、核不扩散与裁军事务列入联合国大会与安理会的议程

① Dimitris Bourantonis, "Democratization, Decentralization, and Disarmament at the United Nations, 1962 - 1978", *The International History Review*, Vol. 15, NO. 4, 1993, pp. 688 - 713.

② Sverre Lodgaard, "Taking Stock of the UN Special Session on Disarmament", *Bulletin of Peace Proposals*, Vol. 9, NO. 3, 1978, pp. 195 - 199.

③ 刘华秋:《军备控制与裁军手册》,北京:国防工业出版社,2000年。

④ 高恒建:《美国核军备控制与裁军研究(1961—1976)》,博士学位论文,东北师范大学,2016年。

⑤ 姚斌:《联合国文件翻译的常见问题及应对策略——以裁军谈判会议文件为例》,《中国科技翻译》2020年第3期,第31—34页。

中。随着时间的推移，在国际社会上热爱和平的人民的推动下，国际裁军事业不断发展。

联合国下属的裁军机构肇始于1946年1月成立的原子能委员会，由联合国安理会领导，负责建立国际原子能管制制度，以保证其完全用于和平目的。1947年，另一个由安理会领导的裁军机构——常规军备委员会在苏联的倡导下建立，负责研究常规军备与军队的裁减措施与保证制度。但由于当时美苏两国双边关系不断恶化，且在国家利益上相对立，因此两个委员会的工作开展十分困难。新中国成立后，为了帮助新生的人民政权恢复在联合国的合法席位，苏联在两个委员会上提出提案，要求驱逐败退台湾的国民政府。由于提案最终未被通过，为表示抗议，苏联于1949年12月退出两个委员会，两个委员会随之陷入瘫痪。①

为了结束这种局面，1950年，美国总统杜鲁门率先向苏联示好，在联大演说时表示，美国愿将核军备控制与常规军备裁减问题合并在一起谈判。1952年1月，联合国大会决定将原子能委员会和常规军备委员会合二为一，并为裁军委员会，依然由安理会领导。这个委员会的职能不仅包括裁减常规武器和武装部队，还包括裁减大规模杀伤性武器和核武器，以及确保原子能和平利用。1954年，在英、法两国的倡议下，裁军委员会设立五国裁军小组，由英、美、法、加、苏五国包办主要裁军谈判。1957年，为加强自身的谈判地位，苏联指责五国裁军小组中西方国家占多数，对社会主义阵营不公平，并退出该小组，导致裁军委员会再次陷入瘫痪。为了解决这一问题，联合国大会决定扩大裁军委员会，增加14个国家。②

1959年，联合国大会通过全面彻底裁军决议，同时将联合国大会所有成员列为裁军委员会成员。同年，在苏联的倡议下，美、英、法、加、意西方五国与苏、波、捷、罗马尼亚、保加利亚东方五国联合成立十国裁军委员会，这一机构独立于联合国大会。此后国际社会上实质性的裁军谈判便都在

① 刘华秋：《军备控制与裁军手册》，第76页。
② 刘华秋：《军备控制与裁军手册》，第77页。

这一新的机构内进行，联合国裁军委员会就此名存实亡，从1965年后便未再举行过任何会议。①

1961年，第十六届联合国大会通过关于恢复裁军谈判和组成裁军委员会的决议，对十国裁军委员会进行改组与扩大。印度、缅甸、阿联②、埃塞俄比亚、尼日利亚、巴西、墨西哥与瑞典加入其中，组建了日内瓦十八国裁军委员会。这一委员会从1962年3月开始在日内瓦召开不定期的秘密会议，进行裁军谈判。③ 1969年7月，日内瓦十八国裁军委员会由于新增了八个成员国，改称裁军委员会会议。

1969年，第二十四届联合国大会通过以全面彻底裁军为主题的决议，宣布70年代为“裁军十年”，呼吁世界各国早日制定停止核军备竞赛、进行核裁军的有效措施，并缔结严格有效、在国际社会监督下的全面彻底裁军条约。“所有核国家，特别是拥有最庞大核武库的国家负有特别责任。”④第一届联合国裁军特别会议（裁军特别联大）于1978年召开，卡特政府在其中扮演了重要角色，积极承担国际责任，参与国际治理，为国际军备控制与核裁军事业作出一定贡献。

二、裁军特别联大四次筹备会议与卡特政府的裁军目标

在卡特政府前，美国政府对联合国裁军特别会议一般持反对立场，美国政府怀疑裁军特别会议是否会产生有意义的结果，认为其充满花言巧语和不切实际的裁军建议，并且会干扰日内瓦十八国裁军委员会及裁军委员会会议的活动。但随着不结盟运动的发展，美国政府的这一立场受到冲击。⑤ 随着第三世界国家民族解放运动的不断兴起，军备控制领域传统的

---

① 刘华秋:《军备控制与裁军手册》,第77页。

② 阿联，即阿拉伯联合共和国，由埃及、叙利亚两国于1958年2月合并组成。1961年9月，叙利亚退出阿拉伯联合共和国，但埃及仍然保留这一国号至1971年9月。

③ 道敏:《十八国裁軍委員会和防止核扩散問題》,《世界知识》1965年第24期,第24—25页。

④ 刘华秋:《军备控制与裁军手册》,第80页。

⑤ “Telegram From the Department of State to All North Atlantic Treaty Organization Capitals”, February 5, 1977, in *FRUS*, *1977 - 1980*, Volume XXVI, pp. 1158 - 1162.

由美苏两大集团掌控的局面被打破，以不结盟运动国家为代表的广大第三世界国家开始逐渐成为国际军备控制领域的重要力量。不结盟运动国家试图通过拉拢中国和法国来制衡美苏两大集团，并在1976年联合国《环境战公约》（*Environmental Modification Convention-ENMOD*）谈判中阻击美苏两国提案，展现自身的政治立场与力量。随着国际形势的不断变化，70年代中后期，不结盟运动国家意识到，军备控制国际治理不能局限于裁军委员会会议框架中，需要召开更加广泛的国际会议来进行推动。①

1976年8月，不结盟运动国家政府首脑第五次会议在斯里兰卡首都科伦坡召开，会议通过了有关裁军的决议，呼吁联合国召开一次裁军特别联大，审议裁军问题并推动裁军事业的发展。1976年12月，第三十一届联合国大会通过了一项决议，呼吁在1978年召开专门讨论裁军问题的联合国裁军特别会议（裁军特别联大），同时在1977年的3月、5月和9月举行联合国裁军特别会议筹备会议（SSOD PrepCons），并商定在9月的筹备会议上准备好联合国裁军特别会议决议草案，提交给第三十二届联合国大会。②

在1977年2月5日美国国务院发给所有北约成员国政府的电报中，美国国务卿万斯认为，不结盟运动国家政府首脑们决定推进联合国裁军特别会议，这使得裁军问题的局势出现了战术性转折：不结盟运动国家手握大量联合国席位投票权，将使得召开联合国裁军特别会议这一议程势不可挡。为了顺应形势，万斯认为美国政府应该对此采取积极的态度，一改前任们的反对立场。万斯还认为，美国及其盟国应该对此采取积极的态度，并且建设性地参与联合国裁军特别会议筹备会议，这样在战术上才最符合美国及其盟国的利益。③

---

① Dimitris Bourantonis, "Democratization, Decentralization, and Disarmament at the United Nations, 1962 - 1978", *The International History Review*, Vol. 15, NO. 4, 1993, pp. 688 - 713.

② "Telegram From the Department of State to All North Atlantic Treaty Organization Capitals", February 5, 1977, in *FRUS*, *1977 - 1980*, Volume XXVI, pp. 1158 - 1162.

③ "Telegram From the Department of State to All North Atlantic Treaty Organization Capitals", February 5, 1977, in *FRUS*, *1977 - 1980*, Volume XXVI, pp. 1158 - 1162.

美国政府高度重视这次联合国裁军特别会议。2月21日，副国务卿沃伦·克里斯托弗(Warren Christopher)向卡特总统表示，美国方面将对裁军特别会议持开放态度，并将积极参与进程。美国国务院已经意识到这次会议上可能存在一些对美国而言无法接受的对抗与争论，但同时也认为本次会议将会在常规武器裁军、核不扩散与全面禁止核试验谈判领域取得建设性成果。①

卡特总统于3月17日在联合国大会上发表讲话，称美国政府将为联合国裁军特别会议作出强有力的、积极的贡献。3月26日，副国务卿克里斯托弗向所有北约成员国代表团强调，达成涉及大国的有意义的军控协议的前提是取得这些大国的积极支持，美国政府希望避免敏感的、有争议的政治辩论对会议的影响。同时克里斯托弗也指明，联合国裁军特别会议并没有权力在未经主要参与国同意的情况下制定或废除相关机制，美国及其盟国应致力于达成现有的和未来可能达成的协议的原则，以及站在获得广泛遵守的中间立场。②

联合国裁军特别会议第一次筹备会议主要探讨了主席与主席团的选举、参与、议事规则、秘书处作用等问题。卡特政府随后表示，"联合国裁军特别会议提供了一个集中讨论裁军领域一些根本问题的机会"，会议"必须被视为一个非常漫长而艰巨的过程中的一个步骤。这一进程需要改善所有国家及其人民的安全，建立一个世界秩序，在这个秩序中，人类的才能和经验能更充分地用于满足全人类的基本需求"。③

4月22日，北约代表团向美国国务院和美国驻联合国代表团发回会议情况。英国代表认为第一次筹备会议已经如预期般顺利。北约代表团

---

① "Memorandum from the Deputy Secretary of State (Christopher) to President Carter", February 21, 1977, in *FRUS*, *1977 - 1980*, Volume XXVI, pp. 1163 - 1164.

② "Telegram From the Department of State to the Mission to the North Atlantic Treaty Organization", March 26, 1977, in *FRUS*, *1977 - 1980*, Volume XXVI, pp. 1164 - 1167.

③ "Telegram From the Mission to the North Atlantic Treaty Organization to the Department of State and the Mission to the United Nations", April 22, 1977, in *FRUS*, *1977 - 1980*, Volume XXVI, pp. 1167 - 1169.

同时还表达了对不结盟运动国家的重视以及对苏联的质疑。联邦德国代表强调了西方国家与不结盟运动国家进行磋商的必要性，比利时和英国代表则特别强调需要与南斯拉夫进行磋商，丹麦则将筹备会议视为西方国家改善其在发展中国家眼中形象的机会，并敦促北约各国在会议上采取积极的立场。同时，比利时与丹麦代表认为苏联似乎对联合国裁军特别会议失去了兴趣，加拿大代表表示联合国裁军特别会议可能将进一步削弱苏联对世界裁军会议（WDC）的支持，而英国代表则质疑苏联的动机。加拿大代表最后认为，联合国裁军特别会议的成败很大程度上取决于会议最终文件的内容以及与会各国所达成的共识程度。①

联合国裁军特别会议第二次筹备会议主要探讨了特别会议议程的制定、非政府组织的作用、设立相关小组委员会或工作组，以及筹备委员会的相关工作安排。5月7日，美国国务院向美国驻联合国代表团阐述了第二次筹备会议的直接目标：制定一个将反映本届会议一系列现实目标的议程。相关措辞应当是笼统的，既不期待具体的军控措施谈判，也不预先判断联合国裁军特别会议的结果。②

与不结盟运动国家和发展中国家磋商是这一阶段美国乃至北约国家外交部门的工作要点。5月9日，北约各国高级外交官员齐聚伦敦唐宁街十号，英国、法国、联邦德国的外交部长们与万斯国务卿、布热津斯基举行高规格会谈。联邦德国外交部长汉斯-迪特里希·根舍（Hans-Dietrich Genscher）在会上强调，西方国家可以利用这次会议的某些要素，如强调联合国裁军特别会议将为发展中国家经济作出的贡献，以及苏东阵营国家强加给它们的军备负担。③

---

① "Telegram From the Mission to the North Atlantic Treaty Organization to the Department of State and the Mission to the United Nations", April 22, 1977, in *FRUS, 1977 - 1980*, Volume XXVI, pp. 1167 - 1169.

② "Telegram From the Department of State to the Mission to the United Nations", May 7, 1977, in *FRUS, 1977 - 1980*, Volume XXVI, pp. 1170 - 1174.

③ "Memorandum of Conversation", May 9, 1977, in *FRUS, 1977 - 1980*, Volume XXVI, pp. 1175 - 1176.

9月9日,美国裁军署特别大使、联合国裁军特别会议协调员劳伦斯·威勒(Lawrence Weiler)会见了南斯拉夫常驻联合国副代表泽瓦德·穆杰季诺维奇(Dzevad Mujezinovic),双方就联合国裁军特别会议相关问题展开了交流磋商。威勒提出了一些相关建议,如应避免设置僵化的时间表、应强调核武器裁军但不排除常规武器裁军、应强调核不扩散问题、避免使用"解散军事集团"等文本。威勒同时声明美国不接受停止核武器试验这一立场。穆杰季诺维奇对美方提出的建议表示赞同,但他同时认为核大国对核不扩散负有真正的责任,他希望能建立反应灵敏、机制灵活的裁军机制。①

在强调与不结盟运动国家和发展中国家磋商的同时,美国政府也在紧锣密鼓地针对本国应该在联合国裁军特别会议上提出的提案与立场展开工作。在1978年1月20日裁军署署长保罗·沃克(Paul Warnke)写给国务卿万斯的备忘录中,沃克总结了美国可能将在联合国裁军特别会议上提出的五个具体倡议和四个目前正在进行的具体工作。这五个具体倡议有:(1) 核不使用保证,美国可以参照《特拉特洛尔科条约》(OPANAL)议定书②的提法,承诺不对无核武器的国家使用核武器,但这一承诺并不适用于无核武器国家与有核武器国家共同进行对外侵略,如东欧国家;(2) 停止转移核裂变材料,美国承诺将不再向国外转移武器级核裂变材料,并且会将一定数量的武器级核裂变材料稀释为低丰度反应堆燃料,以供国际社会和平利用原子能;(3) 禁止反卫星武器系统,美苏两国通过谈判方式以实现禁止反卫星武器系统,停止测试和部署旨在对卫星进行物理攻击的反卫星武器;(4) 优先援助核不扩散国家,为了鼓励更多国家加入《不扩散核

① "Memorandum of Conversation", September 9, 1977, in *FRUS*, *1977 - 1980*, Volume XXVI, pp. 1176 - 1180.

② 1967年2月14日,巴拿马、秘鲁、玻利维亚、厄瓜多尔、哥伦比亚、哥斯达黎加、海地、洪都拉斯、墨西哥、萨尔瓦多、危地马拉、委内瑞拉、乌拉圭和智利十四国在墨西哥特拉特洛尔科签署《拉丁美洲禁止核武器条约》两个议定书,又称《特拉特洛尔科条约》,这标志着拉丁美洲成为人类历史上第一个有人居住的无核区,对于国际核不扩散事业意义重大且深远。

武器条约》(NPT)，美国将优先援助这些国家和平利用原子能，并将为这些国家提供更有利的银行融资条款与经济援助政策；(5) 建立信任措施，效仿欧安会所建立的信任与安全措施(Confidence-Building Measures, CBM)，探索在局势紧张地区应用 CBM 措施以建立信任，实现区域稳定，减少国家间冲突，从而达到和平目的。这四个目前正在进行的具体工作有：(1) 将裁军与发展中国家的经济与社会发展联系起来，将削减军备所节省下来的开支更多地投入发展中国家的社会和经济发展中；(2) 推动全面禁止核试验和全面禁止化学武器国际公约的缔结；(3) 进行克制的常规武器转让举措；(4) 参照《特拉特洛尔科条约》设立拉丁美洲无核区的经验在世界其他地区推广无核武器区。① 同时，为了更好地应对联合国裁军特别会议，2 月 6 日，副国家安全顾问大卫・亚伦(David Aaron)向副总统蒙代尔、国务卿万斯、国防部长布朗和裁军署署长沃克建议，应设立一个置于国家安全委员会之下的跨机构委员会，以协调各部门之间的活动。②

联合国裁军特别会议筹备会议原定召开三次，在 1977 年内全部召开完毕，但随着时间的推移，情况发生了一些变化。原定于 1977 年 9 月召开的联合国裁军特别会议第三次筹备会议延宕至 1978 年 2 月召开，而且这次会议并非最后一场筹备会议，与会各国决定在 4 月中旬再召开一场为期两周的第四次筹备会议。③ 在联合国裁军特别会议第三次筹备会议上，不结盟运动国家对本次裁军特别会议表现出了极高的期望。以印度和南斯

① "Memorandum From the Director of the Arms Control and Disarmament Agency (Warnke) to Secretary of State Vance", January 20, 1978, in *FRUS*, *1977 - 1980*, Volume XXVI, pp. 1181 - 1187.

② "Memorandum From the President's Deputy Assistant for National Security Affairs (Aaron) to Vice President Mondale, Secretary of State Vance, Secretary of Defense Brown, and the Director of the Arms Control and Disarmament Agency (Warnke)", February 6, 1978, in *FRUS*, *1977 - 1980*, Volume XXVI, pp. 1187 - 1188.

③ "Memorandum From the President's Deputy Assistant for National Security Affairs (Aaron) to Vice President Mondale, Secretary of State Vance, Secretary of Defense Brown, and the Director of the Arms Control and Disarmament Agency (Warnke)", February 6, 1978, in *FRUS*, *1977 - 1980*, Volume XXVI, pp. 1187 - 1188.

拉夫为首的不结盟运动国家希望同美苏两国达成某种协议，从而在核裁军方向上取得突破。①

在本次筹备会议上，苏联方面抛出了禁止中子弹武器(ER)的议题，获得很多国家的支持，这一点引起了美方的紧张与不满。一方面，卡特政府认为本届政府单边削减了B-1"枪骑兵"战略轰炸机的生产计划，已经体现了足够的军控诚意；另一方面，在中子弹武器的研发上美国领先于苏联，苏联方面的这一提议有着很强的针对性。在2月27日卡特总统与国务卿万斯和国家安全顾问布热津斯基的交流中，卡特指示美国政府必须尽快改变对联合国裁军特别会议的立场，否则美国在军售问题与中子弹武器问题上将会非常被动。②

3月2日，卡特总统再次与国务卿万斯、国家安全顾问布热津斯基交流，他们汇报了当前美国政府的三个工作要点：(1) 在美国当前的军备控制政策的基础上，为美国参与联合国裁军特别会议代表团制定指导方针；(2) 研究美国可以采取的具体军备控制举措，包括前文所述的核燃料问题、核不扩散国家经济援助问题、将军控与发展中国家经济发展问题挂钩，同时还有建立核事故报告国际协定制度等；(3) 指示美国代表团在最后一次筹备会议上发挥积极作用。万斯与布热津斯基也拿出了解决这一被动局面的具体方案，他们认为苏联方面用中子弹武器问题吸引发展中国家的眼球，可能会令美国政府提出的其他军控目标面临更大的困难。他们已向北约盟国提议，将中子弹武器与军备控制问题联系起来，用苏联研发SS-20洲际弹道导弹和战区核武器系统现代化等问题来与美国中子弹武器问题做权衡。在军售问题上，他们表示寻求支持普遍遵守的常规武器转让限

---

① "Memorandum From Secretary of State Vance and the President's Assistant for National Security Affairs (Brzezinski) to President Carter", March 2, 1978, in *FRUS*, *1977-1980*, Volume XXVI, pp. 1189-1192.

② "Note From President Carter to Secretary of State Vance and the President's Assistant for National Security Affairs (Brzezinski)", February 27, 1978, in *FRUS*, *1977-1980*, Volume XXVI, p. 1189.

制，同时又要满足发展中国家的合法防御需求。①

联合国裁军特别会议第四次筹备会议于 1978 年 4 月中旬召开，商讨并敲定了关于大会筹备的一系列最终问题。

三、卡特政府在停产与停止转移核裂变材料等问题上的内部博弈

在参与联合国裁军特别会议相关筹备工作的同时，卡特政府内部也在准备着本国在大会上的提案，其中最重要的一项是停产与停止转移核裂变材料问题。对于这一问题，美国政府早在艾森豪威尔时期就开始进行相关工作，美国政府一直试图与苏联达成核裂变材料停产协议和停止转让协议，并认为这是停止核军备竞赛的重要一环，而且签署这种协议符合美国国家利益。而卡特政府则认为停止核裂变材料转移不仅符合不结盟国家行动纲领，也可以作为第二阶段限制战略武器谈判（SALT II）和全面禁止核试验谈判（NPT）的重要补充。在 3 月 27 日卡特总统与国务卿万斯、裁军署署长沃克进行交流时，他们认为虽然勃列日涅夫也提出过停止生产核武器的相关提议，但是苏联将这些议题捆绑在"禁止中子弹武器"这一问题上，对美国来说较为被动。但美国方面在停产问题上并非完全没有优势，在大会上提出相关建议同样有作用，不仅因为这可以表达出美国政府积极参与核裁军的愿望，还因为苏联拒绝国际原子能机构（IAEA）现场检查其关闭的军事设施及民用设施，这是美国在停产问题上的一个优势。他们同时认为将一定数量的高丰度浓缩铀从核武器材料库中转移，稀释到较低丰度，用以支持核不扩散国家和平利用原子能，有利于取得苏联的支持。②

---

① "Memorandum From Secretary of State Vance and the President's Assistant for National Security Affairs (Brzezinski) to President Carter", March 2, 1978, in *FRUS*, *1977 - 1980*, Volume XXVI, pp. 1189 - 1192.

② "Memorandum From Secretary of State Vance and the Director of the Arms Control and Disarmament Agency (Warnke) to President Carter", March 27, 1978, in *FRUS*, *1977 - 1980*, Volume XXVI, pp. 1192 - 1194.

停产与停止转移核裂变材料这一主张得到了美国国务院、美国裁军署和国家安全顾问的支持，却被美国军方与能源部反对。在 3 月 31 日国防部长布朗与布热津斯基的交流中，布朗向布热津斯基提出反对意见。布朗认为，美国政府应该等到全面禁止核试验谈判（CTB）和第二阶段限制战略武器谈判（SALT II）出结果后再决定是否停产核裂变材料，因为只有到那时美国政府才能准确评估判断未来的核武器裂变材料需求。布朗同时指出，美国在核裂变材料生产上相较于苏联有着明显的优势，为了确保在未来的 1981—1985 年美国国内的核反应堆、战略武器能力和正在开发的 MX 洲际弹道导弹项目不受影响，尤其是 MX 洲际弹道导弹项目需要比普通核武器更多的高丰度浓缩铀，现在就决定停产核裂变材料并不符合美国的最佳国家利益。布朗还表示，美国的一些盟友也反对美国停止转移核裂变材料这一决策，如加拿大认为停止核裂变材料转移将会有害于英国核武器的发展与翻新，从而损害英国和北约的核威慑能力。布朗宣称，参谋长联席会议支持自己的观点。[①]

次日（4 月 1 日），美国能源部长詹姆斯·施莱辛格（James Schlesinger）与布热津斯基交流，表达了自己的反对意见。施莱辛格认为，一旦美国与苏联达成停产核裂变材料的协议，美国将无法为战略部队提供核武器，三叉戟 II 型潜射弹道导弹、民兵 III 型弹道导弹和大量巡航导弹将被迫进入库存，美国将大幅缩减战术核武器，部署在欧洲的核武器将被迫大量撤出。美国也将无法为海军核动力船舶与潜艇提供核燃料，核海军将受到影响。同时用于生产氚的核反应堆也将停止运行，使得核武器库存受到打击。总之，一旦停产，美国能源部将无法实现总统批准的核武器储备文件中的储备目标。施莱辛格还认为，美国能源部的武器生产由总统和国防部决定，战略部队的结构是为了响应国家安全目标而设计的，而这些目标本身已受

---

① "Memorandum from Secretary of Defense Brown to the President's Assistant for National Security Affairs (Brzezinski)", March 31, 1978, in *FRUS*, *1977 - 1980*, Volume XXVI, pp. 1195 - 1197.

到现有的军备控制协议约束，美国政府应当避免自我限制军事力量结构。施莱辛格表示，停产与停止转移核裂变材料这一问题应当从长计议，有条不紊地推进，而不是试图在几周内解决。①

面对各部门之间的分歧，布热津斯基于 4 月 4 日向美国国务院、国防部、能源部、裁军署、参联会、中情局和白宫科技政策办公室发去函件，提出有关在联合国裁军特别会议上提出停产和停止转移核裂变材料问题的研究倡议。布热津斯基希望各部门能够回顾美国过去的停产倡议、评估美苏两国核材料库的库存和趋势、预测停产对美苏两国核力量的影响、论证停产对美苏军事平衡和其他军控议程的影响，以及预测停产主张对不结盟运动国家和无核武器国家观点与行动的影响。布热津斯基希望这一研究能由特别协调委员会的特设工作组编写，并在 4 月 28 日前提交。②

停产与停止转移核裂变材料问题暂时告一段落，4 月 20 日，小型特别协调委员会会议召开，美国国务院、国防部、裁军署、参联会、中情局、能源部、白宫和国家安全委员会的相关人员到场参会。本次会议的主题是研究卡特总统是否出席联合国裁军特别会议以及发言立场。在 1977 年 10 月 4 日，卡特总统曾在联合国大会发言，承诺“美国不会率先挑起核战争，除非是出于自卫目的，如美国和盟友的领土或武装部队遭到常规武器或核武器打击”。小型特别协调委员会认为，总统本次的发言不能与前一年做出的保证相冲突，并且应该关注美国盟友对卡特总统这一消极安全保证的反应。委员会同时建议，总统的发言应避免过度关注于目前正在研究的各种举措问题，而是应提出一项雄心勃勃的十年裁军计划，概述美国在战略军

① “Memorandum from Secretary of Energy Schlesinger to the President's Assistant for National Security Affairs (Brzezinski)”, April 1, 1978, in *FRUS*, *1977 - 1980*, Volume XXVI, pp. 1197 - 1198.

② “Memorandum From the President's Assistant for National Security Affairs (Brzezinski) to Secretary of State Vance, Secretary of Defense Brown, Secretary of Energy Schlesinger, the Director of the Arms Control and Disarmament Agency (Warnke), the Chairman of the Joint Chiefs of Staff (Jones), the Director of Central Intelligence (Turner), and the Director of the Office of Science and Technology Policy (Press)”, April 4, 1978, in *FRUS*, *1977 - 1980*, Volume XXVI, pp. 1199 - 1200.

控与地区稳定领域加强全球安全的长期目标。委员会同时希望各机构为美国援助发展中国家检测裁军协议履约状况相关设备的“和平之眼”计划提供建议。①

4 月 21 日，正在访苏的美国国务卿万斯与苏联外交部长葛罗米柯举行会谈，双方探讨了有关联合国裁军特别会议的问题。葛罗米柯表示，苏联和苏东阵营国家高度重视联合国裁军特别会议，苏联将其视为一个广泛的世界性论坛，希望各国能以严肃务实的态度去对待。万斯同样表示，美国非常希望联合国裁军特别会议能以某种方式做出积极和具体的决定，他相信本次会议上世界军备控制与裁军事业能取得真正的进展。②

特别协调委员会特设工作组于 4 月 28 日前提交了有关停产与停止转移核裂变材料问题的研究报告，一周后的 5 月 5 日，特别协调委员会会议召开。在本次会议上，除了裁军署无条件支持停产与停止转移核裂变材料，其他所有部门都表示了反对，其中一些部门表示可以在有前提的情况下进行谈判，而国防部则表示了强烈反对。由于主要盟国并未反对卡特于 1977 年 10 月做出的消极安全保证，委员会认为可以提出一个更具限制性的美国对核问题的立场声明：美国承诺不会对《不扩散核武器条约》(NPT)的无核缔约国使用核武器，除非其使用常规武器或核武器打击美国和盟友的领土或武装部队。同时，有关总统本人是否应该参加联合国裁军特别会议，不同部门之间也有争议。有的部门支持总统亲自出席，以体现他继续致力于军备控制与裁军；而有的部门则认为参与本次会议可能与参与定于当年 5 月 30 日至 31 日召开的北约峰会相冲突。③

国防部长布朗与裁军署署长沃克在此后都与卡特总统进行了交流，在

① “Summary of Conclusions of a Mini-Special Coordination Committee Meeting”, April 20, 1978, in *FRUS*, *1977 - 1980*, Volume XXVI, pp. 1200 - 1201.

② “Memorandum of Conversation”, April 21, 1978, in *FRUS*, *1977 - 1980*, Volume XXVI, pp. 1202 - 1203.

③ “Summary of Conclusions of a Special Coordination Committee Meeting”, May 12, 1978, in *FRUS*, *1977 - 1980*, Volume XXVI, pp. 1206 - 1207.

总统决定前就停产与停止转移核裂变材料问题做最后的争取。5月15日，国防部长布朗与卡特总统进行交流，布朗坚持认为在联合国裁军特别会议上提出停产问题是错误的，他认为这会给美国的核武器计划带来额外的不确定性，会影响空射巡航导弹、三叉戟II型潜射弹道导弹以及正在研发的MX洲际弹道导弹项目。布朗还认为，在缺乏侵入性现场核查保证的前提下，会使停产与停止转移核裂变材料谈判变得困难，而依赖准确性可疑的非现场核查将会破坏整个军备控制协议。而在核裂变材料生产问题上，美国相比于苏联有显著的优势。布朗给出了自己的立场：美国应当做好在联合国裁军特别会议上面对他国提出这一议案的准备，但不应该主动提出并将其作为美国谈判立场的重要组成部分。此外，美国应当反对在目前开启这一谈判。布朗还递交了参联会有关这一问题的备忘录。①

在同一天，裁军署署长沃克也与卡特总统进行了交流。沃克强烈支持国务卿万斯的建议，认为卡特本人应亲自在联合国裁军特别会议现场发表演讲，阐述美国有关军备控制问题的诸多立场。此举不仅可以避免被解读为美国政府降低了对军备控制的承诺，还能与其他参会的北约盟国首脑保持同步。关于停产与停止转移核裂变材料问题，沃克认为，30多年以来，在卡特之前的五任总统一直将这一问题视为美国核裁军政策的基本立场，如果卡特总统对此不置可否，那么将会被外界解读为美国已放弃这一立场，且被迫接受其他国家的提议。沃克认为这一提议是第二阶段限制战略武器谈判（SALT II）与全面禁止核试验谈判（CTB）的一部分，完全符合美国国家利益，且可以保护持续的核燃料生产。这一提案将有助于纠正国际军备控制与核不扩散领域的歧视性局面，即核大国继续扩大其核武库，而自身不受相关约束，对核裂变材料禁产政策的否定将对国际范围内的核不扩散事业产生负面影响，也会对美国的整体核不扩散战略产生反作用。反对停产与停止转移核裂变材料问题，不仅会削弱美国领导全球核裁军的可

① "Memorandum from Secretary of Defense Brown to President Carter", May 15, 1978, in *FRUS*, *1977-1980*, Volume XXVI, pp. 1208-1209.

信度,还会将这一问题的主动权拱手让给苏联。沃克同时强调,停产与停止转移核裂变材料对苏联的影响远大于对美国的影响,美国目前没有生产武器级高浓缩铀,而武器级高浓缩钚的产量也很低,增产需要重启目前处于封存状态的钚生产反应堆,耗费巨大且引人注目。沃克同时也承认了这一问题的劣势,即苏联不会同意侵入性现场核查,而其他核查方式不可靠。沃克还表示国务卿万斯支持自己的立场,即由美国在联合国裁军特别会议上提出停产与停止转移核裂变材料问题。①

5月16日,国家安全顾问布热津斯基向卡特总统发去备忘录,请卡特总统就核问题立场声明、核裂变材料停产与否、卡特本人是否出席大会这三个最关键的问题做出最终决定。有关新的更具限制性的美国对核问题的立场声明,卡特总统反对做出这一消极安全保证,他认为应坚持自己在1977年10月联合国大会上的说法。有关停产与停止转移核裂变材料问题,卡特总统最终决定美国不提出这一问题,而假设面对其他国家提出的这一问题,美国的立场应该与之前的历届政府相一致,不应否认之前的声明。有关卡特本人是否出席联合国裁军特别会议并发表演说,卡特总统选择了不出席。② 次日(5月17日),布热津斯基向美国国务院、国防部、能源部、白宫预算和管理办公室、驻联合国代表团、裁军署、参联会、中情局和白宫科技政策办公室发去电报,传达了卡特总统的最终决定。③

---

① "Memorandum From the Director of the Arms Control and Disarmament Agency (Warnke) to President Carter", May 15, 1978, in *FRUS*, *1977 - 1980*, Volume XXVI, pp. 1209 - 1211.

② "Memorandum From the President's Assistant for National Security Affairs (Brzezinski) to President Carter", May 16, 1978, in *FRUS*, *1977 - 1980*, Volume XXVI, pp. 1211 - 1215.

③ "Memorandum From the President's Assistant for National Security Affairs (Brzezinski) to Secretary of State Vance, Secretary of Defense Brown, Secretary of Energy Schlesinger, the Director of the Office of Management and Budget (McIntyre), the Representative to the United Nations (Young), the Director of the Arms Control and Disarmament Agency (Warnke), the Chairman of the Joint Chiefs of Staff (Jones), the Director of Central Intelligence (Turner), and the Director of the Office of Science and Technology Policy (Press)", May 17, 1978, in *FRUS*, *1977 - 1980*, Volume XXVI, p. 1216.

四、首届裁军特别联大召开与卡特政府适时调整策略

万众瞩目的第一届联合国裁军特别会议（裁军特别联大）于当地时间1978年5月24日召开，这是联合国第一次专门为裁军问题召开大规模的、具有广泛代表性的国际会议。本次大会通过了《裁军特别联合国大会最后文件》，被视为国际裁军领域的纲领性文件。它全面阐述了裁军领域的目标、原则和优先事项，强调为实现全面彻底裁军的目标，"所有核国家，特别是拥有最庞大核武库的国家负有特别责任"。本次联合国裁军特别会议决定设立裁军审议委员会，以取代名存实亡的裁军委员会。裁军审议委员会作为联合国大会的一个附属机构，主要负责审议裁军领域的各种问题，其成员包括所有联合国成员国。本届联合国裁军特别会议还决定扩大日内瓦裁军委员会会议的成员国，并修改其议事规则。值得注意的是，中国也参加了本次联合国裁军特别会议，与广大不结盟运动国家合作，为制止超级大国的军备竞赛、维护世界和平作出了不懈的努力。①

在5月24日当天，美国国务院向美国驻联合国代表团阐述了美国政府对于联合国裁军特别会议的最终决定。美国政府在本次联合国裁军特别会议上有以下几个主要目标：(1) 增进其他国家对美国总体军控目标的理解和支持，扩大和改善与不结盟运动国家的关系；(2) 为与苏联正在进行的第二阶段限制战略武器谈判（SALT II）、全面禁止核试验谈判（CTB）创造良好的国际环境；(3) 进行更有建设性的裁军南北对话，在常规武器转让限制与核不扩散领域为美国赢得更多第三世界国家的支持与理解；(4) 保持现有多边谈判论坛框架的完整性，同时在提案变更程序方面保持灵活性，尽可能地利用联合国裁军特别会议为军控谈判注入新动力；(5) 通过联合国裁军特别会议行动纲领，为未来数年制定积极现实的军备控制与裁军议程；(6) 在军备控制问题上尽可能与美国盟友保持共同立场，同时鼓励法国和中国对美国军控倡议采取更积极的态度；(7) 为美国在军备控制与裁军问题上争取更多的国内外公众支持；(8) 抵制其他国家

---

① 刘华秋：《军备控制与裁军手册》，第80—82页。

可能损害美国国家利益的军控倡议，避免苏联将联合国裁军特别会议作为其宣传工具，劝阻反对不切实际的、有误导性的军控举措。美国政府同时希望美国代表团能提出一个平衡的、可被采纳的裁军宣言声明，并将其纳入联合国裁军特别会议的最终文件。美国政府向美国代表团提出了本次大会的总体目标与重点行动纲领要求，即提出一份现实的、与美国未来三到五年军控政策相符合的合理谈判议程文件，并与其他各国达成共识。在联合国裁军机构改组建议上，美国政府希望能够改组联合国裁军委员会，并且扩大成员国规模，同时建议联合国大会第一委员会未来只审议裁军和国际安全问题，将其他项目(如外层空间问题)交给其他机构进行工作。①

在5月25日的大会上，卡特总统本人并未出席，副总统沃尔特·蒙代尔(Walter Mondale)出席并致辞。蒙代尔在大会发言中提到，美国在未来几年将实现八个"大胆"的目标：(1) 大幅削减战略武器储备，并对其进一步发展进行严格的质量限制；(2) 达成全面禁止核试验条约(CTB)；(3) 防止核武器扩散；(4) 禁止其他大规模杀伤性武器，如化学武器和放射性炸弹(脏弹)；(5) 加强常规武器转让限制，扭转世界范围内常规武器保有量急剧增长的局面；(6) 加强区域军控协议；(7) 使世界各国都能够充分掌握军备控制所需的机构和专业知识；(8) 为经济社会发展释放额外资源。蒙代尔在发言中强调，军备控制"必须成为我们这个时代的道德议程"②。

在联合国裁军特别会议召开后，美国政府开始关注有关裁军大会与公共外交的问题。6月8日，布热津斯基向美国国务院、国防部和国际交流署负责人发去电报，希望能在其他国家营造一种针对裁军问题的更具理性的舆论氛围。布特津斯基希望特别协调委员会能够下设一个机构间委员会，以制定一项为期一年的有关军备控制和裁军问题的公共外交计划。布热津斯基的目标是：(1) 促进对重要军备控制和裁军问题的建设性的国际

① "Telegram From the Department of State to the Mission to the United Nations", May 24, 1978, in *FRUS*, *1977-1980*, Volume XXVI, pp. 1217-1225.

② Chris Tudda, "Editorial Note", in *FRUS*, *1977-1980*, Volume XXVI, pp. 1225.

讨论；(2) 让更多有兴趣的外国个人和机构讨论美国的军控立场和政策；(3) 帮助其他国家在支持美国立场的基础上达成更广泛的军控共识；(4) 削弱苏联和其他国家针对美国的宣传攻势所造成的影响。布热津斯基希望能用以下方法来达成这一目标：(1) 召开区域研讨会与学术会议，将各国主要知识分子聚集起来，就军控问题进行现实讨论；(2) 邀请外国记者和学者访问美国，与美国同行讨论军控问题；(3) 将这些讨论的成果更广泛地传播给海外受众；(4) 加强研究，让美国决策者更清晰地了解外国公众的观点。①

随着裁军大会会议议程不断推进，卡特总统之前已经做出决定的美国对核问题立场声明又有了新的变化。6 月 7 日，美国驻联合国大使安德鲁·杨(Andy Young)向国务卿万斯汇报称，除美国之外的其他有核武器国家都已表示愿意向无核武器国家提供额外保证，无核武器国家尤其是不结盟运动国家认为美国在本次大会上没有积极回应他们的要求，即做出坚定的消极安全保证，以及承诺不会对《不扩散核武器条约》(NPT)的无核缔约国使用核武器。安德鲁认为，不结盟运动国家的不满将使美国无法推进有关核不扩散的重要议程，并且将造成美国与盟友出现重大分歧的风险。6 月 10 日，万斯与布热津斯基分别向卡特发去备忘录，请示是否改变之前的决定，布热津斯基同时表示美国的盟友英国、日本、韩国与德国同意这一决定。在这种情况下，卡特总统改变了自己的决定，授权美国驻联合国代表团做出对核问题消极安全保证声明："美国不会对《不扩散核武器条约》(NPT)的任何无核武器缔约国或任何具有类似国际约束力的不获取核爆炸装置的承诺国使用核武器，除非是针对美国领土或武装部队的袭击，或与核武器国家结盟的国家或其盟友，或与核武器国家有关联的国家

① "Memorandum From the President's Assistant for National Security Affairs (Brzezinski) to Secretary of State Vance, Secretary of Defense Brown, the Director of the Office of Management and Budget (McIntyre), the Director of the Arms Control and Disarmament Agency (Warnke), and the Director of the International Communication Agency (Reinhardt)", June 8, 1978, in *FRUS, 1977–1980*, Volume XXVI, pp. 1227–1228.

实施或维持攻击。”①

6月12日，美国总统卡特、副总统蒙代尔、国务卿万斯会见美国驻联合国代表团相关人员，卡特与驻联大使安德鲁等人进行交流，并询问几个重要议程，如核不扩散、第二阶段限制战略武器谈判(SALT II)、全面禁止核试验谈判(CTB)、反卫星武器谈判(ASAT)等的进展，并对目前的会议进程和谈判状况表示满意。②

第一届联合国裁军特别会议(裁军特别联大)于美国时间1978年7月1日凌晨闭幕，大会通过了《裁军特别联合国大会最后文件》。由于本次大会并未达成或签署任何实质性的、具有约束力的国际裁军协议，评论界普遍对本次大会持悲观看法，认为其未能阻止失控的军备竞赛，以及达成的最后文件内容薄弱，缺乏有效的行动纲领等。正如诺贝尔医学奖得主乔治·沃尔德(George Wald)在大会结束后的一篇杂志社论中所说的那样：“(因为失控的军备竞赛所带来的阴霾，)今天的年轻人无法保证他们将会度过怎样的一生……今天的年轻人过着罪犯般的生活。”不过本次大会还是取得了一些成绩：(1) 美苏两国就核武器问题在大会上作出消极安全保证；(2) 日内瓦十八国裁军委员会及裁军委员会会议被改组为裁军谈判委员会，吸纳了更多成员国加入；(3) 联合国承诺将拿出更多经费用于军备控制的公众宣传与教育，将裁军问题与更多国际问题联系起来；(4) 本次大会产生了重要的动员国际舆论、增进世界关注、加强人民认识的作用。③

7月3日，美国驻联合国代表团向美国国务院发去电报，对本次大会作出了总结。代表团认为，作为1932年以来的第一次全球性裁军会议，各国代表都对本次大会给予了较高的期望，许多人希望在军控和裁军领域取

① “Memorandum From the President's Assistant for National Security Affairs (Brzezinski) to President Carter”, June 10, 1978, in *FRUS*, *1977 - 1980*, Volume XXVI, pp. 1228 - 1231.

② “Memorandum of Conversation”, June 12, 1978, in *FRUS*, *1977 - 1980*, Volume XXVI, pp. 1231 - 1234.

③ Sverre Lodgaard, “Taking Stock of the UN Special Session on Disarmament”, *Bulletin of Peace Proposals*, Vol. 9, NO. 3, 1978, pp. 195 - 199.

得重大突破或创造新的出发点。但是由于各国之间国家利益不同，代表们的看法和目标也不同，达成共识的前景较为遥远。大会达成的《裁军特别联合国大会最后文件》包括有核武器国家和西方盟国在内的国际社会对未来几年裁军谈判的广泛目标和优先事项，这一最终文件虽然没有完全满足任何一个国家或国家集团的愿望，但是普遍受到各国代表团的欢迎，美国的盟友们也对这一结果表示满意。除了少数保留，美国代表团决定接受这一最终文件。美国代表团同时也承认，在核不扩散方面美国并没有达成其预期的全部目标，但明确表达了通过国际行动防止核武器进一步扩散的重要性，美国也接受本国与主要无核国家之间基本观点的分歧不可避免地存在。美国代表团还表示，通过达成最终共识，他们排除了一些不可接受的建议，包括印度提出将使用核武器定义为反人类罪、不结盟运动国家要求大国撤出海外基地，以及苏联关于中子弹和海外核武器部署问题的相关提案，并对这些结果表示满意。美国代表团还认为，苏联在本次大会上得到的较少，不结盟运动国家并没有得到他们想要的一切，但最后也认可了最终文件，并未直接退出。①

五、结语

长期以来，以不结盟运动国家为首的第三世界国家对国际军控事业抱有警惕与非议，这种敌对情绪主要有两个原因：第一，这些国家认为以日内瓦十八国裁军委员会及裁军委员会会议为代表的国际裁军机构框架由美苏两个大国把持，无法真正有效地推动裁军事业发展；第二，重要的美苏核军控与核裁军谈判多为双边谈判，美苏两国甚至不会将相关情况和进展通报给联合国大会和裁军委员会会议，更不会允许其他国家尤其是第三世界国家参与其中，这引起了大量不满。

70年代中后期，不结盟运动国家开始意识到，应该将国际军控事业从

---

① "Telegram From the Mission to the United Nations to the Department of State", July 3, 1978, in *FRUS*, *1977－1980*, Volume XXVI, pp. 1235－1239.

裁军委员会会议的小框架中拉出来，在联合国大会这一更大的舞台上进行军控磋商，这是各国在几次首脑会议后达成的共识。于是，推动联合国裁军特别会议的召开便成为一种必然。

美苏两国并未对联合国裁军特别会议的召开予以阻挠，美国卡特政府不仅对此多有支持，还积极配合大会最终文件的形成。究其原因，联合国大会不仅是第三世界国家争取权力的舞台，还是美苏两国进行国际治理的重要机构，阻挠大会召开会破坏这一机构本身，不如顺水推舟，顺风转舵，在妥协中达成共识。

卡特政府参与联合国裁军特别会议（裁军特别联大）是其任上所取得的少数几个较为成功的军备控制与核不扩散国际治理成就之一。卡特政府积极承担国际责任，参与国际治理，与不结盟运动国家合作，推动与会各国就《裁军特别联合国大会最后文件》达成一致，为国际军备控制与核裁军问题作出重要贡献。这一行动不仅有效贯彻了卡特政府的国际军备控制理念，也实现了通过广泛参与军备控制与核不扩散国际治理来占据国际道义制高点的目的。

但需要注意的是，卡特政府在参与联合国裁军特别会议的目标上有着明显的两面性：一方面，卡特政府希望能推动大会达成不会损害美国国家利益的军备控制目标，如出于本国国家利益的考量，卡特政府不希望推动停产和停止转移核裂变材料问题，不支持苏联提出的限制中子弹武器、禁止在海外无核国家部署核武器等提议，也不支持印度、不结盟运动国家推动的损害美国海外利益的提案通过；另一方面，卡特政府一边希望大会相关议程不会影响美苏间重要的双边军备控制谈判，不愿让其他国家参与美苏双边会谈，一边又试图推动对苏联不利或苏联明显持反对立场的提议，如利用国际原子能机构（IAEA）现场核查问题等回击苏联，一定程度上将联合国裁军特别会议当作了冷战中大国争霸的舞台。

卡特政府在参与联合国裁军特别会议的过程中，也暴露出了内部的分歧。如国家安全顾问布热津斯基、国务卿万斯和裁军署署长沃克站在外交策略与军控谈判的角度支持美国政府率先提出并推动停产与停止转移核裂变材料问题，而国防部长布朗、能源部长施莱辛格和参谋长联席会议则代表军方站在军事需求与国防安全的角度反对停产核裂变材料。由于卡特政府内阁没有设立白宫幕僚长一职，一定程度上削弱了对政府各部门之间出现分歧冲突的约束能力，许多事情需要最终由卡特本人亲自定夺，也降低了行政决策效率。

第一届联合国裁军特别会议的召开象征着70年代第一个“裁军十年”的结束。1978年后，裁军委员会会议改称裁军谈判委员会，其后又改称裁军谈判会议（简称裁谈会），联合国裁军机构的机制与结构未再发生较大变化，基本在原有框架内展开工作。截至目前，裁军谈判会议共有65个成员国。①

1979年，第三十四届联合国大会宣布80年代为第二个“裁军十年”，要求各国制止和扭转军备竞赛的趋势，根据联合国裁军特别会议所达成的共识，缔结裁军协议，加强国际和平与安全。1982年，第二届联合国裁军特别会议召开，重申上届大会最终文件的有效性，决定发动一场世界裁军运动，并设立了联合国裁军事务部这一执行机构。1988年，第三届联合国裁军特别会议召开，与会各方就裁军问题提出了许多建设性的建议和主张。1990年第四十五届联合国大会宣布90年代为第三个“裁军十年”，号召国际社会通过裁军实现真正的和平与安全。不过需要注意的是，以上国际裁军运动均未取得实质性成果，甚至只有第一届联合国裁军特别会议达成了大会最终文件。虽然未取得实质性成果，但它们对动员国际舆论、增进世界关注、加强人民认识、促进世界范围内裁军运动发展产生了积极影响。②

（李东航：华中师范大学历史文化学院博士研究生）

---

① 刘华秋：《军备控制与裁军手册》，第77页。

② 刘华秋：《军备控制与裁军手册》，第80—81页。

The Carter Administration and the First United Nations Special Sessions devoted to Disarmament in 1979

Li Donghang

Abstract: After the end of World War II, the United Nations became the main arena for countries all over the world to wrestle with each other for arms control. During the Carter administration of the United States, due to new changes in the international situation such as the Non-Aligned Movement, it actively complied with the trend of the times, reached an agreement on issues such as domestic suspension of production and transfer of nuclear fissile materials, and made international compromises and promised to provide negative security for nuclear issues. Guarantee and promote the successful convening of the first United Nations Special Sessions devoted to Disarmament. The series of behaviors of the Carter administration included the enthusiasm for assuming the responsibility of a major country and extensive participation in international governance of arms control and nuclear non-proliferation, and the passiveness of attacking the Soviet Union and using the United Nations Special Sessions devoted to Disarmament to fight for hegemony among major powers.

Keywords: United Nations Special Sessions devoted to Disarmament; arms control; United States; cold war

历史地理学

《历史地理信息系统研究在加拿大》译介

潘　晟

（南京师范大学社会发展学院）

关于历史地理信息系统的发展史，最早的系统表述是提莫西·W.佛里斯曼（Timothy W. Foresman）主编的《历史地理信息系统的历史：来自先驱者的透视》（1998）。① 而詹尼弗·邦奈尔（Jennifer Bonnell）和马赛尔·福丁（Marcel Fortin）共同编辑的论文集《历史地理信息系统研究在加拿大》（2014），则向我们展示了加拿大历史地理信息系统研究工作的历史、现状与困境，是利用历史地理信息系统进行跨学科合作方面的代表性论文集。②

虽然该书出版于2014年，距离现在已经过去了9年，地理信息系统已经从热门的新技术、新工具发展成为人们生活中日用而不知的常用工具，或者称为手头工具。即使在人文研究中，运用地理信息系统技术也已经较

---

① Timothy W. Foresman ed., *The History of Geographic Information Systems: Perspectives from the Pioneers*, Upper Saddle River: Prentice Hall PTP, 1998. 提莫西·W.佛里斯曼编这本书的时候，在马里兰大学工作。该书由普伦蒂斯霍尔出版社出版，属于基思·C.克拉克（Keith C. Clarke）主编的GIS丛书之一。该丛书包括艾佛（Avery）、柏林（Berlin）《遥感与航片解析的基础》（*Fundamentals of Remote Sensing and Air Photo Interpolation*）；克拉克《分析与计算机制图》（*Analytical and Computer Cartography*）；克拉克《和GIS一起出发》（*Getting Started with Geographic Information Systems*）；詹森（Jensen）《数字影像处理导论：遥感透视（第二版）》（*Introductory Digital Image Processing: A Remote Sensing Perspective, 2nd edition*）；皮特森（Peterson）《交互与动画制图》（*Interactive and Animated Cartography*）；斯塔（Star）、埃斯特（Estes）《地理信息系统》（*Geographic Information Systems*）；汤姆林（Tomlin）《地理信息系统与制图模型》（*Geographic Information Systems and Cartographic Modeling*）等众多著作。

② Jennifer Bonnell & Marcel Fortin, eds., *Historical GIS Research in Canada*, Alberta: University of Calgary Press, 2014.

为常见，各种历史地理信息系统也开发了不少①，但是就目力所及，仍有不少问题：(1) 国内建设历史地理信息数据库的热情高涨，但是真正便于利用的在线系统仍然凤毛麟角；(2) 运用历史地理信息系统展开的工作虽然有不错的成绩，但是也有不少流于可视化的展示（有些甚至很肤浅，其质量尚不如未使用地理信息系统的工作），未能充分发挥出地理信息系统对于历史研究的价值；(3) 缺乏关于运用地理信息系统进行历史研究的理论讨论；(4) 对兴起于北美的历史地理信息系发展史的关注不够。而 2014 年出版的这本加拿大历史地理信息系统研究论文集，不仅对于了解历史地理信息系统的发展史有帮助，而且对于选择研究论题和研究视角也具有启发价值，有助于推动发展历史地理信息系统的理论探讨，故而将其主要内容译介出来，以供参考。②

一、论文集缘起与基础

1. 缘起与基础

据《导言》，该文集源于 2009 年完成的冬谷古旧地图项目（Don Vally Historical Mapping Project）。该项目在搜集和综合古旧地图以及其他相关文献的基础上，建成了加拿大城市化程度最高的流域的历史地理信息系统，并向公众开放。③ 在该项目过程中，詹尼弗·邦奈尔和马赛尔·福丁认为跨越学科和专业区隔的合作，可以在实践方面带来实实在在的益处，以及各种创造的可能性，故而编辑了该论文集。另外，编者特别指出，安妮·凯莉·诺威尔斯（Anne Kelly Knowles）在 2002 年和 2008 年关于历

---

① 相关讨论，参见潘威、孙涛、满志敏：《GIS 进入历史地理学研究 10 年回顾》，《中国历史地理论丛》2012 年第 1 期，第 11—17 页；张萍：《地理信息系统（GIS）与中国历史研究》，《史学理论研究》2018 年第 2 期，第 35—47、158 页。

② 译介以詹尼弗·邦奈尔和马赛尔·福丁的《导言》（pp. ix - xix）为基础，结合各篇论文略作语言调整。未加编译者按的是原注。

③ 详情参见http://maps.library.utoronto.ca/dvhmp/。

史地理信息系统研究的原创性工作①，以及大量利用历史地理信息系统的加拿大研究，也是该文集编纂的基础。文集最后附上了历年来加拿大历史地理信息系统研究的目录。

2. 文集编撰的宗旨与目标：GIS是历史研究有力的新方法

编者认为，在当时的加拿大，历史地理信息系统在历史学界还是一个相对新的工具。因此，他们希望，通过该文集展示在加拿大历史研究中那些关注不同时期和不同论题的历史学者与其他研究者合作的个案工作，以反映从事历史地理信息系统实践及其过程，以及该过程中历史学者、地理学者和其他研究者利用地理信息系统发展和丰富其分析时所能达到的程度。他们希望通过该论文集指明历史地理信息系统方法在研究中的价值的同时，也讨论将之应用于历史资料的挑战，以及获得受政策和法律约束的加拿大信息文本的困难有哪些。总体上，编者希望通过论文集揭示 GIS 不仅仅是一种绘图工具，更是一种历史研究的有力的新方法。

3. 合作是该工作的基本特征

编者指出，在传统观念中孤立从业的历史学者们，发现在一起工作的机会越来越多，跨越学科边界将新方法用于其研究的情况越来越多。该文集的作者有历史学者、地理学者、地图和地理信息系统图书馆员，以及来自其他学科的专家和科学家。这些研究大部分得到了技术员、研究生、档案保管员的支持。该文集中论文的研究尺度和跨度，既有得到良好资金支持的首创性的长期的大项目，也有由几个研究人员在几周之内完成的低预算的小项目。

编者特别指出，图书馆管理员在历史地理信息系统合作研究中的价值。编者认为，历史地理信息系统作为一种新的历史研究方法趋势，它证明图书馆管理员不再只是老套的纸质收藏的看门人，他们现在投身于图

---

① Anne Kelly Knowles, *Past Time*, *Past Place*: *GIS for History*, illustrated ed., Redland, CA: ESRI Press, 2002; Anne Kelly Knowles and Amy Hillier, eds., *Placing History*: *How Maps*, *Spatial Data and GIS Are Changing Historical Scholarship*, Redlands, CA: ESRI Press, 2008.

书、地图以及其他藏品的数字化、利用以及传播。在他们能提供技术和专门主题知识的地方，他们被纳入研究项目之中的情况剧增。作为得到专业授权的能轻松获得信息的研究合作者，他们正在改变学术研究的性质和输出方式，他们扮演的是信息专家的角色，是新领域的图书管理员。

二、该文集主要论文简介

1. 概览

论文集在序言之外，有 13 篇论文，以及加拿大历史地理信息系统研究信息的附录、参考文献选录和作者介绍与索引。13 篇论文一共有 27 位作者，包括 14 位历史学者、7 位地理学者、5 位图书馆员，以及 1 位护林员。他们之中，有些人是历史地理信息系统方法的先驱，而有些人则是第一次使用该方法工作。

编者认为，该论文集适合那些新接触历史地理信息系统方法的人，或者刚刚开始熟悉地理信息系统，并将它作为历史研究方法的人。论文集文笔流畅，通俗易懂，还有丰富的图解，非常适合大学本科教育。特别是论文集中的个案，可以为诸如加拿大社会、文化、环境史、历史地理等本科高阶课程提供参考；以及为地理、历史、信息研究和其他学科的高阶方法课程提供参考。

2. 各篇内容简介

该论文集讨论的空间跨度从加拿大西海岸到东海岸，其中有 3 篇文章将加拿大作为讨论尺度。第 1 篇论文《空间内外转化：维多利亚时期维多利亚港的种族与空间历史》（"Turning Space Inside Out: Spatial History and Race in Victorian Victoria", pp. 1－26），是历史学者约翰·卢兹（John Lutz）、帕特里克·丹纳（Patrick Dunae）、梅根·哈维（Megan Harvey）与地理学者贾森·吉利兰德（Jason Gilliland）和唐·拉费尼埃（Don Lafreniere）的合作成果。他们利用历史地理信息系统，讨论大英帝国权力顶峰的关键节点时期人种和空间之间的关系，讨论 19 世纪晚期维多利亚港与不列颠哥伦比亚的种族歧视及其影响，其结论挑战了目前对种族话语的理解。①

第 2 篇论文是《用谷歌地图绘制韦兰运河与圣劳伦斯海道》("Mapping the Welland Canals and the St. Lawrence Seaway with Google Earth"),采用便于利用和掌握的 Google Earth 技术,讨论了安大略省(Ontario)大湖地区交通基础设施的历史侧面。其中来自布洛克大学(Brock University)的图书馆馆员科琳·彼尔德(Colleen Beard)利用 Google Earth 提供的丰富资料,陈述了韦兰运河的区域遗迹规划和历史名胜。而在安大略湖另一端的历史学家丹尼尔·麦克法兰(Daniel Macfarlane)和吉姆·克利福德(Jim Clifford)利用 Google Earth 绘制了圣劳伦斯海道和电力项目的演进。这两个工种都阐明了 Google Earth 作为一种免费获得的工具,对于分析和表现过去时空的地理空间关系有多种用途。

第 3 篇与第 4 篇论文,都讨论了多伦多(Toronto)的城市景观。第 3 篇论文《重新使用地图馆:冬谷历史地图项目》("Reinventing the Map Library: The Don Valley Historical Mapping Project", pp. 43 - 60),历史学者詹尼弗·邦奈尔和地图兼地理信息馆馆员马赛尔·福丁探讨了一个小型历史地理信息系统项目。该项目,是一种用相对有限的资金与学术图书馆合作的方式寻找和编辑地理空间资源的案例。该项目为多伦多地区集合并数字化了范围广泛的地理文献,做成了一个向公众免费开放的峡谷工业和环境历史的数据库。

第 4 篇论文《房子里的最佳座位:利用历史地理信息系统解释多伦多地区 19 世纪晚期的宗教和种族》("The Best Seat in the House: Using Historical GIS to Explore Religion and Ethnicity in Late-Nineteenth-Century Toronto", pp. 61 - 82)。在该文中,历史学家安德鲁·辛森

① 编译者按:如何讨论空间史是一个大的理论问题,该文所揭示的种族与空间问题,是资本主义殖民史研究的重要论题,在种族歧视空间方面具有长时段的特征,对于利用地理信息数据展开人群与空间分布关系与意义的讨论有启发价值。类似的问题在国内的史学研究中似乎还没有见到。

（Andrew Hinson）与图书馆馆员珍妮弗·马尔文（Jennifer Marvin）和卡梅隆·梅特卡夫（Cameron Metcalf）组成的团队，研究了1882年多伦多诺克斯长老会教堂（Knox Presbyterian Church）的座次记录（pew seating records）中的社会经济关系（socio-economic relationship）。该文通过带有人口普查数据和城市税收清册（city assessment roll）的座次记录中携带的地址数据，制作了宗教社团社会身份的街区水平图①，得到了关于社会位置的一些不可思议的发现。

第5篇论文《人口、土地和水的故事：利用空间技术来解释区域环境史》（"Stories of People，Land，and Water：Using Spatial Technologies to Explore Regional Environmental History"，pp. 83－110），是斯蒂芬·博金（Stephen Bocking）和芭芭拉·兹纳米罗夫斯基（Barbara Znamirowski）关于发展安大略中南部区域环境史数据的工作。他们发现，地理信息系统技术能够讲述加拿大环境史的关键故事，比如农业与工业聚落的分布、资源工业的兴起和衰落，以及环境保护的出现等。

第6篇论文《绘制渥太华城市森林地图，1928—2005》（"Mapping Ottawa's Urban Forest，1928－2005"，pp. 111－128）中，乔安娜·迪恩（Joanna Dean）和乔恩·帕舍尔（Jon Pasher）利用历史航空图片测量了覆盖渥太华周边地区的树荫，用社会指标汇集其结果，表明行道树的环境益处是社会生成的，并且呈现不均衡的区域分布特征。

第7篇论文《"我不知道这个领域的边界，但是我知道我工作的边界"：HGIS与莫霍克土地实践》（"'I do not know the boundaries of this land，but I know the land which I worked'：Historical GIS and Mohawk Land Practices"，pp. 129－152），作者是历史学者丹尼尔·吕克（Daniel Rueck）。他讨论的是19世纪的Kahnawa：ke，这是靠近蒙特利尔（Montreal，在加拿大魁北克西南部的一个港口）的一个莫霍克社区，该地居民有着独特的文

① 编译者按：通过微观空间的秩序，探讨社区阶级分布，是一个很有发展前途的历史社会地理研究领域，国内目前还没有这样的工作。

化。在该文中,作者利用地理信息系统技术分析文献,揭露了两个存在激烈分歧的土地实践管理的重写本(palimpsest)。他的工作考虑了利用地理信息系统探讨原住民(indigenous people)环境史时重要的文化顾虑(important cultural considerations),以及文化假设的固化能力。

第 8 篇论文《蒙特利尔街区的重建》("Rebuilding a Neighbourhood of Montreal", pp. 153 – 180)由建筑史学者弗朗索瓦·笛福(Francois Dufaux)和地理学者雪莉·奥尔森(Sherry Olson)完成。他们揭示了 1852 年 7 月大火灾之后蒙特利尔(现在的 Notre Dame East)的圣玛丽(St. Mary)居民区重建过程中,个体行动者所做的选择和所面对的制约。借助蒙特利尔历史地理信息系统(Montreal H-GIS)的地理空间数据库,以及从过去到未来的蒙特利尔项目(Montreal,l'avenir du passé,MAP),合并了大量数据,包括施工规范(builder's specification)、火灾期间的借款合同,以及稍后些的建筑图纸等,笛福和奥尔森勾勒了该居民区对未来的想象序列。

第 9 篇论文《生长与侵蚀:用 HGIS 讨论圣劳伦斯河口的盐沼进化》("Growth and Erosion: A Reflection on Salt Marsh Evolution in the St. Lawrence Estuary using HGIS", pp. 181 – 196)的作者是历史地理学者马修·哈特瓦尼(Matthew Hatvany),他利用历史地理信息系统搜集了圣劳伦斯河口海岸线侵蚀的科学观察数据和外行观察数据,建立了魁北克卡莫拉斯卡郡(Quebec,Kamouraska County)地区盐沼生长和侵蚀的详细的时间序列分析,展现了一幅环境变迁的不同图像,提出了一个重要的关于理解环境急剧变迁的科学方法的认识论问题,以及历史方法对于研究环境问题的价值。①

第 10 篇文章《自上而下的历史:1900—2000 年之间利用航空摄影界定爱德华王子岛的森林、农地和农地普查》("Top-down History:

① 编译者按:环境史的文化向度,是环境史中的常规题目,但是多侧重于森林、水土流失,对于流域河口方面的关注还较少,是值得反思的理论论题。

Delimiting Forests，Farm，and the Census of Agriculture on Prince Edward Island Using Aerial Photography，ca. 1900 – 2000”，pp. 197 – 224）作者是历史学者约书亚·麦克法迪恩（Joshua MacFadyen）和护林员威廉姆·格伦（William Glen），他们以历史森林清册（historical forest inventories）为基础，结合地理信息系统和航空照片，讨论了爱德华王子岛从 1900—2000 年之间的农业活动及其环境影响，以及森林再生产率等问题。

第 11、12 和 13 篇论文采用了跨加拿大尺度的方法。第 11 篇论文是地理学者萨莉·赫曼森（Sally Hermansen）和历史学者亨利·余（Henry Yu）撰写的《歧视的反讽：利用中国人丁税数据绘制历史移民地图》（“The Irony of Discrimination：Mapping Historical Migration Using Chinese Head Tax Data”，pp. 225 – 238），他们使用中国人丁税数据（Chinese Head Tax）绘制了 1910—1923 年之间，中国向加拿大移民的迁出地和迁入地地图。通过历史地理信息系统，该论文揭示了中国迁出地与加拿大目的地之间的模式，展示了建构流动的“移民地理学”的抱负。①

第 12 篇论文是历史学者露丝·桑德维尔（Ruth Sandwell）撰写的《绘制加拿大燃料利用图：探索加拿大输电网络的社会史》（“Mapping Fuel Use in Canada：Exploring the Social History of Canadians’ Great Fuel Transformation”，pp. 239 – 270）。作者绘制了 20 世纪 20—50 年代加拿大输电网络扩展图，用数据揭示了人口密度和民用燃料变迁之间的关联。作为加拿大能源社会史大型研究项目的一部分，该文探讨了在“现代”燃料标签下电对于消费者的“无地方性”（“placelessness”）和不可见性（电在文学意义上不可见性）②，它对于理解加拿大燃料的萃取、生产、加工、运输和消费时空以及地方，具有深远的意义。

第 13 篇《利用普查微观数据探索历史地理：加拿大世纪研究基础项目

① 编译者按：这些年移民史研究在国内略有沉寂，原因或在于方法的拓展趋于瓶颈，该文的切入思路对于重燃移民史研究，即使是区域内部移民研究也具有很好的参考价值。

② 编译者按：无地方性与不可见性，是探索现代性的重要概念，对于近现代史研究很有启发意义，目前在国内的史学研究中还较少提及。

(CCRI)》["Exploring Historical Geography Using Census Microdata: The Canadian Century Research Infrastructure (CCRI) Project", pp. 171 - 186],作者是制图员拜伦·莫尔多夫斯基(Byron Moldofsky),他介绍了加拿大世纪研究基础(CCRI)项目,以及它对加拿大历史研究的重要意义。

三、历史地理信息系统发展简史

地理信息的计算机化操作和管理大约同时在美国和加拿大发端。大约 20 世纪 60 年代中期,哈佛计算机图形实验室(the Harvard Laboratory for Computer Graphices)开始发展利用计算机技术自动绘图的方法。加拿大也在 20 世纪 60 年代开始发展地理信息系统。最早的计算机制图与地理分析工具是 CGIS(Canadian Geographic Information System),该系统的开发是为了用计算机管理加拿大土地清册(Canada Land Inventory, CLI)的地图和数据。加拿大土地清册覆盖了 250 万平方公里的陆地和水域的地理信息,按农业、森林、野生动植物、休闲娱乐进行土地利用分类,并在项目期之外制作了超过 1 000 幅的 1∶250 000 比例尺的地图。到 20 世纪 70 年代初,CGIS 已成为加拿大大多数领土的地理空间数据管理工具,使加拿大在 GIS 技术的发展方面成为领跑者。①

在美国,国家历史地理信息系统项目编辑和制作了从 1790 年到 2000 年之间的美国人口普查信息。② 在英国,伊恩·格里高利(Ian Gregory)和汉弗利·索斯霍尔(Humphrey Southall)的《大不列颠历史地理信息系统》

---

① 所有数据作为 CLI 的一部分至今仍然可以从Government of Canada's website Geogratis. ca获得。更深入的信息参见http://res. agr. ca/cansis/nsdb/cli/intro. html。关于 CGIS 的历史的较好的介绍,参见 Roger Tomlinson, "The Canada Geographic Information System", in Timothy W. Foresman ed., *The History of Geographic Information Systems: Perspectives from the Pioneers*, pp. 21 - 32。佛里斯曼编的这本文集提供了一个关于 GIS 历史的有用的概览,以及发展过程中的关键人物和组织者。关于在哈佛的最新进展,见 Nicholas R. Chrisman, *Charting the Unknown: How Computer Mapping at Harvard Became GIS*, Redlands, CA: ESRI Press, 2006。

② 见https://www. nhgis. org/。

（“Great Britain Historical GIS”），以及《穿越时间的不列颠视觉》（“Vision of Britain Through Time”）项目，建成了令人印象深刻的数据知识库，是指向当代地理的便于参考的历史资料，使研究者能够解释过去的景观，并将之视觉化。① 这些项目提供的地理空间数据又衍生出了很多小的原创成果。另一个值得注意的历史地理信息系统项目，是大卫·拉姆齐（David Rumsey）所藏的巨量古旧地图和影像作品的数据化。②

2004年3月，芝加哥纽伯利图书馆（Newberry Library）召开了“历史与地理：评价地理信息在历史学界的角色”的会议。该会议是历史地理信息系统发展的一个分水岭，它将全世界受人尊敬的学者召集到一起，讨论他们在历史研究中使用地理信息系统的工作。与会者中有安妮·凯莉·诺里斯（Anne Kelly Knowles）编辑，2002年由ESRI出版的论文集《过去的时间，过去的空间：为史学准备的GIS》（*Past Time，Past Place：GIS for History*）的作者。这次会议对于很多历史学者、历史地理学者和图书馆员是一次令人鼓舞的会议。它产生了ESRI的第二种出版物《定位历史：地图、空间数据和GIS如何改变历史学》（*Placing History：How Maps，Spatial Data and GIS Are Changing Historical Scholarship*）。这两本书，以及伊恩·格里高利和保罗·厄尔（Paul Ell）2008年出版的《历史地理信息系统：技术、方法与学界》（*Historical GIS：Technologies，Methodologies，and Scholarship*）构成了历史地理信息系统学的核心文本。③

近年来，在历史学实践中出现了可以识别的“空间转向”（“spatial turn”）。不同研究领域和研究时段的历史学者对于各自研究领域的空间文本给予了充分的关注，强调在新的道路上利用一系列空间方法和技术去解释资料。这样的工作产生了一批历史地理信息系统运用于历史研究的早期创造性成果。比如斯坦福大学理查德·怀特（Richard White）的空间

---

① 见评论http://www.port.ac.uk/research/gbhgis/和http://www.visionofbritain.org.uk/。

② 见http://www.davidrumsey.com/。

③ Gregory，Ell，*Historical GIS：Technologies，Methodologies，and Scholarship*；Ian Gregory，*A Place in History：A Guide to Using GIS in Historical Research*，Oxford：Oxbow，2003.

史学项目(Spatial History Project),该项目有一个学者合作社区,致力于“创造性的视觉分析”以深化史学研究;比如埃里克·桑德森(Eric Sanderson)的曼哈顿项目,通过原创的创意,使用地理参数的历史数据和其他技术方法使观看者能够将曼哈顿的自然历史视觉化。① “空间史”(“Spatial History”)作为术语描述了一系列方法,包括历史地理信息系统、空间统计,以及数据可视化。有时,空间史与历史地理信息系统交互使用。不过该文集的编者认为,他们使用历史地理信息系统是指将地理信息技术应用于历史研究问题的特殊方法,而空间史则是包括历史地理信息系统但不限于此的更宽泛的研究路径。

在加拿大,历史地理信息系统的发展情况与英国和美国有很大的不同。直到20世纪90年代,只有少数历史地理学者和历史学者利用地理信息系统技术去创作加拿大过去的景观和社会的地理表达或空间表达。值得注意的项目,有“蒙特利尔:从过去到未来”(“Montréal, l'avenir du passé”),是由麦吉尔的地理学家雪莉·奥尔森(Sherry Olson)和纪念大学(Memorial University)的历史学家罗伯特·斯威尼(Robert Sweeny)领导的一个蒙特利尔综合历史地理信息数据库。② 随着奥尔森关于蒙特利尔的空间史,以及最近东·拉弗尼尔(Don Lafreniere)关于安大略省伦敦市的空间史,还有贾森·吉利兰德(Jason Gilliland)在西安大略大学的工作,都为理解加拿大城市史作出了重要贡献。③ 在加拿大,虽然有联邦政府的

---

① 曼哈顿项目由 Welikia 项目扩展而来,Welikia 项目涉及整个纽约城的自然史,包括 Bronx, Queens, Brooklyn and Staten Island,以及周围水域。见http://welikia.org/。

② The MAP 项目可以在http://www.mun.ca/mapm/获得。由此产生了大量学术成果,包括谢里·奥尔森(Sherry Olson)和帕特里西娅·桑顿(Patricia Thornton)的最新著作《布满北美的城市:蒙特利尔,1840—1900》(*Peopling the North American City: Montreal 1840 - 1900*, Montreal: McGill-Queen's University Press, 2011)。该项目产生的完整的成果见附录 A。概览则参见 Jason Gilliland and Sherry Olson, “Montreal, l'avenir du passé”, GEO info January-February(2003): 5 - 7。

③ 见 Mathew Novak and Jason Gilliland, “Trading Places: A Historical Geography of Retailing in London, Canada”, *Social Science History* 35, no. 4 (2011): 543 - 570。关于加拿大主题的和加拿大学者作出的充分的历史 GIS 成果的列表,参见附录 A。

GEOGRATIS 和 GEOBASE 数据门户为研究者提供了不断扩展的地理与空间信息集合（不足在于缺乏历史内容），但是具有重要意义的历史地理信息系统创意相对稀缺，其部分原因在于缺乏类似美国和英国那样的国家历史地理信息系统和地理空间数据项目。

2003 年开始，加拿大世纪研究基础建设项目（CCRI），将 1911 年到 1951 年的加拿大人口普查数据数字化，并编辑了一个互相关联的数据库，这部分地填补了以往的缺口。该项目是由查德·加菲尔德（Chad Gaffield）投资领导，有其他 12 家学术单位参与的多学科、多机构项目。在加拿大创新基金（Canada Foundation for Innovation，CFI）资助下，CCRI 将 1871—2001 年的人口数据，连带与人口普查相伴随的地理信息与空间信息尽量整合到了一起。尽管这些项目创意有巨大承诺，但是仍然缺乏地理空间数据的一站式商店（"one stop shop"），这在于加拿大版权法（Canadian copyright legislation）充满了限制和混乱，继续阻碍着加拿大历史地理信息系统研究的发展。

一份加拿大历史地理信息系统研究地位的评价称，与 10 年前相比，加拿大社会史、文化史和环境史问题的研究项目的数量在增长，关于历史地理信息系统的兴趣在兴起。奥尔森、斯威尼和吉尔兰德的工作，抓住了新一代研究生和新学者的兴趣。数字人文学者的影响同样令人瞩目，比如西安大略大学的威廉姆·J. 特克（William J. Turkel）。特克通过他的获奖博客"数字史黑客"（Digital History Hacks，2005 - 2008）和电子书《编程历史学家》（*The Programming Historian*），已经激发了很多历史学者在追寻历史问题的过程中采用了计算机编程。① 不可忽略的是西安大略大学的历史学家艾伦·马克安肯（Alan MacEachern）领导的加拿大历史和环境网（Network in Canadian History and Environment，NiCHE），它由社会科学和人文研究委员会（the Social Science and Humanities Research Council，

① 相关的内容参见 http://digitalhistoryhacks.blogspot.ca/；http://niche-canada.org/programming-historian。

SSHRC)资助,对新人产生了积极的影响。NiCHE鼓励在历史研究中广泛地使用计算机,自2007年开始资助了一些数字历史项目,并在2008年多伦多大学图书馆为来自各国的博士生资助了为期两天的历史地理信息系统工作坊。

四、阻碍加拿大历史地理信息系统发展的因素

1. 项目开支

在加拿大,虽然对历史地理信息系统的研究兴趣正在明显增长,但是现实的挑战是创设新项目的投入问题常常阻碍了他们的起飞。项目开支常常是第一个障碍。时间、专家意见和研究助理费等方面的花费巨大,需要大量的钱或实物的捐赠。比如,在大学里使用像ESRI的ArcGIS这样的软件,就需要一个合理的价钱,很多大学里通过教育资质协议来解决使用该软件的经费问题。或者像Quantum GIS(QGIS)那样的公开资源,也有助于减少项目费用,或者是那种对于广大使用者来说等于是无须费用的简装(stripped-down)版地理信息系统技术的Google Earth,也有助于历史地理信息系统研究的"民主化"。

2. 数据使用权

数据使用权(access to data)是阻碍加拿大历史地理信息系统发展的另一个因素。虽然加拿大在发展地理信息系统技术方面有一个领跑者的身份,但是严格的数据使用权限制了该技术的发展,相关的历史地理信息系统项目也遇到了这个问题。发展延缓的原因可能就如UBC的地理学者布雷恩·克林肯贝格(Brian Klinkenberg)所描述的那样,是加拿大的"空间-数据文化"("spatial-data culture"),与美国的相比极为不同。在美国地理空间数据被看作公共产品,在很多情况下公众可获得它,但是在加拿大做不到,很大程度上在于加拿大政府的政策和皇冠版权法(Crown Copyright legislation)的双重阻碍,它们影响了在商业和学术领域使用地理信息系统的类型和程度,以至于在地理信息系统技术的发展过程中没有人提供所需的数据。克林肯贝格在2003年的一篇文章中认为,20世纪80

年代的政治文化对加拿大空间-数据文化的发展具有重要的影响："政府通过皇冠版权法拥有空间数据，并要控制它们的使用——即使在第三方允许的情况下——这对于我们的空间-数据政策在发展的临界期产生了奇异而持久的影响，而这些政策就在此期间得到发展。"①

五、加拿大 HGIS 发展政策方面的变化

最近几年这种情况发生了戏剧性的变化。各国之中，加拿大政府可能是最早将巨量地理空间数据免费向本国人提供的国家。加拿大自然资源联盟（Natural Resources Canada's Geoconnections）授权 KPMG 撰写的一份报告中建议，加拿大地理空间数据政策应研究推进所有政府数据要么降低奇高的价格，要么让公众无须付费就能获得。加拿大自然资源部门做出了回应，开放了他们的巨量国家地形数据库（National Topographic Database），最初在 2004 年是对于学术团体开放，到 2007 年的时候通过他们的网站 Geogratis. ca 和 Geobase. ca 向整个世界开放。随后，省级和市级水平上的大量政府机构使它们的数据变得可以获得，成为全球开放数据运动的开端。这场朝着更自由地通向数据的运动得到了热烈的喝彩。

此前的阻碍，造成加拿大不仅在使用、发展、传授和研究地理空间数据和技术方面被有意地延迟了，而且就像克林肯贝格所描述的那样，对于数据的限制态度会将社会撕裂成为非政府碎片。数据进入的限制和数据制作者的保护本性弥漫于学术界。数据在加拿大被看作商品而不是公共产品，政府、企业以及学术机构实际上极力看护它们的数据。在学术界都是让地理空间项目孤立地完成，而很少为了使公众便于得到数据结果而设计，也不通过传统学术交流方式输出。尽管加拿大学术研究基金的 Tri-Council policy 多年前已经阐明，在该基金资助下生成的数据公众可以通过研究型图书馆得到，但是对于数据的这种专有态度在加拿大的学术工作中仍然持续存在。

① B. Klinkenberg, "The True Cost of Spatial Data in Canada", *The Canadian Geographer/Le Geographe Canadien*47, no. 1(2003): 41.

图书馆和档案馆也不能幸免于限制有价值信息资源利用的现实。除了长期存在的关于使用公共信息收费的道德和财政问题，恢复收费甚至盈利的情况在大多数机构中也常见。比如，历史资料的使用者往往必须为数字复制品的拷贝慷慨地付费；当研究者通过购买得到数字影像特别是地图的时候，必须签订使用授权与合同，这带来的挫败比使用限制的挫败来得更多。比如在很多情况下，机构禁止使用其影像的用户将影像传到网上，或者作为无须进一步付费的高分辨率复制品传到网上。

就如克林肯贝格所指出的那样，加拿大的版权法无助于历史研究者。几件事情联合起来混淆和扼杀了历史资源复制品的使用。这不仅使利用资料的人感到困惑，而且图书管理员和档案管理员同样被复杂而过时的法律所困扰，这些法律不能确定利用地图和地理信息系统数据工作的特殊性。

火灾保险图(fire insurance plans)，是城市地区历史地理信息系统项目最重要的制图资料。以该问题为例，版权规则与大型公共机构、公司之间的多边交易制造了困惑。为全国城市设计的火灾保险图是有着丰富细节的文献，它提供了极好的街区网格尺度的透视图、建筑轮廓图、建筑物图，以及其他结构性的土地利用资料。但是，到底是允许使用这些资源还是限制使用这些资源，多年来对于图书馆馆员和研究者来说已成为一个顾虑和障碍。因为担心版权侵犯，很多图书馆和档案馆采取限制措施，有时甚至废止为研究者复印和扫描火灾保险图的服务。

这个故事中错综复杂的事实是，SCM Risk Management Services 宣称，无论出版日期为何，拥有对 Charles E. Goad 公司及其所有后续公司(比如 the Underwriters' Survey Bureau 和 the Canadian Underwriters Association)出版的火险地图版权。如大多数加拿大图书馆馆员所解释的，在加拿大版权法之下，任何地图，只要比 50 年多 1 天，就不在版权保护范围内。问题是只有当没有制图员对地图命名时才如此。但是图书馆地图协会(the map library community)并不认为 Charles E. Goad 及其后续公司是火灾保险平面图的绘图者。SCM 及其稍早的后续公司没有用相同的方式解释法律，因此关于对这些历史信息的无价资源什么可以做，什么不可以做的僵局存在了好多年。1993年，安大略档案协会、加拿大档案与图书馆协会，以及CGI、SCM的前任公司，达成了一个妥协协议，在该协议中，两个国家机构将限制90年以下的（而不是50年）火灾保险地图的复制，这导致包括大多数大学图书馆在内的很多机构实施了相同的限制。接下来的10年内，该协议遭到了质疑。到2010年，魁北克省的一个市政府，依据律师的调查研究，认为他们将在法律范围内允许复制已超过50年的任何火灾保险图。①

虽然获得火灾保险图复制品的挑战在整个加拿大持续存在，但是其他类型资源的发展已经使历史地理信息系统数据组的创建比以前更容易了。对于大多数历史地理信息系统项目来说，古旧地图的纸质复制品构建了主要的数据资源，而图书馆丰富的纸质地图收藏，全加拿大的档案地图收藏，都是可以看到的。以前将纸质地图转化为数字数据的设备不仅非常昂贵和罕见，而且操作非常困难，专家所能用的主要工具就是数字化图像输入板（Digitizing tables，或数字仪）。现在很多图书馆和档案馆配置了大型扫描仪，它可以使大多数地图在瞬间被扫描，使地理空间数据的生成比以前要合理和便利得多。因此，加拿大的历史学者越来越认为这是将他们的研究带入新方向的机会，他们利用地理信息系统研究多样化的资料，揭示其他情况下不可见的空间模型，挑战已有的各种历史阐释。

六、HGIS对于历史研究的价值

现代地理信息系统的发明并不仅仅是为了绘图。地理信息系统，就像它的名字所暗示的，是真正的计算机系统。它们由几个不同的部分组成，包括计算机硬件、软件、地理空间数据，以及其他信息。该系统被用来集成、分析，以及展示空间性的参考信息。从地图和地图集可以输出图形、分

① 编译者按：加拿大地理信息系统技术发展史，即它从领跑者沦落为泯然众人的历史，特别值得我们深思，它所经历的困境其实在我们这里也一样存在，只是换个方式，表现得更为显著。我们不仅原创技术开发进展有限，具体的内容建设也差强人意，其中的制约因素值得反思。

析图形，形成正式报告，以及进行传统的学术交流。在学术研究中，地理信息系统可以被用来发现问题、解决问题、破解地理空间关系和模型。

历史地理信息系统，可以为历史研究领域带来很好的地理分析。很久以来，历史学者就利用地图调查、研究，以及教授历史，而地理信息系统技术则增强了历史学者从地理景观中分析与输出地方信息的能力，这就进一步强化了历史学者利用地图的潜力。就像伊恩·格利高利和保罗·伊尔所解释的那样："在地理信息系统中，地图不再是最终结果；现在它是一种研究工具……包含在数据中的空间模型在研究过程中可以反复地被再探讨。"①地理信息系统集成资料的能力，分层扩散资料的能力，并将之系于空间中具体位置的能力，将有效地增强资料的创造性。就如美国历史学家理查德·怀特所观察的那样，地理信息系统软件"允许不同事物的定位(orientation)和整合(coordination)——例如航片和地图——到具体地方之上。事实上，这允许我们用完全不同时代的东西去创造新的现代形象，而这潜在地揭示了原始资料所不能显示出来的历史"②。历史地理信息系统使研究者能够进行历史问题的空间解释，从而成为历史研究的强力工具。如怀特所讨论的，历史地理信息系统（和更广阔的空间史）"并不是生产图解或地图以沟通用其他方法所发现的事情。它是做研究的方式；它提出可能在其他方式下不会被问到的问题，它探究可能其他方式不会注意的历史关系，它削弱，或证实，哪些是我们建立于自己历史版本基础上的故事"③。

（潘晟：南京师范大学社会发展学院历史系教授）

---

① Ian Gregory and Paul Ell, *Historical GIS*: *Technologies*, *Methodologies*, *and Scholarship*, p. 10.

② Richard White, "What Is Spatial History?", Standford Spatial History Lab: Working Paper, February 1, 2010, http://www. Stanford. edu/group. spatialhistory/media/images/publication/what%20is%20spatial%20history%20pub/20020110. pdf.

③ Richard White, "What Is Spatial History?", Standford Spatial History Lab: Working Paper, February 1, 2010, http://www. Stanford. edu/group. spatialhistory/media/images/publication/what%20is%20spatial%20history%20pub/20020110. pdf.

鲇泽信太郎著：利玛窦《两仪玄览图》研究

章晓强　译

（南开大学日本研究院）

译者按：鲇泽信太郎（1908—1964年），昭和时代日本著名地理学者，1950年担任横滨市立大学教授，主要从事古地图的搜集和地理学史的研究，著有《东洋地理思想史研究》《锁国时代的世界地理学》《新井白石的世界地理研究》和《锁国时代日本人的海外知识》等。本文最早刊于1957年日本地理学史研究会会刊《地理学史研究·第一集》，文中追溯了利玛窦制作《两仪玄览图》的过程，借助日本原始史料较为详细地考证介绍了该图流传到日本的过程和影响，弥补了汉语学界在该方面的空白。与此同时，该文将《两仪玄览图》的传播与影响置于整个东亚视域，有利于从历史角度构造东亚文明共同体，也能借此追溯明治维新之前日本世界地理观构建的前因。

关键词：利玛窦世界地图；《两仪玄览图》；《坤舆万国全图》；江户日本地理学

一、前言

明末，活跃于中国的意大利耶稣会士利玛窦（Matteo Ricci，1552—1610年）绘制了数种世界地图以作传教之用。本文试图研究的《两仪玄览图》便是其中之一。[①]

---

① 参照拙文：《关于利玛窦世界地图的历史研究》（《マテオ・リッチの世界図に関する史的研究》），《横滨市立大学纪要18号》1953年8月刊。此外，本文论述不足之处以及一些相关问题的解答，可参见上述拙文以作补充。

笔者曾在1936年10月号的《历史教育》杂志上刊文简要介绍了《两仪玄览图》①，之后便继续关注该地图。每谈及利玛窦世界地图，便时常言及此《两仪玄览图》。罗马格列高利大学(Pontificia Universitas Gregoriana)的知名专家、利玛窦研究权威德礼贤教授(P. Pasquale M. D'Elia，1890—1963年)曾来信询问笔者有关《两仪玄览图》的问题。据信中内容可知，即使博学多识如他，也未能在经年累月的搜寻中见过该地图。1936年(昭和十一年)夏天，笔者曾亲自研究过的原地图，如今仍然下落不明。万幸的是，笔者研究过的原地图在当时也被中村拓教授(1891—1974年)研究，正因如此，中村教授便将原地图的照片拍了下来。中村教授所藏的《两仪玄览图》照片能正确反映出原图的大致模样，在原图下落不明的当下，是极为贵重的资料。

笔者自觉有必要给德礼贤教授回信，故在中村教授的指导下，并借阅了该图的照片，试图再度研究稀世珍图《两仪玄览图》。因需对旧稿多加增补，故在此汇集成文，一来是为呈给罗马德礼贤教授，同时也是想给东西方学界研究利玛窦世界地图的同仁们作个汇报。

二、利玛窦《两仪玄览图》的制作

在利玛窦绘制的世界地图中最为知名的当数万历三十年(1602年)在北京出版的《坤舆万国全图》，其原图在日本现藏于京都大学和宫城县立图书馆。

根据利玛窦的记录，万历三十年(1602年)版的《坤舆万国全图》应该印了不少②，可即便如此也未能满足当时中国士绅们的需要。

---

① 参照拙文：《利玛窦的两仪玄览图》(《利瑪竇の両儀玄覧図について》)，《历史教育》第11卷7号。

② 据利玛窦手记所载，“除李我存本人作序之外，另有诸多学者序于《两仪玄览图》上，为该图增添了颇多光彩。雕成木刻板后，付于泽山印刷，送予友人，另应一些人之所求加印，合计不下数千册”(《横滨市立大学纪要18号》，第6页)。

针对于此，利玛窦如是说：

> 有一基督教徒在我们的帮助下，制作了八幅大型版画，随后拓印在木版上，再付诸成印。可以肯定的是，当时的北京制作有三个版本的《坤舆万国全图》。[①]

那么绘制这一大型世界地图的基督教徒是谁呢？

利玛窦在1608年（万历三十六年）7月13日寄给罗马耶稣会总监的书信中揭示了他的身份。

即在某一天，利玛窦收到宫里的诏命，要求他献上自己绘制的世界地图。当时万历帝想要的世界地图最初是万历三十年（1602年）的李之藻版《坤舆万国全图》。

原先在李之藻帮助下绘制的世界地图（六幅）在雕版时，被木板雕刻者雕制成两版，其中一版藏于木版雕刻者处，基于该版的印刷品不在少数。总之，李之藻版《坤舆万国全图》应该有两版原型，然而其中一版被李之藻当时带着离开北京回其乡里。另一密藏于木版雕刻者的木刻印本因受当时北京暴风雨的袭击，也遭到部分损坏。

对此，利玛窦如是说：

> 我基督教徒李葆禄（Li Paulo）雕刻了巨型八幅世界地图，我们取来这版（送往宫中），可太监们并不打算将此图献给万历皇帝，因为万历帝想要找的地图不是它，而且它与《坤舆万国全图》的注释记录略有不同。因此这些太监十分迷惑，踌躇两三日（终是没有献给

① 该段引文采自利玛窦发往耶稣会总监的书信。收录于 P. P. Tacchi Venturi（文杜里，Lionello Venturi，1885－1961），*Opere storiche del P. Matteo Ricci*，S. J. Vol.1.“I Commentary della Cina”，1911，p.395。

万历皇帝)。①

由此可知,绘制这组八幅世界地图的基督教徒名为李葆琭。

此外,在《两仪玄览图》序文中利玛窦也提到了李葆琭此人,由此可知李葆琭即指李应试。在明末丰臣秀吉出兵朝鲜之际,李应试是当时明军将领李如松的参谋。万历三十年(1602 年)八月六日在利玛窦手下接受洗礼,教名葆琭。②

早在万历四十二年(1614 年),李应试与利玛窦一同绘制世界地图一事便在朝鲜李晬光所著的《芝峯类说》一书中被提及。可书中却缘何称《两仪玄览图》为《山海舆地全图》?③ 之所以如此称谓,是因为在《两仪玄览图》原图出现之前,并不知道利玛窦与李应试合作绘制的世界地图本就是《两仪玄览图》。然而,暂且不论该图与李应试之间存在怎样的联系,但就制有多幅世界地图的利玛窦而言,《两仪玄览图》应该得名于收于《绝徼同文纪》(明版・杨廷筠序)之中的《两仪玄览图序》。

---

① 与这幅世界地图相关的利玛窦手记资料已分别由 J. F. 巴德利(J. F. Baddeley)和洪业教授译成英文(*The Geographical Journal*, Oct. 1917, p. 267)与中文(《考利玛窦之世界地图》,《禹贡》1936 年第 5 卷第 3、4 合期,第 25 页),笔者也将这一内容译成日语(《关于利玛窦世界地图的历史研究》,第 9—10 页)。文杜里先生的著作 *Opera storiche del P. Matteo Ricci*(《利玛窦神父的历史著作》)第一卷的第 588—589 页和德礼贤先生的大作 *Fonti Ricciane*(参考译名《利玛窦的资料》,1949 年)第二卷的第 473 页均引有该手记资料的原文。东洋文库藏有上述两书。意大利原文:"Fecero i nostri venire le altre tavole che il nostro christiano Li Paulo aveva fatte intagliare. Di otto pezzi, che era assai maggiori; ma gli eunuchi hebbero paura di, chiedendo il Re una foggia, presentagli altra, specialmente che i discorsi che stavano in uno erano qualche cosa diversi da ll'altro. E cosi stettero doi o tre giorni con grande perplessità di quello che si aveva da fare."[参考译文:他们把地图做成了我们的基督徒李保罗所雕刻的其他地图。这版地图相比其他八幅地图要大得多;但让太监们害怕的是,国王要的是这种样式(的地图),却不得不给他另一种(地图),尤其是这一种与另一种不同。就这样,他们待了两三天,非常困惑,不知道该怎么办。]

② 参照洪业:《考利玛窦之世界地图》,《禹贡》1936 年第 5 卷第 3、4 合期,第 20 页。

③ 李晬光:《芝峯类说》卷 2,朝鲜古书刊行会・上,1916 年,"诸国部",第 49 页。原文:"按其国人。利玛窦。李应诚者。亦俱有山海舆地全图。"译者注:译者只找到 1915 年的朝鲜研究会刊本,相关内容页码则显示为第 54 页。原始资料文献中有部分断句,笔者基于内容涵义对断句有所增删,下文如是。

三、《两仪玄览图》传入朝鲜半岛

前文提及的《芝峯类说》介绍了利玛窦世界地图传入朝鲜的准确时间。其作者李晬光如是说：

> 万历癸卯。余忝副提学时。赴京回还使臣李光庭权惜。以欧罗巴国舆地图一件六幅。送于本馆。盖得于京师者也。见其图甚精巧。于西域特详。以至中国地方暨我东八道日本六十州。地理远近大小。纖悉无遗。所谓欧罗巴国。在西域最绝远。去中国八万里。自古不通中朝。至大明。始再入贡。地图乃其国使臣利冯（原文如是）①窦所为而末端作序文记之。其文字雅驯。与我国之文不异。始信书同文。为可贵也。按其国人利玛窦李应诚（原文如是）②者亦俱有山海舆地全图王沂三才图会等书。颇采用其说。欧罗巴地界南至地中海。北至冰海。东至大乃河。西至大西洋。地中海者。乃是天地之中。故名云。③

文中所见“万历癸卯”应是万历三十一年（1603 年），而在前一年万历三十年（1602 年）制作而成的六幅《坤舆万国全图》出版之后未经两年便传入了朝鲜。上文所述著作未能考察当年刊行的八幅《两仪玄览图》传入朝鲜的过程，不过特别提到该图的制作者是李应试与利玛窦。李应诚的“诚”应是“试”的误写，这一点已被洪业教授证实④，故在此不论，不过可以确定的是，利玛窦在制作八幅《两仪玄览图》的过程中得到了李应试的帮助，这一点也会在下文提及。

距今约 18 年前，即在 1936 年左右木村拓教授和笔者所见《两仪玄览

---

① 译者注：即利玛窦。

② 译者注：即李应试。

③ 李晬光：《芝峯类说》卷 2，第 66 页。译者注：1915 年刊本页码为第 54 页。

④ 洪业：《考利玛窦之世界地图》，《禹贡》1936 年第 5 卷第 3、4 合期，第 20 页。“疑‘诚’字乃‘试’之误。若作‘李应试’则与拉丁二字三音、完全相符。”

图》为朝鲜江原道蔚珍郡箕城面沙铜里人氏黄炳仁所藏。[①] 黄氏是当时早稻田大学商科专业的学生。据他所言此图大概是在300年前（应该是400年前[②]）由其先祖黄汝一出使明朝时带回。

此处参见《朝鲜人名辞书》得：

黄汝一，字会元，号海月轩，平海人，黄应径之子。少时以能著文章而出名，宣祖丙子年（1576）中司马[③]，乙酉年（1585）登文科，历敭清显。万历壬辰年（1592）任权慄元帅的从事官，获勋二等功臣。戊戌年（1598）持辩诬之书状赴燕，改名中夏。著有《朝天录》等书。官拜参判。供奉于明溪书院。其子黄中允，号东溟，登文科，官拜承旨，独自出使赴燕，也著有《朝天录》。（《平海邑志》）[④]

此处所言"戊戌辩诬之书状"在同书《李恒福传》有言：

戊戌年有赞画[⑤]丁应泰诬奏之事。宣祖大为震惊，闭朝纠察，且有遣大臣赴北京辩陈之意。首辅柳成龙提议不去辩陈，宣祖心生怒气，特拜恒福为右议政，进封府院君，任陈奏使，派李廷龟为其副使，急赴北京进奏辩陈。于是乎，万历皇帝革丁应泰之职，降旨宽慰朝鲜。待到第二年此事尘埃落定方才归国。[⑥]

此外，参见《李廷龟传》：

当时明朝主事丁应泰诬告朝鲜与倭兵勾结进犯大明。宣祖遣使辩诬，下令群臣各自撰写奏文，最后选用李廷龟的奏文作为辩文。随

---

① 据中村拓教授的笔记得知黄炳仁的籍贯。起初，黄氏带着石田干之助先生的介绍信拜访笔者，也就是说，正是在恩师石田教授的支持下笔者才得以调查研究《两仪玄览图》。

② 当时黄炳仁应该没有翻阅《朝鲜人名辞书》，故作出"大概三百年前的先祖"的判断，在此纠之。

③ 译者注：司马，官职名。

④ 朝鲜总督府中枢院编印：《朝鲜人名辞书·本编》，1937年，第1548页。

⑤ 译者注：赞画，官职名。

⑥ 朝鲜总督府中枢院编印：《朝鲜人名辞书·本编》，第549页。

后，即任李恒福为上使，李廷龟任工曹参判，为其副使并辅佐之。第二年春抵达北京上奏，遍访各个衙门，具文上表大概有三十九回，表文皆出自李廷龟之手。①

通过上述表述内容可知，黄汝一曾作为戊戌辩诬使的书状官随赴北京。而据《朝鲜人名辞书》记载，黄汝一应是《两仪玄览图》的收藏者。不过书中所载李恒福、李廷龟和黄汝一等人前往北京是在万历戊戌二十六年（1598年），归国是在第二年，即万历二十七年（1599年），可《两仪玄览图》既然刊于万历癸卯年（1603年），所以就不可能于刊行的四年前（1599年）传往朝鲜。相较而言，黄汝一之子黄中允曾言“独自出使赴燕”，那么或许是黄中允将《两仪玄览图》带到朝鲜。无论是黄汝一还是黄中允，但肯定是黄炳仁的先祖将此图带回朝鲜。

根据《朝鲜人名辞书》虽然很难确定《两仪玄览图》传来朝鲜的时间，但可以肯定的是在此图刊行之初，即万历癸卯年就已得到了朝鲜方面的注意，也就是说在刊行后不多时此图便可能传入了朝鲜。不过黄炳仁所藏的《两仪玄览图》并非近期才传入朝鲜，这一事实无疑。

四、《两仪玄览图》传入日本

利玛窦绘制的各版世界地图均传到了日本，《两仪玄览图》同样也是，在江户时代就有人看到过这幅地图，所以可以说《两仪玄览图》在当时就传入了日本。

那个见过地图的人就是曾在元禄元年（1688年）创作《天文图解》（元禄二年刊）的井口常范②，在此书第一卷（图之卷）的开篇处③列有“两仪玄

① 朝鲜总督府中枢院编：《朝鲜人名辞书·本编》，第498页。

② 译者注：井口常范，生卒年不详，江户时代天文学者，著有日本已知最早的天文书《天文图解》（五卷本）。

③ 译者注：译者查《天文图解》原书始得知。

览”一节：

两仪玄览图云：论地球比九重天之星远且大几何。余尝留心于量天地之法，且从大西洋天文诸士讨论已久。兹述其各数，以便览焉。夫地球既每度二百五十里，则知三百六十度为地一周，得九万里。计地面至其中心得二万四千三百一十八里令(零)九分里之二。自地心至第一重，谓月天，四十八万二千五百二十二里余；至第二重，谓星辰，即水星天，九十一万八千七百五十里余；至第三重，谓太白星，即金星天，二百四十万令(零)六百八十一里余；至第四重，谓日轮天，一千六百令(零)五万五千六百九十里余；至第五重，谓荧惑星，即火星天，二千七百四十一万二千一百里余；至第六重，谓岁星，即木星天，一万二千六百七十六万九千五百八十四里余；至第七重，谓镇星，即土星天，二万五百七十七万令(零)五百六十四里余；至第八重，谓列宿天，三万二千二百七十六万九千八百四十五里余；至第九重，谓宗动天，六万四千七百三十三万八千六百九十里余。此九层相包如葱头皮焉，皆硬坚而日月星辰定位在其体内，如木节在板。只因本天而动，第天体明而无色，则能通透光如琉球水晶之类，无所碍也。①

此处的记载与《两仪玄览图》的第八幅左端上的文字前半部分完全一致。引文所述“余尝留心于量天地之法，且从大西洋天文诸士讨论已久”中的“余”应指代利玛窦本人。

“论地球比九重天之星远且大几何”一言原题于《坤舆万国全图》第六幅上，但井口常范并未借鉴此图，而引自《两仪玄览图》。即“自地面至地心得二万”云云，此处的“二”在《坤舆万国全图》中明确是为“一”，而在《两仪

① 译者注：作者引用文为日语，因原书内容为汉文，故直接引之且加以句读。参见井口常范：《天文図解·卷之一》，含章堂，出版年份未详，早稻田大学藏本，“图五”。https://archive.wul.waseda.ac.jp/kosho/i04/i04_03163/i04_03163_0229/i04_03163_0229_0001/i04_03163_0229_0001.pdf。

玄览图》的母刻版中似乎是被误写成了“二”。此外，井口常范还在《天文图解》中记载有《天地仪》一图，该图也是原样转载自《两仪玄览图》的第八幅地图。《天文图解》还记录有两幅《九重天之图》，其中一幅出自《月令广义》①，另一幅则明显取自《两仪玄览图》。《月令广义》载“九重天图”之处有言“此图即大西国之文也。见后图说”②，而其图说则由“利西江云”③，转引了利玛窦世界地图解说的部分内容。由此可见，上述两幅《九重天之图》均出自利玛窦世界地图。

长崎学者西川如见（1648—1724年）④也见过《两仪玄览图》。正德四年（1714年），如见完成八卷本巨著《两仪集说》，并在“卷一”引用利玛窦的《两仪玄览图》道：

> 两仪玄览图曰：地一周得九万里。四千三百一十八里零九分里之二（折算日本单位约为二千二百里余）。地心至第一重天，谓之月天，四十八万二千五百二十二里余（折算约为七万四千二百三十余里）。至第二重，谓之辰星，即水星天，九十一万八千七百五十里余（折算约为十四万一千三百四十余里）。至第三重，谓之太白星，即金星天，二百四十万零六百八十一里余（折算约为三十六万九千三百三十里余）。至第四重，谓之日轮天，一千六百零五万五千六百九十里余（折算约为二百四十七万〇一百里余）。至第五重，谓之荧惑星，即火星天，二千七百四十一万二千一百里余（折算约为四百二十一万七千二百四十余

① 译者注：该书由明代冯应京撰。全书24卷，另卷首1卷。分为岁令、每月令、春令、正月令、二月令、三月令直至十二月令、闰月令、昼夜令、时令等。所记相当广泛，有政典、事文、名数、气候、历考、礼节、祀典、古事、藻类、方物、卫生、宜忌、授时、占候、阴阳、杂记、饮食、文言、节令、物候、司权、避忌等。书中载有明代礼仪，包括朝贺、朝觐、官员礼、冠礼、婚礼、丧礼、祭礼、家礼、五服、丧服、冠醮、女笄、墓祭等内容。对丧礼记叙亦较详细，对丧期长短、丧期衣着均有记载。

② 冯应京纂辑：《月令广义》，陈邦泰刊，[万历年间]具体出版时间不明，哈佛大学图书馆藏，“首卷”，第十六丁。

③ 冯应京纂辑：《月令广义》，“首卷”，第十六丁。译者注：“利西江”即为“利玛窦”

④ 西川如见，江户中期天文学者，出身于天文世家，其父西川忠益，其子有西川正休，提倡中国天文学说，也十分了解欧洲天文学说的特点。

> 里)。至第六重，谓之岁星，即木星天，一万二千六百七十六万九千五百八十四里余(折算约为一千九百五十万〇三千〇十余里)；至第七重，谓镇星[①]，即土星天，二万五百七十七万零五百六十四里余(折算约为三千一百六十五万七千里〇〇余)；至第八重，谓列宿天，三万二千二百七十六万九千八百四十五里余(折算约为四千九百六十五万六千九百里少)；至第九重，谓宗动天，六万四千七百三十三万八千六百九十里余(折算约为九千九百五十九万〇五百六十余里)。此九层相包如葱头皮焉。[②]

由此可见，如见与先前的井口常范所参考的资料内容一致。

此外，如见还设问道："试问《两仪玄览图》测量九重天距离的方法为何？答曰：不知，皆为概数。"[③]

《两仪集说》的"卷二"中还引用《两仪玄览图》，论述了"日月体象并大小"：

> 两仪玄览图曰：日轮大于地球一百六十五倍又八分三云云。地球大于月轮三十八倍又三分之一则日大于月六千五百三十八倍又五分之一云云。[④]

此引文见于《两仪玄览图》的第八幅地图，但井口常范并未引用。因此，西川如见摘录的《两仪玄览图》记述并非借鉴自井口常范的《天文图解》。

西川如见确曾翻阅过《两仪玄览图》的证据还有一处，即《两仪集说》"卷一"有言："戎蛮之境有十一重天之说，此无用之义也。唯有中国九重天之说乃理所当然之事实也。"[⑤]此所谓"十一重天说"来源于第一幅《两仪玄

① 译者注：原引文为"填星"，实际应为"镇星"。

② 西川忠亮：《西川如見遺書第十五編：両儀集説》，求林堂藏版，1907 年，第 49—50 丁。译者注：引用原文即为汉文，译者后注以句读。

③ 西川忠亮：《西川如見遺書第十五編：両儀集説》，第 51 丁。原文为："問フ玄覧図九天ノ里程是ヲ測ルノ術如何。曰ク不知。皆大概ノ義ト可知。"

④ 西川忠亮：《西川如見遺書第十六編：両儀集説》，第 8 丁。

⑤ 西川忠亮：《西川如見遺書第十五編：両儀集説》，第 48 丁。原文为："戎蛮ニ於テ十一天ノ説アリト云トモ無用ノ義也。只中国九天ノ説今日当然ノ実事也。"

览图》的《十一重天图》，而《坤舆万国全图》中已将《十一重天图》改为《九重天图》，二图之间差异明显。

由此可断定西川如见和井口常范所见《两仪玄览图》确不相同。

江户时代曾翻阅过稀世珍图《两仪玄览图》的第三人是西川如见之子西川正休①。

西川正休在享保十四年（1729年）出版了《天经或问》（训点本），他在书中凡例如是说：

> 九天里数，非游子六所说，盖载《两仪玄览图》所谓离地里数与五星运行之轮规、扞格焉。又宗动天无形象，庸讵测之为。愚考玄览所说，七曜离地大小等数，斯乃西儒旧说耳。今中西俱莫之用，请须知焉。②

同时他也在随后刊行的附录《大略天学名目钞》中的开篇论述“九天”道：“中国立有‘九天说’，而西方则有‘十一重天说’。”③另有“‘九天’之上更有二重天，故为‘十一重天’，但通过天文历算只见九重天，‘十一重天说’中多出来的‘二天’非为眼之所见实体，实乃推算得出”④。

与中国“九天说”相对应的西方“十一重天说”或许也正是《两仪玄览图》中《十一重天图》的立论基础。

西川正休还在书中提到：

> 中国古人据自然之理，在九天之上又设有“常静天”是为第十重天。据《周易》之理，“常静天”最为关键的作用或许在于阐释出世间万

---

① 西川正休（1693—1756年），江户中期天文学者，出身于天文世家，其父西川如见，著有《天经或问》《大略天学名目钞》，为西方天文学知识进入日本作出巨大贡献。

② （清）游艺：《天经或问》，嵩山房，西川正休训点本，1729年，“凡例”。https://dl.ndl.go.jp/info:ndljp/pid/2567935?tocOpened=1。此处引文原为汉文，现直接引用原书所载并加以句读。

③ 西川正休：《天经或问附录：大略天学名目钞》，出版者不明，1729年（?），第10丁。原文为：“唐土ニテハ九天ヲ立。外国ニテハ十一天ト立ル説アリ。”

④ 西川正休：《天经或问附录：大略天学名目钞》，第10丁。原文为：“十一天ノ説ハ九天ノ上ニ、又二天立ルト云ヘドモ、歴術測量ニ由テ其実体ヲ見ルハ、九象マデニシテ、其上ノ二天ハ、見ルベキノ実体ナク、測算ニ用ナシ。”

物造化之规律。西方在“常静天”之上更设一重天，创立“十一重天”之说，但不了解此重天之用。①

《两仪玄览图》中论及此处道：“第十一重。天主上帝发见。天堂诸神圣所居。永静不动。”于是乎，西川如见所说“无用之义”，西川正休所谓“不了解此重天之用”也是理所当然。

的确，上述江户日本天文学者虽然十分明确曾参阅、引用过《两仪玄览图》，但是并未对此图之全貌、刊行年份和作者有只言片语的介绍，因此（在当时）完全不清楚该图竟是利玛窦绘制的诸多世界地图中的一种。然而在江户时代，知晓利玛窦是《两仪玄览图》作者这一信息的人不局限于曾使用过该图的井口常范和西川如见父子三人。

内阁文库藏有一册盖有德川幕府儒官林氏藏书印的《绝徼同文纪》，此为明末刊本，书中集有当时在华耶稣会士的汉文著作的序文和题辞。《绝徼同文纪》开篇序文由“浙西郑圃居士杨廷筠撰”，内阁文库仅有此一本且刊行年份不详。据笔者所见，内阁文库所藏独本并非完本。

中山久四郎（1874—1961 年）②博士曾据此藏本认为《两仪玄览图》作者为利玛窦。而他也是通过阅览藏本中收录的怀远侯常胤绪③《两仪玄览图序》和驸马侯拱宸《两仪玄览图叙》，才得出这一结论。

之后，中山博士将这一论断刊载于大正六年（1917 年）七月号《历史地理》（第三十卷第一号）中的《利玛窦传续篇》一文，是我辈将《两仪玄览图》与利玛窦相串联之伊始。不过无论是林氏，还是中山久四郎，只要翻阅过

① 西川正休：《天经或问附录：大略天学名目钞》，第 10 丁。原文为：“唐土ニテモ、古人自然ノ理ニ因テ、九天ノ上ニ、又常静ノ一天ヲ立テ十天トスルアリ。周易ノ道理ヲ論ジ、或ハ人間万物造化ノ実理ヲ云ニハ、此常静天尤肝要ナリ。外国ニテモ、常静天ヲ立テ、又其上ニ一天ヲ立テ、十一天ノ説アリ雖ドモ、此天ノ用ヲ知ラズ。”

② 中山久四郎，近代日本东洋史学者，东京帝国大学博士，曾担任历史研究会长并创刊《历史教育》。

③ 开平王常遇春后裔，曾任南京锦衣卫指挥使，官至一品太子太师。

内阁文库藏本便能知晓这一事实。

五、《坤舆万国全图》与《两仪玄览图》的不同

《坤舆万国全图》(171厘米×361厘米)共六幅，每一幅长171厘米，宽63.5厘米。

《两仪玄览图》(198厘米×444厘米)共八幅，每一幅画纸长203厘米，宽58.5厘米，印刷实际大小长198厘米，宽55.5厘米(第一幅和第八幅的宽度为54.5厘米)。①

整体而言，《两仪玄览图》远大于《坤舆万国全图》。除作为注记的图说以及其后两三处像是误刻的错误以外，二图的内容完全一致。

二图之间最为明显的差异在于图中记载的序文。

《坤舆万国全图》收录有利玛窦、李之藻、吴中明、陈民志、杨景淳、祁光宗六人撰写的序文。

《两仪玄览图》则载有常胤绪②、李应试、冯应京、阮泰元、侯拱宸、吴中明、利玛窦七人的序文，其中利玛窦撰有两篇，因此共有八篇序文。

据吴中明序文所记，利玛窦最初在南京作有《山海舆地全图》(1600年刊)，收录于两年后刊行的《坤舆万国全图》(1602年)之中，也为《两仪玄览图》(1603年)所继承。

利玛窦在《两仪玄览图》上撰写的两篇序文与《坤舆万国全图》的完全不同。

常胤绪序文题为《两仪玄览图序》，李应试序文题为《刻两仪玄览图》，阮泰元在序文末尾命名有"玄览"一词，侯拱宸则写到"在此制作《两仪玄览图》"，等等。利玛窦在"万历三十一年(1603)癸卯仲秋"撰写的序文中记有"模拟'两仪'之虚像"一语。在万历三十一年(1603年)新刻的《两仪玄览

① 《两仪玄览图》的具体大小数值由中村拓教授所测算。

② 原图为"棠胤绪"，参考前文所引《绝徼同文纪》一书得出"常胤绪"的判断。

图》中明确记有这些序文。然而，却对冯应京所作序文的目的性，即是否专为《两仪玄览图》而作存有几分疑虑。

《两仪玄览图》中冯应京所作题为《舆地图叙》的序文收录到《绝徼同文纪》一书中，更名为《舆地全图总叙》，在程百二等人编辑的《方舆胜略》外夷卷一中则题为《山海舆地全图总序》。《方舆胜略》首节便提及“盱（盰）眙冯应京曰。谨按西泰先生舆图。大都”。

《两仪玄览图》和《绝徼同文纪》也同样提到“西泰子舆图凡三授梓。逓增国土而兹刻最后。乃最详。大都”。

中山博士曾引用《绝徼同文纪》论述道：“利玛窦的万国舆图至少有三种刻版”①，之后他还直接指出《两仪玄览图》的作者就是利玛窦，但并未注意到冯应京序文的题名问题。而这也正是洪业教授在雄文《考利玛窦的世界地图》中精心求证该问题的原因。根据洪教授的调查研究，除文章开篇一节与篇中两处数字不同外，《绝徼同文纪》的《舆地全图总叙》与《方舆胜略》的《舆地全图总序》为同一篇序文。

不过即便洪教授调查如此精确详细，也未能注意到《方舆胜略》刊载的《两仪玄览图》序文作者就是冯应京，所以也就不知道冯应京所谓《两仪玄览图》究竟为何物。

总而言之，《绝徼同文纪》与《方舆胜略》中的冯应京序文是否直接摘录自《两仪玄览图》，这一问题仍旧存疑。

不妨大胆想象一下，这篇冯应京序文原先或许是《山海舆地全图》或者《舆地全图》，即利玛窦所作诸多世界地图之一的序文。

冯应京在编纂《月令广义》时使用的利玛窦世界地图是《山海舆地全图》（南京版），或许这篇序文和吴中明的序文都刊载其上。

洪教授曾在前述论文中论证到《舆地全图》（冯应京刻板）或刊于万历二

① 中山久四郎：《利玛窦传续篇》，《历史地理》1917 年 7 月号，第 30 卷第 1 号。

十九年(1601年)的北京。笔者了解到《方舆胜略》收录的冯应京作《山海舆地全图总序》全文基本载于《两仪玄览图》上，根据洪教授的考证，利玛窦绘制的世界地图《两仪玄览图》(冯应京刻板)应不存在第二种版本。但是，若想解决包含上述疑问的冯应京序文，就必须重新回顾洪教授的考证过程。

洪教授研究发现冯应京的序文并非专为《两仪玄览图》而作。①

除序文外，二图还存有其他差异，前文已提到《坤舆万国全图》中是《九重天图》，而《两仪玄览图》中是《十一重天图》，此外还提到天地仪图及其说明文以及《赤道北地半球之图》等位置的不同等等，此处不再一一列举。②目前《两仪玄览图》下落不明，尚且不知是否还有机会再次对比二图图说的差异，因此不厌其烦在此记之。

关于朝鲜，《坤舆万国全图》记载道："朝鲜乃箕子封国汉唐皆中国郡邑。今为朝贡属国之首。古有三韩秽貊渤海。悉直驾洛扶余新罗百济躭罗等国。今皆併入"，而《两仪玄览图》文末则缺少"入"字。

《坤舆万国全图》介绍谙厄利亚(英国)道："谙厄利亚无毒蛇等虫。虽别处携去者到其地。即无毒性"，而《两仪玄览图》则将"性"写作"生"。

大西洋中的"木岛"在《两仪玄览图》记为"不岛"，显然此处为雕刻之误。

以上便为二图图说内容的差异之处。

六、《两仪玄览图》的启蒙性质及其影响

利玛窦绘制的世界地图影响深远，最重要的特点就是在当时中、日、朝

---

① 洪业教授据中山久四郎研究认为《万国二圈图》应未载于冯应京序文之中，中山博士在其论述中只提到《万国二圈图》，但在《绝徼同文纪》卷三刊有云间徐光启作《题万国二圜图叙》一文，故"圈"为误写，实乃"圜"字。序文开篇有言"西泰子之言天地円体也"，所以此文应为利玛窦世界地图(即《万国二圜图》)而作，但文中并未提及该地图的由来，而且也未言及冯应京与《万国二圜图》的关系。

② 详参鲇泽信太郎：《关于利玛窦世界地图的历史研究》，第34页。

三国起到了启蒙作用。①

《两仪玄览图》也自是如此。

利玛窦在该图中的两篇序文中都提到欧洲世界地理研究重视遍历海外实地考察，而在绘制过程中则以亲身经历为基本，对现有地图大加修订，无处不有根有据，而属于无稽之谈的诸如《山海经》的三首、一臂、无腹、后眼、不死等国名并未收录其中。但因为当时人们尚未涉足墨瓦腊泥加洲（Magallanica）等地，所以如此说道："惟南极之下。邦人深入者鲜。尚未谂其水土。故阙而以俟后入"，足见其实事求是的态度。

西川如见在《两仪集说》中对比太阳和地球的大小道："此番说法最先由西域天文学家提出，虽看似荒诞不已，但参照相关算法检验便可知其正确性。"②这是明确表示尊重《两仪玄览图》测算方法的资料。

井口常范在《天文图解》开篇，即在该书目录之前列出《两仪玄览》并引用《两仪玄览图》。虽然井口常范并没有像西川如见一般撰文论述，但《两仪玄览图》在该著作中占据了相当重要的地位，这一点可以从地图的使用情况看出。

本文不谈《两仪玄览图》的间接影响，而原作者利玛窦及其《两仪玄览图》究竟给江户日本学界带来了多少影响，这一点也可以参考文章所列举的资料。

（章晓强：南开大学日本研究院 2023 级世界史专业博士研究生）

---

① 除上文提到的《关于利玛窦世界地图的历史研究》一文外，鲇泽信太郎还有三篇文章《威胁幕末佛教界的新地理学》（《幕末仏教界をおびやかした新地理学》，《新地理》第 8 卷 4 号）、《进入幕末国学界的泰西地理学》（《幕末の国学界に利用された泰西地理学》，《横滨市立大学論叢》3 卷 4 号）、《利玛窦的世界地图》（《マテオ・リッチの世界図》，《歴史教育》昭和二九年九月号）论述了利玛窦的世界地图在日本历史上起到的启蒙性作用。

② 西川忠亮：《西川如見遺書第十六編：両儀集説》，第 8—9 丁。原文为："此説本ト西域天学家ノ考測ニシテ荒蕩ナルニ似タリト云トモ質測算験ノ法ニ従ッテ推窮セシ者ナレハ妄リニ是ヲ不可疑。"

附图：

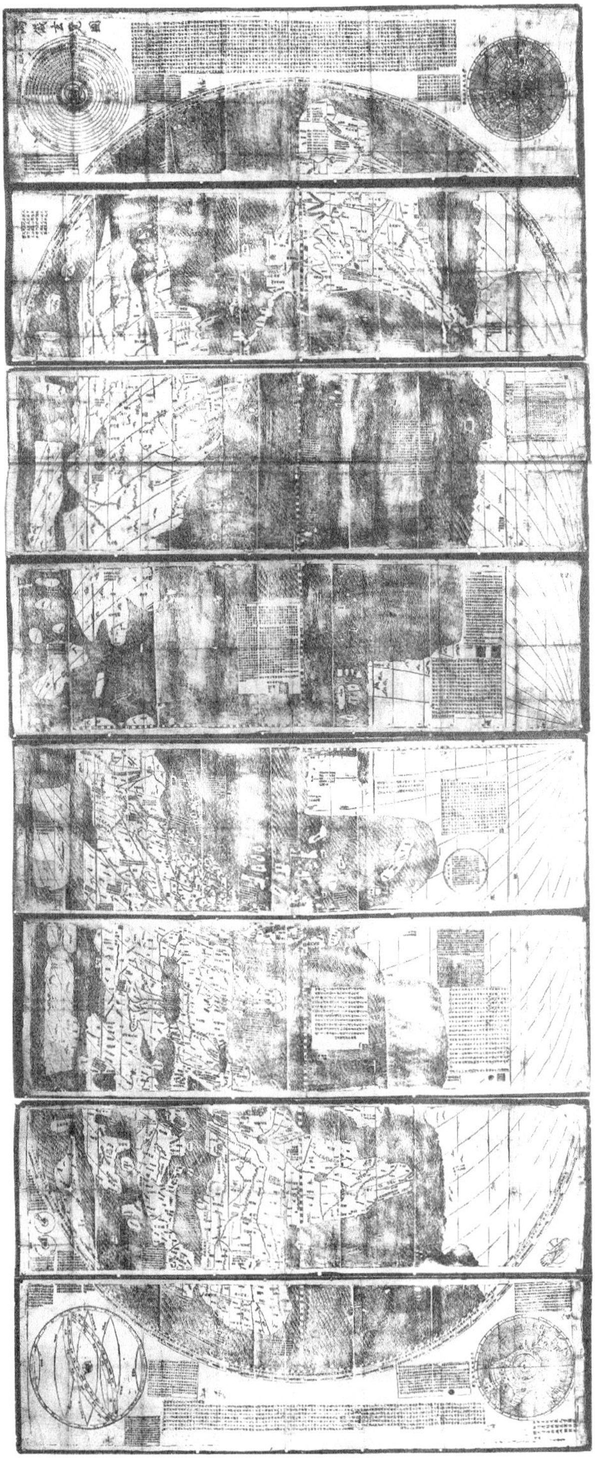

图1 《两仪玄览图》全图（1603年版，每屏58.5×203厘米）

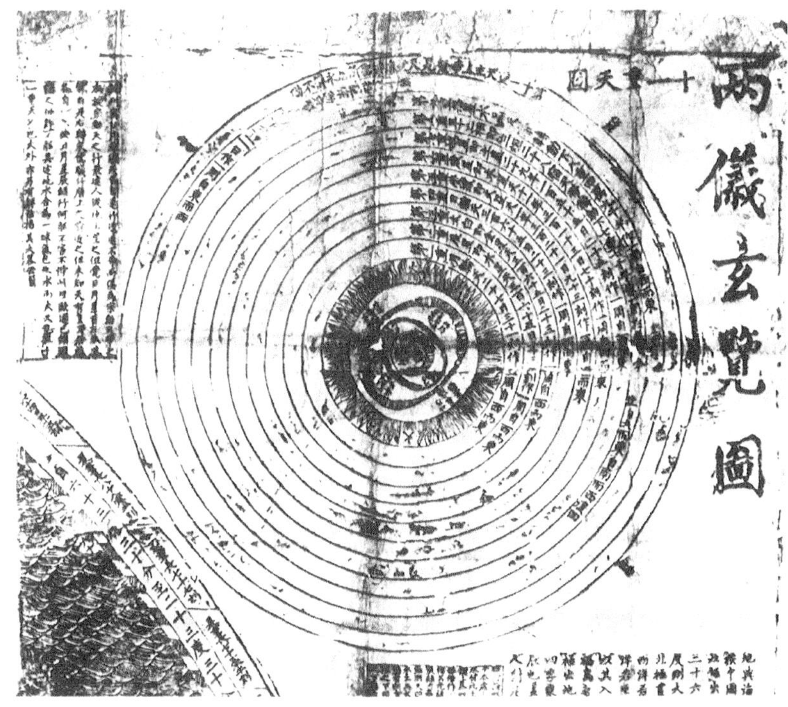

图 2 《十一重天图》(摘自《两仪玄览图》1603 年版)

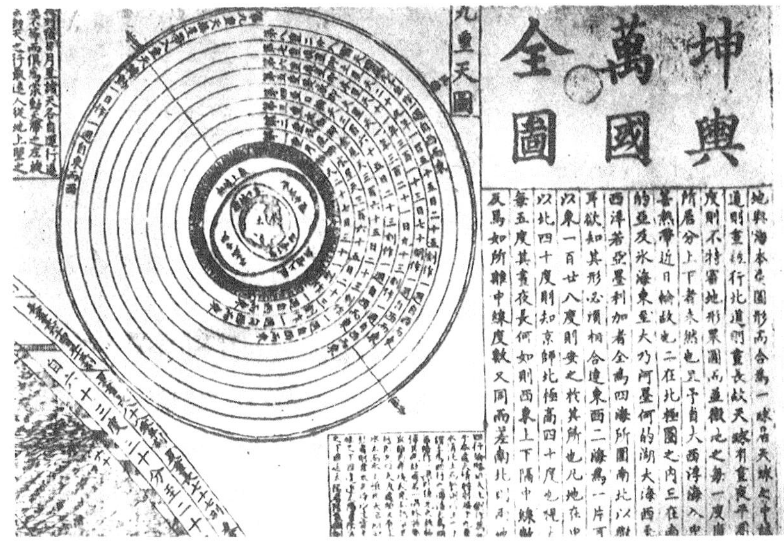

图 3 《九重天图》(摘自《坤與万国全图》1602 年版)

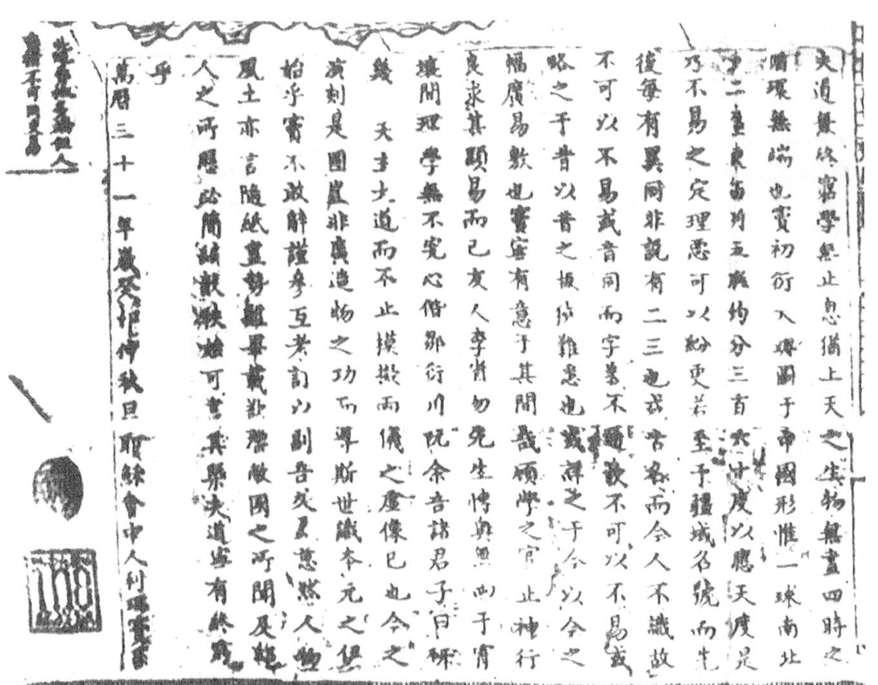

夫道無終窮學無止息備上天之生物無盡四時之
循環無端也實初衍入輿圖于帝國形惟一球南北
中二畫東西均五瓣約分三百六十度以應天度是
乃不易之定理惡可以紛更若至于疆域名號而先
後每有異同非說有二三也或古名而今人不識故
不可以不易或音同而字異不識故不可以不易或
略之于昔以昔之版帙難悉也或詳之于今以今之
幅廣易敷也實寓有意于其間蓋碩學之官止神行
良求其顯易而已友人李省勿先生博與無而于宵
壤間理學無不究心偕鄰行川既余音諸君子曰研
幾 天主大道而不止摸擬兩儀之塵像已也今之
演刻是圖豈非廣造物之功而導斯世識本元之與
始乎竇不敢辭謹參互考訂以副吾友息然人物
風土亦言隨紙盡勢難畢載觀覽敝國之所聞及鄰
人之所歷的簡錯譌惟可書其緊要道寓有終窮
乎
萬曆三十一年歲癸卯仲秋日 耶穌會中人利瑪竇書

題兩儀玄覽圖
乘論之圖朝二百餘年即三代以繼今之父老茂開歐羅
巴何亦茂開地球何往昔以雞卵喻兩儀所憑言而未盡
逾西方人自歐羅巴浮杼入萬里以其國人數千年游歷
夫地圖説為中土先漢所繪佛教廣是則疆史夫遊四方
者披覯而周或兩端夫中土人信道寔如是頃西方人與
稽數行齊衡三代上人所以三代未達未張所著於今日
余之生亦晚矣余嘗中七表承諸中西與夷而所闡心會
神游理固宜然遂以是得識西方好夫同志游手濟內
吏之涇野產畢 鬼數翱翔於埜端蕃沙縱游屴嶷韓謝
競異越遠親開視西方人八萬里風波自聯刷爾呼嗟乎
謂變不常驚駭異及余之業無異抱甕灌畦而云藏豈又
為足以語大地乎識余從西方人游施兹三禩其淑儀紳
言非特一圖已也然西方人聲音文字與中土殊殊而能
同蓋心同理同其學且開孔一轍故賢公卿大夫日樓而
雅敬之云西方人西泰先生及其耶穌會二三友人也
萬曆癸卯秋分日耶穌教學子苏琭李應試撰

图4 利玛窦和李应试在《两仪玄览图》作的序文节选

『南京化学工业公司研究』专栏

“南京化学工业公司研究”专栏导言

郭爱民

（南京师范大学社会发展学院）

中国石化集团南京化学工业有限公司，简称“南化公司”，起源于民国时期爱国实业家范旭东先生创办的永利化学工业公司下属的铔厂，即永利铔厂（1933 年创办），迄今已积累近百年档案，然而对南化公司近百年档案的整理与研究，只是处于起步阶段。

对南化公司近百年档案的整理与研究，有助于理解科技创新与爱国主义。一战前夕，德国化学家哈勃发明了固定空气中氮气的设备，使德国制造化肥和炸药的技术走在世界前列，并于 1919 年获得诺贝尔化学奖。一战结束后，西方主要发达国家竞相发展氮气工业，英国卜门内公司率先成为世界上化肥产业的主要垄断者。国民政府和卜门内公司关于在中国建设氮气工业的谈判失败后，爱国实业家范旭东先生接受国民政府邀请，以私营方式承办中国的氮气企业——永利铔厂。日本全面侵华前后，多次劝降范旭东先生，他断然拒绝。抗战期间，永利化学工业公司西迁四川，范旭东先生克服千难万险，恢复生产，并提出战后在全国范围内建立十个化工厂的计划，即“十厂计划”。1949 年以后，经过公私合营，改制为大型国有企业的南化公司成为国家化工建设的支柱企业，自立更生，在高压容器、催化剂等方面做出一系列重要发明，得到全世界的认可。

对南化公司近百年档案的整理与研究，有助于了解国有大型企业营运机制及其运行规律，认识中国现代企业制度的成长。南化公司的前身——永利铔厂，是中国首家私营大型酸类化工产品生产企业。1949 年以后，永利铔厂改名永利宁厂，经过社会主义改造，成为大型国有企业，其发展可以分为以下五大阶段：南京化学工业公司、南京化肥厂、南京化学工业公司、南京化学(集团)工业公司、中国石化集团南京化学工业有限公司，经历了经济体制改革、集团化发展、改制分流，成长为中国现代企业制度的标杆企业。此外，南化公司援建了全国各个地区的化肥厂，为中国化工企业培养了大量的技术骨干，被誉为“中国化工的摇篮”。

2022 年春天，笔者有幸接到与南化公司合作撰写《南化通志》的科研任务，带领由硕、博士生构成的课题组(张舒悦、宿锐、乐宇轩、程嘉君、罗林、吴妙研、刘俊辰、李婷婷)，按新冠防疫政策，于 5 月 29 日开始驻扎在南化公司，系统查阅整理档案馆。经过半年多的艰苦努力，课题组基本整理出南化公司经营管理类别的相关文书档案后，于 12 月 4 日撤回南京师范大学随园校区。在此，笔者代表课题组向南化公司表示诚挚的感谢!

在前期查档的基础上，课题组将 4 篇修改比较成熟的论文投给《随园史学》组成专栏。这 4 篇论文，分别讨论了南化公司的商标、工业学大庆运动、集团化进程、环境保护等问题。它们是《南化通志》课题组关于南化公司研究的初步尝试，欢迎学界同仁多提宝贵意见和建议。

经课题组共同努力，笔者申报的“南京化学工业公司(原永利铔厂)近百年档案整理与研究”，获得了 2023 年江苏省社科基金重点项目立项(项目编号:23LSA002)。在此，谨向《随园史学》及诸多提供帮助的同仁表示感谢!

（郭爱民:南京师范大学社会发展学院教授）

南京化学工业公司“红三角”牌商标变迁考述*

吴妙研　郭爱民

（南京师范大学社会发展学院）

摘　要：南京化学工业公司（以下简称南化公司）的“红三角”牌商标是近代典型的图形商标。其设计图案形象鲜明，构思巧妙，醒目易记，兼具独特性和实用性。在南化公司努力下，“红三角”牌商标逐步发展成为拥有国家专利的知名品牌。然而，“红三角”牌商标注册之路并不平坦，在20世纪80年代甚至一度陷入了商标混同风波，最终南化公司通过修改商标，才平息风波。通过对“红三角”牌商标诞生和演变过程的梳理，我们可以看到“红三角”牌背后折射出的社会变迁和企业发展的需求。

关键词：南京化学工业公司；“红三角”牌商标；商标设计；商标注册

商标是企业的精神名片，它不仅可以装饰产品，同时还代表企业形象，从而起到宣传作用。自20世纪80年代起，中国学者日益重视对近代商标的研究，并围绕商标设计解读①、商标发展状况②、商标法律制度

* 本文为2023年度江苏省社科基金重点项目“南京化学工业公司（原永利铔厂）近百年档案整理与研究”（编号：23LSA002）中期成果之一。

① 关于商标设计研究，参见王凤仪编著：《商标图案》，上海：上海人民美术出版社，1983年；成涛编著：《商标设计使用与管理》，长沙：湖南科学技术出版社，1986年；左旭初：《老商标》，上海：上海画报出版社，1999年；左旭初：《中国商标史话》，天津：百花文艺出版社，2002年；侯晓盼编著：《方寸故事：中国近代商标艺术》，重庆：重庆大学出版社，2009年；左旭初：《民国商品包装艺术设计史》，上海：上海交通大学出版社，2017年；等等。

② 关于商标发展研究，参见左旭初：《中国近代商标简史》，上海：学林出版社，2003年；汪永平、贺宏斌：《中国近代知名民族品牌的名称研究》，《史学月刊》2007年第3期，第94—102页；汪永平：《中国近代知名民族商标标志的构图类型与文化特点研究——以上海地区为考察重点》，《中国社会经济史研究》2010年第4期，第93—100页；等等。

演变①、商标个案研究②等，取得较为丰硕的成果。“红三角”牌商标是南京化学工业公司③产品的标志。关于“红三角”牌商标的研究主要集中在左旭初的研究中。他从范旭东企业集团和相关历史事件入手，阐述了“红三角”牌的图案样式和设计创意。④ 然而，对于“红三角”牌商标的图案演变和注册过程以及商标的后续管理，尚存探讨空间。有鉴于此，本文以“红三角”牌商标的发展状况为基础，拟对其演变和注册过程及其背后原因进行探讨，以期丰富商标个案的研究。

一、永利制碱公司与“红三角”牌商标的诞生

“红三角”牌商标的诞生，与永利制碱公司的成立密切相关。1917年10月，范旭东等人筹备建立制碱厂。1920年9月，经过中华民国农商部准许注册，该厂正式定名为“永利制碱股份有限公司”，并在天津塘沽建厂。1926年6月29日，永利制碱公司成功生产出碳酸钠含量在99%以上的

---

① 关于商标法律制度研究，参见高卢麟：《中国的商标制度和商标法修改》，《知识产权》2002年第2期，第3—7页；赵毓坤：《民国时期的商标立法与商标保护》，《历史档案》2003年第3期，第119—134页；左旭初：《中国商标法律史（近现代部分）》，北京：知识产权出版社，2005年；彭学龙：《商标混淆类型分析与我国商标侵权制度的完善》，《法学》2008年第5期，第107—116页；左旭初：《中国商标法律制度的历史回顾》，《中华商标》2012年第11期，第19—21页；［美］弗兰克·I.谢克特著，朱冬译：《商标法的历史基础》，北京：知识产权出版社，2019年；吕志华：《中国商标法律制度及最新进展（上）》，《中华商标》2020年第1期，第9—17页；等等。

② 关于商标个案研究，参见陈志均：《酉阳火柴厂的变迁及其商标》，《火柴工业》2001年第3期，第26—27页；凌晨：《商务印书馆商标的变迁——以张元济图书馆馆藏商务版书籍为例》，《出版史料》2007年第4期，第92—97页；王光霞：《近代纺织品商标的变迁》，《法制与社会》2007年第11期，第886—887页；王莲英、董劭伟：《耀华玻璃公司产品商标变迁考述》，《中华历史与传统文化论丛》，2018年，第289—300页；等等。

③ 南京化学工业公司的前身是永利铔厂，由近代著名实业家范旭东先生于1934年所创，当时号称是“远东第一大厂”。1952年公私合营，永利铔厂改名为永利化学工业公司宁厂；1958年成立南京化学工业公司，下属永利宁厂、南京磷肥厂等7个单位；1965年5月将南化公司主体部分改为南京化肥厂；1973年7月南京化学工业公司的名称又被恢复使用，1990年南化公司兼并连云港碱厂组成南京化学工业（集团）公司。为方便起见，本文将以上化工单位的名称统称为南化公司。

④ 关于“红三角”牌商标研究，参见左旭初：《中国纯碱工业之父侯德榜与红三角牌商标》，《中国发明与专利》2010年第9期，第53—59页；左旭初：《侯德榜与“红三角”牌商标》，《中华商标》2009年第10期，第73—75页。

碱，于是，“范旭东为区别于土法生成的‘口碱’和进口的卜内门‘洋碱’，将其取名为‘纯碱’”①。20世纪20年代没有专门的广告社和广告部门，商标大部分是由企业家自己独立构思和设计。左旭初据此推断出，永利制碱公司的商标是由公司创办者范旭东亲自设计的，并定为“红三角”牌商标。②

商标的总名称叫作“黑圈套红三角地中绘坩埚”，简称“红三角”。③ 图1是“红三角”牌商标图案，其中央是一个红色的倒立三角形，黑色粗线圆圈将三角形圈住，三角形中间是一个坩埚，并用中英文在外圈标明“中国”“天津”“永利制碱公司”和“PACIFIC ALKALI CO.”。

图1　1926年“红三角”牌商标图案

从外观设计角度而言，“红三角”牌图案与同时代其他商标图案相比，具有一定创新性。中国近代商标图案呈现出极为复杂的设计风格。这些商标图案中既有“中国传统图形”④，如“耀华玻璃公司‘阿弥陀佛’牌商标”⑤“映石大隆织厂商标‘开钱为记’牌”⑥等；也有“近现代图案”⑦，如“中国化学工业社无限公司使用的星形系列商标”⑧“上海三友实业社的‘三

---

① 刘福存、宁培海主编：《天津碱厂志（1917—1992）》，天津：天津人民出版社，1992年，第10页。

② 参见左旭初：《“红三角”商标的诞生与中国化工的兴起》，《中国工商报》，2000年8月30日，第3版。

③ 王翔等编著：《老商标的故事》，北京：民主与建设出版社，2004年，第362页。

④ 侯晓盼编著：《方寸故事：中国近代商标艺术》，第37页。

⑤ 王莲英、董劭伟：《耀华玻璃公司产品商标变迁考述》，《中华历史与传统文化论丛》，2018年，第292页。

⑥ 侯晓盼编著：《方寸故事：中国近代商标艺术》，第46页。

⑦ 侯晓盼编著：《方寸故事：中国近代商标艺术》，第37页。

⑧ 侯晓盼编著：《方寸故事：中国近代商标艺术》，第148页。

角'牌"[①]等;还有大量"兼融中西方的符号元素"[②]的设计图案,如"大用橡皮公司'跳舞牌'商标;上海永康棉织厂的'爱神'牌"[③]等。"红三角"牌商标的设计,虽然采用几何图形构成方法,但通过对化工设备进行提炼、简化和变形,形成了极具辨识度且专属于永利制碱公司的商标图案。

除此以外,"红三角"牌图案设计,还具有很强的实用性。首先,在商标名称的读音设计上,"红三角"牌商标注意音调的高低起伏,如此读起来顺口干脆,便于宣传。其次,当时中国市场存在华洋竞争,很多商家在设计商标的图案时,会带有和洋货竞争的心理。"红三角"牌商标在图案上加注英文,作为产品的外延信息。这一做法符合永利制碱公司和洋商竞争市场的现实情况。

同时,"红三角"牌商标图案还具有丰富的内在含义。根据左旭初的研究,红色三角形一方面"象征三位创办者",另一方面又"象征着纯碱在生产工艺过程中,同时有气体、液体和固体三相的直接反映"。[④] 其他学者也认为"三角义为白陶土制成的三脚架;内圆圈表示放泥三角和坩埚,外圆圈是防风罩。红色表示红火吉利"[⑤]。以上观点表明红色三角形体现出索尔维制碱法的工艺。

此外,商标图案中的三角形,据推断还有两层含义。它一方面分别代表范旭东等人创立的企业集团。范旭东于 1914 年正式成立久大精盐公司,又于 1917 年成立永利制碱厂。[⑥] 1922 年,范旭东在久大实验室的基础上,创办黄海化学工业研究社。[⑦] 这三家公司机构互相扶持,形成稳固的"永久黄"企业集团。另一方面它代表范旭东集团构建的酸、碱、盐三位一

---

① 左旭初:《老商标》,第 44 页。

② 侯晓盼编著:《方寸故事:中国近代商标艺术》,第 38 页。

③ 侯晓盼编著:《方寸故事:中国近代商标艺术》,第 160 页。

④ 左旭初:《侯德榜与"红三角"牌商标》,《中华商标》2009 年第 10 期,第 74 页。

⑤ 来新夏、郭凤岐主编:《天津大辞典》,天津:天津社会科学院出版社,2001 年,第 571 页。

⑥ 参见赵津主编,关文斌、谷云副主编:《范旭东企业集团历史资料汇编:久大精盐公司专辑(下)》,天津:天津人民出版社,2006 年,第 951 页。

⑦ 参见张柏春、方一兵主编:《中国工业遗产示例:技术史视野中的工业遗产》,济南:山东科学技术出版社,2019 年,第 160 页。

体的基础化学工业体系。① 久大精盐公司负责生产精制盐,永利制碱厂则制造纯碱,专门负责制酸的铔厂此时正在筹备。三家公司的建立表明中国酸、碱、盐三位一体的化工体系已初具规模。由此可见,"红三角"牌商标既能体现出公司生产技艺水平,又能反映出公司的经营策略以及集团间的关系。

更深层而言,"红三角"牌商标作为永利制碱公司的名牌,不仅是为了盈利而设计的标志,也是范旭东等人实业救国的具体表现。20世纪20年代初,国内纯碱市场被英商"蛾眉"牌垄断。为摆脱被外商控制的被动局面,范旭东等人投资建设永利制碱公司,怀着爱国情怀打造了"红三角"牌纯碱。② 后期"红三角"牌纯碱运用商标品牌战略,积极参与国内外产品展销活动③,进一步扩大了永利制碱公司的知名度,使得其有效地和同行业对手竞争,从而达到商品盈利的目的。

由上可知,"红三角"牌商标的设计是符合时代精神的,因而有利于企业的发展。随着社会背景的变迁,永利制碱公司发生诸多变化,"红三角"牌商标的图案也随之有所调整,以下将对"红三角"牌商标图案的演变加以探讨。

二、"红三角"牌商标图案演变

商标图案的变化,往往蕴含着不同时期政策的变迁和企业发展的需求。商标图案设计需要从多个角度出发,综合考虑时代背景、政策变动、企业发展等因素,以期更好地表达公司特色和精神。"红三角"牌商标图案先后经历四次更改,较为明显地反映出企业不同时期的发展状况和我国政策变化。

---

① 参见耿玉波、刘子放、朱铎主编:《中国化工经济概论》,郑州:河南人民出版社,1987年,第23页。

② 参见左旭初:《中国纯碱工业之父侯德榜与红三角牌商标》,《中国发明与专利》2010年第9期,第54页。

③ 参见左旭初:《"红三角"商标的诞生与中国化工的兴起》,《中国工商报》,2000年8月30日,第3版。

由于公司改组，“红三角”牌商标图案在1934—1935年间，迎来第一次调整。1934年，永利制碱公司召开全体股东大会，会上通过一项重要决议，即“向国民政府实业部申请，将‘永利制碱公司’更名为‘永利化学工业股份有限公司’”①。1935年，实业部以第559号颁发给永利化学工业股份有限公司营业执照，该公司正式更名成功。“红三角”牌商标图案也随之发生相应变动。从图2可以看出，商标上原“永利制碱公司”改成“永利化学工业公司”，与此相应，“PACIFIC ALKALI CO.”改为“YUNGLI CHEMICAL INDUSTRIES”。

此次商标图案，除变更公司名称外，还淡化了商标上“天津”“中国”的存在。商标上原先写着“天津”“中国”的位置，被两个倒三角形替代，其他原封不动。此处改变与公司国内外市场开拓有直接关系。1926年，“红三角”牌纯碱在美国费城世界博览会上获奖，自此提升了国际知名度，对外销售量迅速提高。② 自20世纪30年代起，为推动企业发展，永利制碱公司转变商业发展战略，将其经营范围逐步向南扩大。公司在长沙、重庆等地设立营业处，并将其业务扩展至亚洲市场，而非仅限于中国本土市场。③ 永利制碱公司据此逐步走向国际市场，扩大市场占有率，从而达到实现企业利润最大化的目的。修改后的商标图案，在设计理念上与该时期的经营需求相符合，因此一直沿用至1951年。

图2 1935年“红三角”牌商标图案

① 天津市档案馆编：《天津老商标》，天津：天津古籍出版社，2013年，第82页。

② 参见陈歆文、周嘉华：《永利与黄海：近代中国化工的典范》，济南：山东教育出版社，2006年，第92页。

③ 参见刘福存、宁培海主编：《天津碱厂志（1917—1992）》，第167—168页。

随着新中国的建立,永利化学工业公司为响应国家政策做出第二次改动。1950 年我国政府颁布《商标注册暂行条例》和《商标注册暂行实施细则》,永利化学工业公司根据以上条例和细则的规定,于 1951 年向中央私营企业局申请注册“红三角”牌商标。从图 3 可以看出,1951 年的“红三角”牌商标图案与之前有所不同。公司将“YUNGLI CHEMICAL INDUSTRIES”改为“红三角牌”。

图 3 1951 年“红三角”牌商标图案

此次改动与新中国成立后颁布的商标注册法规具有一定联系。1949 年 7 月 18 日颁布的《陕甘宁边区商标注册暂行办法》第八条,即“商标所用文字,以本国文字为限,不得使用外国文字,已经使用外国文字之商标牌号,得限期更换之”①。1950 年 8 月,《商标注册暂行条例》也重申不得用外国文字作为商标内容。这一规定是为了提倡公民使用国货。因此,为避免被当作外资企业,并出于对商品销售和宣传的考量,永利化学工业公司将“红三角牌”添加到商标图案上。这样做既符合国家的政策要求,又使得坩埚红三角图案和“红三角”牌商标联系更为密切。

然而,在 20 世纪六七十年代,因商标管理工作遭到破坏,“许多注册使用多年的老商标被禁用,被迫使用一些‘有革命涵义’而互相雷同的商标”,如“南京化学厂的注册商标也被改为‘红星’、‘曙光’等名字”。② “红三角”牌商标也未能幸免,由于“不突出无产阶级政治,忘记阶级斗争”,被当成

① 《商标公报第一期》,陕甘宁边区政府工商厅印,1949 年,第 1 页,转引自左旭初:《中国商标法律史(近现代部分)》,第 483 页。

② 南京市地方志编纂委员会编:《南京工商行政管理志》,深圳:海天出版社,1994 年,第 202 页。

“资本主义的东西”批判。公司为了不影响产品的正常生产和销售情况，不得不做出第三次修改，暂时将“红三角”牌商标改为“红五星”牌商标。由此可见，该时期的“红三角”牌商标，已经失去商标应有的功能和意义，只是符合当时的形势要求。“红三角”牌商标作为知名品牌，因改为“红五星”牌商标后，“外商不予承认”①。如此一来，商标图案的更换直接影响到对外贸易。因此，在“文革”结束后，南化公司于1979年申请新的“红三角”牌商标。

20世纪70年代中期以后，南化公司恢复使用“红三角”牌商标，同时也做出了第四次修改。随着改革开放和商品经济的发展，我国逐步重视商标管理工作，并着手建立知识产权制度。1979年工商行政管理总局（以下简称工商总局）为解决市场上使用商标混乱的情况，在杭州召开全国商标工作会议，并重新建立商标注册管理体系。南化公司也应工商总局要求，申请恢复使用“红三角”牌商标。图4是更改后的商标图案。新“红三角”牌商标继续沿用原商标中的红色等边三角形，将红三角中间改成了“NCIC”和由两个英文字母“W”构成的水波。

图4　1979年“红三角”牌商标图案

此时新商标已被赋予新的内涵。红色三角形表示南化公司生产的“有机、无机、化机三大类产品”。三角形边长79毫米表示“该商标是一九七九年注册”。黑色“NCIC”是南京化学工业公司的英文“Nanjing Chemical Industrial Company”的首字母。四个字母总长度是37毫米，表示南化公

① 刘福存、宁培海主编：《天津碱厂志（1917—1992）》，第184页。

司“前身永利宁厂投产于一九三七年”。两个蓝色的“W”构成的水波一是表示长江，二是表示“南化公司目前有二万五千名职工”。蓝色的圆表示地球。新商标图案的含义是“地处于扬子江畔的南京化学工业公司的三大类产品必将畅销于全世界”①。1980 年 1 月，南化公司正式恢复使用“红三角”牌商标，自此以后，南化产品的“红三角”牌商标图案一直未变。

企业隶属关系的变化是新商标图案发生变动的主要原因。重组后的南化公司与天津碱厂再无隶属关系，如果继续使用同一个商标图案，势必影响产品识别度，以致消费者误认商品来源。同时，南化公司将“红三角”牌商标进行重新设计，也有改变旧貌、迎接新未来的意愿。有鉴于此，南化公司采取渐变改进法来处理商标图案。首先，南化公司保留最具标志性的倒红三角标志，以便改变后的商标能与消费者之前的印象保持一致，不会影响后续商品销路。其次，新的商标图案使用英文缩写“NCIC”，更加洋气、明了，有利于外国销路。总而言之，“新的商标突出了南化自然地理、产品、职工与历史发展的特点”②。

商标是企业形象的重要组成部分，如果企业随意更改商标图案，将对企业形象和声誉造成不利影响。南化公司在变更商标图案之前，皆以当时政策和法规作为首要考量，并根据公司发展需求来确定具体更改方向。“红三角”牌商标的四次更改，均是南化公司经过深思熟虑和仔细评估的结果，以确保其不会对未来南化公司的发展产生不利影响。

三、“红三角”牌商标的注册之路

上述讨论理清了“红三角”牌商标演变的过程，然而商标作为产品进入市场的凭证，必须经过注册登记才能使用。商标在中国的使用由来已久，但直至明清时期，官府和民间行业公会才开始关注商标管理工作，并初步

---

① 《本公司关于恢复使用“红三角”牌商标的通知等》(1979 年 12 月 14 日)，南化公司档案，档案号 1979.7(1—5)—692，南化公司档案馆藏。

② 南京化学工业(集团)公司《南化志》编委会编：《南化志》，北京：中华书局，1994 年，第 171 页。

确立了一些商标管理条文。① 由于该时期的商标注册制度尚未形成，因此商标注册并没有受到工商业主们的重视。随着商标法律体系的逐步完善，我国商标注册意识才随之兴起。

商标注册制度最初是为了维护外国商品的合法权益而确立的。清末，列强们在中国市场上倾销洋货。为突出洋货的质量，外商们使用商标以区别于中国本土商品，同时要求晚清政府“保护他们的商标不受别人仿冒”②。1904年，晚清政府正式颁布中国历史上第一部商标法《商标注册试办章程》，对商标注册相关事宜作出正式规定。清政府垮台后，各个时期的政府都在不断完善商标登记注册管理制度，重视商标注册的宣传普及工作③，企业逐渐认识到商标注册不仅向企业提供法律保障，而且对于产品的生产、经营和推销起到重要的权益保护作用。因此，“红三角”牌商标在不同时期都依法进行商业注册登记。

在建厂之初，范旭东等人就依照当时规定申请注册营业执照和商标。1917年，永利制碱公司“曾于民国六年呈准北京政府农商部注册，并于是年九月十八日，蒙部颁给股份有限公司注册第三类第四百七十五号执照一纸”④。1920年9月10日，“红三角”牌商标经当时的商标局核发注册证，证号为16510号。⑤

1924年，北京政府正式出台《商标法》后，“红三角”牌商标遵照新法规进行登记注册。《商标法》第二十六条规定，申请审定的商标“应先登载于《商标公报》俟满六个月，别无利害关系人之异议或经辨明其异议时，始行核准”⑥。于是，永利制碱公司立刻准备登报声明。1924年7月30日，《商标公报》第14期刊载其商标审定信息，审定商标号为1205号。1925年2

① 参见左旭初：《中国近代商标简史》，第117—121页。

② 左旭初：《中国近代商标简史》，第18页。

③ 参见张玉敏：《商标注册与确权程序改革研究》，北京：知识产权出版社，2016年，第1—24页。

④ 《天津永利制碱公司补商标注册事宜》（1928年8月26日），工商部档案，档案号613—578，中国第二历史档案馆藏。

⑤ 刘福存、宁培海主编：《天津碱厂志（1917—1992）》，第183页。

⑥ 《商标法》，《商标公报》第1期，1923年9月15日，第39页。

月 15 日《商标公报》第 26 期，商标局刊载永利制碱公司的注册商标证，商标号为 2451 号，专用商品为“第一类化学品纯碱及附产物重炭酸碱苛性碱”，专用日期“自民国十四年二月二日起至三十四年二月一日止”①，“红三角”牌商标正式核准生效。纵观上述注册过程，可以发现早在北京政府正式出台《商标法》和《商标实施细则》前，永利制碱公司就提前备案以维护自身的合法权益。

公司提前备案商标的举措背后有着诸多原因。一方面，该举措的出发点与范旭东、李烛尘等管理人员的自身经历密切相关。公司大部分管理层人员拥有海外留学背景，有些甚至曾担任过政府经济部门职员。如范旭东曾在财政部任职，并赴欧洲考察过盐政。② 据此推断，永利制碱公司的领导管理层接触过较为系统且科学的企业管理知识，并对中国国内的现行经济法规较为熟悉。与传统中国公司管理者相比，范旭东等人对商标的应用更具前瞻性，有较强的商标使用的守法意识。另一方面，公司提前备案的行为和天津总商会的监督作用有关。天津总商会协助政府维护商标秩序，“对公司使用商标进行登记和监督管理”。并在此基础上，商会“督促会员遵守法规”，力图“保障会员合法权益”和“维护社会道德”。③ 永利制碱公司在天津总商会的监管范围内，“红三角”牌商标作为知名民族企业的标志，更是商会重点关注目标之一。内部管理与外部监督的共同作用合力促成了公司提前备案的行为。

然而，公司提前在农商部备案的行为“仅起到存记作用，其法律效力是相当有限的”④。因此，在北京政府出台《商标法》后，公司为了获得商标专

---

① 《注册商标第二四五一号（乙）：专用商品第一类，化学品纯碱及附产物重炭酸碱苛性碱，商号：永利制碱股份有限公司（专用期限自十四年二月二日起至三十四年二月一日止）（附图）》，《商标公报》第 26 期，1925 年 2 月 15 日，第 17 页。

② 参见陈歆文、李祉川：《中国化学工业的先驱：范旭东、侯德榜传》，天津：南开大学出版社，2021 年，第 13 页。

③ 乔素玲：《民国时期商会推动下的商标法运行》，《中国社会经济史研究》2012 年第 1 期，第 95—97 页。

④ 乔素玲：《民国时期商会推动下的商标法运行》，《中国社会经济史研究》2012 年第 1 期，第 95 页。

用权，遵照法规进行登报申请。商标于1925年正式完成注册。在“红三角”牌商标完成注册的两年后，因政府政权更迭，新的商标法规出台，永利制碱公司又得依新规补行注册事宜。

1927年4月南京国民政府成立。为了不影响商标注册的正常运作，该政府于1927年11月在国民政府委员会第十五次会议通过了《全国注册局注册条例》，并于同年12月成立全国注册局，负责商标注册事宜。南京国民政府通过此举，一方面向商界宣示新政府的权力，另一方面要求工商业主们补交注册费，以增加财政收入。根据《全国注册局注册条例》第五条规定，即“在民国十六年五月以前，已经北京政府政策者，应自本条例公布日起三个月内，向国民政府注册局补行注册，领取执照”①。该条要求原在北京政府注册商标的企业需补行注册，并补交注册费“领取《国民政府全国注册局商标注册证》”②。除此以外，南京国民政府的新规与北京政府《商标法》相比，“对于企业呈请商标注册的要求和条件，并没有什么太大的变化”③。因此，为了不影响企业的正常生产销售活动，原在北京政府注册的企业需补交商标注册费用，商标专用权才会在南京国民政府执政期间持续生效。

然而在南京国民政府建立之初，北京政府并未彻底垮台。因两个政府各有商标注册管理机构和制度，导致1927—1928年间的商标管理工作混乱。另外，《全国注册局注册条例》“普及时间又短”，因此，考虑到上述情况，工商企业大多持“观望态度”，“并没有多少厂商前往补办商标注册证照”。④ 直到1928年6月，北京政府彻底垮台后，大多工商企业才陆续去补办注册事宜。永利制碱公司也不例外，其作为天津的一家企业，自然需要获得新政权的承认，进行企业的经营活动。于是永利制碱公司在1928年8月提交补办注册申请。

---

① 陆桐生：《商标法及其判解》，上海：大东书局，1948年，第36页。

② 左旭初：《中国商标法律史（近现代部分）》，第263页。

③ 左旭初：《中国商标法律史（近现代部分）》，第261页。

④ 左旭初：《中国商标法律史（近现代部分）》，第261页。

1928年8月7日，永利制碱公司遵照1927年《全国注册局注册条例》，“补注册费洋一百三十三元三角三分，附缴照注册费额。教育费三成洋一百二十元，四分之一商标注册费洋一元二角五分，补给注册证费洋三元”①。永利制碱公司共补交注册费二百五十七元五角八分，并重新注册新证。自此永利制碱公司所有商标注册手续皆已完成。

新中国成立后，永利化学工业公司按新规对“红三角”牌商标进行重新注册。1950年，《商标注册暂行条例》颁布，要求“新中国成立前的注册商标要按规定重新注册”②。永利化学工业公司响应政策，向中央私营企业局申请注册“红三角”牌商标。中央私营企业局以第7850号商标注册证，批准商品“第二十七项肥料类硫酸铵（肥田粉）”使用“红三角”牌，使用年限是“1951年8月1日至1971年7月30日”。③ 1952年1月1日，永利化学工业股份有限公司又向中央私营企业局申请注册“坩埚红三角牌”。中央私营企业局又以第11511号商标注册证，批准商品“永利化学工业公司生产的第十六项化学品硫酸、液氨、硝酸、矾触媒、铵触媒、氧化触媒”使用坩埚红三角牌，使用年限是“1952年1月1日到1971年12月31日”。④

出于注册商品类别不同和保护相似商标名称的双重目的，永利化学工业公司分别以“红三角”牌和“坩埚红三角牌”为商标名进行两次注册。由于《商标注册暂行条例》采取自由注册的方针，有时会出现“有些私营工商业往往在国营企业使用某一商标尚未注册时，他们却抢先注册”⑤。这一现象在一定程度上会导致企业之间的恶性竞争。永利化学工业公司为避免“私营企业以其相同或近似的商标抢先注册”⑥，分别对“红三角”牌和

---

① 《天津永利制碱公司补商标注册事宜》（1928年8月26日），工商部档案，档案号613—578，中国第二历史档案馆藏。

② 蓝全普：《民商法学全书》，天津：天津人民出版社，1996年，第450页。

③ 《本公司关于恢复使用“红三角”牌商标的通知等》（1979年12月14日），南化公司档案，档案号1979.7（1—5）—692，南化公司档案馆藏。

④ 《本公司关于恢复使用“红三角”牌商标的通知等》（1979年12月14日），南化公司档案，档案号1979.7（1—5）—692，南化公司档案馆藏。

⑤ 钟文主编：《商标基础知识》，北京：中国展望出版社，1982年，第83页。

⑥ 钟文主编：《商标基础知识》，第83页。

“坩埚红三角牌”进行防卫性注册。如此可见，公司此时已经有商标保护的意识。此外，该举措也适应了新的“红三角”牌图案的注册需要。值得注意的是，虽然注册证上显示到期时间为 1971 年，但因“文革”期间商标管理工作陷入停滞，该商标在 20 世纪 60 年代就已停用，更名为“红五星”牌商标并未登记注册。

随着改革开放的深入，我国政府重新恢复商标注册制度，南化公司于 1979 年提交“红三角”牌商标的注册申请。经过南京市工商行政管理局和江苏省化工厅核准，南化公司申请注册为“红三角”牌商标的商品：“一、第七类有高压容器；二、第二十六类，4、2、1 组有氨催化剂、钒催化剂、浓硝酸，工业硫酸，工业黄磷，氟硅酸钠；三、第二十七类，有硝酸铵。”①截至 1996 年，南化公司共注册商标 20 次，注册产品多达 50 种。这种现象表明，尽管南化公司生产产品的种类越来越多，其注册工作却从未停止。

究其原因，除地方部门的监督以外，也与公司对商标的自觉管理有关。在改革开放初期，随着 1982 年《商标法》出台，中国商标注册制度也随之发生变化。各地工商局着手落实《商标法》，“通过对商标的管理来监督商品和服务的质量”②。南化公司作为地方重点企业，自然受到商标管理机关的高度关注。工商局不定时地对南化公司的商标申请和使用情况进行监督，以确保南化公司的商标权益得到有效保护。此外，随着国民经济的调整，社会主义商品竞争逐步展开。商标作为“技术竞争优势转化为市场竞争优势的重要载体”③，而“注册又是取得商标权的必经法律程序”。鉴于我国的《商标法》实行注册在先的原则，即“谁先申请注册，商标权就给谁”④，因此，南化公司通过注册“红三角”牌商标，优先抢占市场以获得更

① 《本公司关于恢复使用“红三角”牌商标的通知等》（1979 年 12 月 14 日），南化公司档案，档案号 1979.7(1—5)—692，南化公司档案馆藏。

② 江磊、韩宣平编著：《企业常见法律问题解析与风险防控》，合肥：中国科学技术大学出版社，2020 年，第 252 页。

③ 苏静、魏方编著：《法律视角下的企业管理》，北京：北京邮电大学出版社，2004 年，第 225 页。

④ 王戈、朱京安主编：《国际经济法学》，西安：西北大学出版社，1992 年，第 175 页。

多收益。同时,"红三角"牌商标作为公司形象最直观的表现,能否按时注册将直接关系企业信誉。由此可见,南化公司已经初步具备现代商标意识,"不再以产品为中心,而是以市场为中心,以用户为中心"①。

随着商品经济的发展,南化公司对注册商标的认识逐步加深。建厂之初,由于其创立者具有先见之明,在全社会的商标意识还较淡薄的情况下,企业就通过申请注册商标以维护自身的合法权益。随着各个时期注册程序更趋严格完善,南化公司也根据要求及时依法申请注册。这样不仅保证了南化公司产品的质量与信誉,也维护了广大消费者的权益。值得注意的是,20 世纪 80 年代后,"红三角"牌商标在注册时还发生过一场风波。这场风波的发生,又促使南化公司完善其商标管理机制。

四、南化公司"红三角"牌商标注册风波

"红三角"牌商标注册权的背后,有着较为复杂的历史传承因素。在 20 世纪七八十年代,国内使用"红三角"牌商标名称的化工企业一共有两家,分别是天津碱厂和南化公司,背后均与永利化学工业公司存在交集。自 1982 年第五届人大常委会第二十四次会议批准并公布《中华人民共和国商标法》以来,审查商标注册程序趋于严格,两家公司因商标混同②爆发了一次"商标风波",现将事件始末梳理于下。

在铔厂建立之初,永利硫酸铔厂和天津永利碱厂是在永利化学工业公司的管理下共同使用"红三角"牌商标。按照范旭东企业集团"一体两翼"的经营战略——以制盐为主体,以制碱、制酸为两翼,南京永利硫酸铔厂与天津永利碱厂正好形成一南一北的两双"翅膀"。③ 又根据《南化志》记载,南京铔厂在"建国前商标、广告实施均由永利化学工业公司负责,没有单独

① 于玉林主编:《无形资产辞典》,上海:上海辞书出版社,2009 年,第 299 页。

② 商标混同是指某件商标与使用在同种或类似商品上已经注册的商标相同或近似。

③ 参见谭晶:《旭日东升南化企业文化故事集·创业兴业篇》,南京:中国石化集团南京化学工业有限公司出版社,2016 年,第 27 页。

商标和广告宣传的职权”①。由此可知锰厂仅作为生产工厂，是没有管理机构专项负责商标的。因此，直到1979年，两家公司均有“红三角”牌商标的使用权。

两家公司共用商标的局面在1979年被打破。1978年，天津碱厂在“第一次‘质量月’中，提出恢复使用‘红三角’牌商标的申请。1979年6月26日，天津市工商行政管理局批准申请，商标注册证号为1318号”②。南化公司同样想保留原“红三角”牌的使用权。不过，由于天津碱厂申请在先，因此在工商总局的交涉下，“保留天津碱厂的红三角商标。南化公司的红三角商标作为历史传统商品处理，可以继续使用。不发证，图案退回”③。处理结果表明，南化公司在核定商品范围内可以继续使用“红三角”牌商标名称，然而不可以使用原先的坩埚“红三角”的图案。1979年9月25日，南化公司正式宣布恢复使用“红三角”牌商标，按要求对图案作出改动。自此，天津碱厂和南化公司继续在各自的产品领域内使用“红三角”这个商标名称。然而，由于双方经营产品存在同类型的情况，商标出现混同现象，从而引发了南化公司1983年商标“注册风波”。

此次风波，源自南化公司第二十六类化学品的商标混同问题，直接导致南化公司“红三角”牌商标注册失败。1983年5月11日，南化公司申请批准“注册南化公司第二十六类化学品商标为‘红三角牌’”④。然而工商总局以“将26类化学品红三角牌注册商标证发至天津碱厂为由。要求南化公司的化学品停止使用红三角牌商标”⑤。工商总局认为，天津碱厂已将“红三角”牌商标注册在先，并且南化公司的第二十六类化学原料和天津

① 南京化学工业（集团）公司《南化志》编委会编：《南化志》，第171页。

② 刘福存、宁培海主编：《天津碱厂志（1917—1992）》，第184页。

③《关于申请注册“三角牌”商标的报告》（1984年5月25日），南化公司档案，档案号1984.66—69—1068，南化公司档案馆藏。

④《本公司一九八三年申请办法〈我公司第二十六类化学品为红三角商标注册证〉的报告及颁发〈中人民共和国商标法〉和有关工商行政管理方面的几个文件》（1983年5月11日），南化公司档案，档案号1983.61—65—976，南化公司档案馆藏。

⑤ 南京化学工业（集团）公司《南化志》编委会编：《南化志》，第171页。

碱厂的第二十六类化工原料纯碱属于同类产品。因此，南化公司申请注册第二十六类化学品，属于商标混同的侵权行为。工商总局为了保护天津碱厂的权益，从根本上排除商标混同的情况，不批准南化公司的注册申请。

为了不影响后续产品生产，南化公司曾多次向工商总局阐明两者间不存在商标混同情况。1983 年 5 月 11 日，南化公司在申请报告中阐述理由如下：首先“我公司与天津碱厂，在解放前和解放后一段时间均隶属永利化学工业公司，是‘同胞兄弟’。同时，我公司和天津碱厂所生产的化工原料产品是同证申请注册红三角牌商标的，这是历史事实”；其次，“我公司生产的红三角牌化工产品已有三种获金牌，四种获银牌，二十五种获部、省优质品”；再次，“我公司红三角牌的图案已与原图案有所变更”。①

南化公司在申请报告中已详细阐明不会发生商标混同现象的理由。并且，南化公司申请注册的产品和天津碱厂第二十六化学品属于同组而分类不同，不仅不会产生销售矛盾，且符合国家申请商标注册规定。然而，工商总局需要时间去调查和审核事实，此次依然没有批准南化公司的申请报告。

由于产品没有商标，对市场营销产生很大影响，南化公司不得不做出变更决定。1984 年 5 月 25 日，南化公司在向工商总局申请注册的报告中，“把‘红三角牌’改为‘三角牌’，删去‘红’字，图案不变”②，但没有申请成功，原因在于南化公司申请的“三角牌”已经被江西和上海厂家提前注册。1984 年 9 月 11 日，南化公司再次做出修改决定。南化公司认为即使名称改变，消费者仍然可以通过原商标图案认识到这是南化公司的产品。因此，南化公司在保持商标图案不变的情况下，申请“将产品重新注册为‘绿三角牌’或‘蓝三角牌’或‘金三角牌’”。如果以上名称都已被占用，“那

① 《本公司一九八三年申请办法〈我公司第二十六类化学品为红三角商标注册证〉的报告及颁发〈中华人民共和国商标法〉和有关工商行政管理方面的几个文件》(1983 年 5 月 11 日)，南化公司档案，档案号 1983.61—65—976，南化公司档案馆藏。

② 《关于申请注册“三角牌”商标的报告》(1984 年 5 月 25 日)，南化公司档案，档案号 1984.66—69—1068，南化公司档案馆藏。

么就换成‘三冠牌’”①。无论“三角”牌前是“金”“绿”还是“蓝”，其用意都是为避免与现有的同类商品重名，从而提高商标注册的成功率。由此可见，为了注册商标名称尽快统一，南化公司做出了很大让步，甚至放弃了商标原有名称。

1985 年，经过南化公司不懈地交涉，商标“注册风波”终于有了结果。工商总局“考虑到南化公司与天津碱厂的历史渊源关系，结合诚实信用原则以及避免商标混同的嫌疑，同意南化公司第 26 类化学品只使用红三角图形，不注‘红三角牌’字样”②。工商总局在充分尊重历史因素的前提下，维护公平竞争的市场秩序。南化公司第二十六类化工原料、第七类产品注册商标名称为“红三角图形”，第二十二类水泥注册商标名称为“绿三角”牌，其他已登记“红三角”牌商标的产品仍使用该名称。

由上可知，“红三角”牌注册遭遇重重阻力，主要原因在于南化公司没有设立专门的商标管理部门，缺乏对国家相关政策进行学习和研究的专业人员，因而不能及时地掌握市场上的商标注册的最新动态信息，以致错失“红三角”牌商标和“三角”牌商标的注册机会。此后，南化公司吸取教训，明确专门负责商标的部门，加强对商标管理人员的培训，并按时按期地注册现在的“红三角”牌商标，定期开展对商标使用情况的检查。

1979 年以来，随着工商总局对商标注册的审查流程趋于严格，南化公司为争取“红三角”牌的商标注册权付出了极大努力。此次商标注册从申请到驳回到复审成功，历经两年。南化公司深知没有商标，产品得不到实际的法律保护，就无法取得消费者的信任，企业品牌形象容易受损。然而，鉴于南化公司和天津碱厂“红三角”牌商标同根同源的事实，又无法避免陷入商标“注册风波”。为了不影响后续产品的生产与评奖评优，南化公司重新申请注册“红三角”牌商标、“绿三角”牌商标和“红三角图形”商标。

---

① 《关于申请注册商标的报告》（1984 年 9 月 11 日），南化公司档案，档案号 1984.66—69—1068，南化公司档案馆藏。

② 南京化学工业（集团）公司《南化志》编委会编：《南化志》，第 171 页。

五、结语

以上论证表明,“红三角”牌商标是南化公司所属产品的标志,它诞生于风雨飘摇的时代,成长于和“洋碱”的竞争中,至今已有百年历史。“红三角”牌商标图案从设计意蕴到表达方式,都具有时代性、艺术性和实用性,是一枚独具一格的商标图案。

南化公司的注册过程和四次商标图案变迁,一方面反映出不同时代背景下企业间隶属关系的变化,另一方面也说明在社会主义市场经济体制改革的浪潮中,我国对产权的保护意识也逐步增强,形成了一套相对完备的商标设计和管理法律体系。1983 年,南化公司陷入商标混同风波。南化公司在注册“红三角”牌的过程中遭遇了重重阻力,后来在与工商总局不断交涉下,最终注册“红三角”牌商标、“红三角图形”商标和“绿三角”牌商标。在此以后,为符合相关商标政策和企业本身经营需求,南化公司建立健全的商标保护与管理机制,对“红三角”牌商标的使用情况进行监管,规范商标的合法使用。

“红三角”牌既是南化公司的名片,又是其企业文化的重要载体。通过“红三角”牌商标带来的品牌效应,公司不断拓宽产品市场,使得经济效益得到持续提升。

(吴妙研:南京师范大学社会发展学院历史系硕士研究生;郭爱民:南京师范大学社会发展学院教授)

Research on the Changes of Nanjing Chemical Industry Company's *Hongsanjiao* Trademark

Wu Miaoyan　Guo Aimin

Abstract: The “Hongsanjiao” trademark of Nanjing Chemical Industry Corporation(hereinafter referred to as NCIC) is a typical graphic trademark of modern times. Its design pattern is vivid, ingenious, eye-catching, and to be remembered, with both uniqueness and practicability. With the efforts of NCIC, the "Hongsanjiao" trademark has gradually developed into a well-known brand with national patents. However, the road to the registration of the "Hongsanjiao" trademark was not smooth. In the 1980s it was even once caught in a trademark confusion, which was eventually quelled by NCIC's revision of the trademark. Through the process of the birth and evolution of the "Hongsanjiao" trademark, we can see the social changes and the needs of enterprise development reflected in the "Hongsanjiao" trademark.

Keywords: Nanjing Chemical Industry Company; "Hongsanjiao" Trademark; Trademark Design; Trademark Registration

1972—1974 年中国环保工作启动的历史考察
——以南京化学工业公司为例*

刘俊辰[1]　张　威[2]

（1. 南京师范大学社会发展学院　2. 中国石化集团南京化学工业有限公司）

摘　要：新中国成立后，伴随工业规模持续扩大，工业污染也日趋严重。20 世纪 70 年代初，长期积累的生态危机集中爆发，引起了周恩来等国家领导人对污染问题的高度关注。在国内公害事件频发与国外环保概念传入中国的背景下，中央政府于 1973 年召开环保会议，中国环保工作就此起步。南京化学工业公司是中国最重要的化肥厂之一，属于重污染企业。为使该公司在污染治理上先行一步，进而为全国化肥厂提供经验，中央及公司直管部门对其施加了相当的政治压力。面对治污任务，南京化学工业公司遵照有关单位下达的环保政令，结合公司改善工人劳动环境与减轻污染的实际需求，形成了以综合利用"三废"为主线的环保体系，在全国环保工作起步阶段，找到了"治污"和"增产节约"的结合处。

关键词：环境保护；南京化学工业公司；工业"三废"；综合利用

2000 年前后，伴随我国相继提出可持续发展战略与科学发展观，国内学界对于环保议题的关注度迅速提升。根据研究对象的不同，这些与环保议题相关的研究成果可分为两大类别。第一类是在国家层面讨论环保问

* 本文为 2023 年度江苏省社科基金重点项目"南京化学工业公司（原永利铔厂）近百年档案整理与研究"（编号：23LSA002）中期成果之一。

题，以中央政府为观察对象，集中于描述宏观环保政策的演变历程。① 此类研究尽管已经充分还原了中国环保历史的发展脉络，但由于中央政府制定的政策与基层执行间往往存在“偏差”，故而难以概括中国式环保的全貌。第二类是具体到企业层面的研究。此类研究以基层企业为研究对象，探讨污染企业开展环保工作过程中，涉及的经济学、管理学以及法学等问题。② 不过，少有研究成果从历史角度出发，还原环保成为国策后企业启动污染治理工作的始末，笔者对南京化学工业公司（以下简称“南化公司”）档案的挖掘及相关史料的梳理，则可填补这一空白。

化肥的生产及其前置的合成氨反应，与国家粮食生产、国防安全干系重大，因而以南化公司为代表的化肥生产企业受到中国政府的高度重视。正如范旭东于1931年给时任实业部部长孔祥熙信中所言：“诚以淡气（氮气）工业为近今化学界至大作品之一，平和时代为农田肥料之泉源，一旦国有缓急，则改造军火以效力于疆场。”③1973年7月，南京化学工业公司为恢复生产秩序，在江苏省委的命令下再次成立。此时的南化公司仍旧是以生产化肥为主的综合性大型化工企业，产生的污染物呈现出数量多、种类复杂的特点。1973年8月，中国第一次环境保护会议在北京召开，中央政府正式出台环保政策，并要求各部门、企业严格执行。南化公司重建后，中共江苏省委要求南化公司在合成氨老厂改造方面要为全国大中型厂闯出

① 代表成果参见张连辉、赵凌云：《新中国成立以来环境观与人地关系的历史互动》，《中国经济史研究》2010年第1期，第3—11页；张连辉、赵凌云：《1953—2003年间中国环境保护政策的历史演变》，《中国经济史研究》2007年第4期，第63—72页；姚燕：《新中国对生态文明建设的认识和实践》，《当代中国史研究》2010年第4期，第48—54、126页；曲格平：《从斯德哥尔摩到约翰内斯堡的道路——人类环境保护史上的三个路标》，《环境保护》2002年第6期，第11—15页；等等。

② 代表成果参见唐国平、李龙会、吴德军：《环境管制、行业属性与企业环保投资》，《会计研究》2013年第6期，第83—89、96页；原毅军、耿殿贺：《环境政策传导机制与中国环保产业发展——基于政府、排污企业与环保企业的博弈研究》，《中国工业经济》2010年第10期，第65—74页；陈璇、钱维：《新〈环保法〉对企业环境信息披露质量的影响分析》，《中国人口·资源与环境》2018年第12期，第76—86页；等等。

③ 赵津主编：《“永久黄”团体档案汇编：永利化学公司专辑》上卷，天津：天津人民出版社，2010年，第38页。

一条路子，提供样板①，污染治理则是老厂改造的任务之一。本文尝试以历史学的视角，从南化公司启动污染治理的国内外背景、落实中央环保政策的驱动力以及开展污染治理工作具体内容等出发，总结我国工业企业开展环保工作初期的阶段性特征。

一、南化公司启动污染治理的背景

南化公司污染治理工作的启动，发生在中央政府环境保护意识觉醒并出台环保政策之后，是政治驱动的结果。在20世纪70年代初的"政治挂帅"下，中央政府出台环保政策并要求各部门、企业贯彻执行，是南化公司制定《南化公司"三废"污染治理规划》的先导。有鉴于此，在讨论南化公司如何落实中央环保政策之前，有必要叙述中央政府环境观发生转变，进而出台环保政策的过程。与南化公司直接执行中央政府环保政策不同，中央环保政策的出台以国家环保意识的觉醒为前提。1972年前后，先是公害事件的频发，使中国领导高层认识到工业污染控制的必要性。随后，以联合国人类环境会议的召开为契机，中央政府通过1973年召开的中国第一次环境保护会议统一了思想，使环境观发生了从"生产至上"向"生产与环境兼顾"的转变。

"社会主义有没有污染"，这个问题的答案在今天看来显而易见。至少，单论工业污染的发生，是工业高速发展过程中不注意清洁生产的结果，与政治体制并无必然联系。然而，在1973年中国第一次环境保护会议召开前，"社会主义没有污染"的论点确实有其影响力，工厂中耸立的烟囱排放烟气的场景，在世界各国均一度被视作工业进步的象征。"生产至上"是上到中央政府，下到南化公司等生产企业的一致看法。不过也需要强调的是，在"生产至上"思想占据主导的社会环境中，并不意味着社会缺乏对生活环境恶化的感知度。南化公司所在的南京市，于1959年成立了污水利用办公室，开始对工业废水进行治理。至1963年全市114家工业废水主

① 南京化学工业(集团)公司《南化志》编委会编：《南化志》，北京：中华书局，1994年，第45页。

要排放企业，有13家陆续建设了废水处理设施。尽管处理能力仅占总废水排放量的0.5%，但终归是在缓慢推进。[①] 这表明在20世纪70年代前，尽管环保概念尚未从国外引入，但社会可以感知污染的发生并做出一定的回应。而这种社会对污染的感知度，也是南化公司在未对生产性污染形成有效治理前面临诸多社会矛盾的原因。

环境危机充分暴露之前，往往有一个累积的过程，最后在某一时期集中爆发。新中国成立后，中央及各级地方政府的工作重心是恢复经济，并通过计划经济模式实现从农业国向工业国的过渡。“一五”计划时期，其规定工业总产值平均每年增长14.7%，至1957年实际工业总产值达783.9亿元，比1952年的343.2亿元增长128.4%，平均每年增长18.0%。[②] 南化公司[③]在此时期，也摆脱了抗日战争结束后的困顿局面，生产情况逐渐向好。尽管植被砍伐、水土流失等环境问题在中国局部已初见端倪，但由于人口较少，且工业规模整体依旧有限，故而环境问题并未被普遍认识。此后经过“二五计划”至1966年前，由于工业规模持续扩大，且伴随急于求成的国民建设运动，环境问题日趋严重，前文所述南京市设立污水利用办公室便是该时期的产物。但自1966年起，一方面是工业生产秩序受到冲击，使得污染物排放量减少，另一方面则是国家已无暇顾及污染问题，故中国自发的污染治理进程被直接打断。进入20世纪70年代，南化公司等受到严重干扰的工业生产逐步恢复。在高强度的工业生产下，1971—1972年，以“大连湾污染事件”“官厅水库污染事件”以及“松花江水系污染事件”为代表的恶性环境事件为中国生态敲响了警钟。其中，官厅水库作为北京市主要的供水水源地，有重要的政治经济影响。相关资料显示，1957—1985年间，官厅水库共向北京供水233亿立方米，其中用于工业生产和人

---

① 参见南京市地方志编纂委员会、南京市环境保护志编纂委员会编：《南京环境保护志》，北京：中国环境科学出版社，1996年，第173—174页。

② 董辅礽：《中华人民共和国经济史》，北京：经济科学出版社，1999年，第274页。

③ 该时期对应南化公司前身之一“公私合营永利宁厂”，为表述方便，仍称“南化公司”。

民生活近143亿立方米,用于农业生产90亿立方米。[①] 1972年,官厅水库发生了工业废水污染引起使用者染病的事故,中央政府为此成立专门的工作组进行调查。调查最终形成了《关于官厅水库污染情况的报告》,并由北京市革委会向国务院上报,因而产生了更为广泛的政治影响。

20世纪70年代初国内公害事件的频发,引起了国家领导人的高度重视。周恩来是推动我国环保工作起步的关键人物,特别是在1971年开始主持国民经济的整顿工作后。早在1970年6月26日,周恩来在接见卫生部军管会的负责同志时,针对国外发生的工业污染问题便指出:"毛主席讲预防为主,要包括空气和水。要综合利用,把废气、废水都回收利用,资本主义国家不搞,我们社会主义国家要搞。"[②]据统计,1970—1974年间,周恩来对环境保护共作过31次讲话,其中仅在1971年2月间就曾7次提到环境保护工作。[③] 在周恩来的推动下,环保概念已经在中国政府高层得到了局部的普及。1972年召开的联合国人类环境会议,成为环保概念在更广范围内推广的契机。1972年6月5—16日,联合国人类环境会议在瑞典首都斯德哥尔摩召开,在以周恩来为代表的国家领导人推动下,中国最终派出由国家计委、燃化部、卫生部和外交部共同组成的代表团参加大会。[④]其中,参与本次会议的燃化部,对其后南化公司环保工作的启动起到了重要推动作用。会议上,我国代表发言主要是谴责以美国为代表的帝国主义国家对资源的掠夺,并借环保之名打压落后国家的发展。意识形态斗争尽管激烈,但通过听取各国代表的发言,代表团成员至少认识到了污染问题在中国客观存在,并得出结论:中国城市的环境问题不比西方国家轻,而在

---

① 参见北京水利史志编辑委员会编:《北京水利志稿》第1卷,北京:北京水利史志编辑委员会,1987年,第158页。

② 参见李琦主编:《在周恩来身边的日子——西花厅工作人员的回忆》,北京:中央文献出版社,1998年,第332页。

③ 参见曲格平:《梦想与期待:中国环境保护的过去与未来》,北京:中国环境科学出版社,2000年,第37页。

④ 参见杨文利:《周恩来与中国环境保护工作的起步》,《当代中国史研究》2008年第3期,第21—26、125页。

自然生态方面存在的问题远在西方国家之上。[①] 本次环保会议，也为中国开展环保工作提供了人才上的储备，代表团成员如曲格平，日后成为中国首任环保局局长。

国内公害事件的警醒与中国对世界污染治理情况的了解，破除了“社会主义没有污染”的不当论调，有力推动了中国第一次环境保护会议的召开。1973 年 8 月 5—20 日，中国第一次环境保护会议在北京召开[②]，会议通过了《关于保护和改善环境的若干规定（试行草案）》，制定了《关于加强全国环境监测工作意见》和《自然保护区暂行条例》，并确定了环境保护的“32 字方针”[③]。《关于保护和改善环境的若干规定（试行草案）》的通过，意味着环境保护成为国策；“32 字方针”的确立，意味着我国的环境观实现了从“征服自然、生产至上”向“利用并保护自然、生产与环保兼顾”的转变。因此，该会议被各界视作新中国环境保护工作的起点。对于南化公司而言，其于 1974 年颁布的《南化公司“三废”污染治理规划》，在相当程度上借鉴了《关于保护和改善环境的若干规定（试行草案）》；“32 字方针”中的“综合利用、化害为利”，也成为南化公司开展污染治理相关工作的核心内容。

二、南化公司落实中央环保政策的驱动力

在国内外因素的共同作用下，中央政府首次制定了环保政策，并通过国家的行政体制向下传达。在本节中，笔者将着重讨论南化公司启动环保工作的驱动力。首先是政治原因，各级政府部门通过对南化公司施加政治影响，使其“忠实地”执行中央制定的环保政策，这是南化公司启动污染治理工作的直接原因。其次是企业责任，南化公司造成的污染，已经严重损

---

① 参见曲格平：《梦想与期待：中国环境保护的过去与未来》，第 50 页。

② 从“联合国人类环境会议”至“中国第一次环境保护会议”期间，中国各级政府开展了一系列的环保工作，参见张连辉：《新中国环境保护事业的早期探索——第一次全国环保会议前中国政府的环保努力》，《当代中国史研究》2010 年第 4 期，第 40—47、126 页。

③ “32 字方针”即“全面规划、合理布局、综合利用、化害为利；依靠群众、大家动手、保护环境、造福人民”。

害职工的身体健康和区域内农业的安全生产,这构成南化公司治污工作开展的间接原因。

各级政府对南化公司施加政治影响力,是南化公司启动环保工作的直接原因,该过程是依托国家对南化公司行政管理体制进行的。按照《中共江苏省委关于建立南京化学工业公司的通知》,1973 年 7 月新成立的南京化学工业公司由燃化部和省双重领导。① 南京化学工业公司重建后,公司的生产在国家计划体制之内,项目审批通过江苏省石化厅由国家燃化部归口。② 政治上建立中共南化核心小组,行政上成立革命委员会③。刘雪初④任南化公司党的核心小组组长兼革委会主任,望见⑤任党的核心小组副组长兼革委会副主任,负责对南化公司的日常领导。⑥

首先观察环保相关政令的传达过程。1973 年新建立的南化公司在燃化部和江苏省委的共同领导下,接收中央政府环保政令的途径有二:一是官方文件、通告;二是燃化部、江苏省委会议传达。中国第一次环境保护会议上通过的《关于保护和改善环境的若干规定(试行草案)》,后由国家计划委员会以《关于环境保护会议情况的报告》附件的形式报告国务院,最终国务院以"国发[1973]158 号"将上述两份文件进行批转并要求各地、各部门认真执行。已有研究分析了草案从形成到被国务院批转的过程,指出该草案是具有法律约束力的环保文件,国务院的批转赋予该草案以国家强制力,是需要被各单位遵守的法律。⑦ 南化公司的档案同样记录了这一过程,二者可互相印证。该内容摘录如下:

> 虽然在开展综合利用,消除"三废"污染,保护环境方面做了一些

---

① 南京化学工业(集团)公司《南化志》编委会编:《南化志》,第 508 页。
② 南京化学工业(集团)公司《南化志》编委会编:《南化志》,第 238 页。
③ 革命委员会是特殊时期我国各级政府和企事业单位的党政权力机构,管理和指导社会生活。
④ 刘雪初后于 1981 年 4 月任化工部副部长、党组成员兼南化公司党委书记。
⑤ 1973 年 7 月起,望见先后任南化公司党的核心小组副组长、革委会主任、党委书记、经理。
⑥ 南京化学工业(集团)公司《南化志》编委会编:《南化志》,第 35 页。
⑦ 参见徐祥民主编:《中国环境法学评论》第 13 卷,北京:社会科学文献出版社,2019 年,第 13—14 页。

> 工作。但是距离党和国家对环境保护要求还差得很远，以全国第一次环境保护会议精神和国务院“158”号文的指示要求，来检查对照，感到差距大，问题突出……通过全国第一次环境保护会议精神的传达，使我们进一步认识到保护和改善环境关系到保护人民健康和子孙后代造福的大事，关系到巩固工农联盟……搞不好综合利用、消除“三废”污染保护环境是个路线问题。①

上段材料直接点明了中国第一次环境保护会议和国务院“158”号文的对南化公司的影响。即从行政角度出发，南化公司需要严格执行国家下发的具有法律性质的指令，而这也为各部门和各级地方政府进一步指导南化公司环保工作铺平了道路。

中央政府仅通过官方文件的下发，尚无法让南化公司完全领会到政策制定的精神，此时南化公司的直管部门燃化部、江苏省委的深度参与，是推动公司启动环保工作的关键。1973 年 11 月 16 日，南化公司革委会向江苏省委提交《报送燃化部领导同志对我公司工作的指示》。该文件产生的背景是南化公司根据燃化部的指示，派遣望见同志去京向燃化部领导汇报氮肥厂年度大修情况，以及公司今后工作安排意见。南化公司根据徐今强、杨树澎、李艺林三位燃化部副部长的指示，向江苏省委进行了汇报。燃化部的指示中涉及污染治理的，主要在老厂改造内容中出现，相关内容摘录如下：

> 总之，通过大检修，把设备搞得好好的，消灭跑、冒、滴、漏，提高设备完好率，下决心把厂容整顿一番……搞三废处理，我们支持你们。长江流域，你们问题很大，首先要通过设备检查，加强管理，狠下本钱，彻底解决跑、冒、滴、漏。这个问题解决了，三废也解决了一半……我们要动员小化肥厂 1 200 人到你们南化去参观检查，看你们厂容怎么

① 《南化公司“三废”污染治理规划》（1974 年 3 月 10 日），南化公司档案，档案号 1974.10（1）、11、12—472，南化公司档案馆藏。

样，你们要借这股东风，好好地整顿一下。①

燃化部对于新成立的南化公司，最大的期许是探寻老厂改造的路径，为全国合成氨厂做出样板，在增加合成氨产量的同时搞好“三废”治理问题。除燃化部外，江苏省委同样对南化公司的环保工作做出了指示。1973年11月16日下午，南化公司刘雪初、望见等有关同志，向江苏省委及相关部门汇报了24万吨合成氨、催化剂厂改造的初步方案。江苏省委在听取了南化公司的汇报后，明确指出在老厂改造的过程中，综合利用、“三废”处理要考虑进去，列入计划。②

其次，就南化公司落实中央环保政策的具体机构来看，革命委员会在公司贯彻国家环保政策的过程中起到了枢纽的作用。国务院在批转国家计委《关于全国环境保护会议情况的报告的通知》中明确要求：各级革命委员会必须把保护和改善环境的工作列入重要议事日程，把这项工作认真抓起来。③ 20世纪70年代初，革命委员会是我国各级政府和企事业单位的权力机构，在各级地方党委的统一领导下行使权力，但此时各级党委和各级革命委员会多是“两套牌子，一套人马”，革委会办事机构基本就是党委办事机构，负责指导和管理社会生活。④ 1974年3月10日，由南化公司革命委员会发布《南化公司“三废”污染治理规划》，并抄送公司各部门，该份文件是南化公司污染治理的起点。南京市革命委员会也在1974年3月25日颁布《南京市环境保护管理办法》，是为南京市第一部综合性环境保护地方法规。⑤ 由此可见，革委会机构是中央政府管理南化公司，并使之执行中

① 《一九七三年燃化部及江苏省委领导同志对本公司工作的指示》(1973年11月16日)，南化公司档案，档案号1973.33—35(1)—459，南化公司档案馆藏。

② 《一九七三年燃化部及江苏省委领导同志对本公司工作的指示》(1973年11月16日)，南化公司档案，档案号1973.33—35(1)—459，南化公司档案馆藏。

③ 《中国环境保护行政二十年》编委会编：《中国环境保护行政二十年》，北京：中国环境科学出版社，1994年，第8页。

④ 参见张志明：《“文化大革命”时期革命委员会研究》，博士学位论文，中共中央党校，1995年，第86页。

⑤ 南京化学工业(集团)公司《南化志》编委会编：《南化志》，第286页。

央环保政策的关键一环。各地方政府、企业革委会几乎在同一时期发布环保相关的政策或规划，也较好体现了当时中央环保政策在全国铺开的情形。

总体看来，中央政府为使南化公司执行环境保护会议上制定的环保草案，主要采取了三项政治举措。一是国务院的批转，该过程不仅为草案赋予了法律效力，同时也为各部门及地方政府督促南化公司提供了理由；二是在南化公司直管部门的配合下，燃化部和江苏省委向南化公司更直接地表明中央治理污染的决心，并传达要以南化公司为样板的决定，给南化公司更多的政治压力；三是要求各部门、企业的革委会共同落实中央的环保政策，如此可在社会上形成开展环保工作的风气，不仅可使各部门、企业的革委会互相督促，也有助于南化公司纠正基层存在的对环保的错误看法，有利于企业污染治理工作的开展。

南化公司在接到国家污染治理的相关政令前，长期“粗放型工业生产”产生的大量污染物已经引起了广泛的社会矛盾，这是南化公司环保事业起步的间接原因。这些社会矛盾，一是表现在污染物对车间工人健康的损害。1973年4月，公司对490名硫酸工人进行体检，结果显示长期暴露在二氧化硫的工人中，牙龈炎发病者占65.9％、慢性咽炎者占50.4％、慢性鼻炎者占15.1％、慢性结膜炎者占37.9％。车间工人对于因参加生产造成的健康问题，态度较为复杂。一方面参加劳动是其赖以谋生的手段，这就需要对污染的“忍耐力”；另一方面车间工人有改善劳动环境的迫切需求，欢迎公司治理生产性污染的举措，但前提则是不影响其实际收入。二是“三废”自厂区排放后，扩散至大气、江河，影响环境卫生，尤其是对农业生产造成了损害。据1969—1972年间的不完全统计，由于南化公司污染物的排放，周边地区稻子受害面积1 583亩，减产36.7万斤；蔬菜受害面积1 746亩，减产48.2万斤；果树受害1 737棵，减产4.6万斤；水塘鱼受害3 500条，减产2 800斤；耕牛中毒死亡7条。① 车间工人受“生计所迫”尚

① 《南化公司“三废”污染治理规划》(1974年3月10日)，南化公司档案，档案号1974.10(1)、11、12—472，南化公司档案馆藏。

有对污染容忍的一面，因为对农业生产的破坏性，农业生产者则对工业污染持完全的反对态度。农业从业者希望工业企业减少污染物的排放量，并尝试从南化公司获取因污染问题造成的经济损失。

南化公司是 20 世纪 70 年代化工生产造成环境污染的缩影。实际上，从 20 世纪 50 年代中期南京市工业开始迅速发展后，环境污染事故、环境信访事件便不断增加，环境污染潜在的和长期的危害，已经成为社会各界关注的焦点之一。[①]《人民日报》指出：消除“三废”污染，保护和改善环境，不仅是个经济问题，而且是个政治问题。它直接关系到保护人民健康和子孙后代的幸福，关系到巩固工农联盟，关系到多快好省地发展社会主义工农业生产。[②] 南化公司作为深受国家重视、社会关注的国有企业，有必要做出实际举措改善工人工作环境，并减轻工业生产对区域环境造成的污染。

南化公司在多方压力下，启动污染治理工作势在必行。然而，按照当今世界污染防治的经验，环保行动的实施会影响到工业生产的进行。对于 1973 年新成立的南化公司而言，治污工作仅是老厂改造的内容之一，如何通过老厂改造继续增加化肥的产量，是衡量公司组建成败的另一重要标准。同时面对减少污染和增加产量的要求，南化公司如何协调环保与生产的关系？这是本文接下来讨论的重点。

三、南化公司“三废”污染物的治理

1974 年南化公司革委会发布《南化公司“三废”污染治理规划》，标志公司正式启动“三废”的治理工作。在中央制定的政策引导下，南化公司结合此前开展综合利用工作的经验，采用了以综合利用“三废”为主线的污染治理体系，在减轻污染的同时实现了工业品产量的提升与资源的节约。至

① 参见南京市地方志编纂委员会、南京市环境保护志编纂委员会编：《南京环境保护志》，第 142 页。

②《消除“三废”污染，保护和改善环境》，《人民日报》，1973 年 10 月 20 日，第 2 版。

20世纪80年代初，全公司共治理了污染项目57项，使用投资约1 603.2万元。废气治理量约占废气总量的67%，废水约占17%，废渣已利用60%。① 除对传统“三废”进行治理外，南化公司还开展了余热利用、消除噪声及厂区绿化等工作。可以说，南化公司选择以综合利用方法治理“三废”污染，是公司取得上述阶段性治污成果的关键。

1973年11月24日晚，南化公司召开“老厂改造方案审查会议”，主要是传达燃化部领导、江苏省委对南化公司老厂改造的指示。在本次会议上，公司领导配合默契，望见负责传达上级领导的讲话与精神，刘雪初则通过总结发言对上级政策进行解读。刘雪初在发言中，谈及了南化公司领导层对于中央环保政令开展路径的认识，并以“经济“二字加以概括，其发言摘录如下：

> 如果你投资比建新厂还多，时间拖得长，见效又慢，就不必搞什么老厂改造。部里要求我们两年改造完，见效快嘛。建同样生产能力的一个新厂，两年就办不到。②

对于南化公司，怎么处理污染才能做到投资尽可能少、有收益且见效快呢？这无疑指向的是综合利用。新规划一批综合利用项目，并突出强调综合利用在减轻污染方面的作用，便是南化公司贯彻中央环保政策的实施路径。

综合利用概念在我国工业发展历史中出现的年代较早，观察20世纪50—70年代国内的舆论环境，“三废”便一直是与综合利用紧密相关的。“三废”本身具有污染环境和综合利用的两面性，因为部分“三废”是原料在生产过程中未得到充分利用而产生的“废物”，在改良生产技术或拓展产业链后，存在变废为宝的可能。毛泽东在1960年曾指出：“各部门都要搞多种经营、综合利用。要充分利用各种废物，如废水、废液、废气。实际都不

---

① 《为把南化尽快建成“清洁文明企业”而奋斗》（1982年11月），南化公司档案，档案号1982.79—81(1)(2)—928，南化公司档案馆藏。

② 《公司领导刘雪初、望见、戴顺智同志在老厂改造方案审查会议和现场会议上的讲话》（1973年11月24日），南化公司档案，档案号1973.36(1)—39—464，南化公司档案馆藏。

废，好像打麻将，上家不要，下家就要。”[①]由此，对“三废”进行综合利用工作，从而节约资源与能源、提升效益，便是20世纪70年代前全国化工企业的“三废”处理的主题。

20世纪70年代前出版的《人民日报》便常有“三废”与“综合利用”同篇出现的情况，如1965年对锦西化工厂、1969年对抚顺市石油工厂以及1970年对上海“三废”综合利用情况的报道。[②] 不过需要强调的是，在环保意识未普及之前，尽管如“妨害职工身体健康和附近农业生产和渔业生产”[③]也曾被提及，但仅作为论据之一，报道最后的落脚点仍旧是创造更多的经济价值。不同于环保工作以调节人与自然关系为目标，综合利用指向的是节约资源、提升效益，其对环境和人员的保护作用属于“副产品”。事实上，至20世纪70年代初，南化公司从“三废”中经提取、回收、并加工成产品的，有硫铵母液、液体 SO_2、氢气、镍、钒等，总产值每年在1 700—1 800万元。[④]

我国化工企业在综合利用方面已经具备相当的工作经验，且综合利用“三废”确实有减轻污染的效果。因此国家在决定开始环保后，按照先易后难的原则，将工业污染治理的重点率先放在深入开展综合利用“三废”之上，这在《关于保护和改善环境的若干规定(试行草案)》以及“32字方针”中皆有所体现。南化公司开展的污染治理项目，大部分均是采用综合利用方法规划设计的。在南化公司1974年发布的《南化公司“三废”治理两年

① 中共中央文献研究室编：《毛泽东年谱(1949—1976)》第4卷，北京：中央文献出版社，2013年，第373页。

② 《只有为社会主义创造财富的义务，没有损失、抛弃国家资源的权利——锦西化工厂变“三废”为“三利”》，《人民日报》，1965年11月17日，第2版；《广大革命工人遵照毛主席伟大教导，为国家创造大量宝贵财富——抚顺市综合利用废水废气废渣取得巨大成绩》，《人民日报》，1969年11月4日，第4版；《坚决贯彻执行毛主席的艰苦奋斗、勤俭建国伟大方针——上海工人阶级化“三废”为三宝》，《人民日报》，1970年2月20日，第1版。

③ 《只有为社会主义创造财富的义务，没有损失、抛弃国家资源的权利——锦西化工厂变“三废”为“三利”》，《人民日报》，1965年11月17日，第2版。

④ 《南化公司“三废”污染治理规划》(1974年3月10日)，南化公司档案，档案号1974.10(1)、11、12—472，南化公司档案馆藏。

规划表》中，投资额在 10 万元以上的共有 6 项，其中 4 项附带有回收的经济效益。如此看来，南化公司仅是将早先综合利用的举措，为迎合国家提出的环保概念进行了新的表述。单论南化公司所开展的综合利用工作，在中央政府提出“环保”概念前后，实施方式并未发生根本改变。

既然南化公司不论国家是否提出环保政策，都在进行对“三废”的综合利用，那么国家提出的环保概念究竟对企业产生了什么影响？主要体现在“三废”利用率的增加，即国家提出环保政策过程中所形成的新一轮政治压力，反过来促进了中央政府一向强调但执行效果不佳的综合利用政策，自此综合利用也被纳入环保体系之中。

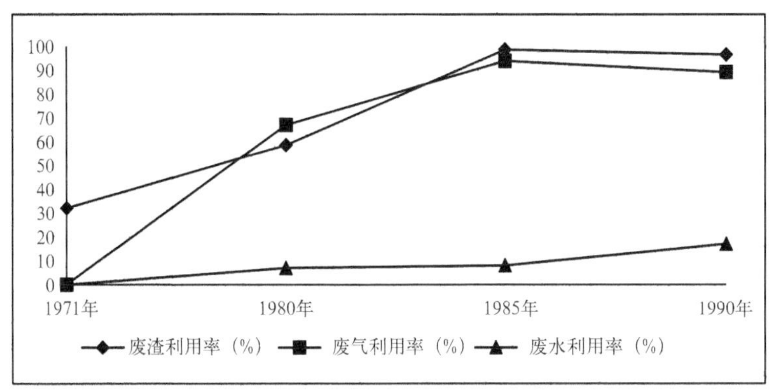

图 1　1971—1990 年南化公司“三废”利用率折线图

（南京化学工业（集团）公司《南化志》编委会编：《南化志》，第 252 页）

上图的数据说明，南化公司环保工作起步后，积极开展了以综合利用“三废”为主线的环保工作，“三废”的利用率在 20 世纪 70 年代后整体呈现稳步上升的态势，并尤其体现在废渣、废气上。废水利用率增长缓慢，则与废水治理的高成本、低回报密切相关。一旦大规模开展对废水的治理，势必给企业造成严重负担，这与南化公司彼时生产与环保兼顾的宗旨相违背。

综上所述，综合利用由于本身具有兼顾生产和环保的双重作用，故在国家环境观发生转变后，率先成为国家和企业共同认可的污染治理方式。

对于南化公司而言，通过综合利用，一是响应了国家的环保政策，二是缓解了面临的社会矛盾，三是由于治污和增产节约的同步实现，也达成了燃化部、江苏省委为南化公司老厂改造制定的全部目标。可以同时做到环保和增产节约，是南化公司环保工作启动初期的主要特征。但也需要认识到，这种生产和环保同向的状态是难以长期维持的。伴随着污染治理的逐步深入，特别是进入 20 世纪 80 年代后，不仅企业管理体制发生了变革，且较容易治理或回收价值高的“三废”均已得到了综合利用，以南化公司为代表的污染企业会如何回应国家不断提出的环保新要求，这值得进一步研究。

四、结语

本文回顾了南化公司环保工作起步的历程，为研究中国环境保护史提供了企业层面的参考案例。南化公司污染治理工作的启动，发生在中央政府环境意识觉醒并出台专门的环保政策大背景之下。面对来自中央、各级政府部门及社会的压力，南化公司需要制定详细的污染治理规划并加以实施，以回应公司内外对于生产性污染问题的关切，并尽可能降低污染治理给企业发展生产带来的负担。综合考虑各方因素，南化公司选择以综合利用作为治污的主要手段，实现了生产和环保的兼顾。然而，综合利用毕竟不属于环保概念提出后产生的“新举措”，南化公司最终取得污染治理上的成效，主要原因不是企业环保意识的产生，而是中央政府提出环保概念所引起的新一轮政治压力。南化公司在 1982 年总结公司环保工作时也认为：“领导重视是搞好环保工作的关键所在。企业是在国家、政府领导下进行生产活动的，企业的利益也就是政府的利益，企业环保部门对政府负责和对企业负责是完全一致的。”①可以说，中国式环保的推进过程，就是政府部门不断强调以及施加新的政治压力的过程。

南化公司采用以综合利用“三废”为主线的污染治理体系，从而兼顾发

---

① 《为把南化尽快建成“清洁文明企业”而奋斗》(1982 年 11 月)，南化公司档案，档案号 1982.79—81(1)(2)—928，南化公司档案馆藏。

展生产和环境保护，是否能反映同一时期其他污染企业的情况？燃化部向南化公司解释中央环保政策的过程中，曾表示要动员全国小化肥厂1 200人到南化公司去参观检查①，这既是希望南化公司起到样板的作用，也体现了彼时全国一盘棋的特征。不仅如此，当考虑到这种情况同样见于《人民日报》对吉林造纸厂、大连石油七厂以及北京石油化工总厂等化工企业的综合利用情况的报道时②，可以得出结论：在污染治理初期，我国化工企业由于尚有大量"三废"可通过综合利用"化害为利"，企业可以较好协调生产和环保的关系，环境保护和发展生产的矛盾并不突出。对于综合利用政策本身来说，其也成为贯通中国第一次环境保护会议召开前后两阶段工业生产管理工作的桥梁，起到了承上启下的作用。

（刘俊辰：南京师范大学社会发展学院历史系硕士研究生；张威：中国石化集团南京化学工业有限公司党委宣传部、企业文化部、统战部部长）

A Historical Investigation of the Launch of China's Environmental Protection Work from 1972 to 1974: A Case Study of Nanjing Chemical Industry Company

Liu Junchen　Zhang Wei

Abstract: After the founding of PRC, as the scale of industry continued to expand, industrial pollution became increasingly serious. In the early 1970s, the long-accumulated ecological crisis broke out in a

① 《一九七三年燃化部及江苏省委领导同志对本公司工作的指示》(1973年11月16日)，南化公司档案，档案号1973.33—35(1)—459，南化公司档案馆藏。

② 《吉林造纸厂治理"三废"成绩显著》，《人民日报》，1973年10月20日，第2版；《利用工业"三废"生产化肥》，《人民日报》，1973年12月16日，第2版；《路线觉悟高，"三废"变成宝》，《人民日报》，1975年2月28日，第3版。

concentrated manner, which caused Zhou Enlai and other leaders to pay attention to the pollution problem. Against the background of frequent domestic pollution incidents and the introduction of foreign environmental protection concepts into China, the central government held an environmental protection conference in 1973, which means China's environmental protection began. Nanjing Chemical Industry Company is one of the most important fertilizer plants in China and is a heavy polluter. In order to give the company a head start on pollution control and provide experience for fertilizer plants across the country, the central government and the company's management departments exerted considerable political pressure on it. In the face of the task of pollution control, the company has formed an environmental protection system with comprehensive utilization of "three wastes" as the main line in accordance with the environmental protection decrees issued by relevant units, combined with the actual needs of the company to improve the working environment of workers and reduce pollution. In the initial stage of national environmental protection work, the combination of "pollution control" and "resources saving" was found.

Keywords: Environmental protection; Nanjing Chemical Industry Company; industrial "three wastes"; Comprehensive utilization

南京化学工业公司
“工业学大庆”运动（1976—1978年）研究*

罗　林[1]　谭　晶[2]

（1. 南京师范大学社会发展学院　2. 中国石化集团南京化学工业有限公司）

摘　要:“工业学大庆”是中共中央在20世纪六七十年代对全国工业、交通战线提出的号召,要求学习大庆艰苦奋斗的精神、“三老四严”的作风,以此来推动全国工矿企业和社会主义建设发展。南京化学工业公司响应号召,在1976—1978年开展“工业学大庆”运动,通过思想建设、管理制度建设、开展劳动竞赛等措施,清除了企业内部的错误思想,建立健全了各项规章制度,使企业在生产上创下新高。虽然全国以及南京化学工业公司的“学大庆”运动存在不少问题,但其意义是不可否认的,运动为统一思想、促进企业和社会发展作出了巨大贡献。

关键词:南京化学工业公司;“工业学大庆”运动;六大管理;劳动竞赛

工业学大庆运动始于1964年,历时18年之久,对我国工交行业(工业与交通行业)与其他领域,产生了广泛而深远的影响。2000年以来,学界对“工业学大庆”运动逐渐展开研究。大体说来,这些研究可以分为两类。第一类是对“工业学大庆”运动的整体研究②,如杜显斌简单叙述了“工业

---

* 本文为2023年度江苏省社科基金重点项目“南京化学工业公司(原永利铔厂)近百年档案整理与研究”(编号:23LSA002)中期成果之一。

② 关于“工业学大庆”运动的整体研究,参见杜显斌:《工业学大庆运动史略》,《大庆社会科学》2006年第2期,第52—55页;宋莲生:《工业学大庆始末》,武汉:湖北人民出版社,2005年;阳勇:《工业学大庆运动述评》,硕士学位论文,湘潭大学,2004年。

学大庆”运动的基本史实；宋莲生则对“工业学大庆”运动的兴起、曲折、复兴再到结束的史实进行了更详细、更深入的叙述；阳勇的《工业学大庆运动述评》是一篇较早研究全国“工业学大庆”运动的硕士论文，该论文将运动划分为掀起与初步发展、“文化大革命”中的“工业学大庆”运动、“工业学大庆”运动的“黄金期”和“尾声”三个阶段，并详细阐述了这三个阶段全国“工业学大庆”运动的开展情况。

第二类是针对“工业学大庆”运动某个具体问题的探讨。[①] 阳勇、阳伶认为毛泽东发动工业学大庆的根本原因是大庆所走的工业化道路符合其关于如何顺利而有效地推进工业建设，以实现国家的社会主义工业化的基本思路；马瑞欣、张文喜认为“工业学大庆”运动难以为继的原因是经济体制的变化以及运动自身的问题使诞生于计划经济时期的大庆与大庆经验不再适应现实的需要；王利中简单提及了清水河县红旗化工厂和先锋电厂1977年开展“工业学大庆”运动的情况，在全国号召创建“大庆式企业”时期，红旗化工厂积极投入该运动，召开学大庆先进单位、先进生产者代表大会，并介绍工厂各单位和生产者的学大庆经验。

南京化学工业公司（以下简称南化公司）始于1934年创立的南京永利铔厂。1934年，爱国实业家范旭东先生在南京创立永利化学工业公司铔厂。该厂自建立以来，先后生产出了中国第一袋化肥、第一包催化剂、第一台高压容器以及第一套合成氨、硫酸、硝酸装置，创造了30多项“中国化工之最”，见证了我国化工工业从无到有、从有走向辉煌的发展历程。在1958—1965年，该厂的主要产品氮肥、磷肥、催化剂、硫酸的产量分别占全国总量的30％、40％、30％、30％，为我国化工行业的发展作出了突出贡

① 关于“工业学大庆”运动某个具体问题的研究，参见阳勇、阳伶：《毛泽东发动工业学大庆运动原因探析》，《毛泽东思想研究》2007年第2期，第136—139页；马瑞欣、张文喜：《改革开放下的工业学大庆运动研究》，《齐齐哈尔大学学报（哲学社会科学版）》2023年第2期，第51—55页；王利中：《“抓革命、促生产”下的内蒙古小三线建设——以清水河县红旗化工厂和先锋电厂为考察对象》，《西南科技大学学报（哲学社会科学版）》2022年第6期，第15—22页。

献。[1] 2000年以来，学界尽管开始对“工业学大庆运动”进行了相关探索，然而关于南化公司“工业学大庆”运动的研究尚属空白。这里，笔者拟以南化公司为考察对象，探讨1976—1978年“工业学大庆”运动在该企业开展的情况。

一、南化公司“工业学大庆”运动的背景

1964年，毛泽东主席提出“工业学大庆”口号，此后全国工交战线开始推广学大庆经验的运动。作为全国重要的化工企业，南化公司也加入了“工业学大庆”的浪潮中。公司先后组织两批人员去大庆油田参观学习，随后在公司内部召开科级以上干部大会、技术人员大会、基本建设大会等会议，将大庆油田的概况和大庆管理企业、促进生产的方法传达给领导干部和职工。

南化公司通过组织职工学习大庆经验、试点建设一批大庆式车间、制定学大庆的规划等措施，将自身开展的“五好运动”与“学大庆”相结合，以求取得更为显著的成绩。在1964—1966年，公司通过“学大庆”，不仅建立了定期的检查制度和政治工作机构，还激发了领导干部、职工群众的劳动热情。在1966年学大庆工作规划中，南化公司提出口号：“学大庆，赶大庆，超大庆，为革命而战，为创造一个大庆式的革命化企业而奋斗！”[2]不过，这种良好的发展势头并没有持续下去。1966年下半年到1968年，南化公司以及全国的“工业学大庆”运动进入“低潮期”，“工业学大庆”运动实则已停顿下来，中央没有任何关于开展“工业学大庆”运动的举措，《人民日报》也极少报道该运动，南化公司这两年半的文书档案里也很少出现“工业学大庆”运动的字眼。

1971年6月20日，《人民日报》发表社论《工业学大庆》，号召“全国工

---

① 参见李亮子、夏娟：《中国最早的化工企业诞生记》，《国企管理》2015年第2期，第64—65页。

② 《中共南京化肥厂委员会一九六六年学大庆工作规划（草案）》（1966年1月28日），南化公司档案，档案号1966.24—30—358，南化公司档案馆藏。

交战线以大庆为榜样,为把我国建设成为具有现代工业的国家而努力"①。该社论发表后,"工业学大庆"运动逐渐"升温"。全国各省、市都发出通知,号召工矿企业学习大庆经验。南京市委紧跟中央步伐,发出《关于进一步开展工业学大庆群众运动的通知》,并召开"学大庆,鼓干劲,掀起抓革命促生产新高潮"大会,号召"全市工矿企业向大庆学习。南化公司在参加完大会之后,结合自身实际情况,进行经验总结并明确战斗任务"②。不过,在1971—1976年上半年,全国"工业学大庆"运动并没有得到完全意义上的"舒展"。

1976年下半年,中共中央再次高举大庆红旗,号召全国各行各业开展"工业学大庆"运动。1976年12月18日,国务院在北京召开了全国工业学大庆会议筹备会议。会议号召"全国工业战线的广大干部、工人和技术人员,贯彻执行毛泽东主席'工业学大庆'的决策,在全国进一步开展工业学大庆、普及大庆式企业的群众运动,迅速把运动推到一个新的阶段"③。早在筹备会议召开前,江苏便在11月22日召开了全省工业学大庆经验交流会。来自省内各地区的代表纷纷发言,介绍深入开展"工业学大庆"运动的经验。会议号召"全省工交战线广大职工在党中央领导下,立场坚定,旗帜鲜明,万众一心,团结战斗,掀起大学习、大赞颂、抓革命促生产的新高潮,夺取社会主义革命和建设的更大胜利"④。全国工业学大庆会议筹备会议结束后,各省市纷纷召开各种会议,传达贯彻筹备会议的精神,总结本省市开展"工业学大庆"运动的经验,并提出进一步开展运动,普及大庆式企业的规划与措施。1977年1月3—8日,江苏省委在南京召开工业学大庆工作座谈会,传达贯彻全国工业学大庆会议筹备会议的精神,并号召"全

① 《工业学大庆》,《人民日报》,1971年6月20日,第1版。

② 《南京化肥厂1971年关于工业学大庆、增产节约及硫铁矿渣炼铁试验等问题的情况汇报和调查报告》(1971年8月26日),南化公司档案,档案号1971.25—26—409,南化公司档案馆藏。

③ 《国务院召开全国工业学大庆会议筹备会议宣布中央决定明年五一节前召开全国工业学大庆会议》,《新华日报》,1976年12月19日,第1版。

④ 《全省工业学大庆经验交流会号召四百万职工乘胜猛进》,《新华日报》,1976年11月29日,第4版。

省工交战线广大职工迅速掀起工业学大庆、普及大庆式企业群众运动的高潮”①。此后，江苏省内包括南化公司在内的工矿企业以大庆为标杆，展开了一场生产运动。

二、南化公司“工业学大庆”运动的思想动员

南化公司掀起“工业学大庆”运动高潮的第一步是开展思想动员，纠正、解放广大职工和干部的思想，以期促进企业生产和管理的发展。公司以马列毛思想为学习内容，通过成立理论队伍学习组、党团支部学习组，开办政治夜校、不定期的学习班等方式，组织广大职工、干部深入学习马列毛思想，为企业健康生产、健康管理提供了良好的发展环境。

首先，南化公司组织下辖工厂、车间的管理人员成立学习中心组，按照先学一步，学好一点的要求，提高自身的思想觉悟。1976 年，南化公司先后举办四期、五期中层以上干部脱产学习班，每期为一个半月，分别有 850 人和 960 人参加学习。各级干部先后学习了人民民主专政理论、政治经济学、哲学和《论十大关系》，对马克思主义的三个组成部分有了一定的了解。同时，为了抓好理论骨干的学习，又举办了干训班，不断提高干部的政治理论水平。1976 年底，在公司下属的钢铁厂，“44 名干部和理论队伍骨干参加了公司干训班的学习，学习马列毛有关论述，学习中央文件、时事政策等”②。

接着，南化公司发动下属班组的职工群众学习马列主义与毛泽东思想。通过加强各个班组在学习时间、制度、材料、辅导上的四落实，“把领导干部、理论骨干和班组群众学习的三个环节，做到了一环扣一环，使厂、车间、班组的学习，做到了一级带一级，形成了比较完整的理论学习网”③。

① 《深入揭批“四人帮”，掀起工业学大庆运动新高潮》，《新华日报》，1977 年 1 月 18 日，第 1 版。

② 《中共南化钢铁厂委员会一九七六年工作总结》（1977 年 2 月 9 日），南化公司档案，档案号 1976.22—25—559，南化公司档案馆藏。

③ 《毛泽东革命路线指引我们胜利前进》（1976 年 3 月），南化公司档案，档案号 1976.19—21—558，南化公司档案馆藏。

“理论学习网”的建立，使全厂每位职工可以在固定的时间、在管理人员的带领下学习马列主义和毛泽东思想。职工有疑问时，可以及时向管理人员或同事请教，也利于管理人员向群众宣讲马列主义和毛泽东思想。广大工人群众通过学习马列主义和毛泽东思想，在很大程度上让自身的思想觉悟得到了提升，他们坚信“千困难，万困难，有毛泽东思想指导，就没有克服不了的困难”①。例如，设计院的卢良和参与岳化尿素散装仓库的设计。在发现仓库所需的钢材不能按计划供应时，“他想到可以根据现有的材料修改设计，但就是设计难做，修改工作量大。在抉择个人安逸还是分担国家的苦难时，他想到毛泽东主席关于搞好设计革命的教导，认识到要为国家为人民服务。最终卢良和加班两个月，修改了原有方案，不仅保证了工程进度，还节约了大量钢材”②。

此外，南化公司还通过增办政治夜校，提高职工群众的思想觉悟。1976年底，公司增加了14所政治夜校，参加政治夜校的学员有5 500多人，占职工总数的23%。政治夜校的建立，也为各班组培养了学习辅导员1—2人，推动了班组的学习。③ 1976年，催化剂厂开办了10所政治夜校，学员共有500多人，占职工总数的57%。同时，催化剂厂引导职工广泛阅读马列毛著作，在全厂成立了“哲学”“政治经济学”等70多个分科研究小组。④ 钢铁厂水泥车间的书记带头发动群众上夜校，学员增加到了100多人，五七公社的家属工也参加夜校学习。政治夜校的举办，一方面有利于广大职工群众提高自身的政治文化素养，另一方面也成为企业抓思想教育、号召职工大众更积极、更热情投入生产活动的阵地。

① 《车间要大治，生产要管理，我们是怎样加强生产管理的——南化催化剂厂一车间》(1977年5月)，南化公司档案，档案号1977.133—117—628，南化公司档案馆藏。

② 《鼓足干劲，乘胜前进——为建设大庆式设计院而努力奋斗》(1977年2月)，南化公司档案，档案号1976.22—25—559，南化公司档案馆藏。

③ 《针锋相对战“四害”，昂首阔步学大庆》(1976年2月13日)，南化公司档案，档案号1976.1—3—552，南化公司档案馆藏。

④ 《战妖风，顶恶浪，排除干扰学大庆——催化剂厂1976年总结》(1976年12月11日)，南化公司档案，档案号1976.22—25—559，南化公司档案馆藏。

通过开办干部学习培训班、政治夜校等方式，南化公司在企业建立了一张从领导干部到职工的学习网，这使得企业的每一位员工都参与学习；同时职工又会动员自己的家人、朋友参与学习，这使得学习网的影响范围不断扩大。基建公司下属的某个班组，全班共38个人，其中28名为女性职工，大多数家务负担较重，但她们在班前早读时间从不迟到，下午班后学习从不缺席，全年出勤率平均达到98.7%，可见职工学习的热情之高。①不过，有时职工为了参与政治夜校，会选择将自家的小孩反锁在家中，这或许会对孩子的安全产生一定的隐患。总之，广泛参与政治学习对于职工来说肯定是一件好事，但有时或许会与自己的生活发生冲突，这就需要企业思考如何平衡学习时间与职工生活之间的关系。在南京地区的其他企业，工业学大庆运动的开展也达到了类似的效果。譬如，南京汽轮电机厂在"学大庆"运动中调动职工思想积极性的方式跟南化公司大同小异。该厂把学习马列主义和毛主席著作放在首位，让职工学习《毛泽东选集》，干部除通读《毛泽东选集》一至四卷外，还选学马列著作。青年工人业余学习小组和工人理论队伍积极开展宣讲和辅导活动，厂党委经常举办各种类型的学习班，召开干部、工人学习心得交流会，及时地传达、学习和贯彻党中央的重要指示，不断提高大家的思想觉悟和识别能力。②

三、南化公司"工业学大庆"运动的制度建设

1966—1976年，南化公司的企业管理比较混乱，存在"有的干部不敢抓管理，有的职工不遵守管理制度；有些单位设备无人管、技术无责任"③等现象。为了完善企业管理，公司决定开展"大打六大管理"的"战役"。

---

① 《基建公司一九七六年工作总结》（1976年12月9日），南化公司档案，档案号1976.22—25—559，南化公司档案馆藏。

② 《坚定不移学大庆——南京汽轮电机厂职工顶住"四人帮"干扰，坚持学大庆的经验》，《新华日报》，1977年2月7日，第2版。

③ 《开展路线对比，大打六大管理之仗》（1977年12月），南化公司档案，档案号1977.137—144—634，南化公司档案馆藏。

在“战役”打响之前，南化公司进行了三项准备。首先，清除企业内部的无政府主义。公司发动干部、职工一起上阵，将自己单位、车间的无政府主义表现摆出来，之后述说该主义的危害，并对其进行“挖根源、批实质、肃流毒”①。在1976年下半年，南化公司仍有不遵守纪律、吵架斗殴、拨弄是非的现象出现，严重破坏了公司职工群体的生产战斗力。因此，南化公司对于闹无政府主义严重的人一般进行批评教育，对少数严重违法乱纪和违章作业造成生产事故的人则进行严肃的处理。例如，职工杨春贵、张龙水、李家绪等人，深受无政府主义的影响，经常旷工、打架斗殴等。通过分析杨春贵等人的行为，公司意识到这是无政府主义在作怪，便多次对他们做思想政治工作，多次谈心，忆苦思甜。最终杨春贵等人的思想发生了转变，积极投身于社会主义建设。②

其次，让管理人员敢于理直气壮抓管理，让群众自觉服从管理。许多管理人员受错误路线影响，一度产生“路线难分，工作难做，干部难当”③的思想，对于违反劳动纪律和操作规程等现象，选择视而不见。有的职工群众受无政府主义思潮的影响，认为“只要组织照顾，不要组织纪律，自吹‘领导管不了自己’”④。这两类错误想法严重阻碍了企业的发展。为此，南化公司通过开展路线对比，揭批错误思想，让广大领导干部、职工队伍认识并纠正自己的错误思想。例如，催化剂厂的刘相瑞在工作时总是一副吊儿郎当的模样，厂车间领导多次找他谈话，他不接受教育，还自吹“我大错不犯，小错不断，领导拿我没办法”。后来，他在工作岗位发生严重错误，一车间的党支部便抓住这个事例对广大职工进行教育，同时组织群众对刘相瑞的

---

① 《开展路线对比，大打六大管理之仗》（1977年12月），南化公司档案，档案号1977.137—144—634，南化公司档案馆藏。

② 《针锋相对战“四害”，昂首阔步学大庆》（1976年2月13日），南化公司档案，档案号1976.1—3—552，南化公司档案馆藏。

③ 《开展路线对比，大打六大管理之仗》（1977年12月），南化公司档案，档案号1977.137—144—634，南化公司档案馆藏。

④ 《开展路线对比，大打六大管理之仗》（1977年12月），南化公司档案，档案号1977.137—144—634，南化公司档案馆藏。

错误进行严肃批判和处理。处分以后领导又找其多次谈心，启发他查原因挖根源，最终使他认识到自己的错误，表示愿意悔改。①

再次，南化公司认识到整顿企业管理，要培养职工“三老四严”的作风。所谓“三老四严”，即“对待革命事业，要当老实人，说老实话，办老实事；对待工作，要有严格的要求，严密的组织，严肃的态度，严明的纪律”②。例如，氮肥厂硫酸车间钳工二班是贯彻“三老四严”的榜样。这个班在人员减少30%、设备增加50%的情况下，以大庆人为榜样，事事严要求，处处高标准。他们每天上岗位检查，写检修日记，抓工时定额，保证了班组正常运行。③

在做好三大准备后，南化公司开始大刀阔斧地进行制度建设，通过“六大管理”整顿企业管理。“六大管理”分别指计划管理、生产技术管理、财务管理、劳动管理、物资管理、设备管理。每一项管理都有不同的应对措施。在计划管理上，要求各厂、各车间每月每季做出计划，并做情况分析和公布数字。在技术管理上，要求认真做好消耗定额、工艺指标、产品质量等技术管理工作，努力提高估工的正确性。在设备管理上，要求各车间加强计划检修和备品配件的制造与管理，建立设备档案。比如，公用公司电讯科的职工由于重视对设备的管理，提高了设备完好率，使机器故障发生率下降到了7.8%，达到历史先进水平。④ 在劳动管理上，合理进行定员、定额和调整劳动组织，同时精简非生产人员，不断提高工作效率，充分挖掘内在潜力。在物资管理上，要求抓好货源组织、物资管理(保养)、及时供应使用三个环节的管理工作；搞好厂、车间物资的两级管理，合理分工，抓好送料上门、余料退库和废旧物资的回收、利用。1976年下半年，公司狠抓清仓查

---

① 《战妖风，顶恶浪，排除干扰学大庆——催化剂厂1976年总结》(1976年12月11日)，南化公司档案，档案号1976.22—25—559，南化公司档案馆藏。

② 《传承大庆精神，凝聚奋斗力量》，《光明日报》，2022年5月13日，第2版。

③ 《南京化学工业公司工业学大庆情况总结》(1976年2月13日)，南化公司档案，档案号1976.1—3—552，南化公司档案馆藏。

④ 《南化公用事业公司委员会1976年工作总结》(1976年12月5日)，南化公司档案，档案号1976.22—25—559，南化公司档案馆藏。

库的工作，经过整顿，全公司共处理了物资341万元。同时，根据清仓查库中发现的问题，从管理上采取措施，改进了仓库管理和物资管理。① 在财务管理上，要求认真抓好成本管理、费用管理、资金管理等，做好班组核算和财务分析工作。

接着，南化公司对企业内部规章制度进行改革与健全，主要抓了三项制度的革新。一是计划检修制度。公司根据化工生产的安排、机械设备运行情况，发动群众在普查设备的基础上，合理建立间隔期，排出预修计划，做到“年编制，季安排，月平衡，旬检查，周调度”②。二是质量检验制度。公司狠抓严格质量标准，执行检修规章，贯彻以自检为主的质量三级检查制和检修设备“五抓”，从生产实际出发，专业技术人员和工人相结合，先后推出十五项技术规程和一项规定。三是巡回检查制度。公司下属的各个班组，根据自己维护设备的特点，建立“六定”（指定人、定时、定路线、定设备、定内容、定方法）巡回检查制度。③

南化公司同期也对岗位责任制、安全生产制、经济核算制等制度进行了革新。1977年3月，公司财务处组织人员到催化剂厂的一个车间进行经济核算的试点工作。该车间过去是“管理工作抓不紧没节约浪费分不清，吃的是‘大锅饭’，产品质量无保证”，经过试点整改后，“该车间狠批破坏管理、反对核算的罪行，建立健全了以岗位责任制为中心的各项规章制度，实行了四个到班组（计划到班组、指标落实到班组、计量到班组、易耗品另配件到班组）”。同时，车间还把经济核算的指标纳入劳动竞赛，做到日公布、旬统计、月评比。从4月份起，该车间的各项指标逐月前进，月产量、原料消耗、实物劳动生产率和车间成本都创造了企业历史先进水平，质量

---

① 《南京化学工业公司工业学大庆情况总结》（1976年2月13日），南化公司档案，档案号1976.1—3—552，南化公司档案馆藏。

② 《大搞设备管理，迎接国民经济新跃进——电器设备管理工作的情况汇报》（1977年5月），南化公司档案，档案号1977.117—133—628，南化公司档案馆藏。

③ 《大搞设备管理，迎接国民经济新跃进——电器设备管理工作的情况汇报》（1977年5月），南化公司档案，档案号1977.117—133—628，南化公司档案馆藏。

也达到了国内先进水平。① 这一切成绩都有赖于科学的经济核算制的推行。总之，公司大力推广经济核算制，很大程度上节约了生产成本。

合理的规章制度是搞好生产必不可少的措施之一，南化公司首先消除企业内部危害制度建设的不良因素，接着根据自身的实际情况，决定从计划、生产技术、财务、劳动、物资、设备六个方面进行改革。通过制定、实施相关的规划、章程，企业最终有了新的发展。同时公司下属的各个工厂、车间、班组也根据自己的情况做了制度安排。在工业学大庆的过程中做何合理的制度安排是这一时期企业面临的共性问题，比如，苏州潭山硫铁矿的做法与南化公司近似，“该企业进一步引导职工分清社会主义的合理的规章制度和修正主义管、卡、压的界限，自觉地严格执行岗位责任制和各项合理的规章制度，并且坚持安全活动日、岗位责任制、交接班制度等”②。

四、南化公司“工业学大庆”运动核心：社会主义劳动竞赛

南化公司开展“工业学大庆”运动的重要措施之一，就是进行社会主义劳动竞赛。社会主义劳动竞赛是社会主义国家充分发挥劳动者积极性、主动性，以此推动经济建设的一个重要方法。正如马克思指出的，“单是社会接触就会引起竞争心和特有的精力振奋，从而提高每个人的个人工作效率”③。

南化公司的劳动竞赛主要有三种基本形式。一是“化工操作、检修、机械加工、汽车运输、土建安装、供销、财务、教育、食堂、幼托等十个方面的同行业班组挂钩赛”④。每一个行业的部分先进班组联合发出竞赛倡议，组织该行业的所有班组积极响应。二是五组厂际之间的革命竞赛。公司所

① 《抓纲治厂学大庆，千方百计多积累》（1977年9月24日），南化公司档案，档案号1977.126—130—631，南化公司档案馆藏。

② 《打倒“四人帮”，生产打胜仗》，《新华日报》，1976年11月20日，第3版。

③ 中共中央马克思恩格斯列宁斯大林著作编译局编：《马克思恩格斯全集》第23卷，北京：人民出版社，2006年，第362—363页。

④ 《大力开展社会主义劳动竞赛，努力实现新时期总任务》（1976年），南化公司档案，档案号1976.41—45—564，南化公司档案馆藏。

属的13个基层单位，除医院外，其余12个单位，按生产、业务性质分成5个小组，开展厂际竞赛，每组各选一个组长厂，负责召集制定竞赛协议，组织互相学习，交流经验，检查评比。比如，化机厂与第二化机厂、基建公司、机安厂开展革命友谊竞赛，下属的生产车间之间、辅助生产车间之间、科室之间以及各团支部之间也开展劳动竞赛，“你追我赶，纪录一个个突破，指标一天天刷新”①。三是一线串四环专业上下对口赛，就是“以公司的职能处室为一环，以厂的职能科室为一环，以车间脱产或不脱产的职能人员为一环，以班组不脱产的工人群管员为一环，每个业务系统的这四个环节串起来进行竞赛”②。以财务系统为例，“公司财务处内部各科（组）之间对口赛，厂级单位的财务科（组）之间进行对口赛，车间一级成本员之间组织对口赛，班组经济核算员之间进行对口赛，这四个环节用财务专业这条线串起来，自上而下，越往下，环节越大，人数越多，形成宝塔式的一线串四环专业上下对口赛”③。在此类比赛的推动下，财务、生产、供销、机动、基建、运输、教育、行政8个单位组织了10条专业线。

为了把这三种基本形式的竞赛搞得更加扎实，保证落到实处，公司要求各基层单位和机关都在自己内部组织车间、科室、班组、个人之间，围绕“大搞增产节约，努力增加生产，提高质量，提高劳动生产率，降低消耗，降低成本，增加盈利”④的目的，运用多种具体形式，开展竞赛。采用的形式包括百日红（月月红、全月红）赛、百日无事故赛、化工操作的小指标赛、检修部门的红旗设备赛、供销部门的红旗仓库赛、行政部门的服务良好月赛以及高产拉练赛、技术表演赛，等等。以磷肥厂供矿车间开展的劳动竞赛

---

① 《南化公司化工机械厂1977年学大庆总结》（1978年1月24日），南化公司档案，档案号1977.38—41—599，南化公司档案馆藏。

② 《大力开展社会主义劳动竞赛，努力实现新时期总任务》（1976年），南化公司档案，档案号1976.41—45—564，南化公司档案馆藏。

③ 《大力开展社会主义劳动竞赛，努力实现新时期总任务》（1976年），南化公司档案，档案号1976.41—45—564，南化公司档案馆藏。

④ 《大力开展社会主义劳动竞赛，努力实现新时期总任务》，南化公司档案，档案号1976.41—45—564，南化公司档案馆藏。

为例，“工业学大庆”期间，该车间开展社会主义劳动竞赛，以“七比七赛”为主要评比内容，主要评比车间内各班组思想、团结、优质高产、设备保养、劳动纪律、安全卫生等7个方面。同时，该车间还建立了每月对班组进行一次检查评比的制度，对先进班组，车间会刻印奖状，颁发流动红旗。除此之外，在班组内部也开展劳动竞赛，评出先进岗位和先进个人。①

车间开展的劳动竞赛，不仅大大增强了职工责任心，促进了职工队伍的思想革命化，调动了职工大干社会主义的积极性，同时也使以岗位责任制为主的一些合理的规章制度得到贯彻。以磷肥厂供矿车间902段为例，该工段大部分职工为年轻人，他们刚从外地调来时，对岗位责任制不习惯，交接班随便，串岗现象严重，一度让车间领导感到很棘手。开展社会主义劳动竞赛以后，各班组之间出现了你追我赶、比学赶帮的新局面。这些年轻工人的精神面貌也出现了变化，谁也不甘心落后，纷纷向老师傅学习，上班时一把棉纱一壶油精心保养设备，既提高了设备完好率，也为企业节省了一笔设备维修的费用。② 由此可见，社会主义劳动竞赛的开展，不仅可以改变职工精神面貌，调动职工积极性，更可以为企业建设作出贡献。

南化公司社会主义劳动竞赛在厂际之间、同行业班组之间展开，针对各自的管理、生产效率、设备保养等进行竞赛，以期激起职工群众的主动性和大干社会主义事业的胜负欲。劳动竞赛的开展，不仅让公司显现出你追我赶、比学赶超的局面，而且也让职工的精神面貌发生了转变，对进一步加强企业管理，促进生产有很大的助益。社会劳动竞赛是这一时期企业开展工业学大庆运动共同的核心内容，除南化公司外，其他公司、工厂也火热开展竞赛并取得成绩。例如，南京钢铁厂在进行社会主义劳动竞赛时，“学习大庆搞会战的经验，抓住薄弱环节，集中优势兵力，重点突破，有力地促进了生产发展，该厂炼铁车间以二号高炉为重点，组织会战，创造了单炉日产

---

① 《排除干扰学大庆，两年连跨两大步——磷肥厂供矿车间》（1977年3月），南化公司档案，档案号1977.10(3)、11—12—592，南化公司档案馆藏。

② 《排除干扰学大庆，两年连跨两大步——磷肥厂供矿车间》（1977年3月），南化公司档案，档案号1977.10(3)、11—12—592，南化公司档案馆藏。

六百吨的新纪录”①。

五、南化公司“工业学大庆”运动的成绩与不足

“工业学大庆”运动的开展，使南化公司在职工思想、管理、生产上都取得了一定的成绩。在思想上，通过发动群众学习马列主义和毛泽东思想，全厂呈现出崭新气象。一是广大职工怀着深厚的无产阶级感情，刻苦学习马列主义和毛泽东思想。不少干部和工人都有自己的学习规划，有自己的读书笔记，每天都有学习要求，月月都有学习小结。二是让广大领导干部、职工改变工作态度，力争上游。从前在企业内部，一部分职工受无政府主义的长期影响，普遍出现“拿钱不出勤，出勤不出工，出工不出力”的情况；干部队伍则是“手提浆糊桶，脚踏西瓜皮，能糊就糊，能滑就滑”。② 自从深入学习马列毛思想以来，领导干部、职工群众能做到自己提出问题，自己分析问题，自己解决问题，自动从无政府主义的影响下解放出来。全公司各单位的先进人物，扬眉吐气，干劲倍增，个个力争更加先进。而后进人物，则是振奋革命精神，以双倍的努力，争取后进变先进。董明兰、张武成、陈九声等人作为企业的标兵保持光荣继续前进，陆庆祥、贺修银、刘恭仁等人则不断地赶先进学先进，跨入先进行列。③ “先进更先进，后进变先进，革命加拼命，无往而不胜”④逐渐成为公司广大职工的行动指南。

在管理层面上，通过大打“六大管理”之仗，狠抓贯彻落实各项规章制度，南化公司企业的管理水平有了新的提高。主要表现在，群众参加了管理，专管（专业管理）与群管（群众管理）较好地结合了起来，群管组

---

① 《开展社会主义劳动竞赛把钢铁搞上去》，《新华日报》，1977年3月29日，第1版。

② 《在三大革命斗争中前进》（1977年9月9日），南化公司档案，档案号1977.126—130—631，南化公司档案馆藏。

③ 《中共南化钢铁厂委员会一九七六年工作总结》（1976年12月8日），南化公司档案，档案号1976.22—25—559，南化公司档案馆藏。

④ 《在工业学大庆群众运动高潮中深入开展“三大讲”，开足马力学大庆，为建设高标准的大庆式企业而努力奋斗》（1977年7月22日），南化公司档案，档案号1977.19—21(1)—593，南化公司档案馆藏。

开始发挥作用，专业管理人员进一步明确技术责任制，事事有人管，人人有专职的局面初步形成，各项管理工作逐步走上正轨。群众参加管理，改变了以往少数专业人员冷冷清清搞管理的状况。例如，“在计划管理方面，过去只是少数人员编制计划，现在不少车间能发动群众编制计划，依靠群众实现计划，检查计划完成情况；设备管理方面，群众的参与改变了操作工只使用不维护设备的状况；群众参加劳动管理，实行了公开考勤，促进了出勤率大大提高”①。专业管理人员在管理工作中则发挥了骨干作用。除此之外，公司在“物资供应、计划管理、仓库管理、回收利用、送料上门等五方面打出了新水平”②。各单位建立的岗位责任制等制度也在贯彻执行，“三老四严”的作风不断发扬，严格操作规程、精心搞好操作的好人好事也在不断涌现。

在生产层面上，南化公司在企业思想建设、管理整顿方面所作的努力促进了企业生产的快速增长。以1977年公司的生产为例，“全公司提前五十二天完成工业总产值计划，提前六十一天超额11.8%完成利润计划，提前六十六天完成总化肥计划，催化剂提前四十一天按品种、型号全面超额完成国家计划，而且还完成了部分追加任务，并实现了八大指标满堂红。到十一月底为止，已有二十种化工产品分别提前一个月到六个月完成了全年计划，三十六种化工产品除三种因计划低而外，其余三十三种全部超过去同期水平。今年以来，合成氨生产连连创造日产、月产新记录，年计划十二万吨已于十一月十五日提前四十六天完成，十二月二十六日，完成了十四万吨的增产计划，创历史最高水平，结束了十年徘徊的局面”③。表1展示的是1975—1979年南化公司工业总产值、利润和税金情况。拿1976年

① 《开展路线对比，大打六大管理之仗》（1977年12月），南化公司档案，档案号1977.126—130—631，南化公司档案馆藏。

② 《开展路线对比，大打六大管理之仗》（1977年12月），南化公司档案，档案号1977.126—130—631，南化公司档案馆藏。

③ 《开展路线对比，大打六大管理之仗》（1977年12月），南化公司档案，档案号1977.126—130—631，南化公司档案馆藏。

与 1977 年数据进行对比，通过计算得知，1977 年工业总产值比 1976 年增加了 4 313.6 万元，增长率为 22.25%；销售税金增加了 252.5 万元，增长率为 21%；利润增加了 1 581.1 万元，增长率为 52%；利税总额增加了 1 833.6 万元，增长率为 44%。通过表 1 可以看出：南化公司 1976—1979 年工业总产值、销售税金、利润、利税总额等指标基本呈连年增长趋势。

表 1　南化公司工业总产值、利润和税金一览表

（单位：万元）

年份	工业总产值	销售税金	利润	利税总额
1975 年	22 486.6	1 384.3	3 849.7	5 234.0
1976 年	19 380.3	1 175.3	2 989.4	4 164.7
1977 年	23 693.9	1 427.8	4 570.5	5 998.3
1978 年	27 019.0	1 686.1	5 491.7	7 177.8
1979 年	28 570.0	1 750.1	5 093.9	6 844.0

资料来源：南京化学工业（集团）公司《南化志》编委会编：《南化志》，北京：中华书局，1994 年，第 107 页。

南化公司在企业思想、管理、生产层面实施的举措，并不是按照先后顺序，而是一同并进。这三者就像三匹马并驾齐驱，互相影响，共同发力将公司带入新的发展阶段。统一职工思想，让职工意识到发展社会主义事业的重要性，企业有合理管理制度的重要性。制度的实行要由人来贯彻，制定、实施合理的管理制度离不开职工群众。职工由于思想得到提升，因而能服从企业合理的规章制度。职工思想的升华和企业管理制度的推行又促使职工怀有激情与热情投入生产活动。社会主义劳动竞赛的开展就是职工正确思想、企业合理管理的体现。南化公司在思想、管理、生产上下的功夫，三位一体，不断推动企业向前发展。

当然，南化公司开展的“工业学大庆”运动也存在不足之处，主要表现为两个方面。一是过分强调“以阶级斗争为纲”的口号。在 1976—1978 年这段时间，不论是企业生产、企业管理，还是职工教育、培训，都要求“坚持以阶级斗争为纲，用革命化统帅工业化”[①]，将企业能不断发展的根本原因归于阶级斗争路线的执行。经济基础决定上层建筑，南化公司能取得快速增长，根源应从企业生产层面进行分析，抓“阶级斗争”有它的合理性，但不应将其归为企业发展的根本原因，这易于忽视企业管理、生产方式、科学技术等方面在企业发展中所起的作用。[②] 二是轻视物质奖励思想仍存。例如，针对社会主义劳动竞赛中的奖励问题，南化公司提出“要以荣誉奖为主，像大庆那样不搞奖金制度”[③]。通过口头表彰对企业作出贡献的人来激励职工建设社会主义，从短期来看职工不会心生抱怨，但从长期来看会在一定程度上挫伤职工的劳动热情。回看当时全国“工业学大庆”运动，就会发现南化公司的这些问题在同时期的其他企业中同样存在着。时任国家经委副主任的袁宝华也承认“工业学大庆”运动出现了一些问题和缺点：“一是有些单位有急于求成和降低标准的倾向。二是有些单位出现某些形式主义的东西，主要表现是会议多，检查多，参观多，条块结合不好，重复太多，加重了企业不应有的负担，分散了企业领导的精力。有的单位学大庆没有很好结合自己的实际情况，认为大庆是怎么做的，自己照着做即可，这其实过于绝对化了。”[④]

其实“工业学大庆”运动自开展以来，便带有“左”倾色彩。运动中曾出现绝对性的宣传话语、虚高的标准、形式主义的东西，但随着党和国家政治路线的改变，“左”倾思想逐渐得到纠正。“工业学大庆”运动虽存在这样或那样的问题，但它对于统一思想、促进企业发展、推动社会生产力的增长起到了重要的作用。不可否认运动中存在着缺点和问题，但也要肯定运动的主流是好的，是与中国总体发展方向相一致的。

---

① 《举起抓纲学大庆，老厂争做新贡献》（1977年11月），南化公司档案，档案号1977.126—130—631，南化公司档案馆藏。

② 《在三大革命斗争中前进》（1977年9月9日），南化公司档案，档案号1977.126—130—631，南化公司档案馆藏。

③ 《南化公司工会一九七七年学大庆规划（修订稿）》（1977年6月16日），南化公司档案，档案号1977.55—59—608，南化公司档案馆藏。

④ 宋莲生：《工业学大庆始末》，第286页。

以上论证表明，1976—1978年南化公司响应中共中央“工业学大庆”的号召，在企业内部掀起“学大庆”的高潮。通过开展思想建设、整顿企业管理、开展劳动竞赛，南化公司建立健全了企业管理制度，使企业各方面恢复正常运行。由于在思想上和管理上取得突破，企业的生产状况得到好转。基于南化公司的突出表现，在1977年全国工业学大庆会议上，中共中央表彰南化公司为“全国大庆式企业”[①]，这是“工业学大庆”运动的最高荣誉。不过，在开展“学大庆”运动过程中，南化公司出现了一些问题，但这些问题是特定历史条件造成的。[②] 随着中共中央将工作重点转移到社会主义现代化建设上来，这些问题最终得到妥善解决。同时，改革开放以后，由于我国经济体制发生转变，从前的“计划经济”模式已不适应中国道路，诞生于计划经济时期的“工业学大庆”运动不合时宜，逐渐退出历史舞台。[③] 虽然运动不再，但南化公司在运动中学到的“三老四严”作风、探索出的管理经验、涌现出的先进人物的事迹，为企业日后的发展积累了宝贵财富。

（罗林：南京师范大学社会发展学院历史系硕士研究生；谭晶：中国石化集团南京化学工业有限公司总经理办公室、党群管理高级专家）

① 南京化学工业(集团)公司《南化志》编委会编:《南化志》,第47页。

② 参见国家经委党组:《关于工业学大庆问题的报告》,《新华月报》1981年第12期,第135—145页。

③ 参见马瑞欣、张文喜:《改革开放下的工业学大庆运动研究》,《齐齐哈尔大学学报(哲学社会科学版)》2023年第2期,第55页。

An Exploration of the "Learning from Daqing in Industry" Movement of Nanjing Chemical Industry Company（1976－1978）

Luo Lin　Tan Jing

Abstract：The call of the Central Committee of the Communist Party of China in the 1960s and 1970s to learn from Daqing's spirit of hard work and the style of "three honest and four strict" was put forward to promote the development of industrial and mining establishments and socialist construction nationwide. Nanjing Chemical Industry Company responded to the call and carried out the "Learning from Daqing in Industry" movement from 1976 to 1978. Through measures such as ideological construction，management system construction，and labor competition，it eliminated erroneous ideas within the enterprise，established and improved various rules and regulations，and reached a record high in production for the enterprise. Although there were some issues with in the nationwide and Nanjing Chemical Industry Company's "Learning from Daqing in Industry" movement，it cannot be denied that its mainstream is correct. The movement has made significant contributions to unifying ideas，promoting enterprise and social development.

Keywords：Nanjing Chemical Industry Company；Learnig from Daqing in Industry；Six major management；Labor competition

1990年南京化学工业公司集团化探析*

李婷婷[1]　张　锐[2]

（1. 南京师范大学社会发展学院　2. 南京化学工业公司档案馆）

摘　要：1990年，走过56年历史的南京化学工业公司，正经历着一场集团化的变动与组合。企业集团化作为市场经济发展到一定阶段的产物，有利于各个公司、企业取长补短，将各自的优势发挥到最大化，从而推动企业的发展。1990年，随着企业集团化脚步的加快，南京化学工业公司经过前期的筹备工作，于1990年9月15日与连云港碱厂正式组建南京化学工业(集团)公司，并确立了新的管理与经营体制，迈入了顺应深化改革的新发展阶段。通过对南京化学工业公司集团化进程的探析，可以完成对南京化学工业(集团)公司经营状况的评析。

关键词：1990年；集团化；南京化学工业公司；连云港碱厂；南京化学工业(集团)公司

近年来，企业史成为学术界研究的热点，围绕"企业集团化"①的研究逐渐展开，并涌现出一批研究成果。例如，梁才阐述了吉化公司走企业集团化的过程、意义以及走集团化道路的几点体会②；纪红坤、毛玉萍分析了黑龙江省现代物流企业的集团化发展问题，并从物流企业集团化发展的目

---

* 本文为2023年度江苏省社科基金重点项目"南京化学工业公司(原永利铔厂)近百年档案整理与研究"(编号:23LSA002)中期成果之一。

① 企业集团化是指企业以产权为纽带，优势产品为龙头，骨干企业为核心，将产品关联度强的众多企业，通过资产的合并、兼并、划转等途径，组成新的更大的企业团体，对现有存量资产进行重新配置，实现专业化生产、规模化经营，形成新的规模优势。

② 梁才：《走集团化道路 在结构调整中求发展》，《中国经济体制改革》1991年第3期，第44—60页。

的及意义、必要性及现实要求、发展战略措施、应注意的问题四个方面进行讨论[①]；李曼对光明集团的情况及特点做了总结，并详细分析了光明集团走集团化道路的经验[②]；胡魁阐述了光明集团的发展阶段及形成原因、特征、基本结构等知识，对光明食品集团组建、整合、发展等方面的案例进行了全面的考察[③]。

中国石化集团南京化学工业有限公司的历史，最早可以追溯到1934年，它的前身是著名实业家范旭东先生等人所承办的永利铔厂，时称“远东第一大厂”，是中国化学工业的摇篮。[④] 1952年1月，永利公司将永利铔厂改名为“永利化学工业公司宁厂”，公私合营后更名为公私合营永利宁厂。[⑤] 1958年1月1日，永利宁厂正式更名为南京化学工业公司（以下简称“南化公司”），新中国第一家公私合营企业正式运营。1965年5月，“南京化肥厂正式独立经营”[⑥]，南化公司正式撤销。1973年7月，获中共江苏省委批准，南化公司重新组建。1990年9月15日，连云港碱厂与南化公司合并，南京化学工业（集团）公司[以下简称“南化（集团）公司”]正式成立；同年11月29日，南化（集团）公司召开成立大会，对外宣告正式成立，南化（集团）公司开启了集团化发展的进程。1998年7月，南化（集团）公司随中国东联石化集团有限责任公司“整体划归‘中国石油化工集团公司’，为其所属子公司”，并更名为“中国石化集团南京化学工业有限公司”。[⑦] 自此，南化公司的集团化进程顺利完成。目前，学术界关于南化公司的集团化研究成果尚属空白，本文拟探析1990年南化公司的集团化发

① 纪红坤、毛玉萍：《黑龙江省现代物流企业集团化发展研究》，《商业经济》2008年第18期，第9—10页。

② 李曼：《在改革创新中奋进——赴上海农垦学习考察情况报告》，《农场经济管理》2018年第12期，第11—13页。

③ 胡魁：《光明食品集团化战略案例研究》，硕士学位论文，石河子大学，2014年。

④ 南京化学工业（集团）公司《南化志》编委会编：《南化志》，北京：中华书局，1994年，第3页。

⑤ 南京化学工业（集团）公司《南化志》编委会编：《南化志》，第43页。

⑥ 南京化学工业（集团）公司《南化志》编委会编：《南化志》，第18页。

⑦《南化集团有限公司关于企业名称变更有关事项的请示、报告、通知》（1999年7月20日），案卷号码03.1999.1—5，卷宗号码1999—00.03.01.19991.3，南化公司档案馆藏。

展情况，以弥补集团化个案研究的不足。

一、南化（集团）公司组建的背景

从20世纪80年代晚期开始，中国的改革开放逐渐由农村向城市、由农业向工业扩展。1989年11月，中国共产党第十三届中央委员会第五次全体会议审议并通过了《中共中央关于进一步治理整顿和深化改革的决定》（以下简称《决定》），要求认真整顿经济秩序，继续清理整顿公司各种混乱现象，继续开展增产节约、增收节支运动，改进企业的经营管理，挖掘企业的内部潜力。① 随后《人民日报》《求是》杂志发表社论，强调要治理整顿和深化改革。十三届五中全会后，中央人民政府切实推进深化改革的方针政策，“继续促进企业之间的横向经济联合，发展企业集团”②。1989年12月20日，李鹏总理在石化企业经理厂长座谈会上指出：“大企业逐步集团化可行，当前市场变化是企业进步的良好时机……实践证明，一些关系国计民生的大企业，逐步走上企业集团化的道路是可行的。”③

十三届五中全会后，江苏省、南京市各部门积极学习贯彻五中全会精神，积极探索企业集团化道路。1989年11月9日晚，省委、省顾委、省人大常委、省政府等在宁的同志集中收看党的十三届五中全会新闻，并开展了座谈会。与会同志一致认为，“必须用全会的精神统一思想认识，把《决定》提出的各项任务落实到实际工作中去”④。南京市委常委和市人大、政府等的领导同志，也于9日晚举行五中全会讨论座谈会。会议决定，要“坚决拥护十三届五中全会各项决定，认真贯彻治理整顿和深化改革方针”，要“正确认识和处理治理整顿同深化改革的关系……扎扎实实地搞好我市的各项工作”。⑤ 10日

① 《中国共产党第十三届中央委员会第五次全体会议公报》，北京：人民出版社，1989年，第1—5页。

② 《中共中央关于进一步治理整顿和深化改革的决定（摘要）》，北京：人民出版社，1990年，第25页。

③ 《大企业逐步集团化可行》，《人民日报》，1989年12月22日，第1版。

④ 《省领导同志集中收看五中全会新闻并进行座谈讨论》，《新华日报》，1989年11月10日，第2版。

⑤ 《市领导昨集中学习座谈：坚决拥护十三届五中全会各项决定，认真贯彻治理整顿和深化改革方针》，《南京日报》，1989年11月10日，第2版。

下午，在省委省级机关工作委员会会议上，省级机关工委书记王瀛之强调，“要把继续学习十三届四中全会精神、学习邓小平同志几次重要讲话和江泽民同志的国庆讲话同学习五中全会精神有机地衔接起来、紧密地结合起来”①，此次会议的开展推动了治理整顿和深化改革政策的地方贯彻。13日，市委书记、市长戴顺智在市企业工作研讨会上强调，必须学习贯彻五中全会精神，“实行厂长负责制和承包责任制的改革方向应当坚持”②，动员全市同舟共济、克服困难。随后，市政府发出《贯彻省人民政府关于稳定经济、搞活企业意见的通知》，推动了南化公司适时改进经营管理模式、助力周边企业渡过难关的步伐。③

12月9日，中共江苏省委、江苏省人民政府正式下达了贯彻《决定》的意见，要求全省各级党委和政府认真贯彻党的十三届五中全会精神，“充分发挥大中企业的骨干作用，以重点产品为龙头，建立和发展一批能在技术进步中起带头作用的骨干企业和企业集团、企业联合体。面广量大的中小企业要有计划、有步骤地进行改造、改组、联合，向专业化协作和规模效益方向发展”④，助力全省企业的整顿和改革。

南化公司作为一个大型化工联合企业，经过“六五”“七五”两个阶段的承包经营，企业实力逐渐增强，已足够支撑起集团公司的未来发展。根据江苏省石化厅报送省政府《关于南化公司与连云港碱厂组建集团公司的方案》，“南京化学工业公司是一个生产化肥、化工业原料、成套大型化工设备、催化剂、化工建筑材料，并从科研开发、工程设计、建筑安装的特大型企业”⑤。至1990年，南化公司已成为“国内目前大型催化剂、矿制硫酸、复

---

①《抓好头等大事，精心作出安排——省级机关工委部署学习五中全会精神》，《新华日报》，1989年11月11日，第1版。

②《认真学习贯彻五中全会精神，切实加强企业思想政治工作》，《南京日报》，1989年11月15日，第1版。

③《市政府发出稳定经济搞活企业通知》，《南京日报》，1989年11月17日，第1版。

④ 江苏经济年鉴编辑部编：《1990江苏经济年鉴》，南京：南京大学出版社，1990年，第105页。

⑤《经理办：江苏省政府关于组建南化（集团）公司的批复及南化公司办理企业法人申请开业和注册登记手续的报告》（1990年8月9日），案卷号码1990.41—44—1646，卷宗号码1990—41，南化公司档案馆藏。

合肥料、化工机械装置的生产基地，是硫酸、磷肥设计中心及硫酸、催化剂研究中心。南化现有设备 11 208 台，主要设备 922 台，完好率 97.36%……关键设备运转率 66.21%”①。虽然 1989—1990 年间，南化公司的生产经营受到了市场疲软、资金紧张等因素的困扰，然而南化公司作为一个拥有几十年历史的老企业，基础雄厚，管理体系成熟，足以支撑自身的集团化进程。

自 1989 年 9 月 26 日开工建设以来，连云港碱厂生产经营状况一直不乐观。其一，连云港碱厂试生产以来，企业亏损较为严重，产量低而成本高。1989 年连云港碱厂“共生产纯碱 1 977 吨，平均日产量为 183 吨，亏损 419.6 万元”②。1990 年 1—10 月“生产纯碱 68 067 吨，产品合格率为 83.56%……优级品率 26.78%”，主要原材料“实际亏损累计达 4 067 万元”。③ 而且碱厂“生产很不平稳，波动大，非计划停车次数频繁”，特别是 1990 年 6 月下旬至 7 月底，“受连续大风和台风的影响，生产因锅炉输煤等问题更难以连续运行，全厂平局每 3 天停车一次，生产处于开开停停状态”④。其二，试生产以来，连云港碱厂开展生产的支撑条件存在很大的欠缺。在生产设备问题上，连云港碱厂的设备完好率低，“在这些设备中尤以电站锅炉、CO_2压缩机、钛板换热器、滤碱机、煅烧炉的变频及附属装置等主要设备问题最为突出”⑤，运行工况不好，备用状况较差。难以处理的工

① 南京化学工业(集团)公司《南化志》编委会编:《南化志》，第 46—47 页。

②《经理办:江苏省政府关于组建南化(集团)公司的批复及南化公司办理企业法人申请开业和注销登记手续的报告》(1990 年 11 月 12 日)，案卷号码 1990.41—44—1646，卷宗号码 1990—41，南化公司档案馆藏。

③《经理办:江苏省政府关于组建南化(集团)公司的批复及南化公司办理企业法人申请开业和注销登记手续的报告》(1990 年 11 月 12 日)，案卷号码 1990.41—44—1646，卷宗号码 1990—41，南化公司档案馆藏。

④《经理办:江苏省政府关于组建南化(集团)公司的批复及南化公司办理企业法人申请开业和注销登记手续的报告》(1990 年 11 月 12 日)，案卷号码 1990.41—44—1646，卷宗号码 1990—41，南化公司档案馆藏。

⑤《经理办:江苏省政府关于组建南化(集团)公司的批复及南化公司办理企业法人申请开业和注销登记手续的报告》(1990 年 11 月 12 日)，案卷号码 1990.41—44—1646，卷宗号码 1990—41，南化公司档案馆藏。

程质量问题，逐渐成为生产中的隐患。例如，“石灰窑传动大齿轮的制造和安装质量问题……防腐、保温等方面的问题及盐堆场的返工问题等等”①，这些直接影响生产的正常进行。在原燃料供应和运输问题上，原燃料供应虽列入“双保”，但尚未落实，“船山石灰石矿改造未达到设计能力，每年只能供应石灰石 40 万吨，缺口部分没有来源”②，产品的运输问题也难以保证。其三，连云港碱厂自建成投产以来面临严重的资金问题，“截止 90 年 10 月，原批准概算内缺口资金 1 181.8 万元，今年基建计划 3 371 万元中，省出资的 2 371 万元尚未到位”，“截止 10 月底，生产流动资金借款累计 7 005 万元，但因垫付基建用款 2 820 万元，支付其它应付数 1 230 万元，试车以来亏损 3 487 万元”。③ 碱厂试生产以来面临的种种困境，令它不得不依靠大型企业，开展治理整顿，以寻找新的出路。

南化公司积极学习贯彻十三届五中全会精神，探索集团化道路，在了解到连云港碱厂的困境后，积极制定集团组建方案，帮助连云港碱厂走出困境。1990 年 5 月，南化公司以总经理郭克礼的名义向省政府提交了一份《就碱厂事宜的报告》（以下简称《报告》），肯定了由南化管理碱厂的优势。《报告》提出，南化公司基础雄厚，形成了一套卓有成效的管理办法，“完全有可能在较短的时间内使连云港碱厂结束生产不稳定的状况，较好地发挥投资效益”④。

江苏省、南京市有关部门对南化（集团）公司的组建问题高度重视，逐

① 《经理办：江苏省政府关于组建南化（集团）公司的批复及南化公司办理企业法人申请开业和注销登记手续的报告》（1990 年 11 月 12 日），案卷号码 1990.41—44—1646，卷宗号码 1990—41，南化公司档案馆藏。

② 《经理办：江苏省政府关于组建南化（集团）公司的批复及南化公司办理企业法人申请开业和注销登记手续的报告》（1990 年 11 月 12 日），案卷号码 1990.41—44—1646，卷宗号码 1990—41，南化公司档案馆藏。

③ 《经理办：江苏省政府关于组建南化（集团）公司的批复及南化公司办理企业法人申请开业和注销登记手续的报告》（1990 年 11 月 12 日），案卷号码 1990.41—44—1646，卷宗号码 1990—41，南化公司档案馆藏。

④ 《经理办：江苏省政府关于组建南化（集团）公司的批复及南化公司办理企业法人申请开业和注销登记手续的报告》（1990 年 5 月 6 日），案卷号码 1990.41—44—1646，卷宗号码 1990—41，南化公司档案馆藏。

渐展开各种商谈、会议。1990年7月，在江苏省副省长季允石主持召开的有关碱厂情况会议上，省政府副秘书长沈振宋、省计经委孙海云、省体改委钱伯华、省财政厅朱醒民、省石化厅、省委组织部等同志列席会议，大家一致"同意将连云港碱厂列为省直属企业，由省（石化厅）直接管理……省各有关部门要积极努力帮助连云港碱厂创造良好的外部条件，尽可能帮助碱厂解决各种困难"①，为集团公司的组建提供了支持和建议。9月初，在开展的双增双节运动经验交流会上，江苏省政府号召要深化改革、增强企业活力，提出要"积极组建企业集团……要把企业兼并与促进结构调整、产业政策、集体效益、扶优限劣等整治目标结合起来。同时，引导面广量大的小企业走联合和专业化协作道路"②。另外，面对连云港碱厂生产不稳定等问题，上级部门更是多次实地考察，商谈对策。江苏省化学工业部林副部长、张副总经理，省石化厅虞厅长、朱副厅长，南化（集团）公司郭经理等领导"在百忙之中几次亲临碱厂，进行调查研究，指导工作"③。在各级部门的推动和执行下，南化公司的集团化组建工作逐渐开展起来。

二、南化（集团）公司的筹备

南化（集团）公司在正式组建前，经历了一个层层推进的商谈筹备过程。1990年1月8日，针对连云港碱厂的管理体制问题，南化公司企管处处长黄远松等人向江苏省化工厅副厅长朱俊彪作了了解，并向省计经委提出建议，"首先将碱厂收归省管，具体由化工厅负责管理，待成熟后再交由

① 《经理办：江苏省政府关于组建南化（集团）公司的批复及南化公司办理企业法人申请开业和注销登记手续的报告》（1990年7月25日），案卷号码1990.41—44—1646，卷宗号码1990—41，南化公司档案馆藏。

② 《省政府部署下阶段双增双节运动：巩固基础，深化内容，突出重点，全面推进》，《新华日报》，1990年9月8日，第1版。

③ 《经理办：江苏省政府关于组建南化（集团）公司的批复及南化公司办理企业法人申请开业和注销登记手续的报告》（1990年），案卷号码1990.41—44—1646，卷宗号码1990—41，南化公司档案馆藏。

南化公司管理”①。初步设想的提出，令南化（集团）公司的组建工作成为可能。

1990年5—7月，组建南化（集团）公司的方案得以酝酿，并逐渐浮出水面。5月4日，南化公司郭克礼总经理召开处长会议，研究有关连云港碱厂管理体制问题。会议商讨了沈振宋副秘书长提出的有关碱厂管理体制的内容，郭经理认为，利用南化的力量对连云港碱厂进行管理可以达到规模效益，“能把这套装置开好，使基建投资迅速转化为生产力”，在让南化公司利用碱厂这一窗口将优势辐射出去的同时，也能为连云港市培养优秀人才，令碱厂“迅速扭亏为盈，为碱厂还贷创造条件”。② 5月6日，南化公司便以郭经理的名义向省政府提出了关于“连云港碱厂合并及组建南京化学工业（集团）公司”的意见，表示南化公司会遵循省政府的安排管理连云港碱厂，还提出南化公司管理连云港碱厂的设想，包括碱厂名称、管理方式、领导体制等，为集团公司的组建及连云港碱厂合并问题提供了系统的建议。③ 7月23日下午，季允石副省长主持召开会议，公布了关于碱厂管理、碱厂调查、碱厂发展等的《情况通报》，“同意省石化厅对组建无机化工集团的可行性着手进行调查研究，提出方案”④，各部门要尽可能帮助碱厂解决困难，下一步工作的开展得到上级的正式肯定。7月27日，朱俊彪副厅长等向郭经理传达了沈振宋副秘书长召开会议的情况，郭经理提出，如果“连云港碱厂由省化工厅管，省化工厅有一个具体的管理方法，如设立纯

① 《经理办：江苏省政府关于组建南化（集团）公司的批复及南化公司办理企业法人申请开业和注销登记手续的报告》（1990年），案卷号码1990.41—44—1646，卷宗号码1990—41，南化公司档案馆藏。

② 《经理办：江苏省政府关于组建南化（集团）公司的批复及南化公司办理企业法人申请开业和注销登记手续的报告》（1990年），案卷号码1990.41—44—1646，卷宗号码1990—41，南化公司档案馆藏。

③ 《经理办：江苏省政府关于组建南化（集团）公司的批复及南化公司办理企业法人申请开业和注册登记手续的报告》（1990年5月6日），案卷号码1990.41—44—1646，卷宗号码1990—41，南化公司档案馆藏。

④ 《经理办：江苏省政府关于组建南化（集团）公司的批复及南化公司办理企业法人申请开业和注销登记手续的报告》（1990年7月25日），案卷号码1990.41—44—1646，卷宗号码1990—41，南化公司档案馆藏。

碱处，或其他专门机构进行管理，南化公司不干预不插手；若要组建集团，则南化公司的法人与连云港碱厂的法人进行研究，拿出一个或几个组建集团方案报批”①。

值得关注的是，原省化工厅胡萃华、顾静两位厅长在了解到相关情况后，及时向有关领导宣传，并表示“组建集团公司是一个方向”②，间接推进了南化(集团)公司的组建。

1990 年 8 月，随着一系列相关会议的召开，南化(集团)公司的组建工作逐步提上日程。8 月 1 日上午，江苏省化工厅厅长虞振新以及副厅长朱俊彪、朱禄海、叶天祜来南化公司与郭克礼经理等人商谈连云港碱厂事宜。虞厅长传达了化学工业部顾秀莲部长等对“由南化负责管理连云港碱厂”这一设想的支持，表示“厅党组进行了研究，认为由南化管最合适”。此次商谈，为下一步派遣人员赴连云港碱厂调查以及制定企业集团方案做了铺垫。郭克礼经理当天即召开公司会议，会议决定“明日研究一个意见”③。8 月 2 日，郭克礼经理主持处长会议，继续研究集团具体组建方案；之后的系列会议，南化(集团)公司组建方案不断得到修改完善。8 月 11 日，朱俊彪副厅长在集团公司方案会议上提出的“考核干部、组建集团调查以及协助碱厂加强管理”④的调查任务，将筹备工作又往前推进了一步。15 日下午，以虞厅长为首的省化工厅领导和以郭经理为首的南化公司领导召开联合会议，商谈集团公司的组建方案问题，会议“同意南化公司的二点意见并

① 《经理办：江苏省政府关于组建南化(集团)公司的批复及南化公司办理企业法人申请开业和注销登记手续的报告》(1990 年)，案卷号码 1990.41—44—1646，卷宗号码 1990—41，南化公司档案馆藏。

② 《经理办：江苏省政府关于组建南化(集团)公司的批复及南化公司办理企业法人申请开业和注销登记手续的报告》(1990 年)，案卷号码 1990.41—44—1646，卷宗号码 1990—41，南化公司档案馆藏。

③ 《经理办：江苏省政府关于组建南化(集团)公司的批复及南化公司办理企业法人申请开业和注销登记手续的报告》(1990 年)，案卷号码 1990.41—44—1646，卷宗号码 1990—41，南化公司档案馆藏。

④ 《经理办：江苏省政府关于组建南化(集团)公司的批复及南化公司办理企业法人申请开业和注销登记手续的报告》(1990 年)，案卷号码 1990.41—44—1646，卷宗号码 1990—41，南化公司档案馆藏。

以南化公司的报告为基础，对其中的一些文字作一点补充”[①]，并决定由省厅和南化尽快成立小组赴连云港碱厂调查考核。会后，省石化厅向江苏省人民政府报送了《南化公司与连云港碱厂组建集团公司方案的请示》，南化公司集团化迈出了筹备工作的新一步。[②]

8月21日，省体改委来南化了解情况，南化公司汇报了近期集团公司组建情况，省体改委王庆汉主任表示集团与集团公司是不同的概念，“集团公司是个集体，是法人。集团是方向，集团公司更能发挥规模经济效益”[③]。

8月20—30日，省化工厅组织由朱俊彪副厅长带队的工作组前往碱厂调查，对碱厂的领导层、管理层等干部组成、设备情况以及职工的素质水平、生产装置、经济效益以及存在的问题都作了详细了解，形成《赴连云港碱厂调查组工作简况》。[④] 针对这些问题，调查组也提出了建议措施。随着层层工作的推进，调查组又开展了第二次调查，至此时，连云港碱厂的“四整顿”等工作已有了初步成效。关于第二次调查工作，无论是“消缺”工作，还是整顿工作，以及领导干部管理等方面，调查组在了解情况后都提出了很多建议和解决措施。两次赴连云港碱厂调查工作的顺利完成，令江苏省化工厅和南化公司对连云港碱厂的情况有了整体把握，组建集团公司的工作正走向成熟。

---

① 《经理办：江苏省政府关于组建南化（集团）公司的批复及南化公司办理企业法人申请开业和注销登记手续的报告》（1990年），案卷号码1990.41—44—1646，卷宗号码1990—41，南化公司档案馆藏。

② 《经理办：江苏省政府关于组建南化（集团）公司的批复及南化公司办理企业法人申请开业和注销登记手续的报告》（1990年8月15日），案卷号码1990.41—44—1646，卷宗号码1990—41，苏化调（1990）第2号《关于报送南化公司与连云港碱厂组建集团公司的请示》，南化公司档案馆藏。

③ 《经理办：江苏省政府关于组建南化（集团）公司的批复及南化公司办理企业法人申请开业和注销登记手续的报告》（1990年），案卷号码1990.41—44—1646，卷宗号码1990—41，南化公司档案馆藏。

④ 《经理办：江苏省政府关于组建南化（集团）公司的批复及南化公司办理企业法人申请开业和注销登记手续的报告》（1990年10月12日），案卷号码1990.41—44—1646，卷宗号码1990—41，南化公司档案馆藏。

三、南化(集团)公司的成立

随着一系列商讨和筹备工作的完成,南化(集团)公司开始组建。从新章程的呈报到委员会、干部处成立,再到旧印章废止、新印章启用,直到 11 月底成立大会召开,南化(集团)公司对外宣布正式成立,南化公司以一种新的姿态呈现在大众视野里。

1990 年 9 月 15 日,江苏省人民政府批复了省石化厅关于组建南化(集团)公司的请示,根据苏政复(1990)43 号文件,"同意将省属南京化学工业公司和省属连云港碱厂合并,组成南京化学工业(集团)公司。(集团)公司为省直属企业,由省(石化厅)直接管理"①。南化(集团)公司在今后的发展中实行"以老带新、新老结合、优势互补、共同发展"的原则,推动碱厂尽快扭亏为盈,发挥规模效益,带动江苏省化学工业的发展。② 批复的通过,标志着南化(集团)公司的正式组建,也标志着南化公司在现代企业制度的建设方面迈出了重要一步。

南化(集团)公司组建后,内部的组织建构工作也随之开展起来。1990 年 10 月 15 日,南化司字(1990)第 44 号文件出台,南化(集团)公司向江苏省体改委、计经委、财政厅、石化厅呈报了《南京化学工业(集团)公司章程》,"根据江苏省人民政府苏政复(1990)43 号文件'关于组建南京化学工业(集团)公司的批复'第七款'(集团)公司的具体实施章程,由省体改委会同计经委、财政厅、石化厅审批'的要求,现将'南京化学工业(集团)公司章程'报上,如无不当,请批转(集团)公司执行"③。10 月 16 日,中共江苏省

---

① 《经理办:江苏省政府关于组建南化(集团)公司的批复及南化公司办理企业法人申请开业和注册登记手续的报告》(1990 年 9 月 15 日),案卷号码 1990.41—44—1646,卷宗号码 1990—41,南化公司档案馆藏。

② 《经理办:江苏省政府关于组建南化(集团)公司的批复及南化公司办理企业法人申请开业和注销登记手续的报告》(1990 年 9 月 15 日),案卷号码 1990.41—44—1646,卷宗号码 1990—41,南化公司档案馆藏。

③ 《经理办:江苏省政府关于组建南化(集团)公司的批复及南化公司办理企业法人申请开业和注销登记手续的报告》(1990 年 10 月 15 日),案卷号码 1990.41—44—1646,卷宗号码 1990—41,(90)南化司字第 44 号《关于呈报"南京化学工业(集团)公司章程"的报告》,南化公司档案馆藏。

委组织部发布《关于同意建立中共南京化学工业（集团）公司委员会的批复》，南化（集团）公司委员会正式建立，“根据党章规定，经省委研究决定，由南京化学工业公司和连云港碱厂合并组成的南京化学工业（集团）公司建立党委，其党的关系直接归省委领导。请南京市委、连云港市委分别将原南京化学工业公司和连云港碱厂党组织关系移交省委”①。之后，连云港碱厂继续完善内部工作，“南京化学工业（集团）公司连云港碱厂成立干部处。王景根同志任南京化学工业（集团）公司连云港碱厂干部处处长（副处级）”②。不久后，南化（集团）公司发布了关于启用连云港碱厂新印章的通知，决定“自 1990 年 11 月 1 日起正式启用‘中共南京化学工业（集团）公司连云港碱厂委员会’印章，原‘中国共产党连云港碱厂委员会’印章使用至 1990 年 10 月 31 日止”③。

一系列建构工作基本完成后，南化（集团）公司于 11 月 29 日对外宣告正式成立。这天上午，江苏省第一家特大型化工联合企业——南化（集团）公司在八村小礼堂召开成立大会，“化工部长顾秀莲、江苏省委书记沈达人、省长陈焕友、省人大常委会主任韩培信、副主任张耀华、省政协副主席刘星汉、南京市市长王荣炳、市委副书记胡序建、连云港市副市长程智培等部、省、市领导和南化（集团）公司的领导，以及有关部门的领导、社会各界朋友、外国友人、兄弟单位的代表，共 400 多人参加了大会”④。

11 月 30 日，南化（集团）公司发布启用新印章的通知，“自 1990 年 12 月 1 日起正式启用‘南京化学工业（集团）公司’印章，原‘南京化学工业公

① 《党办：南化公司党委关于启用印章、成立机构的通知和江苏省委关于我公司领导班子成员等的批复》（1990 年 10 月 16 日），案卷号码 1990.1—5—1633，卷宗号码 1990—1，南化公司档案馆藏。

② 《干部处：南化公司关于干部任免、机构设置的通知》（1990 年 10 月），案卷号码 1990.9—13—1635，卷宗号码 1990—13，南化公司档案馆藏。

③ 《党办：南化公司党委关于启用新章、成立机构的通知和江苏省委关于我公司领导班子成员等的批复》（1990 年 11 月），案卷号码 1990.1—5—1633，卷宗号码 1990—1，南化公司档案馆藏。

④ 《经理办：南化公司情况简报（一至十一期）》（1990 年 12 月 25 日），案卷号码 1990.28—30—1767，卷宗号码 1990—29，南化公司档案馆藏。

司'印章同时作废"①。12月4日，南化(集团)公司经理办公室向各厂、分公司、院、校下发了《关于(集团)公司各二级单位启用新印章的通知》，组建南化(集团)公司后，"原南京化学工业公司所属二级单位自然移归(集团)公司，职责不变"②。从12月10日开始，各二级单位正式启用新印章，旧印章作废。12月26日，经理办公室又下发了《关于(集团)公司机关各部处启用新印章的通知》，"从1991年1月1日起正式启用(集团)公司机关各部、处、室、中心新印章，旧印章同时作废"③。

至此，南化(集团)公司站在了新的起跑线上，开始书写一段具有新鲜活力和集团化发展的历史。

四、南化(集团)公司管理与经营体制的确立

南化(集团)公司组建后，内部的领导体制、管理体制、经营体制也都进行了相应的更新和完善，朝着更加符合集团化发展的方向运行起来。

在领导体制方面，"(集团)公司实行总经理负责制，并采取委托法人管理连云港碱厂。(集团)公司领导干部由省统一管理"④，总经理由上级委任，总经理为(集团)公司的法定代表人，下设若干副经理及"三总师"，总经理又任管理委员会主任一职。在厂长任命及权力分配上，"(集团)公司下属各厂实行总经理领导下厂长负责制，各厂厂长由(集团)公司任命。厂长下设若干副厂长及'三总师'，由厂长提名经(集团)公司任命"⑤。着手组

① 《经理办:南化公司关于启用(集团)公司及下属单位印章的通知》(1990年11月30日)，案卷号码1990.39(1)—40—1645，卷宗号码1990—40，南化公司档案馆藏。

② 《经理办:南化公司关于启用(集团)公司及下属单位印章的通知》(1990年12月4日)，案卷号码1990.39(1)—40—1645，卷宗号码1990—40，南化公司档案馆藏。

③ 《经理办:南化公司关于启用(集团)公司及下属单位印章的通知》(1990年12月26日)，案卷号码1990.39(1)—40—1645，卷宗号码1990—40，南化公司档案馆藏。

④ 《经理办:江苏省政府关于组建南化(集团)公司的批复及南化公司办理企业法人申请开业和注销登记手续的报告》(1990年10月15日)，案卷号码1990.41—44—1646，卷宗号码1990—41，南化公司档案馆藏。

⑤ 《经理办:江苏省政府关于组建南化(集团)公司的批复及南化公司办理企业法人申请开业和注销登记手续的报告》(1990年10月15日)，案卷号码1990.41—44—1646，卷宗号码1990—41，南化公司档案馆藏。

建南化(集团)公司之际，新的管理人员名单也以文件形式确定下来，“郭克礼同志任(集团)公司总经理；张金富、邓正汉、叶毅强、孙天侨、王聪、陈鸿光、郭定松等七位同志任(集团)公司副总经理；沈浚同志任(集团)公司总工程师”①。在连云港碱厂新的管理人员安排方面，“(集团)公司副总经理邓正汉兼任厂长，章乃辛、田小云、孔庆忠、郭庆嘉任副厂长，伏作元任厂长助理”②。

在管理体制方面，“(集团)公司实行统一计划、统一管理，是资产一体化、经营一体化、开发一体化的经济实体”③，南化(集团)公司对内部各厂的人、财、物等进行直接管理。“(集团)公司设编制委员会负责审定机关及各厂的干部编制，干部管理部门对各级干部进行定期考核。(集团)公司各厂执行公司统一的会计制度和核算办法。”④“(集团)公司实行公司—厂—车间三级计划管理体制”⑤，(集团)公司的年、季综合计划由计划主管部门召集人员编定，各厂的生产、建设、劳动、物资、财务等各项指标都要纳入正常的统计范围，有关内容要上报上级部门。

根据南化(集团)公司下达的一些计划，各厂要编制实施计划，按期考核；业务管理部门要根据总经理的指令，随时组织有关人员到各厂进行监督、检查和审计。在党群管理体制问题上，南化(集团)公司确定在省委、市

---

①《党办：南化公司党委关于启用印章、成立机构的通知和江苏省委关于我公司领导班子成员等的批复》(1990年10月10日)，案卷号码1990.1—5—1633，卷宗号码1990—1，南化公司档案馆藏。

②《经理办：南化公司1990年度大事记》(1990年)，案卷号码1990.36—38—1644，卷宗号码1990—38，南化公司档案馆藏。

③《经理办：江苏省政府关于组建南化(集团)公司的批复及南化公司办理企业法人申请开业和注销登记手续的报告》(1990年10月15日)，案卷号码1990.41—44—1646，卷宗号码1990—41，南化公司档案馆藏。

④《经理办：江苏省政府关于组建南化(集团)公司的批复及南化公司办理企业法人申请开业和注销登记手续的报告》(1990年10月15日)，案卷号码1990.41—44—1646，卷宗号码1990—41，南化公司档案馆藏。

⑤《经理办：江苏省政府关于组建南化(集团)公司的批复及南化公司办理企业法人申请开业和注销登记手续的报告》(1990年10月15日)，案卷号码1990.41—44—1646，卷宗号码1990—41，南化公司档案馆藏。

委的领导下,“加强企业党的建设,加强企业思想政治工作和精神文明建设,对企业贯彻执行党和国家的方针、政策实行保证监督”①,集团公司下属各厂的党委受到集团公司党委以及当地市委的领导,尤以集团公司党委的领导为主。

在经营体制方面,南化(集团)公司执行“两权分离”的模式,实行承包经营责任制,保留了连云港碱厂原有的物资供应体制,产品分配实行“三包一挂”。“(集团)公司组建后,原连云港碱厂物资供应体制不变,产品分配按原规定方案执行。(集团)公司实行承包经营责任制,由(集团)公司向省政府总承包,实行‘三包一挂’,包上交利润、包技术改造、包偿还贷款,工资总额与实现利税挂钩。”②同时,确定南化公司和连云港碱厂可以注册的资金为,“固定资金 88 244 万元,流动资金 6 844 万元”,“连云港碱厂原有债务,组建(集团)公司后,则由碱厂所创效益偿还”。③

为了令承包目标达到预期,(集团)公司还将承包指标进行分解,并由各厂向(集团)公司承包,各厂厂长在自己任期内实行任期目标责任制和任期终结审计制,以推动(集团)公司的合理化运转。

经过多方努力和调整,南化(集团)公司的管理和经营基本确定下来,朝着合理有序的方向运行起来,开启了 20 世纪 90 年代中国企业集团化发展的先河,并以集团公司的新形态,投入全省乃至全国化学工业发展的进程中。

① 《经理办:江苏省政府关于组建南化(集团)公司的批复及南化公司办理企业法人申请开业和注销登记手续的报告》(1990 年 10 月 15 日),案卷号码 1990.41—44—1646,卷宗号码 1990—41,南化公司档案馆藏。

② 《经理办:江苏省政府关于组建南化(集团)公司的批复及南化公司办理企业法人申请开业和注销登记手续的报告》(1990 年 10 月 15 日),案卷号码 1990.41—44—1646,卷宗号码 1990—41,南化公司档案馆藏。

③ 《经理办:江苏省政府关于组建南化(集团)公司的批复及南化公司办理企业法人申请开业和注销登记手续的报告》(1990 年 10 月 15 日),案卷号码 1990.41—44—1646,卷宗号码 1990—41,南化公司档案馆藏。

五、南化（集团）公司经营状况评析

南化（集团）公司的组建，顺应了中共中央深化经济改革的客观要求，是市场经济发展的必然趋势，符合南化公司和连云港碱厂发展的需要，其组建不仅改善了连云港碱厂的经营状况，更有力地推动了南化（集团）公司向经营集约化、规模集团化、结构合理化方向发展。

南化（集团）公司组建后，连云港碱厂的纯碱产量和质量得到明显提高，碱厂的被动局面逐渐得到扭转。1990 年，南化（集团）公司各项指标完成情况表显示，“纯碱在 1989 年的年末库存为 2 633 吨，而 1990 年的年末库存为 1 668 吨，消费量更是达到了 10 194 吨”①。在南化（集团）公司组建后的两个多月里，“纯碱单系统日产量从 300 多吨提高到 600 多吨，消耗定额下降，产品质量提高。1990 年 12 月 12 日，纯碱产量达到 1 047.8 吨，实现了日产千吨纯碱的预期目标”②。纯碱产量的大幅度提高，一定程度上填补了国民经济急需的缺口，保证了国家财政收入，连云港碱厂的亏损状态得到改善并转危为安，减轻了国家贴补亏损企业的负担。而且，“南京化学工业公司和连云港碱厂这两个大型重点企业，突破‘三不变’的藩篱，合并组建为资产、经营、开发一体化的（集团）公司，在深化经济体制改革、调整经济结构中迈出了新的一步”③。总体而言，两个企业虽相距 300 多公里，用资产一体化形式把利害关系捆在一起，使得企业在经济实力、发展后劲方面，都比以往更加进步。连云港碱厂所生产的纯碱，质量优、品质佳，一定程度上调整了南化公司以往的产品结构，使得生产更加多样化，有力地带动了南化（集团）公司化学工业的发展。公司正利用现有的酸、碱、盐三大基础原料，向着深加工、精细化方向发展，再加上之前经过几十年发展的一些紧密型、半紧密型企业，可以说已具备了企业集团的雏形。

---

① 《经济计划处：南化公司 1990 年各项指标完成情况》（1991 年 2 月），案卷号码 1990.61—63—1652，卷宗号码 1990—61，南化公司档案馆藏。

② 《经理办：南化公司情况简报（一至十一期）》（1990 年 12 月 25 日），案卷号码 1990.28—30—1767，卷宗号码 1990—29，南化公司档案馆藏。

③ 《可喜的新一步》，《新华日报》，1990 年 11 月 30 日，第 1 版。

南化(集团)公司成立后,其内部的体制机制、经营方式推动南化(集团)公司朝着更加完善、合理的方向发展,并能够迎难而上,发挥骨干企业的领导优势。1991 年,江苏遭遇了严重洪涝灾害,碱厂生产用盐供应不上,"试生产亏损和企业三角债造成生产流动资金十分紧张,导致全厂先后两次停产长达 4 个月之久",面对这种情况,碱厂认真贯彻落实"强化管理,从严制厂,整顿设备,提高效益"的工厂方针,有效地促进了生产经营工作。① 1992 年,碱厂坚持不懈地开展"整顿设备、整顿管理、整顿纪律、整顿厂容厂貌"②工作,碱厂亏损数量逐年下降,进入加速发展阶段。之后,碱厂转换经营机制,终于在 1994 年,克服了原材料涨价、纯碱市场滑坡等困难,围绕"转换经营机制,狠抓队伍建设,强化科学管理,保证稳产高产,实现三个最佳"的企业方针,使纯碱产量突破 40 万吨,被评为"全国扭亏增盈先进典型"。③ 随着各项工作的逐步开展,碱厂在南化(集团)公司的总领导下,生产形势日渐好转,纯碱生产的规模和质量呈现大好局面,职工情绪稳定,各项管理也走上正常轨道,以老带新、新老结合、优势互补、共同发展的优越性越来越突出。

值得注意的是,南化(集团)公司在 1990 年组建后,虽然正朝着集团化的方向发展,然而,其经营状况并非完美无瑕,尤其在 1996 年之后,南化(集团)公司整体状况走向了亏损的下坡路,公司面临较为棘手的经营困境。下表展示的是南化公司 1996—1999 年年利润的情况统计。1997 年连云港碱厂的实际利润仅为 8 万元,而 1998 年的实际利润为负 982 万元;"有限公司"的合计利润在 1997 年为 163 万元,而 1998 年的实际利润为负 4 467 万元。④ 此表数据表明,南化公司 1996—1998 年的利润呈逐年下降之势,出现了严重的亏损。

---

① 南化(集团)公司《南化年鉴》编纂委员会编:《南化年鉴(1995)》,北京:中国石油出版社,2003 年,第 46 页。

② 南化(集团)公司《南化年鉴》编纂委员会编:《南化年鉴(1995)》,第 46 页。

③ 南化(集团)公司《南化年鉴》编纂委员会编:《南化年鉴(1995)》,第 46 页。

④ 1995 年之后,南化公司的的年度利润统计方式分有限公司和集团公司两种。这里所说的有限公司指的是氮肥厂、磷肥厂、催化剂厂、化工机械厂、化工建材厂、连云港碱厂、运输公司及南化机关的总称。

表1　南化公司1996—1999年年利润情况统计表

（单位：万元）

年份	连云港碱厂	有限公司
1996年	2 147	2 254
1997年	8	163
1998年	－982.4	－4 467
1999年	－3 218.4	－20 455.2

资料来源：《南化(集团)公司一九九六年各项指标完成情况统计表》(1996年)，案卷号码03.1996.715—718，卷宗号码00.03.03.19961.715；《南化集团有限公司一九九七年主要指标完成情况》(1997年)，案卷号码00.03.1997.825—832，卷宗号码00.03.03.19971.831；《南化集团有限公司一九九八年主要指标完成情况》(1998年)，案卷号码03.1998.936—942，卷宗号码00.03.03.19981.940；《南化集团有限公司一九九九年主要指标完成情况》(1999年)，案卷号码00.03.03.1999.58—63，卷宗号码00.03.03.19992.63，南化公司档案馆藏。

以上论证表明，南化公司和连云港碱厂联合组建南化(集团)公司，是中共中央和国务院治理整顿、深化改革的产物，是江苏省、南京市及南化公司积极探索现代企业制度建设的积极尝试。南化(集团)公司的组建，顺应了20世纪八九十年代我国深化经济体制改革的要求，一定程度上改善了连云港碱厂的亏损状况，帮助碱厂走出困境，而且完善了公司的相关制度。在此影响下，江苏省和南京市一些区、县企业，开始与南化公司接触，探索以老带新、新老结合的路子，以便开创跨地区经济联合的新路径。

虽然在之后的运营过程中，南化(集团)公司的整体状况是亏损和负债，但在具体的发展方向上，南化公司的选择无疑是正确的。也正是因为在1990年通过集团化迈出了经济体制改革的第一步，面对1996年以后逐年亏损的经营困境，南化公司才能进一步适时地调整与改革，先是在1998年并入了中国石化集团，然后在1999年开始通过改制分流，在探索现代企业制度方面迈出了新的一步。

（李婷婷：南京师范大学社会发展学院历史系硕士研究生；张锐：南京化学工业有限公司档案馆助理馆员）

Discussion on the group process of the Nanjing Chemical Industry Company

Li Tingting Zhang Rui

Abstract: After fifty-six years of history, Nanjing Chemical Industry Company was experiencing a group change and combination in 1990. On September 15, Nanjing Chemical Industry Company and Lianyungang Soda Factory formally established Nanjing Chemical Industry (Group) Company, which entered a new stage of development in response to deepening reform. As the product of the development of market economy to a certain stage, the development of enterprise collectivization is conducive to each company and enterprise to learn from each other, so as to promote the development of enterprises. Based on the prominent changes of enterprise collectivization in the 1990s, this paper starts from the process of Nanjing Chemical Industry Company's collectivization, discusses its background, preparation, establishment and management system, so as to complete the simple evaluation and analysis of its group operation status.

Keywords: The year of 1990; Collectivize; Nanjing Chemical Industry Company; Lianyungang Soda Factory; Nanjing Chemical Industry (Group) Company

札记

读《管子·山至数》札记一则

孙永波

（山东大学文学院）

《管子·山至数》有如下一段：

> 彼轻赋税则仓廪虚。肥籍敛则械器不奉，而诸侯之皮币不衣。仓廪虚，则倳贱无禄。外皮币不衣于天下，内国倳贱。①

上引一段，“皮币不衣”一词历来颇难解读，尤其是“衣”字的理解，历代学者曾给出不少重要意见②，但都不能使我们信服。本文打算就这个问题提出一点不成熟的看法，供大家批评指正。

“皮币不衣”，《太平御览》引文作“皮币不至”③，不少学者据此认为“衣”字误，当以“至”字为是④。郭沫若先生不同意这种观点，认为“衣”字不误，并将“诸侯之皮币不衣”翻译为“诸侯穿不成皮币”。⑤ 黎翔凤先生则引《说文》“衣，依也”为据，认为“奉”“衣”皆是动词。⑥ 目前，将“衣”理解为“穿”“穿衣”之义，是很多学者所信从的。⑦

我们认为，“皮币不衣”之“衣”在此训为“穿”“穿衣”等义，是有问题的。原因如下：

---

① 引文据黎翔凤撰，梁运华整理：《管子校注》，北京：中华书局，2004 年，第 1322 页。

② 如戴望、张珮纶、尹桐阳、郭沫若、黎翔凤、赵守正等学者，均讨论过此字，详见下文正文及注释。

③ 见郭沫若、闻一多、许维遹撰：《管子集校》，北京：科学出版社，1956 年，第 1115 页。

④ 如戴望、张珮纶等持此种观点，见郭沫若、闻一多、许维遹撰：《管子集校》，第 1115 页。

⑤ 郭沫若、闻一多、许维遹撰：《管子集校》，第 1115 页。

⑥ 黎翔凤撰，梁运华整理：《管子校注》，第 1323 页。

⑦ 以尹桐阳、赵守正等为代表的学者持此种观点，详见黎翔凤撰，梁运华整理：《管子校注》，第 1323 页；赵守正：《管子注译》，南宁：广西人民出版社，1982 年，第 299 页。

一是先秦秦汉古籍中，“皮币”一词经常出现，但一般理解为一种聘享时使用的贵重物品。如《左传·襄公二十八年》“寡君是故使吉奉其皮币，以岁之不易，聘于下执事”①、《孟子·梁惠王下》“事之以皮币，不得免焉；事之以犬马，不得免焉；事之以珠玉，不得免焉”②等，其中之“皮币”皆是对外时使用的聘礼。“皮币”一词在现存先秦古籍中，其词义明确用来指代可穿戴的衣物，这种用法似未出现过。《管子》一书，“皮币”一词除此处外，还有两处出现，即《小匡》“毋受其货财，而美为皮币，以极聘頫于诸侯”③和《五行》“出皮币，命行人修春秋之礼于天下诸侯”④，均为出使所用之财货。此外，《史记·平准书第八》有“古者皮币，诸侯以聘享”之言，正是对先秦时期“皮币”功用的说明。从当时的社会环境来看，“皮币”更多的是一种财富和地位的象征，主要作为出使时礼节性的财货赠送使用，而不是作为贵族们日常穿着的衣物。从这一时期的古籍记载来看，春秋战国时期，“皮币”的象征性远远大于其实用性。

二是“皮币不衣”这种构词方式，也不适合将“衣”理解为动词。“不衣”在先秦秦汉文献中也是常见词，“衣”作动词时，既可以是及物动词，也可以是不及物动词，即其后可加宾语可不加宾语。但“皮币不衣”这种宾语前置的有关“不衣”的句式，未在先秦古籍中出现过。

三是“皮币不衣于天下”一句，“衣”若训为“穿”，则此句为“皮币不穿于天下”，这样的句式表达同样存在语序颠倒的问题。总的来说，“皮币不衣”之“衣”若训为动词“穿”“穿衣”，无论是从当时的社会背景看，抑或是从文意上看，还是从语法上看，都显得不是那么妥帖。

基于上述讨论，我们认为“皮币不衣”之“衣”如何解读，应该重新考虑。

我们认为，此处“衣”字当是“殷”字的通假字，训为“盛”“多”。理由如下：

---

① （汉）郑玄等注：《十三经古注·春秋经传集解》，北京：中华书局，2014年，第1398页。

② （汉）郑玄等注：《十三经古注·孟子》，第2061页。

③ 黎翔凤撰，梁运华整理：《管子校注》，第424页。

④ 黎翔凤撰，梁运华整理：《管子校注》，第872页。

从音理上看,“衣”字上古音属于影母微部字,“殷”字上古音属于影母文部字。二字声母同属影母,韵部阳入对转,上古音地位极其接近,可以通假。

从通假用例看,“衣”与“殷”在古籍中有通假的例子,《尚书·康诰》“绍闻衣德言”,刘逢禄今古文集解引江声云“衣,读为殷”①;《礼记·中庸》“壹戎衣而有天下”,郑玄注:“衣读如殷,声之误也,齐人言殷声如衣。”②金文中也存在二字相通的例子,如天亡簋铭文“天亡又(佑)王,衣(殷)祀于王”③。当然,“衣”“殷”通假的例子还有不少,我们不再一一列举。

以上各例中,郑玄认为“齐人言殷声如衣”,此句较为重要。《管子》一书的形成,一般公认与齐国稷下学宫有关,而郑玄所说的齐人读“殷”的声音如“衣”,恰好符合《管子》一书的成书背景。将“殷”读成“衣”并记录下来,当是当时齐国方音在传世古籍中的孑遗。此外,《尚书·康诰》是今文16篇之一,是济南伏生口述记录而来,其间夹杂齐鲁方音不可避免,“绍闻衣德言”之“衣”或当为“殷”之齐国方音。由此我们推测,书中或许还存在一些难以理解的语词应和当时方言有关。张嵲《读管子》认为“《管子》书多古字”④,我们认为,《管子》一书不仅多古字,其中应当也有不少齐国方言字,这或许也是此书部分内容极难读通的一个重要原因。

此外,如前所述,“衣”字《太平御览》作“至”字,说明有两种可能性:一是李昉等人或许已经意识到此处作“衣”字于文意并不恰当,故改为“至”。《太平御览》一书,引用古籍改字之举颇为常见;二是李昉等人所据《管子》或当有不同版本来源,其所见版本正作“至”。不过从现存各版本《管子》均作“衣”以及我们上述分析来看,这种可能性不大。

综上所述,我们认为,“诸侯之皮币不殷”,是说聘享诸侯用的皮币不够

① 宗福邦、陈世铙、萧海波主编:《故训汇纂》,北京:商务印书馆,2003年,第2052页。
② 以上两条例证见高亨、董治安:《古字通假会典》,济南:齐鲁书社,1997年,第110页。
③ 王辉编著:《古文字通假字典》,北京:中华书局,2008年,第651页。
④ (唐)房玄龄注:《宋本管子(三)》,北京:国家图书馆出版社,2018年,第211页。

多;“皮币不殷于天下”,意思与之相似,是说齐国生产的皮币不能够盛行于天下。其暗含的意思是说,齐国如果减少税收,就没有那么多可供出使各国的皮币了。

（孙永波:山东大学文学院汉语言文字学专业在读博士生）

《汪康年师友书札》人名校证

粟冬青

（重庆师范大学古籍所）

摘　要：《汪康年师友书札》针对所收信函七百余家编制人名索引，并为其中五百余家辑撰小传，尚有二百余家待考。本文补辑校证书札第四册中吉衡、张以南、朱作檠、忠文、陈春瀛、常山、冯诚求、范炽泰、辜天保、汪有达、汪有容、汪文蔚、汪文藻等十余家。

关键词：汪康年；人名；小传

《汪康年师友书札》（以下简称《书札》）"是汪康年师友写给他函件的汇集，大都写在中日甲午战争以后，尤以戊戌变法前后收藏最多"，"由于汪康年长期经理报务，中经甲午战争、戊戌变法、义和团运动以至辛亥革命，当时各派重要人物和他书札频繁，声息相通，《书札》保存了大量原始资料，对研究中国近代政治史、文化史、经济史都有重要参考价值"。[①] 此书原由上海古籍出版社于 20 世纪 80 年代陆续出版，共计四册，末附"所收信函计七百馀家"人名索引，并且"辑撰五百馀家小传"，至于"尚有近二百家一时难以查考，有待于将来补撰"。[②] 2017 年，上海书店出版社重排再版，改正原书漏误若干，但于人名查考及小传辑撰则涉及较少。今就所见，补辑并校证十余家，以便读者利用。

第一，吉衡，《书札》（四）收录其人来函一通。

---

① 上海图书馆编：《汪康年师友书札》第 1 册，上海：上海书店出版社，2017 年，第 1—2 页。

② 上海图书馆编：《汪康年师友书札》第 4 册，第 3652 页。

按，“□吉衡”并无佚字。吉衡（1847—？年），字步尹，号毓山（又作玉山），江苏泰州人。“翰林院孔目，初任安东县儒学正堂，继任清河县儒学正堂。”①光绪十二年（1886年）“丙戌秋，议辑家乘，叔祖健堂翁命衡同纂”②，其后重修，吉衡“年逾古稀，一再主修族谱”③，是为《延令环溪吉氏重修族谱》，民国五年（1916年），敬胜堂以活字刻印。吉衡在函内称汪康年为“姻丈”，并谓“吉林政见稿原系无憀之哓舌，今辄敢以尘清听，赧恧实深，惟其教育一条，曾以之献诸当道者。如采及之，拟请将此条删去，其馀尽可登之报章，以供留心东事者之调查。倘教育数语一并宣布，则此件出自衡手亦已了然，殊与将来办法有礙，乞速留意是叩”④。所谓“吉林政见稿”，当即《吉林政见书》，“近奉明诏改制立宪”，乃就“吉林现时情形，并以游历五阅月以来耳食所及者，辄汇纪之”，开列理财、练兵、农业、工商业、矿山、教育六条，“狂夫之言，惟希赐择”。然而“出自衡手”不欲为人所知，于是不题撰人。今所存者，系以稿抄本形式与《山阿旅行记》合订一册，为中国国家图书馆藏本。《山阿旅行记》在前，题注“峴屼山庄主舆中随笔”，钤有“独笑”以及“峴屼山庄”两印；《吉林政见书》在后，题签者乃“齿铁”，时为“丁未正月”，并钤“齿铁斋”一印。若此两种为同一人所撰，“峴屼山庄主”以及“独笑”或为吉衡化名。

第二，□以南，《书札》（四）收录其人来函一通。

按，“□以南”即张以南（1846—1923年），字化臣，河北沧州人。据章炳麟《太炎文录续编》卷四《张化臣先生传》，“先生少时，家给富，不乐为举业。读兵法，欲以戎事自见。其后好杜岐公、马贵与书，故于典章尤明。补州学生，数随众赴乡试，不中式，自以不习，未尝有觖望。中岁入莲池书院，

---

① （清）吉衡等编修：《延令环溪吉氏重修族谱》卷11，1916年敬胜堂活字本，第62页b。
② （清）吉衡等编修：《延令环溪吉氏重修族谱》卷12，第1页a。
③ （清）吉衡等编修：《延令环溪吉氏重修族谱》卷1，第1页b。
④ 上海图书馆编：《汪康年师友书札》第4册，第3375页。

为古文辞，其本师张裕钊廉卿、吴汝纶挚甫也”①。“当时桐城文学，在河北，以保定莲池书院为中心。书院山长前为武昌张廉卿先生，继之者乃桐城吴挚甫。一时才智，多集门上”，而张以南“在张吴时代，皆任斋长，掌图书”。② 此函所谓“《旬报》《中外日报》各一分全年，请邮寄莲池书院，注吴大人收”③，“吴大人”即吴汝纶。至于函内提及“兹送上李奏议廿一部，以一部留览，馀托代销”，“李奏议”即莲池书院石印本《李文忠公奏议》。此书凡二十卷，李鸿章撰，“及门章洪钧、吴汝纶编辑”，牌记“莲池重校上石”。为了禁止翻印，“直隶保定府莲池书院斋长张以南”在卷首影印了“钦差大臣会办商务太子少保头品顶戴工部左堂盛”即盛宣怀批文，内称“据禀，李文忠公遗书现由莲池书院陆续辑印，请准立案禁止翻版等情，已悉，应准如禀立案，并候札行江海关道，转饬上海县及英法会审委员，一体查照立案，出示谕禁”。④

第三，□作桨，《书札》(四)收录其人来函十四通。⑤

按，“□作桨”即朱作桨(1868—1924 年)，字戟临，号湛然，杭州仁和人。据顾廷龙《清代硃卷集成》著录光绪十七年(1891 年)辛卯科乡试履历档案，朱作桨为“己丑恩科荐卷，肄业敷文、崇文、紫阳、诂经、东城书院”，其妻王氏，乃江苏人，“同知衔兼袭云骑尉、浙江补用知县、署馀杭县县丞讳希曾公第三女，云骑尉名赞尧胞妹、名熙尧胞姊”。⑥ 而据林纾《汪穰卿先生墓志铭》，“配王夫人，前卒，续娶陈夫人，均无子”⑦。此王夫人为朱作桨妻王氏之“大姊”，因而朱作桨称汪康年为“吾娅”“娅兄”“襟丈”“襟兄”，意谓连襟关系。后来，朱作桨改字为“汲民”，曾任杭县第一高等小学校长。“该

① 章炳麟:《太炎文录续编》,《章太炎全集》,上海:上海人民出版社,2014 年,第 205 页。

② 张继:《张溥泉先生回忆录》,台北:文海出版社,1982 年,第 3 页。

③ 上海图书馆编:《汪康年师友书札》第 4 册,第 3376 页。

④ (清)李鸿章:《李文忠公奏议》卷首,光绪保定莲池书院石印本。

⑤ 上海图书馆编:《汪康年师友书札》第 4 册,第 3387—3395 页。

⑥ 顾廷龙主编:《清代硃卷集成》第 282 册,台北:成文出版社,1992 年,第 397、400 页。

⑦ 林纾:《汪穰卿先生墓志铭》,《东方杂志》第 13 卷第 11 号,1916 年,第 17 页。

校本系仁和小学，光复时几停闭，校长朱汲民君以此校开办已及十年，毕业六次，不忍中止，要求全体教员同意，义务维持”①，“朱汲民君以热心毅力坚持十年，今于教育岑寂之时，乃能乐教不倦，尤足多也”②。民国十二年（1923 年），朱作槃卒，“该校长自清光绪三十二年八月就职至死亡时止计在职十七年”，至于“生前办理地方教育事务历二十余年，始终不怠，卓著辛勤，兹因积劳病故，身后萧条”③，于是“省署准教育部咨复，杭县第一小学校长朱作槃积劳身故，应准加拨两个月薪金，作为一次恤金”④。

第四，□忠文，《书札》（四）收录其人来函一通。

按，“□忠文”并无佚字。忠文，乃宗室文举人，任户部笔帖式。户部改度支部之后，忠文被委派为调查税务委员。光绪三十二年（1906 年）十一月，“度支部铁尚书派出本部主事曹葆恂、候选通判卢祥、同知陈树勋、礼部主事忠文等四员，乘火车至汉口，调查江汉关收税情形。现桑观察已接到京电，饬夏口厅预备迎迓矣”⑤。而忠文在“十二月十八到”函内自称“文于上月念日即抵夏口，小作停顿，遂渡武昌。关卡纷驰，案牍盈目，日昃不遑，可谓劳劳于役，仆仆风尘间也……刻又买舟西上，前往新堤汉阳府所属工关，枕席未煖，又将他去，约计再有一、二日可到荆州矣。赶为料理，订于岁腊仍回夏口过年，元宵节后再行顺江东下”⑥。而据《申报》报道，“去腊，度支部派考查汉关税务委员忠君、楼君等，在武汉调查毕后，即赴沙市、宜昌，兹已事竣，乘轮往岳州、长沙、常德各关查考”⑦，光绪三十三年（1907 年）正

① 《杭县第一高等小学校加设商农两科》，（杭州）《教育周刊》1913 年第 1 期，第 20 页。
② 映雪：《参观杭县第一高等小学校笔记》，（杭州）《教育周刊》1914 年第 45 期，第 25 页。
③ 《咨浙江省长小学校长朱作槃应由县教育经费加拨两个月薪金以资抚恤文》，《教育公报》第 11 卷第 8 期，1924 年，第 10—11 页。
④ 《杭州短讯》，《时报》，1924 年 8 月 21 日，第 4 版。
⑤ 《度支部派员调查汉关税务》，《申报》，1907 年 1 月 11 日，第 1 张第 3 版。
⑥ 上海图书馆编：《汪康年师友书札》第 4 册，第 3398 页。
⑦ 《考查税务员赴湘》，《申报》，1907 年 3 月 13 日，第 2 张第 9 版。

月以后，忠文等人先后“来湘”[①]“到芜”[②]“莅镇”[③]“莅沪”[④]“到淞”[⑤]，正是函内所云“顺江东下”。

第五，□春瀛，《书札》(四)收录其人来函一通。

按，“□春瀛”即陈春瀛，原名春涛，字幼海，号楝庐，福建长乐人。“同治癸酉举人。光绪己丑，成进士，试刑部，改直隶州知州，指分四川，权忠州……而春瀛竟以积劳致疾卒，年五十三。生平博闻强记，留心时局，随使东西，各国险要政治无不周知，制军岑毓英、张树声、奎俊咸器重之。历佐大僚幕府，一时章奏多出其手，所著诗文章奏等稿未梓，存于家。”[⑥]陈春瀛在函内自述“自顷差满回华，亟欲趋侍，而痔疾大作，不克出门，然闻教终有日也。前于伦敦言旋，舟行得日记万馀言”[⑦]，当即《回帆日记》。“光绪二十年甲午春三月，滇缅界约成，前钦差出使英国大臣薛派员赍送回华，请用御宝后，发由税务司仍行邮寄英都互换。秋八月，英君主既亲览加用蜡模，由今钦差出使大臣龚领回，奏派春瀛赍约内渡呈交总理衙门验收。是月初九日，由英起程”[⑧]，并将沿途所见形之于笔。次年，“重校一过，付聚珍版排印”[⑨]。《书札》(一)记载毛慈望对《回帆日记》等书“久闻其目，未见其书，私衷企慕之至，亟欲购置一册，以资浏览。都中惜无售本，用特专缄奉恳”，请汪康年“费神照购，觅便寄下”。[⑩]

---

① 《税务委员来湘考察》，《申报》，1907 年 4 月 5 日，第 2 张第 11 版。

② 《专电》，《申报》，1907 年 5 月 11 日，第 1 张第 3 版。

③ 《调查税务委员莅镇》，《申报》，1907 年 7 月 29 日，第 2 张第 9 版。

④ 《稽查税务委员莅沪》，《申报》，1907 年 9 月 13 日，第 3 张第 17 版。

⑤ 《度支部委员莅淞纪事》，《申报》，1907 年 9 月 18 日，第 3 张第 17 版。

⑥ 民国《长乐县志》卷 24《循绩》，《中国地方志集成》(福建府县志辑)第 21 册，上海：上海书店出版社，2000 年，第 483 页。

⑦ 上海图书馆编：《汪康年师友书札》第 4 册，第 3405 页。

⑧ 陳春瀛：《回帆日记》，李德龙、俞冰主编：《历代日记丛钞》第 138 册，北京：学苑出版社，2006 年，第 283 页。

⑨ 陳春瀛：《回帆日记》，李德龙、俞冰主编：《历代日记丛钞》第 138 册，第 283 页。

⑩ 上海图书馆编：《汪康年师友书札》第 1 册，第 31 页。

第六，□常山，《书札》（四）收录其人来函一通。

按，"□常山"并无佚字。常山，字伯仁，号小轩，宁古塔氏，"镶黄旗满洲奎纶佐领下，热河驻防，附生，工部学习员外郎"①。光绪二年（1876年），考取进士，改翰林院庶吉士。次年，散馆，"着以部属用"。据杨深秀《雪虚声堂诗钞》卷二《满洲同年常小轩屯田今总宪皂荫坊先生犹子也总宪新遇丧明之痛小轩又将假归热河祖席口号三首送之实以留之云》②，常山似在工部屯田司供职。后改内务府员外郎，常山函内所谓"弟内府趋公"③，"内府"即内务府。光绪二十年（1894年），"准督办军务处奏调翰林院编修李盛铎、内务府员外郎常山差遣委用"④。光绪二十八年（1902年）七月，"又奉谕旨，内务府奏司员被匪戕害恳恩优恤一摺，员外郎常山前年七月奉委催饷，遽遭拳匪戕害，死事甚惨，情殊可悯，著加恩照四品官例从优议恤"⑤。

第七，佚名，《书札》（四）收录其人来函一通。

按，此函之落款为"弟诚求"⑥，"佚名"即冯诚求，字保如，江苏嘉定人。光绪十七年（1891年）辛卯科举人，"留吉补用知县"，光绪三十四年（1908年），吉林行省公署"提法司编辑员冯诚求……现充提法司核对官兼旗务处赞助员、禁烟局稽查员"⑦。"前清光绪丙午，是时日俄战役告终，日势骤张，哲盟各旗日人辙迹殆遍，于是东蒙一带形势渐占重要，时清政府命善耆筹蒙。善耆乃躬历东蒙，将大有所布置，厥后政策如何，世莫之闻。而冯君

① 《光绪二年丙子恩科会试录》，清刻本，上海图书馆藏。

② 《戊戌六君子遗集》，台北：文海出版社，1966年，第513页。

③ 上海图书馆编：《汪康年师友书札》第4册，第3411页。

④ 《德宗实录》卷354，光绪二十年十一月下，《清实录》第56册，北京：中华书局，1987年影印本，第604页。

⑤ 《光绪帝起居注》第13册，光绪二十八年七月初九日，桂林：广西师范大学出版社，2007年影印本，第437页。

⑥ 上海图书馆编：《汪康年师友书札》第4册，第3422页。

⑦ 《吉林公署政书》，1908年铅印本，"公署政书编辑记者姓名录"，第5页。

适以此时随同游历，调查所得，入夜即悉心钩稽，分类纂录”[①]，是为《东蒙游纪》，又题《内蒙古东部调查日记》，即冯诚求函内所称“游蒙日记”，民国二年(1913年)，由吉长日报社铅印出版。而冯诚求“本系前清举人，曾任东三省知县，战前任职上海市公用局”，民国二十六年(1937年)，嘉定沦陷，次年，冯诚求被日军任以伪职，“当他将出任伪职时，他的子女曾规劝保存晚节，毋为自掘坟墓之举，他非但不纳忠谏，并且说‘我有个人的自由权’，甚至与子女脱离关系，其甘心附逆、出卖民族、丧心病狂，一至于此”。[②] “在沦陷时期，历任伪维新政府嘉定县知事及汪逆组织下上海市嘉定特区署长等伪职”，并且“于胜利后，潜逃无踪”。[③]

第八，□炽泰，《书札》(四)收录其人来函三通。[④]

按，“□炽泰”即范炽泰(1875—？年)，浙江钱塘人，乃汪康年表侄。《汪穰卿笔记》卷五：“钱塘范生炽泰，余戚也，尝奉肃邸命至新加坡。”[⑤]光绪三十四年(1899年)，范炽泰在吉林供职，“总理蜂蜜山招垦事宜蜜山府设治委员兼全省营务处衔同知衔候选府经历”[⑥]。宣统二年(1910年)，“奉省胡匪蔓延”，于是“遴派监查员六人，分路稽查，以为正本清源之计”[⑦]，范炽泰为“第四路监查员”[⑧]。其后充任吉林禁烟协会委员，民国二年(1913年)二月，“北京万国禁烟总会召开会议研究禁烟事宜，要求各省派代表参会，吉林省禁烟协会派遣该会委员范炽泰赴京开会”[⑨]。范炽泰在函内谈

① 冯诚求：《东蒙游纪》，李德龙、俞冰主编：《历代日记丛钞》第157册，第497页。

② 《嘉定的魑魅魍魉》，《申报》，1938年10月22日，第2张第8版。

③ 《苏高检处通缉汉奸》，《申报》，1946年11月26日，第1张第3版。

④ 上海图书馆编：《汪康年师友书札》第4册，第3433—3434页。

⑤ 汪康年：《汪穰卿笔记》卷5，上海：商务印书馆，1926年，第31页。

⑥ 吉林省档案馆编：《清代民国吉林档案史料选编·涉外经济贸易》下册，长春：吉林文史出版社，1995年，第200、202页。

⑦ 阎毓善：《龙沙鳞爪》，李兴盛、马秀娟主编：《程德全守江奏稿》(外十九种)下册，哈尔滨：黑龙江人民出版社，1999年，第1509页。

⑧ 虞和平主编：《近代史所藏清代名人稿本抄本》第3辑第31册“锡良档·一四”，郑州：大象出版社，2017年，第378页。

⑨ 吉林省档案馆编：《吉林省大事记(1912—1931)》，1988年，内部印行，第28页。

及“充禁烟一差事尚平顺”①，或就此事而言。当年 7 月，改吉林省虎林县知事。②

第九，佚名，《书札》（四）收录其人来函三通。

按，据来函之落款，第一通为“岳永文雄”③，第二通及第三通为“翘生”④，似非一人。“翘生”即辜天保，字翘生（或作荞生），湖南长沙人。举人出身，参加过救世军、哥老会、群学社、日知会、筹安会、保安会等组织，从事革命活动。撰有《革命见闻录》，署名“辜翘生”，民国十八年（1929 年），印行于世，“据曾广钧序中介绍，作者曾在湘省作过军事学校教官。书名页另有笔写‘陆军少将辜天保’字样”⑤。另有《湘鄂祸乱记》《复辟纪实》《马贼纪要》著作多种。

第十，□有达、□有容，《书札》（四）收录其人来函一通。

按，“□有达、□有容”即汪有达、汪有容，乃汪有龄（1879—1947 年）嫡堂兄弟。“钱塘汪氏还有一支流寓南京，即汪有龄的两个嫡堂兄弟，一名汪有容，一名汪有达。有容亦曾任显职，早故，只留下遗孀及子女在南京。有达晚年双目失明，与老妻少子全赖有容后嗣长期供养。”⑥《书札》（一）收录汪有龄来函三十四通⑦，因汪康年与汪有龄均为钱塘汪氏，故称汪康年为“贤阮”，即子侄辈。而汪有达及汪有容在函内谓“时切桑恭”，又谓“承寄家谱嘱填，具见先生蕃宗念切，追远心殷”⑧，于此可见。

---

① 上海图书馆编：《汪康年师友书札》第 4 册，第 3433 页。
② 吉林省档案馆编：《吉林省县以上职官名录（1907—1931）》，1994 年，内部印行，第 98 页。
③ 上海图书馆编：《汪康年师友书札》第 4 册，第 3437 页。
④ 上海图书馆编：《汪康年师友书札》第 4 册，第 3437—3438 页。
⑤ 北京图书馆编：《民国时期总书目》（文学理论・世界文学・中国文学）上册，北京：书目文献出版社，1992 年，第 659 页。
⑥ 吴斌：《法苑撷英——近代浙籍法律人述评》，武汉：华中师范大学出版社，2012 年，第 127 页。
⑦ 上海图书馆编：《汪康年师友书札》第 1 册，第 944—989 页。
⑧ 上海图书馆编：《汪康年师友书札》第 4 册，第 3474 页。

第十一，文蔚，《书札》(四)收录其人来函一通。

按，此函内谓“汪庙祭款据云难集，未识在京同宗另有捐输与否”①，据其“同宗”二字，可知“□文蔚”即汪文蔚。函内又谓“三弟耕尹既赖伯处下榻”②，“耕尹”，当即汪莘，别号“耕尹”，或作“畊尹”，籍贯“浙江杭县”，民国五年(1916年)，在财政部之盐务署供职。③

第十二，□文藻，《书札》(四)收录其人来函一通。

按，□文藻即汪文藻，字绮云，号复鹃和尚，笔名长白山人，安徽湖州人。“工书，兼擅山水、人物、花卉、翎毛。”④此函内谓“藻现在暂就《申报》图画一席”⑤。据郑逸梅忆述，民国初年，《申报》“担任绘画的，有张聿光、钱病鹤、汪绮云等，大都为人物、仕女、花卉、翎毛，以及时事讽刺、戏剧速写、西洋风景胜迹等等”⑥。汪文藻先后在《民呼报》《民吁报》《民立报》《民权报》担任绘画主笔，又与张聿光等共同发起创办《滑稽画报》《滑稽》等刊。

以上所考未必尽确，敬请读者批评指正。

(栗冬青：文学硕士，重庆师范大学古籍所档案馆员)

---

① 上海图书馆编：《汪康年师友书札》第4册，第3475页。

② 上海图书馆编：《汪康年师友书札》第4册，第3475页。

③ 《盐务署职员录》，1920年铅印本，第17页。

④ 王中秀、茅子良、陈辉编：《近现代金石书画家润例》“附录五·人物略历”，上海：上海画报出版社，2004年，第427页。

⑤ 上海图书馆编：《汪康年师友书札》第4册，第3476页。

⑥ 郑逸梅：《书报话旧》，上海：学林出版社，1983年，第193页。

史料选编

吴佩孚、阎锡山订交之初往还函电

陈明　整理

（南京师范大学社会发展学院）

吴佩孚（1873—1939年），字子玉，山东蓬莱人，北洋直系首领，1906年为北洋军第三镇曹锟部管带，1917年升任陆军第三师师长，1920年直皖战争后声名鹊起，出任直鲁豫巡阅副使。阎锡山（1883—1960年），字百川、伯川，号龙池，山西五台人，自1912年以后，长期主政山西。吴佩孚与阎锡山订交，始于1921年初。二人互派代表晋谒对方，并因此交换兰谱，结为金石之交。本组函电共计24件，藏于台北"国史馆"的"阎锡山史料"中，时间始于1921年1月28日，终止于6月13日，有助于我们了解吴、阎二人订交之初往还情形。

1. 吴佩孚致阎锡山电特烦车瑞峰①中将代表晋谒台端到时祈赐接洽为盼（1921年1月28日）

火急。太原阎督军鉴：

维密。谊结金石，未获晤教，殊为怅怅。特烦车中将瑞峰代表于宥【二十六】日由洛〈阳〉赴太〈原〉晋谒台端，藉达鄙忱。到时祈赐接洽为盼。吴佩孚叩。俭。印。（发自洛阳）

① 车庆云（1881—？年），字瑞峰，直隶景州人，时任直鲁豫巡阅使、两湖巡阅使军事顾问。

2. 阎锡山复吴佩孚电告车瑞峰中将莅晋毋任欢迎聆谈一切至以为佩（1921年1月29日）

急。洛阳吴巡阅副使鉴：

维密。俭电诵悉，殷拳注念，心感莫名。车〈瑞峰〉中将莅晋，毋任欢迎。聆谈一切，至以为佩。翘瞻嵩洛，不尽依依。弟阎锡○。艳。印。（发自太原）

3. 吴佩孚致阎锡山电告车瑞峰到晋趋谒区区鄙忱谅达聪听（1921年2月1日）

火急。太原阎督军伯川仁棣鉴：

心密。艳电敬悉。车〈瑞峰〉中将到晋趋谒，区区鄙忱，谅达聪听。奉上芜函及心密，想亦均登籤。阎吾二人，谊结同心，情同休戚，翘跂台宇，盼教弥殷。我棣久任封圻，阅历极深，良策救时，定饶卓见。务祈诲言遥颁，示我周行，俾有遵循，藉免陨越。太行在望，不尽依依。如兄佩孚。东。印。（发自洛阳）

4. 阎锡山致吴佩孚函告晋省政治单行册本已托由车瑞峰带上并乞指正（1921年2月1日[①]）

子玉大哥伟鉴：

日前承讬车〈瑞峰〉中将莅晋，适弟以巡视省南，轻骑外出，未及把晤，歉仄奚如。行抵平阳，始接到由省来电，当即覆电，通问致候，并声明将来再派员赴洛面陈一切，闻已转达聪听。昨返后，接诵华翰，辱蒙奖饰溢量，愧不敢当。晋本偏僻山邑，弟复以庸钝承乏桑梓，风气闭塞，寡陋鲜闻，所幸境内无事，未受潮流冲激，倖获一日之安，[②]滥邀大雅之誉，抚衷自问，弥

① 台湾“国史馆”藏该函并未标明时间，但据下则阎锡山在1921年2月2日致吴佩孚电称“车〈瑞峰〉中将昨日荣旋，函复芜械，并讬代陈一切”之语推测，该函时间应在2月1日。

② 曹锟（1862—1938年），字仲珊，时任直鲁豫巡阅使，驻保定，为直系首领，与奉系张作霖公同掌握北京政府实权。

增颜汗。吾哥雄才伟略，中流砥柱，复承仲帅以元老壮猷，共维大局，澄清海内，喁喁望治，叨在荫庇，受赐益多。前派旅长商震[①]于郑州站次迎迓旌旆，备荷厚谊，纫感无已。兹仍派商旅长趋谒崇階，代陈下悃，即请加以指示，俾有适从。敝省关于政治单行册本，已托由车公带上，并乞指正，无任盼祷。专此奉布，敬颂勋绥。如小弟阎锡山拜启。

5. 阎锡山复吴佩孚电称车瑞峰昨荣旋托代陈一切情深手足休戚与共时盼惠教(1921 年 2 月 2 日)

洛阳吴巡阅副使子玉大哥鉴：

心密。东电敬悉。车〈瑞峰〉中将昨日荣旋，函复芜械，并讬代陈一切，计速鉴及。金石订交，关系倍切，情深手足，休戚与共。远猷硕画，时盼惠教。南望嵩洛，无任神驰。弟锡○。冬。印。(发自太原)

6. 阎锡山致吴佩孚函国基未固民治焉附叨在同舟休戚与共(1921 年 2 月 12 日前[②])

子玉大哥巡阅使麾下：

前讬车〈瑞峰〉中将携上芜笺，计登记室。辰维勋福，崇茂慰如所颂。弟滥竽军符，十稔于兹，建树毫无，时虞陨越，每值风雨飘摇之秋，益增临深履薄之懼。前自大军澄清大局，海内喁喁望治，转瞬寒暑遽更，潮流时有变迁，国基未固，民治焉附？叨在同舟，休戚与共，时盼指导，益宏远猷。兹派敝省商旅长震趋谒台階，代陈下悃，即乞俯赐接纳，加以训诲，南针进锡，藉渡中流。嵩峰在望，不尽依驰。专肃奉布，敬颂勋绥，并贺春禧。如小弟阎锡山拜启。

---

① 商震(1888—1978 年)，字启予，直隶人。先后入保定陆军建成学堂、东北讲武堂、天津讲武堂。早年加入中国同盟会。民国成立后，任山东第二混成旅旅长、陆军部高等顾问。1914 年在陕西陆建章部下任团长，同年投阎锡山。时任晋军第一混成旅旅长。

② 原函未标时间，此系据信及下则电文内容推测。

7. 阎锡山致吴佩孚电兹派商震赴洛阳代陈鄙悃祈接纳指示一切(1921年2月12日)

洛阳吴副巡阅使子玉大哥鉴：

心密。前记车〈瑞峰〉中将携上芜函，计邀詧览。兹拟派敝处旅长商震，于十三日由太原起程赴洛〈阳〉，趋谒台阶，代陈鄙悃，即祈接纳，指示一切。谨先电闻，并贺年禧。弟锡山。文。印。（发自太原）

8. 吴佩孚复阎锡山电商震系旧友奉派来洽极表欢迎嘱其会晤畅叙石家庄(1921年2月13日)

十万飞火急。太原阎督军柏川弟鉴：

心密。文【十二日】电敬悉。车〈瑞峰〉中将由晋回京，尊函尚未接见。商旅长启于〔予〕系为旧友，正切渴想，兹奉派惠来接洽，极表欢迎。惟兄定于今晚六时由洛〈阳〉赴保〈定〉叩谒仲老。祈转嘱启于〔予〕在石家庄停车会晤，畅叙衷曲为盼。特此飞达。如兄佩孚。元。印。（发自洛阳）

9. 吴佩孚致阎锡山函兄此次到保谒见仲帅计议共维大局各节颇得同意(1921年2月底①)

伯川仁棣伟鉴：

元宵节前，起〔启〕予旅长衔命南下，正值兄奉仲帅电召来保〈定〉，在郑〈州〉相遇，接诵函示，并与起〔启〕予通车晤谈。吾棣如何治晋，如何为国，已得侧闻梗槩，钦佩良深。当以行装匆匆，未及修复，曾讬〈启〉予返晋代为致意，藉伸同寅协恭、同舟共济之微忱，谅已上达聪听。抵保〈定〉后，由车君瑞峰面交尺素，并陈述迨台遇事协助之盛意，纫感无既。仲帅闻之，亦极为欣慰。吾棣励精图治，造福桑梓，晋民获享安乐，每一道及，讚羡无已，若推及全国，共庆昇平，何幸如之？兄此次到保谒见仲帅，计议共维大局各节，颇得同意。仍烦瑞峰赴晋一行，趋谒台端，代为详陈一切，到时务祈俯

① 原函未标时间，此系据信内容推测。

赐接洽。兄以职务攸关，定于冬日由保〈定〉返洛〈阳〉，如有见教之处，祈嘱瑞峰转达，俾便适从，并请将尊处政治各书检赐全份交由瑞峰带下，藉作南针为荷。专覆，敬颂勋祺，余维心照。如兄吴佩孚拜启。

10. 阎锡山复吴佩孚函交谊方始来日方长仍盼时锡南针以匡不逮(1921 年 2 月底①)

子玉巡使麾下：

久钦伟略，正切驰使，辱奉惠函，弥增神往，藉谂勋名彪炳，福祉骈蕃，慰如所颂。弟以铨材谬膺疆寄，山右偏陋，知识闭塞，勉尽保境安民之责，时有风雨飘摇之虞，所幸直晋密迩，唇齿相依，叨附同舟，实深托庇。复值旌旆驻洛，德邻相望，大河南北，受赐益多。前者政局不靖，海内骚动，我兄率师澄清，勋业爛然，挽救狂澜，众意所属，忝在袍泽，早已倾心。迺荷先施，许为知交，感佩厚意，岂有涯涘？兰谱附呈，即乞哂纳。交谊方始，来日方长，仍盼时锡南针，以匡不逮。专肃布复，敬颂勋绥。弟阎锡山拜启。

11. 吴佩孚复阎锡山函承寄贵谱当即拜领谨存尚希大教频颁(1921 年 2 月底②)

伯川仁棣督军麾下：

接奉覆函，辱蒙奖誉，迴环庄诵，且感且惨。并承附寄贵谱，当即拜领谨存。虽远隔云山，未获亲瞻霁范，而雁行得列，纫结私衷。兄忝绾军符，冰渊时凛，叹时局之艰难，徒抱杞忧无已，觇丰姿之在望，尚希大教频颁。兹随函寄上兰谱一份，务祈查收惠存为荷。特此奉复，敬颂勋祺。如兄吴佩孚拜覆。

---

① 原函未标时间，此系据信内容推测。

② 原函未标时间，此系据信内容推测。

12. 阎锡山复吴佩孚函承颁大谱敬谨拜领铭感无涯(1921 年 2 月底①)

子玉大哥巡使麾下：

顷奉覆函，承颁大谱，敬谨拜领，铭感无涯。弟以樗庸，如荷不弃，同舟共济，抚衷滋慙。民国成立十年于兹，国基未固，根本荡摇，加以今夏亢旱为厉，北省同遭灾，抚念时事，补救乏术。我兄以时局艰难为忧，悲悯之心溢于言外，砥柱中流，全资保障。幸讬筲芩，提携实多，手足之情同深，唇齿之谊弥笃。翘瞻嵩洛，无任神驰。冬雪寒重，诸惟为国自摄。专此奉复，敬颂勋绥。如弟阎锡山拜服。

13. 吴佩孚致阎锡山函表示既系同舟又订金石此后遇事自当互相观摩和衷共济以补救时艰(1921 年 2 月底②)

柏川仁棣督军麾下：

前奉覆书敬悉，兰谱已承惠存，既系同舟，又订金石，公谊私交，二者兼备，何幸如之！此后遇事，自当互相观摩，和衷共济，以期补救时艰于万一。我民国自成立以来，扰扰攘攘，十载于兹，倘长此纠纷，国将不国，前途危险，殊深焦虑。吾弟久任封圻，为国干城，人民信仰，际此时代，应如何挽回劫运，想早具有宏谋！兹讬车君瑞峰趋诣台端，代陈鄙意，务请不吝玉音，示我周行。所有见教之处，即希嘱车君转达为盼。特此奉布，敬颂勋祺。如兄吴佩孚拜启。

14. 阎锡山复吴佩孚函主张施政方针当取民治政策整理军队尤当取职掌军队(1921 年 2 月底③)

子玉大哥巡使麾下：

顷承讬车〈瑞峰〉中将莅晋，携交手书，并转达尊意，厚谊拳拳，纫感莫

---

① 原函未标时间，此系据信内容推测。

② 原函未标时间，此系据信内容推测。

③ 原函未标时间，此系据信内容推测。

名。弟谬膺疆寄，时虞获觫，军民两政，建树毫无，惟供职民国已近十稔，国基未固，至为可虑。弟意以为，今日施政方针当然取民治政策，整理军事尤当取职业军队。一得之愚，谬误滋多，有志未逮，无补时艰。我兄济世英才，中流砥柱，尚乞指正，益宏远猷。车君伟略极佩，畅谈尤快，并讬其代陈一切。匆此奉复，敬颂勋绥，诸希亮察。如弟阎锡山顿首。

15. 吴佩孚致阎锡山电商震到洛晤谈甚欢拟留住数日藉叙衷曲（1921 年 4 月 1 日）

急。太原阎督军鉴：

心密。启予艳【二十九】日到洛〈阳〉，晤谈甚洽，拟留住数日，小作盘桓，藉叙衷曲。特闻。兄佩孚。东。印。（发自洛阳）

16. 阎锡山致吴佩孚电表示秦中战事敝省一河隔自当防犯（1921 年 4 月 13 日）

洛阳吴巡阅副使鉴：

心密。前奉东【一日】电，适弟已出巡省，日昨回署，已由商〈震〉旅长备述此次入洛趋谒，渥承眷注，并转述尊谕，敬聆一切，荩筹厚谊，尤为心感。捧诵大函，辱荷奖饰，弥增惭悫。秦中战事，既开敝省一省之隔，自当加意防范，承嘱保固省界，以免卷入旋涡。至交名言，受赐甚厚，铭之肺腑，永志不忘。专电奉复，并颂勋祉。弟锡〇。元。印。（发自太原）

17. 吴佩孚致阎锡山电告成慎乱军窜扰西山一带祈吾弟派队堵阻于潞安一带（1921 年 4 月 20 日）

一万火急。太原阎督军鉴：

心密。前河南陆军第一师师长成慎因挟裁撤之嫌，在豫北彰、卫方面称兵作乱，谅尊处已有所闻。现该乱军因在沿京汉路之潞王坟附近，被河南宏威军围困痛击。除缴械遣散外，余均向西山漫散逃溃。查贵省潞安县一带靠近西山，壤地毗连，诚恐该乱军乘间窜扰，妨害治安，务祈吾弟迅速派队扼要堵阻，并严行搜捕，以免蔓延滋扰，是所至盼。特此电达，余维亮

照。吴佩孚叩。号。印。（发自新乡）

18. 阎锡山致吴佩孚电承示成军余党向西散窜当分饬潞泽驻军扼要防堵严行搜捕（1921年4月22日）

新乡吴巡阅副使鉴：

心密。号电敬悉。舟谊甚感，承示成〈慎〉军余党向西山散窜，敝处当即分饬潞泽驻军，扼要防堵，严行搜捕。此次彰、卫变乱，勘定甚速。如何收束，时盼赐教。弟锡○。养。印。（发自太原）

19. 吴佩孚致阎锡山电现有要事派冯骥骏晋谒到时祈赐见（1921年6月9日）

火急。太原阎督军鉴：

心密。现有要事接洽，特派冯顾问骥骏于庚【七】日趋辕晋谒，代达鄙忱，并聆大教。冯顾问到时，祈即赐见训示一切，无任感祷。小兄吴佩孚叩。佳。印。（发自洛阳）

20. 阎锡山复吴佩孚电称冯骥骏莅晋欣幸已派员在车站迎候到时当畅谈一切（1921年6月11日）

洛阳吴巡阅副使鉴：

心密。佳电敬悉。承托冯〈骥骏〉顾问莅晋，欣幸无似。已派员在车站迎候，俟到省时即当款洽延接，畅谈一切，藉聆大教，并叙衷曲。谨先电覆。弟锡○叩。真。印。（发自太原）

21. 阎锡山致吴佩孚电称马骏纯保无助陈树藩①之事电谓奸人挑拨是非卓识极佩（1921年6月17日）

洛阳吴巡阅副使鉴：

心密。尊电已译转冯〈骥骏〉顾问奉复。敝省马〈骏纯〉道尹，绝保无助

① 陈树藩（1885—1949年），字柏森，陕西西康人。1916年7月—1921年5月任陕西督军。

陈〈树藩〉之事。至姚某修筑茅津马路，此系华洋会组之山西旱灾救济会以工代赈，达修由运城至茅津马路，讬由运城传教英国人蓝牧师经理任用姚欧庵为工程师，属赈务范围，完全归外国人主持，纯不能含有他种意思，已密饬查察。有事之时，谣言易起。大电谓为奸人捏造黑白，挑拨是非，卓识极佩，弟与吾兄手足相倚，肝胆可照，晋省人民均谨守范，毫无他意。此间情形已由冯顾问电陈一切，统希亮督。弟锡○。筱。印。（发自太原）

22. 吴佩孚致阎锡山电告阎相文①奉令定陕正在进行祈鼎力帮助藉资早定关中（1921 年 6 月 23 日）

火急。太原阎督军鉴：

心密。冯〈骥骏〉顾问返洛〈阳〉，道达盛意，备承指示，并荷优待，感谢良深。〈阎〉焕章督军奉令定陕，正在进行。秦晋壤地毗连，务祈鼎力帮助，藉资早定关中，救民救国，是所殷祷。贵军各旅长，祈代致意，恕不另〈电〉。吴佩孚叩。梗。印。（发自洛阳）

23. 吴佩孚致阎锡山电请拨步兵两营渡河扎朝邑借重协防土匪恳惠允电示（1921 年 6 月 27 日）

十万火急。太原阎督军鉴：

心密。冯〈骥骏〉顾问返洛，道达盛意，蒙允对陕派队声援，翘跂霄宇，实感隆情。当经转达〈阎〉焕章督军，尤为感激无既。查同州、朝邑原驻有第四混成旅步兵两营及二十师骑兵一团，刻因焕督率队进趋长安，而潼关地属后路，关系极重，不可无兵防守。拟请同〈州〉、朝〈邑〉之第四旅两营调驻潼关，扼守要隘，保护后路。惟〈州〉、朝〈邑〉一带土匪充斥，并查有受陈〈树藩〉氏嗾使之作用，该处只余骑兵一团，且兵额仅有六成，力量太单，实不足以资留慑，而任剿办。兹拟将该骑兵团集驻同州，请由尊处拟调河东

① 阎相文（？—1921 年），字焕章，山东济宁人。1917 年任直隶第二混成旅旅长。次年入湘镇压护法军。1920 年秋升任陆军第二十师师长，1921 年 5 月被任命为陕西督军。

陆军步兵两营，渡河驻扎朝邑，俾得借重鼎力，协防土匪，捍卫地方，并掩护定陕军之右侧，获一安全。叨在至契，故敢哭求，想弟与兄素抱同志，兼赋同仇，当必慨然允为协助也。特此奉恳，敬悉惠允电示，俾便转达焕督知照，无任感祷，宁候玉音。小兄吴佩孚。感。印。（发自洛阳）

24. 阎锡山致吴佩孚电告晋南驻军实无力渡河如有匪警当协力防御潼关已开渡（1921年6月30日）

洛阳吴巡阅副使鉴：

心密。感电敬悉。查晋南驻军无多，保卫地方，仅足自守，沿河设防，均须兼顾，实无余力可以渡河。前已分电沿河驻军与驻同骑团、步营，随时接洽，如有匪警，自当协力防御，以安地方。昨接〈阎〉焕章督军电，嘱开放潼关船渡以利交通，业已照常开渡。知承远注，并以奉及。谨布区区，诸希谅詧。弟锡〇。卅。印。（发自太原）

（陈明：南京师范大学社会发展学院历史系副教授）

书评

开辟云南边疆研究的新视野
——读《重塑边疆景观：十八世纪中国西南的东川》

张浩浩

（云南民族大学云南省民族研究所）

摘　要：加强中国边疆研究是目前维护国家统一和“铸牢中华民族共同体意识”的具体要求，云南边疆研究作为其中重要的组成部分，国内外一直有着丰富的研究成果。2018年学者黄菲出版的《重塑边疆景观：十八世纪中国西南的东川》（*Reshaping the Frontier Landscape: Dongchuan in Eighteenth-century Southwest China*）一书，以景观学和历史学融合的范式解读了18世纪东川发生的一系列变化。该书框架结构完整、条理脉络清晰、论述严谨翔实，还具有视角新颖和选材独特、史料丰富与旁征博引等特点，揭示了云南边疆国家化和文明化的内在本质。当然本书还可以借用环境史的视角进一步完善，其中的一些论述严谨性有待提高。总体而言瑕不掩瑜，该书既对中国边疆研究角度和方法有一定的借鉴价值，又在一定程度上批判了西方学界弱化中国边疆研究中的民族团结和国家认同的倾向。

关键词：云南边疆；景观；东川

边疆研究是理解国家和民族形成的一个重要部分，其内涵丰富且意义重大。特别是在“铸牢中华民族共同体意识”提出之后，阐释“边疆内地互动下中国大一统的发展历程”和“边疆民族的交流交往交融”成为瞩目的学术热点。谈及“边疆”和相关学术研究，我们可以依照“是什么”“为什么”和“如何做”的逻辑去把握。就“是什么”角度而言，界定“边疆”的概念、明晰边疆的内涵、边疆研究范式和话语是首要之义。理解“边疆”就需要知晓其背后丰富的“概念群”，即边界、边境、中西方学者视域下的“边疆”内涵。[①]边界是国家间领土的交界线，边境是交界线内侧的部分区域、边缘地带。中西方国家由于历史和社会发展路径的不同，对“边疆”的内涵和外延的理解也有很大的差异。[②] 中国学者常以“三维”和“三重空间”思考边疆的概念和内涵。[③] 西方学者则更多在国际时局变动、民族国家建构、殖民扩张的语境下探讨“边疆”。[④] 因此，西方学术界便产生了国际条约、国际法和近代国际海洋法视域下的以领土和主权为核心的边疆理论。[⑤] 西方学者的中国边疆研究虽然有一定的借鉴价值，但是我们要从中国的具体实际去探讨“中国边疆”，形成自己的理论体系和学术话语。[⑥] 总而言之，边疆是一个国家的边缘性部分。中国的边疆有历史和当代两层意涵，在历史上，它是“多民族统一国家的组成部分”，不管是“统一”和“分裂”都应当视为中国疆域（汉族主导的统一多民族政权，“分裂”和“统一”互动中实现聚合的少数民族政权）的组成，不能以“天下观”“夷夏观”“藩属和朝贡”“羁縻”作为割裂或模糊中国历史疆域的理由。[⑦] 而当代的中国边疆，是由主权国家

① 马大正：《笔谈一：再议中国边疆学构筑与中国边疆治理研究的深化》，《云南师范大学学报（哲学社会科学版）》2020年第1期，第1—2页。

② 从“中心—边缘”的边界、边境观念来看，地域狭小的国家则无所谓“边疆”一说。如果依照历史、文化和族群差异的标准，美洲的“殖民和移民”国家也难以定义“边疆”。

③ 吕文利在《何谓“边疆”——论中国“边疆”概念的三重空间》（《中央民族大学学报（哲学社会科学版）》2019年第4期）一文认为：边疆的空间性即地理意义上的物理性、资源型第一空间，历史主体构建与延续的第二空间以及主体观念、想象意义上的文化延续与现实拓展的第三空间。宋才发在《中国历代王朝西南边疆治理三维探讨》（《民族学刊》2020年第3期）一文之中，认为边疆具有“地理、政治和文化三重含义”。

④ 袁剑：《近代西方“边疆”概念及其阐释路径——以拉策尔、寇松为例》，《北方民族大学学报（哲学社会科学版）》2015年第2期，第38—39页。

⑤ 章永俊：《西方近代边疆理论的初步发展》，《中国边疆史地研究》2005年第2期，第5—11页。

⑥ 诸如拉铁摩尔、巴菲德、狄宇宙等西方学者在探索中国边疆过程中形成了“内、外边疆”、“文化边疆”（游牧文化与农耕文化）、“生态边疆”（草原与平原、山地等）、利益边疆、中间地带、循环论等思考范式。张世明在《法律、资源与时空建构》一书中认为建构为“自然疆界论”“科学疆界论”和“相互边疆论”是西方边疆理论的话语范式，而拉铁摩尔的中国边疆研究是属于“相互边疆论”范式。中国学界自嘉道时期注重边疆问题，民国在边疆危机中产生边政学。新中国成立至今，学者不断深化边疆研究，致力于构筑中国边疆学。

⑦ 马大正的《中国边疆经略史》一书提到：“中国边疆是一个历史、相对的概念，只有综合地考虑了政治、军事、经济、文化和地理位置等方面的因素后，才能得出一个相对明确的答案。”

的陆疆和海疆构成。至于边疆研究涉及的“为什么”的问题,是边疆研究的定位与旨归,即“第一,要研究统一多民族的中华人民共和国和多元一体的中华民族形成、发展以及两者间互动和互补的规律。第二,要研究中国疆域发展的历史和现状,中国边界形成的历史和现状,以及与此有关的事件和人物”①。在中国边疆研究“怎样做”层面,要深化中国边疆的跨学科研究,致力于构筑中国边疆学的三大体系。②

云南边疆研究是西南边疆研究的重要组成部分。“历史上的西南边疆,包括今云南、广西、贵州三省区与四川西南部,以及一段时间纳入中原王朝版图的中南半岛北部。”③当前中国的西南边疆省份是指西藏和云南,而西南地区则囊括了云、贵、川、渝、藏五省(市、区)。从民国学人到现代学者对西南边疆的研究可谓卷帙浩繁,其中既有以历史学、人类学民族学、社会学等学科角度研究产生的成果,也囊括了学术史梳理、史料整理及社会调查等方面的内容,甚至形塑了“西南学”。近期海内外的学界在西南边疆研究之中,不断产生新的成果,也值得关注。④ 云南边疆研究既有西南研究的共性,又存在着自身的个性。并且从近期的学术成果来看,云南边疆研究不断出现新史料、开创新角度,尤其是黄菲教授的《重塑边疆景观:十八世纪中国西南的东川》(*Reshaping the Frontier Landscape: Dongchuan in Eighteenth-century Southwest China*)开辟了云南边疆研究的新视野,对西南边疆乃至中国边疆研究都有一定的借鉴意义。

---

① 参考中国社会科学出版社相关推文,https://mp.weixin.qq.com/s/vAWNg1gwKw0A_uFHXG05Kg。

② 李大龙:《试论中国边疆学“三大体系”建设》,《中国边疆史地研究》2020 年第 2 期,第 1—11 页。

③ 方铁:《西南边疆的形成及历史特点》,《地域文化研究》2017 年第 1 期,第 21 页。

④ 近年关于西南研究比较知名的学术成果有:温春来的《身份、国家与记忆:西南经验》(北京:北京师范大学出版社,2017 年)、《从“异域”到“旧疆”:宋至清贵州西北部地区的制度、开发与认同》(北京:生活·读书·新知三联书店,2008 年);罗勇的《经略滇西:明代永昌地区军政设置的变迁》(北京:社会科学文献出版社,2019 年);连瑞枝的《僧侣士人土官:明朝统治下的西南人群与历史》(北京:社会科学文献出版社,2020 年);还有海外西南边疆研究的《区域与全球视野下的中国西南(1600—1911):金属、运输、商业和社会》《流动的疆域:全球视野下的云南与中国》等著述。

一、国内外云南边疆研究概况

将云南作为研究或者记录的对象，最早可以追溯至司马迁的《史记·西南夷列传》。樊绰所著的《蛮书》是唐代有关云南的专著，具有很高的史料价值。民国时期，边疆危机、强敌环伺和内忧外患，一大批民国学人关注边疆问题，从理论（边疆理论著述）和实践（边疆地区考察）上丰富了中国边疆研究。① 有关云南边疆问题的探讨主要聚焦于边疆开发（垦殖）、土司制度、边政建设、少数民族的社会和文化、民族地区调查、边疆交通、滇缅勘界（国防）宗教信仰以及边疆教育等问题。面对西方殖民者的渗透和侵略，云南国防战略和滇缅界务备受学人的关注。其中李培天的《滇缅界务与西南国防》（南京提拔书店，1934 年）、普梅夫的《云南的国防价值》（天野社，1945 年）、张凤岐的《云南外交问题》（商务印书馆，1937 年）、黄国璋的《滇南之国防问题》（《东方杂志》1936 年第 33 卷第 2 号）等著述对此均发表深刻见解。除此之外，在云南边疆的民族、宗教、教育、交通和经济开发方面，诸多学人进行了具体探讨。方国瑜（《南诏是否泰族国家》，刊载于《新动向》1939 年第 3 卷第 6 期）、凌纯声（《云南民族的地理分布》，刊载于《地理学报》1936 年第 3 卷第 3 期）、江应樑（《摆夷的种属渊源及人口分布》，刊载于《边政公论》1948 年第 7 卷第 3 期）等学人运用跨学科的角度对云南民族的源流问题进行了考证。对于宗教问题，陶云逵（《大寨黑彝之宗教与图腾制》，刊载于《边疆人文》1943 年第 1 卷第 2 期）、吴泽霖（《么些人之社会组织与宗教信仰》刊载于《边政公论》1945 年第 4 卷第 4—8 期）着眼于少数民族的宗教特点，而王懋祖（《云南传教事业》，刊载于《东方杂志》1947 年第 43 卷第 11 号）则关注西方基督教的传教问题。施章（《云南一年来之边疆教育之迈进及展望》，刊载于《边事研究》1936 年第 4 卷第 3 期）、彭桂萼（《目前云南师范教育的新姿态》，刊载于《边事研究》1939 年第 10 卷第 4 期）则聚焦于云南边疆的教育方面。胡焕庸（《交通革命中之云南》，刊载于《西南边疆》1939 年第 3 期）和周光倬（《云南铁道建设问题的商榷》，刊载

---

① 王振刚:《民国学人研究西南边疆问题兴盛的原因》,《大理民族文化研究论丛》,2017 年,第 293 页。

于《西南边疆》1939 年第 4 期)基于云南处于抗战大后方的战略定位中,表明云南边疆建设铁路的重要性。在云南边疆的经济开发层面,张印堂(《云南经济建设之地理基础与问题》,刊载于《边政公论》1943 年第 2 卷第 1—2 合期)、郭垣(《云南省之自然富源》,正中书局,1940 年)等学者注重滇省的地理条件和自然资源,提出许多良好的建议。民国学人还在理论的指导下付诸实践,特别是吴文藻、费孝通组织的"魁阁"对云南边疆进行实地的社会调查。《东方杂志》《边事研究》《边政公论》与《西南边疆》等学术刊物是民国云南边疆研究的前沿阵地。民国学人对云南边疆的研究具有经世致用的特点,并且文章政策性和学术性兼具。不过虽然立足实际,具有现实意义,但是由于时代局限性,存在学术成果质量参差不齐、表述规范性较低等问题。抗战期间,人类学民族学和社会学学者对云南边疆的调查,在对边政学理论的思考和实践中发挥了重要作用,同时他们的思想还凝聚了中华民族共同体的共识。①

新中国成立之后至改革开放前夕,中国的边疆研究并没有得到很大的发展。这一时期涉及云南边疆研究的内容主要是云南地区的民族识别和近代英法帝国主义对云南的侵略等问题。改革开放之后,中国边疆研究甚至云南边疆研究都得到极大的丰富和发展。诸多学者对云南边疆的政治、经济、文化、社会、民族、宗教、教育和军事等方面进行具体探讨。在政治方面,探讨的主要关于王朝时期、民国时期和新中国的云南边疆观和治滇之制,涉及云南与辛亥革命、云南的行政区划和管理机构的变迁;经济方面,涉及古代云南经济发展(边疆经济开发、茶马古道)、近代以来云南经济变迁(滇铜采冶业、盐业、交通运输业、资本主义萌芽、滇系军阀与云南经济建设、抗战时期工商业内迁、商人与商人资本、外侨的经济支持、民族地区的经济发展)和当代云南经济现代化和国际化;文化方面,主要研究关于南诏大理国文化、儒家文化传播、近代云南文化事业、抗战时期西迁高校与云南、新中国成立以来云南丰富的多样文化发展;社会层面,疫病、灾荒、鸦

① 王振刚:《民国学人西南边疆问题研究》,北京:人民出版社,2013 年,第 11 页。

片、娼妓、民众消费以及日常生活成为学者重点关注的部分；民族和宗教方面，包含云南民族间的交往交流交融、本土宗教信仰和世界三大宗教在滇的传播及发展；军事涉及王朝时期经略云南的军事制度（卫所、军屯）与蔡锷、唐继尧、龙云等人的军事思想。另外，关于云南边疆治理的研究有着丰富的内容和成果，尤其是步入新时代，国家提出加强治理能力和治理体系现代化的目标，在“铸牢中华民族共同体意识”和“三大定位”的基础上，众多学者对云南边疆治理的历史和现实进行了积极探索。其中既有关于封建王朝对云南施行的固土守边和兴边富民的治理举措的研究，又有对中国共产党治理下的民族政策和精准扶贫政策实施的研究。另外，还有对特定的时代问题的探讨，包括边境流动人口、“禁毒防艾”、反宗教渗透、跨境婚姻和国际区域合作等新兴课题。①

在近代资本主义扩张的背景下，受殖民利益的驱动，国外兴起了对云南边疆问题研究的潮流。从19世纪30年代到20世纪20年代，西方的势力，特别是英法两大殖民帝国的政府、商业团体、传教士都对云南产生浓厚的兴趣，塑造了所谓的“云南神话”。云南作为联通东南亚各国的通道且拥有丰富的矿产和广阔的市场，因此被列强视为东方殖民体系的重要模块。探险家和相关学者出版了大量云南考察报告、学术论著、书信日记。② 其中影响力较大且有中译本的有戴维斯的《云南：联结印度和扬子江的锁链》和奥尔良的《云南游记：从东京湾到印度》两部论著。③ 另外，还有霍华德、安德森、威廉等人的著述涉及云南问题，这是西方学术界开启云南边疆研究的首要阶段。④ 抗战时期，云南作为抗战大后方，具有国际交通枢纽的

① 王振刚：《新世纪以来当代云南边疆问题研究述评》，《中国边疆史地研究》2016年第2期，第167—168页。

② 陆韧主编：《现代西方学术视野中的中国西南边疆史》，昆明：云南大学出版社，2007年，第2—3页。

③ [英]H. R. 戴维斯著，李安泰等译：《云南：联结印度和扬子江的锁链》，昆明：云南教育出版社，2000年；[法]亨利·奥尔良著，龙云译：《云南游记——从东京湾到印度》，昆明：云南人民出版社，2016年。

④ 陆韧主编：《现代西方学术视野中的中国西南边疆史》，第3页。

地位。西方学术界更倾向于将其置于东南亚的国际研究视野之中，譬如《缅甸高地诸政治体系：对克钦社会结构的一项研究》就描述到云南的问题。① 但是目前来看很少有专门论述云南的专著。20 世纪 60—80 年代，西方学者产生一些论述，比较知名的有任以都的《清代滇铜的京运》、麦克的《云南的 1900 危机：晚清战局的转变》、萨顿的《云南省级军阀与中华民国 1905—1925》、巴克斯的《南诏国与唐代的西南边疆》等。② 还有费正清的《剑桥中国史》系列有关云南边疆的论述，其内容割裂了云南与中国历史的整体联系。③ 20 世纪 80 年代至今，云南边疆在东南亚区域经济发展的重要地位，使得西方学者再度重视西南边疆史的研究。美国学者李中清的《中国西南边疆的社会经济：1250—1850》以年鉴学派的社会经济史考察了云南冶金业繁荣对边疆社会的影响。④ 罗威廉分析了陈宏谋在云南兴办义学，对边民国家认同意识的培养。⑤ 除此之外，还有纪若诚对云南土司“中间地带”范式的思考和贝洛（《鸦片与帝国的局限：中国内地的禁烟 1729—1850》）对云南瘴疠和鸦片的研究。⑥ 沃勒斯坦与杨斌则将云南置

---

① ［英］埃德蒙·R.利奇著，杨春宇、周歆红译：《缅甸高地诸政治体系：对克钦社会结构的一项研究》，北京：商务印书馆，2017 年。

② 参见 E-tu Zen Sun, *The Transportation of Yunnan Copper to Peking in the Ching Period*, *Journal of Oriental Studies*. Vol. 9. 2001. pp. 15 - 36; H. Michael Metzgar, "The Crisis of 1900 in Yunnan: late Ch'ing militancy in Transition", *in Journal of Asian Studies*. Vol. 35. No. 2, 1976; Donald S. Sutton, "Provincial Militarism and the Chinese Republic", *The Yunnan Army, 1905 - 1925*, The University of Michigan Press, 1980;［英］查尔斯·巴克斯著，林超民译：《南诏国与唐代的西南边疆》，昆明：云南人民出版社，1988 年。

③ ［美］费正清著，崔瑞德主编：《剑桥中国史》，北京：中国社会科学出版社，1992 年。

④ 李中清著，林文勋、秦树才译：《中国西南边疆的社会经济：1250—1850》，北京：人民出版社，2012 年。

⑤ William Rowe, *Saving the World: Chen Hongmou and Elite Consciousness in Eighteenth—Century China*, San Francisco: Stanford University Press, 2001.

⑥ C. Pat Giersch, "'A Motley Throng': Social Change on Southwest China's Early Modem Frontier, 1700 - 1880", *The Joumal of Asian Studies*. Vol. 60. No. 1, 2001; David Bello, "The Venomous Course of Southwesterm Opium: Qing Prohibition in Yunnan, Sichuan, and Cuizhou in the Early Nineteenth Century", *The Journal of Asian Studies*. Vol. 62. No. 4, 2003: 1109 - 1142.

于全球史范畴下的新论述。① 在近些年，海外学者重视将人类学田野调查运用于云南研究，聚焦“边疆人”，罗拉·R.库斯尼茨基（Lara R. Kusnetzky）《锡城故事：叙事身份与云南个旧的历史》探讨了意识形态与主体形成之间的关系；赛达（Selda Altan ztürk）《滇越铁路沿线的劳工与政治生活，1898—1911》引入“生命政治”（biopolitical）这一概念考察法国殖民当局对滇越铁路劳工的控制。利用外文史料、少数民族史料与民族志研究云南边疆的重要著作有：龙戴维《中国苏丹国：伊斯兰教、族群性与中国西南的潘泰叛乱》、戴伯力《帝国强盗：中越边境的不法之徒与叛乱分子》、纪若诚《亚洲边疆：清代中国云南边疆的转型》。不过对于西方学者的云南边疆研究，罗群教授指出其中的“同质化”区域重塑问题，需要警惕已有研究中的“去中国化”倾向。②

通过国内外学者研究的成果分析，云南边疆研究仍需要挖掘新材料，借鉴西方研究方法，同时警惕西方学者“去中国化”的思想渗透。因此，近期黄菲教授的《重塑边疆景观：十八世纪中国西南的东川》符合云南边疆研究的新方向。③

二、《重塑边疆景观：十八世纪中国西南的东川》的基本内容

Reshaping the Frontier Landscape: Dongchuan in 18th century Southwest China（《重塑边疆景观：十八世纪中国西南的东川》）是荷兰Brill出版社在2018年4月出版的（尚无中译版），受到傅汉思“Monies, Markets, and Finance in East Asia, 1600－1900”（“东亚的货币、市场和金融，1600—1900年”）系列博士项目的支持。作者黄菲在国内中山大学历

① 参见[美]伊曼纽尔·沃勒斯坦著，吕丹等译：《现代世界体系·第2卷·重商主义与欧洲世界经济体的巩固（1600—1750）》，北京：高等教育出版社，1998年；杨斌：《流动的疆域：全球视野下的云南与中国》，新北：八旗文化/远足文化事业股份有限公司，2021年。

② 以上海外云南边疆研究最新著作及相关信息，均转引自罗群：《被“弱化”的西南边疆：“同质化”区域重塑的西方经验与反思》，《中华文化论坛》2022年第2期，第4—13页。

③ 清代的东川府包含现今的会泽县、巧家县和东川区等地。

史系完成了本硕课程的学习，后于2008—2012年在荷兰莱顿大学攻读中国史博士学位。2012—2014年任香港科技大学人文社会科学院助理。随后任教于德国图宾根大学汉学系至今。黄菲致力于明清史、历史人类学、艺术史、环境史的研究，对景观学与史学进行结合尝试，完成了《重塑边疆景观：十八世纪中国西南的东川》这本书。

整本书共分为八章节。第一章“铺平道路”（“Paving the Way”）。该章追溯了历史上中央王朝对滇东北包含东川在内的边疆地区的扩张过程中（帝制融合），官方道路的修建、运作以及发挥的作用，展现了王朝国家如何与边疆“自治”土著社区之间围绕着边疆特殊地形进行的互动和博弈。滇东北位于滇、黔、川三省的交界处，是彝苗土著的大本营。东川更是位于王朝国家推进的前沿地带。从《水经注》中记载的崎岖的堂琅山到水湍湾急的金沙江，这些地形景观成为土著民族与外界隔绝的天然条件。作者提及在10世纪之前，中央政府就意识到道路建设对扩大在边疆地区影响力的重要作用。《蛮书》记载了从川西南进入云南的北路和南路。时至元朝，开辟了东路（贵州到云南的普安道）和西路（四川泸州至云南昆明）。明政府推行卫所制并在该线路上驻军。清政府势力进入云南之际，鄂尔泰调整了行政区划，建立了滇东北的昭通（乌蒙）、镇雄和东川地方政府，且将金沙江视为危险的蛮夷地区和清朝领地的边界，以此区分对待“江内”和“江外”的差异。由于清政府在滇东北的东川发现储藏丰富的铜矿，东川线和寻甸线运铜要道相继开辟，金沙江航道也纳入政府规划之中，铜业将东川边陲小镇同北京政权中心紧密联合起来。作者在第一章认为，交通路线是中央政府重塑边疆景观的尝试，它是中央政权的西南战略和行政现实、行政机构渗透的主观投影。①

第二章“坝子与高地”（“Valley and Mountain”）。坝子是云贵高原山区内部平坦肥沃山谷的称呼，适宜于人类居住，而且是权力争夺的重要区

① Fei HUANG, *Reshaping the Frontier Landscape Dongchuan in Eighteenth-century Southwest China*, pp. 15 - 36.

域。早在埃德蒙·利奇（Edmund Leach）的《缅甸高地诸政治体系：对克钦社会结构的一项研究》和詹姆斯·斯科特（James Scott）的《逃避统治的艺术》之中就谈到山谷、低地景观对政权统治和群体资源争夺的影响。在本章节中，作者介绍了坝子和铜业对东川乃至整个滇东北景观的塑造：有关于坝子的历史，第一阶段是彝族史诗之中传达出来的土著部族之间由山地逐渐争夺稀缺、肥沃的坝子的历史记忆；第二阶段是东川被清政府纳入王朝统治后，接受新统治的土著和迁入肥沃坝子的汉族移民之间进行着互动和竞争，而反抗的土著则躲回山寨成为清政府统治的潜在威胁。在清政府占领坝子、实施改土归流之后，东川丰富的矿产资源受到官方的监管。政府支持下的铜矿开采业的繁荣成为景观改造的驱动力，一方面铜业造就了运铜沿线的铜店和城墙城市的管理机构、造币厂的建设，移民和土著的经济和社会活动加强了道路、桥梁、冶炼厂、临时避难所和寺庙等基础设施的建设；另一方面，采矿业引发的砍伐森林、挖草坪，毁坏了边疆原始的自然景观。作者对于坝子和铜矿所塑造的景观的分析可见，景观被政府利用改造为统治的工具，同时也呈现了外来者和土著互动中景观的变迁。①

第三章"城墙城市"（"The Walled City"）。该章显然是在前两章逻辑脉络基础上的进一步呈现。作者描述了东川县城由一个土著据点如何演变为清政府治下的石头城墙城市的历程。明朝的东川州中部是会泽坝子，内部有一个被称为"碧海"的沼泽，这里由竹子和木栅栏建成，当时是土著禄姓政权中心，见证了土著内部权力的激烈争斗。后来，安氏掌握权力与清政府达成协议，东川得以完全囊括进王朝统治的版图。作者在书中认为，土著的威胁是鄂尔泰、崔乃镛等地方政治精英考虑将东川建设成石头城墙城市的重要原因之一。他们在城市各种项目的建设之中，既借鉴中国传统风水的因素，又考虑到国家统治与地方景观的契合，将政治、经济和文

① Fei HUANG, *Reshaping the Frontier Landscape Dongchuan in Eighteenth-century Southwest China*, pp. 38 - 59.

化交织进东川石城的建设过程，其中军事防御和意识形态渗透是尤为重要的。①

第四章“十景”（“Ten Views”）。这章之中作者探讨了有别于地方政治精英塑造的景观，而是选取了由中原文学艺术传统塑造出新的边疆景观——“十景”。作者提到中国传统文人善于从欣赏风景中捕捉独特的情感体验，从而塑造出富含诗意、美学和特殊文化意涵的自然景观组合。这可以追溯到沈括在《梦溪笔谈》之中提到的“潇湘八景”，随后固定的文学范式形成了艺术流派，载入地方志后成为赋予文艺内涵的地理景观。东川在完成符合王朝体制的政治经济转型之后，文官精英们沿用中原塑造景观的文艺范式创造出了“东川十景”（现今主要分布于会泽县境内：翠屏春晓、金钟夕照、龙潭夜月、饮虹云阵、龙募桃花、石鼓樵歌、温泉柳浪、水城渔笛、青龙残雪、蔓海秋成）。作者揭露出“东川十景”背后的两种意涵：其一，崔乃镛、方桂等地方文官精英以其游历和文学素养并结合运铜路线、城墙城市居民的日常生活经验塑造出了“类中原景观模式”的边疆景观；其二，这些受到官方承认且载入地方志的“十景”是一种颂扬文明影响力成功渗透的方式，文明影响力使得边疆荒芜景观成为国家有序景观，化“他者为我者”，中和了王朝开拓过程中的残酷一面。②

第五章和第六章之中，作者致力于挖掘“十景”当中某些更具特别内涵的景观。第五章“真武祠和龙潭”（“Zhenwu Shrine and Dragon Pool”）。作者从景观选择背后的文人审美、文学惯例和日常世俗生活的影响之外，挖掘出超自然想象和历史记忆、过去和现在紧密交织而产生的不同地方社会群体之间共存或者有争议的宗教景观和仪式空间。中原信仰的道教神真武是通过明清以来的军事保护神而传入东川的，在官方塑造下，于青龙山真武祠的祭祀中占据主导地位。而龙潭的空间景观主要是在土著的历

---

① Fei HUANG, *Reshaping the Frontier Landscape Dongchuan in Eighteenth-century Southwest China*, pp. 61 - 83.

② Fei HUANG, *Reshaping the Frontier Landscape Dongchuan in Eighteenth-century Southwest China*, pp.,85 - 109.

史叙事中建构的，对龙神的祭拜源自土著避免水旱灾害的愿望。真武祠和龙潭的共存，彰显了清政府和土著在宗教景观变迁过程中的互动。其中真武信仰因为官方的加持而占据主导地位，特别是加入清政府的地方志后进一步得到了强化。龙王信仰虽相对忽视但并未完全消失，表明了王朝扩张和土著反叛之间在某种程度的相适应，形成官方权威与本土信仰叠加的社会面貌。①

第六章“两座文昌宫”（“Two Wenchang Temples”）。作者描述了东川两座文昌宫修建和演变的过程，文昌宫是汉族移民精英塑造的带来科举好运的标志景观，同时还与土著传说有关。作为洪灾祸首的恶龙被文昌爷爷用铁锅镇压之后，“铁锅山”被赋予“金钟山”的雅名。东西文昌宫分别由彝族和汉族修建并且举行不同含义的仪式，它们的所在地“瓦泥寨”也改名为“华泥寨”（与汉族移民邓伯生的故事相关），都体现了汉民和土著之间的空间争夺。②

第七章“祖先、土司和土著妇女”（“Ancestors, Chieftains and Indigenous Women”）。在本章之中，作者继续提供一个在边疆重塑出的模糊景观之中，祖先、土司和当地神灵三种力量如何在土著地区与王朝国家扩张之间相互联系的案例。关于孟琰祠祭祀的是与蜀汉合作的土著首领？还是被认为与土著妇女通奸的汉人官员孟达？是孟达还是孟琰被“十姓”崇拜？这些争议逐渐被清政府重新由孟达神祠定义为更具意义的孟琰神祠，剔除了其中的道德瑕疵（通奸），从而揭露出东川中一个模棱两可的“十姓”群体。“十姓”族源共同的传说，即土著妇女摄赛与汉族官员的婚外情，与禄氏谱系联系在一起，透露出土司头衔继承的内部权力争斗，以及汉族移民与西南土著之间的情感和通婚记忆。异族通婚产生了“假汉人”和“假土著”的混杂人群，导致了身份的模糊，由此汉族移民开始创建具有地方认同的“会馆”，来保留融入土著地区的内地身份。这个问题作者在第八章进行

① Fei HUANG, *Reshaping the Frontier Landscape Dongchuan in Eighteenth-century Southwest China*, pp. 111 - 130.

② Fei HUANG, *Reshaping the Frontier Landscape Dongchuan in Eighteenth-century Southwest China*, pp. 132 - 150.

了详细的阐释。①

第八章"新大厦"("The New Mansions")。本章描述了东川采矿业引发的经济繁荣,吸引了新移民涌入矿区、村庄与城墙城市。这些汉族定居者或者旅居者建造了经济、宗教和社会活动相结合的公共空间,或者说是边疆的内地地域性社团场所。这些"新大厦"被称为"会馆",不仅成为外来者的避风港,还提供给他们精神上的力量和慰藉。同时异乡人在会馆聚集对话过程中,处理了经济问题和社会事务,联通了家乡的共同信仰。江西和湖广会馆的华丽,一方面使得景观成为新移民财富的炫耀性展览品,另一方面也能从会馆记录中看出移民的分散,以及会馆在筹措资金和收取债务上的组织管理能力。总而言之,会馆这种新大厦已经成为新移民在东川各地经济和社会生活的"中转站"。②

三、《重塑边疆景观:十八世纪中国西南的东川》的特色及思考

学者黄菲的这本书,将 18 世纪的滇东北东川府城(现今的云南会泽县)作为研究对象,考察了清王朝将国家力量深入西南边疆的过程中,政府精英、土著居民和新移民等不同地域、阶层、族群的"混杂人群"重塑边疆景观的想象、记忆和行动。本书框架结构完整、条理脉络清晰、论述严谨翔实,是近年来有关云南边疆研究的典范之作。现将其特色和思考归纳如下:

(一) 视角新颖,选材独特

李国强指出,中国边疆学学科的建设需要依托和借鉴其他学科的理论和方法。③ 因此,运用多学科的视角去研究中国边疆问题,更能挖掘出其中更为深刻的历史事实和规律。在该书之中,作者以景观学和历史学的视角,结合社会学、人类学的研究方法研究云南边疆在国家建构中发生的变

---

① Fei HUANG, *Reshaping the Frontier Landscape Dongchuan in Eighteenth-century Southwest China*, pp. 152 - 170.

② Fei HUANG, *Reshaping the Frontier Landscape Dongchuan in Eighteenth-century Southwest China*, pp. 172 - 193.

③ 李国强:《开启中国边疆学学科建设新征程》,《中国边疆史地研究》2018 年第 1 期,第 4 页。

迁。作者认为,“景观”具有多学科的含义,在艺术领域是基于审美的物质景观空间;建筑学之中是土地规划与设计,地理学家眼中是自然或者相应的人文景观,而历史学家主要研究的则是生活或者工作场所的人造部分,其中包含过去的社会、经济和文化活动记录。多种概念的重叠,进一步模糊化了“景观”的具体内涵。从本书的研究内容上看,作者揭示的景观不仅是外部世界的一个静态实体,还是人们日常生活的动态塑造内容。她选取了具有史学倾向的边疆景观,一方面是对以往多关注具备政治、经济和文化的大都市景观而忽视偏远景观研究的补充;另一方面开辟了云南边疆研究围绕“经济开发、民族重建、军事战争和行政管理”之外边疆景观研究的新视野。她聚焦于滇东北的东川府城,这里是中央、地方、土著与移民的交汇点,因此更能观察到王朝在西南边疆扩张之始,景观背后的族群互动和“混杂人群”的想象、记忆和日常。

（二）史料丰富,旁征博引

历史学研究的创新性和价值,很大程度上与挖掘出的史料相关。本书搜集到当地比较权威且具有可信度的史料,同时征引西方学者的相关论述,产生出的成果更具丰富性。首先,有关东川的资料来源是相关的地方志,譬如《东川府志》《大关县志》《恩安县志》《会泽县彝族志》等。书中对景观的描绘,包括河流、山川、房屋、道路、桥梁、寺庙、府衙和围墙城市的布局,基本是参考这些地方志。并且涉及的景观插图、地图和文学记录也都源自其中。另外,作者多次实地考察调研,搜集到彝文档案、民间文集、口述史资料、地方神话传说以及寺庙会馆的碑文,进一步为写作提供了丰富的素材。书中真武祠、龙潭、文昌宫等景观的叙述得益于作者的实地调研。在最后一章有关会馆的探讨,其中的数据和信息,来源于汉人建筑之时所保存的财务报告。这使得作者能够更清晰地展现会馆的运营和资金管理。当然,西方传教士和商人的零散记录和机构收藏的档案,也为该书的撰写提供了部分支撑。

在参考文献之中,作者引用了大批西方学者的研究文献以及景观学、人类学、政治学和环境史的知名著作,其中有理查德、大卫等学者对景观空间与政治、权力之间关系的考察;在铜与景观塑造方面,海伦、马格纳斯、金兰中、川胜守等学者的研究具有很大的参考价值;在宗教景观研究层面,亨利、拉格威、詹姆斯等人均有一定的探讨,还有斯金纳、科纳普等人对中国城市史的研究,具有一定的启发意义。除此之外,还有关于西南边疆交通、货币、民间故事等文献,给予相应的补充。该书是在众多地方文献和学者成果的基础之上形成的,对于云南边疆研究有很大的价值。

(三)揭示了云南边疆国家化和文明化的内在本质

马克思认为,交往是人类生存和发展的需要。纵观历史,在交往过程中,人类发生了社会分工,产生了社会和国家。生产力的提高,交往范围的扩大,人类交往由民族交往走向世界交往。特别是 15 世纪以后,新航路开辟,资本主义国家掀起了瓜分殖民地的狂潮。同时,资本的原始积累,伴随着掠夺、杀戮和剥削。① 马克思揭露了西方大国崛起的残酷实质,但是与帝国主义的殖民扩张形成鲜明对比的是华夏王朝的特殊发展路径。中国古代王朝国家疆域不断扩大虽然伴随着军事冲突,但总体上不是单向的征服和殖民的过程。中原王朝通过和亲、羁縻、朝贡、经贸与土司制度等方式实现了内地与边疆民族地区的交往交流交融,最终形成了“大一统”和“中华民族多元一体”的格局。②

---

① 黄秋生、张婧:《马克思殖民主义批判思想及当代启示》,《湖南行政学院学报》2022 年第 1 期,第 40—46 页。

② 王震中教授在《“大一统”思想的演进和由来》一文中指出:从五帝时代“单一制的邦国”及其“族邦联盟”,发展为夏商西周三代“复合制王朝国家”,再发展为秦汉以来一元化的“中央—郡县”制的帝制王朝国家,呈现出一个问题的两个方面演进,即中国国家形态结构的演进与“大一统”政治思想演进的互动发展关系。社会学家费孝通揭示了中国的民族特征即“中华民族多元一体”的格局。习近平总书记在 2019 年全国民族团结进步表彰大会上指出:“一部中国史,就是一部各民族交融汇聚成多元一体中华民族的历史,就是各民族共同缔造、发展、巩固统一的伟大祖国的历史。各民族之所以团结融合,多元之所以聚为一体,源自各民族文化上的兼收并蓄、经济上的相互依存、情感上的相互亲近,源自中华民族追求团结统一的内生动力。”(《习近平在全国民族团结进步表彰大会上发表重要讲话强调 坚持共同团结奋斗共同繁荣发展 各民族共建美好家园共创美好未来》,《人民日报》,2019 年 9 月 27 日,第 1 版)从“多元一体”到“铸牢中华民族共同体意识”深刻反映了中华民族在交往交流和交融过程中,实现大团结大发展的实质。

西方学者的边疆理论和研究范式，不可否认对中国边疆研究具有一定的启发意义。但是正如余英时所言，“没有任何一种西方的理论或方法可以现成地套在中国史的具体研究上面”①。中国边疆的研究，也只能立足于中国传统典籍和实际的演变脉络。*Reshaping the Frontier Landscape: Dongchuan in 18th century Southwest China*（《重塑边疆景观：十八世纪中国西南的东川》）一书，虽然参考了很多西方学者的研究成果，但并没有替西方学者的殖民主义和民族主义“背书”，而是客观揭示了18世纪西南边疆的东川府在国家化和文明化发展过程中的民族互动、交融和历史记忆重叠、并存的内在本质。

东川府是彝族“六祖分支”的所在地，在“改土归流”之后，才为王朝国家实际行政统辖。尤其是铜业的大兴，密切了边陲小镇同国家行政中心——京城的交通联系。仿造中原的城市设计和加强防御土著的需求，东川建立了石头围墙城市。随后，中原的文官精英沿用一定的文学范式将塑造的“东川十景”载入地方志固定下来。作者在本书之中并没有局限于王朝力量深入边疆所造成的边疆景观的改变，反而是指出了重塑边疆景观的历史实质。其一，“坝子”的争夺和铜矿社会空间网络的建构是国家强势力量扩张的初步尝试，行政权力掌控和土著、移民在采矿业发展中的合作、交往，实现了东川的初步国家化。其二，“东川十景”不只是文化精英的意识形态输入和文明化书写，还是中原的文学形式与边疆族群日常生活、经济背景共同作用下的结果（体现了作者对新文化史过度关注“精英”在边疆文明建构作用的叙事传统的反思）。以“蔓海秋成”、苏文明争地、湖广客民邓伯生、草皮代薪等具体案例探讨，映射出东川在中原和边陲的整合过程中，多族群的互动、融合、竞争，形塑出内涵丰富的边疆景观。其三，真武信仰、龙王信仰和东西文昌宫的争夺，体现出汉族移民和土著对于边疆景观的不同叙事，以及双方以外来者或者本土视角的理解、记忆和传播，虽然共享共建景观，却有着不同的仪式和解释，最终实现着共生与发展。其四，祖先谱

① 余英时：《论士衡史》，上海：上海文艺出版社，1999年，第461—462页。

系的混杂和会馆建构是移民和土著通婚后身份模糊的表现。一方面早期汉族移民和土著的交融“混杂”了本土的历史记忆和叙事，另一方面，移民群体在会馆之中去保持其中原的省籍认同。这进一步体现了景观背后，族群历史记忆的多重叙述和“模糊”身份的重新界定。综上所述，作者认为边疆景观的重塑是双向的、互动的，多重叙述和复杂交往交错，呈现出多样化的面貌，共建、竞争和互融是边疆国家化和文明化的显著特色和内在本质。本书的价值在于以“景观”来考察云南边疆，为边疆研究提供一个新的范式；同时，以“互动、共生和交融”回应了部分西方学者的中国边疆研究弱化民族团结和国家认同的问题。

（四）可供完善之处及启示

以东南亚和中国西南边疆构筑的山地文明体系已经成为人类学民族学的重要研究范式之一。詹姆斯斯科特的典型著作《逃避统治的艺术》树立了山地与谷地的二元分析模式，探讨了国家在非国家空间扩展、土著居民摆脱国家由生存的谷地而自觉选择逃避到山地的内容。[①] 埃德蒙利奇指出居民有意识地离开定居的谷地核心，向人口稀少的山区迁移是一种与国家保持距离的策略。[②] 黄菲的研究超越了这一固定的范式，她一方面论述了土著对坝子的争夺和内部竞争，体现了山地族群内部的互动，并非仅仅是“内与外”博弈的二元框架；另一方面，该书选取东川的坝子是斯科特高地 Zomia 与低地之间的“例外地带”，不同的族群交汇于此并且在两种区域间来回进入。这些内容显然对历史人类学运用于西南边疆研究有相当大的启示。不过需要指出的是东川坝子处在山地文明和农耕文明的交汇之处，该区域是相对模糊的地带，其并不能囊括云南坝子社会的相当部分特征，并且也不一定具有代表性。书中只是批判了斯科特观点的疏漏，但是并没有进一步论证东川坝子案例，是否与其他边疆地区融入国家存在相

① [美]詹姆士·斯科特著，王晓毅译：《逃避统治的艺术》，北京：生活·读书·新知三联书店，2019 年。

② [英]埃德蒙 R. 利奇著，杨春宇、周歆红译：《缅甸高地诸政治体系：对克钦社会结构的一项研究》。

似性。黄菲还认为清王朝的改土归流，在于争夺肥沃的坝子，进而建立直辖统治。不过在更多时候，政治权力的稳固要比经济因素更为重要，改土归流的土司地区“直辖化”很多立足于政治的考量。除此之外，其重点论述了改土归流之后，东川山区的铜业开发带来的景观变化，而对坝子景观的发展以及景观变化则表述不充分。

学者黄菲以边疆“景观”为研究对象，自然而然涉及环境史研究的某些方面。1972 年，美国学者纳什首次提出了聚焦于“历史上人类和他的全部栖息地的联系”的环境史研究新领域。随后欧美学界掀起了环境史研究的潮流。西方学者对环境史的定义众说纷纭。不过从本质而言，环境史是以人类为主体，生态学理论为基础的，关于“人的环境史”的新兴研究领域。目前中国学术界环境史研究的前沿问题就包含“边疆景观”这一论题。在 2020 年年末的“多学科视域下的环境史研究学术研讨会”上，有一些学者聚焦于“边疆和民族环境史”，其中“薛辉认为，应从‘边疆、景观、秩序’三个方面构建边疆环境史体系。刘祥学对一些边疆民族地区历史上水林资源保护出现反复的认知原因进行了阐释。谢湜论述了明清时期东南沿海的环境、生计与海洋疆界的关联。张景平通过对东祁连山区林水关系的考察，认为林水共同体是边疆地区稳定的重要机制”①。由此反思边疆景观问题，我们会发现其本身蕴含了边疆的自然景观和人文景观两个方面。那么具体而言，该书偏重于人文景观的描述，却较少阐述人类活动对自然景观重塑的重要影响以及自然景观变迁对人类活动的影响。该书描述了汉族精英及矿业移民对自然景观的改造，但更多的是关注到真武祠、文昌宫、会馆等人文景观在多种群体博弈中的重塑，或者是族群互动和本地景观交叠后的呈现。“虽然人文景观作为考察边疆地区在中央控制与地方文化调和与互动上给了一个极佳的观察视角，但是，作为构成地表景观的重要组成部分，自然地貌景观的变化以及所折射的生态变化过程，以及在自然景观变化过程中的人群生态，也是考察区域整体史的重要部分。或一定程度

① 滕海键、马业杰：《环境史研究的新进展》，《中国史研究动态》2021 年第 3 期，第 88 页。

上说,揭示这种因生态要素变化而导致的地表景观变化,才是从根本上认知一个区域环境变迁轨迹的核心所在。"①因此,从环境史的视角来看,东川的边疆自然景观,甚至整个滇东北,在中央与地方互动、多族群互动的视野之外,还可以探讨铜矿开发、种植农业发展与区域生态变迁等有关"景观"塑造问题,将景观学和环境史结合研究边疆景观,仍有许多可供挖掘的地方。

(张浩浩:云南民族大学云南省民族研究所博士研究生)

Open up a new vision of Yunnan frontier research

——Read *Reshaping the Frontier Landscape: Dongchuan in Eighteenth-century Southwest China*

Zhang Haohao

Abstract: Strengthening the research on China's border areas is the specific requirement of maintaining national unity and "casting fast the consciousness of Chinese nation community", The study of Yunnan frontier is an important part of it, and there have been abundant research achievements at home and abroad. In 2018, scholar Huang Fei published the book *Reshaping the Frontier Landscape: Dongchuan in Eighteenth-century Southwest China*, which interprets a series of changes in Dongchuan in the 18th century with the paradigm of integrating landscape science and history. The book has a complete frame structure, clear logic, rigorous and detailed discussion. With a novel perspective and unique

① 耿金、和六花:《矿业·经济·生态:历史时期金沙江云南段环境变迁研究》,北京:中国环境出版集团,2020年,第241—250页。

material selection、rich historical materials and extensive quotations，it reveal the inherent nature of the nationalization and civilization of Yunnan's border areas. The book could be further refined by drawing on environmental history，some of which needs more rigour. In general，the defects do not obscure the merits，the book not only has a certain reference value for the Angle and method of Chinese frontier studies，but also criticizes the western academic tendency of weakening the national unity and national identity in Chinese frontier studies to a certain extent.

Keywords：Yunnan frontier；Landscape；Dongchuan

历史的角落有微尘众的光

——读《故纸飘零：尘埃里的历史》

王　岚

（首都图书馆）

史料是史学研究的基础，中华五千年的灿烂文明为我们留下了宝贵的文化遗产。丰富的史料是人们研究历史、了解一个时代的重要依据。

相比围绕帝王将相展开叙述的传统史学编纂主流，来自民间个体的史料大多纷繁琐碎，常因资料匮乏、价值不高等情况少人问津，在宏大的皇朝更迭史面前，犹如隐匿在角落里的尘埃。至近代，随着史学研究的发展及对历史多样性的关注，人民群众在历史推进过程中的积累作用逐渐被学者重视，普通人的历史为研究历史发展进程提供了多元化的观测角度，是史学工作中重要的组成部分，相关史料也慢慢展现其应有的价值。

潘晟《故纸飘零：尘埃里的历史》一书，整理汇集了从清代到近现代诸多民间遗存的纸本旧籍。全书共分为四个章节："薄籍·文书""诗艺·日记""聘书·发票""档案·信牍"。内容包括账簿、日记、票据、聘书、地图，等等，涵盖大众生活的方方面面。作者通过专业详细的讲述，观古喻今，为读者构筑起一个个生动可亲的时代情景。

一些旧抄本的年代并不久远，而其中记载的内容对现代人已是很陌生，如生活中最常见的纸张。在古代，纸张的名目，包括产地、规格、价格等极为繁多，掌握这些内容是一门技艺。①

在《光绪十八年钞纸色则例》中，古纸被赋予了五花八门的名称：蒋落、大花尖、粗表辛……若非古纸研究专家，大概很难看懂这些称谓。书中详

---

① 潘晟：《故纸飘零：尘埃里的历史》，北京：北京联合出版公司，2021年，第50页。

细列出全国各地各种名色纸张的产地、规格、价格、运费等，极为繁多。作者推测该书是抄自清代官方则例，传递出清末纸张种类与买卖交易的商业信息。

中国古代经济发展过程中，商贾之间有着自成一体的交易模式，并一直延续到近现代。在民国至新中国成立初期的发票上，写有许多难以捉摸的特殊符号：苏州码。它是一种曾流行于江南地区的记数法，形似罗马数字，有着独特的书写方式与读音，常见于旧时的账簿记录。

《票证上的五金》一文中，作者以“南京源大五金号发票”上面的手写苏州码为例，分析其书写方法及特点：账房文字的个性化极为突出，既有行业性的区别，也有区域性的差异。而做账人的差别更大，因此即使学过了这套数字写法，也仍然会存在读不出来的情况。① 苏州码是代表古代商业发展的独特印记，其相关历史背景已与今天的生活渐行渐远。

如果说纸张名目与苏州码让人感到新奇而陌生，那么个人日记里传达出的心境却会令人感同身受。

《袁绍屏诗》是一册清末民初的日记，作为教师的袁绍屏用诗词的方式记录下对学生们的不同印象。透过作者摘录的诗句，可以看到他的学生中既有“自知勤学终朝奋”的好学者，也有“糊涂不顾字歪斜”的恍惚者，还有老师对喜欢巫术不愿意背书的学生的担忧：“读得真经通圣神，每到背书真勉强……”②通俗的词句读来忍俊不止。姑且不论诗集的文学价值，却也是从侧面反映出彼时基础教育的现状。学生的读书状态实乃古今相同，教育工作者的焦虑与欣慰亦是如此。

这些历史文献的边角料平凡普通、种类各异，既有鲜活的个体特性，也牵连着与历史大事件的缕缕联系，于不经意间透露出时代的政治倾向与风貌。

新中国成立初期的商业发票如今变成了破旧泛黄的纸片。1951 年南

---

① 潘晟：《故纸飘零：尘埃里的历史》，第 156 页。

② 潘晟：《故纸飘零：尘埃里的历史》，第 75 页。

京清真华利茶食糖果号的数枚发票上，还清晰保留着“加强国防力量，保卫世界和平，捐献飞机大炮，支援朝鲜前线”的口号。同时期，“抗美援朝、保家卫国”的标语也印在美昌纸张文具、太原裕泰隆海味店等多家商业票据上。作者认为这样的口号除了宣传抗美援朝的政治军事任务，也可能与当时税收政策的推行有关。时过境迁，看似废弃的物品，竟在时光的打磨中留下了值得回望的时代痕迹。

品读这些低到尘埃里的历史记忆：从清代乡村的分家文书到民国小学校的流水账簿，从饭店采购清单上的美味食材到民国大学教师的聘书……没有跌宕起伏的情节，只有立足当下生活的细微琐碎。各行各业的艰辛与乐趣在作者专业的视角和朴实的语言中铺展出一幅生动的民间市井画卷。正如书中所阐述的那样：“历史是由人所构成的历史，对普通个体历史的关注，在当代世界史学中已经是一个容易被识别的现象。”①事实上，这也是当前历史学发展的一个趋势。

该书作者任职于南京师范大学，长期从事历史教学工作，在史料的分析研究方面有着丰富的经验与独到的见解。书中援引 1931 年美国历史学大会主席贝克尔的著名演讲“人人都是自己的历史学家”，由此谈到科学技术的发展与个体历史意识普遍觉醒的论题，②并指出这一觉醒过程与经济发展、社会组织演变有关，也与作为知识的信息记录与传播技术的发展有关，是史学理论与实践所必须面对的基本问题。

文以载道，纸以载文。对民间史料的挖掘剖析，也在一定程度上带动了古籍文献保护事业的发展。近年来，随着国家对文物保护行业的重视，纸质文献的普查与修复工作得到政府大力扶持，但图书馆内的珍本善本毕竟少数稀有，未经整理和亟待修复的清末到近现代旧抄本、旧稿本占比较大。这部分资料的修复与考证溯源都对完善基层个体的历史研究、丰富历史的多样性有着重要意义。

---

① 潘晟：《故纸飘零：尘埃里的历史》，第 224 页。
② 潘晟：《故纸飘零：尘埃里的历史》，第 216 页。

故纸似微尘，在历史角落里闪耀着点点光芒，照亮了教科书视野之外的人间烟火。对个体历史命运和低到尘埃里的普通文献的关注，体现了史学研究中的人文关怀，在日新月异的时代变化中，温暖着人心，也为普通日常文献的收藏、保存、整理与研究提供了有力的理论支持。

（王岚：首都图书馆中级馆员）

附录

告读者书

《随园史学》是由南京师范大学历史系编撰的同人学术文集，收录海内外历史学者原创文章，包括专题论文、读史札记、译介、书评、传记、史料整理、考订补白等。

为了保证文稿的原创性与规范性，特提请投稿者注意如下事项：

一、来稿为本人原创性成果，并充分尊重他人知识产权，遵守学术规范与学术道德。来稿字数不限，必须保持引文正确，所引资料应使用原始文献或调查数据。

二、来稿请使用A4纸格式，正文简体横排，宋体(分段引文用楷体，右进两格)，小4号字；注释采用页下注(脚注)，宋体，小5号字，注释序号用①、②、③……标识，每页单独排序。

三、注释征引格式。

(1) 著作标注项目应包括：责任者与责任方式；书名；卷册；出版地点(城市)；出版社；出版时间；页码。其标注格式如下：

例：潘晟：《知识、礼俗与政治——宋代地理术的知识社会史探》，南京：江苏人民出版社，2018年，第100页。

[美]芮乐伟·韩森著，张湛译：《丝绸之路新史》，北京：北京联合出版社，2011年，第50页。

冯玉祥：《我的读书生活》，三户图书刊行社，(出版时间不详)，第8页。

参阅张树年主编：《张元济年谱》，北京：商务印书馆，1991年，第6章。

(2) 引用古籍，在书名后写出卷数、篇名，若有点校者或整理者亦须标出。“二十四史”、《资治通鉴》等常用文献，可省去作者、点校者，其标注格式如下：

《史记》卷118《淮南王传》，北京：中华书局，2013年，第3713页。

（唐）李吉甫撰，贺次君点校：《元和郡县图志》卷40《陇右道下》，北京：中华书局，1983年，第1019页。

（3）报纸、期刊论文引用格式如下：

《消除“三废”污染，保护和改善环境》，《人民日报》，1973年10月20日，第2版。

《关于广西迁省议近讯》，《新闻报》，1912年7月10日，第2张第1版。

《电举都督》，《盛京时报》，1912年3月21日，(4)。

《国务院纪要》，《太平洋报》，1912年9月4日，第6页。

《大总统注重军民分治问题》，《大公报(天津版)》，1912年8月9日，第2张(3)。

唐晓峰：《“反向格义”与中国地理学史研究》，《南京大学学报(哲学社会科学版)》2009年第2期，第94—98页。

[美]韦陀著，常红红译：《武威博物馆藏喜金刚与大黑天金铜造考》，《敦煌研究》2011年第1期，第21—29页。

（4）西文论著引用格式如下：

例：Étienne de la Vaissière, *Histoire des Marchands Sogdiens*, Paris: Institut des Hautes Études Chinoises, Collège de France, 2002, p. 255

Lewis Mayo, “Birds and the Hand of Power: A Political Geography of Avian Life in the Gansu Corridor, Ninth to Tenth Centuries”, *East Asian History*, 2002, no. 24, pp. 1 - 66

（5）日文论著，除作者、论著名仍保持日文外，其余则都为汉文简体字，格式如下：

[日]長澤和俊：《シルク・ロード史研究》，东京：国书刊行会，1979年，第200页。

[日]森安孝夫：《イスラム化以前の中央アジア史研究の現況について》，《史学雑誌》第89编第10号，1980年，第21—28页。

(6) 档案标注格式如下:

《傅良佐致国务院电》(1917 年 9 月 15 日),北洋档案 1011—5961,中国第二历史档案馆藏。

《党外人士座谈会记录》(1950 年 7 月),李劼人档案,中共四川省委统战部档案室藏。

四、论文中出现的数字,一般使用阿拉伯数字,但古代年号后面的数字则用汉文数字。年号须括注公元纪年。首次出现外国人名,须括注外文原名。

五、来稿中若有插图,应在文中标明插入位置和说明文字;若是地图,需审图的请提供正式的审图号。插图使用 jpg 格式,保证高清晰度,并以电子邮件单独发来。

六、欢迎使用电子投稿,请同时发来 word、pdf 版本。收稿后,会尽快向投稿者确认。审稿期限为 1 个月,期内请勿他投。无论审稿通过与否,本书编委会均会将相关意见或建议及时告知投稿者。来稿一律不退还原稿,敬请作者自留底稿。

七、来稿须附上作者简介,含姓名、出生年月、籍贯、工作或学习单位、职称、研究方向,并提供详细的通信地址、电话号码,以便编务联系。

八、《随园史学》已许可中国知网以数字化方式复制、汇编、发行、信息网络传播本刊全文。本刊所付薄酬已包含中国知网著作权使用费、所有署名作者向本刊提交文章发表之行文视同为同意上述说明。如有异议,请作者联系《随园史学》编辑部处理。

九、联系方式

来稿及联系请发送至下列邮箱:suiyuanshixue@126. com。

纸质信稿收件地址:南京鼓楼区宁海路 122 号南京师范大学历史系。邮编:210097。收件人:《随园史学》编辑部。收件手机号:13912963886。

《随园史学》编辑部

2023 年 6 月 25 日

编后记

从去年年底受命具体负责《随园史学(2023辑)》的编辑工作以来,到书稿基本成形,交给出版社,前后竟是半年多时间过去了。本书的具体编辑过程,大体与持续3年的新冠疫情防控全面解封、芸芸众生开始重新回归正常生活轨道同步。其间虽也面临了不少困难和挑战,万幸的是,多承敝系、敝书编辑部各位领导、老师的宽容与支持,尤其是潘晟教授的指导与帮助,最终才使得这项工作得以顺利完成。回顾这一过程,本人对于作者与书稿间的和谐共生关系,有了更为具体的认识。

《随园史学(2023辑)》征稿期间,一共接收投稿200余篇,最终选择刊登20篇,就作者而言,校内校外各占一半。本书编辑部在收稿后,对投稿始终坚持如下取舍标准:(1)符合当前学术规范;(2)确有创见,或完善现有认知;(3)本处确有相当人选予以较为专业的审读意见。在具体操作当中,限于学识水平的有限,自然不免有遗珠之憾,当能为各位学友所共谅。

本辑编撰,大体延续《随园史学2022》的编辑原则,但也有所创新。其中最大的亮点,即是开辟"'南京化学工业公司'研究专栏"。这要感谢本系郭爱民教授及其研究团队的鼎力支持,以及潘晟教授的极力促成。

除了感谢各位投稿者对《随园史学》的支持、热心投稿,本系潘晟、李恒全、薛海波、严海建、李小波、张文晶、倪正春、白爽、林浩彬、王帅、谢开健、刘林、张子健等老师,以及本专业博士生秦鼎、王丽彩,则在各自的繁忙中抽暇帮忙审查文稿,提出具体而中肯的意见,在此一并感谢。

《随园史学》是一本旨在为学人提供学术交流的文集,她的成长离不开各位同道学人的共同呵护。《随园史学》出版未久,各项工作尚在探索之中,竭诚欢迎各位学友投稿并提出建设性意见。本人相信,本文集定会茁壮成长,成为学界进行交流学术的一个重要平台。

陈　明

2023 年 8 月 5 日